ANÁLISE AVANÇADA DAS DEMONSTRAÇÕES CONTÁBEIS

CB040432

O GEN | Grupo Editorial Nacional – maior plataforma editorial brasileira no segmento científico, técnico e profissional – publica conteúdos nas áreas de ciências sociais aplicadas, exatas, humanas, jurídicas e da saúde, além de prover serviços direcionados à educação continuada e à preparação para concursos.

As editoras que integram o GEN, das mais respeitadas no mercado editorial, construíram catálogos inigualáveis, com obras decisivas para a formação acadêmica e o aperfeiçoamento de várias gerações de profissionais e estudantes, tendo se tornado sinônimo de qualidade e seriedade.

A missão do GEN e dos núcleos de conteúdo que o compõem é prover a melhor informação científica e distribuí-la de maneira flexível e conveniente, a preços justos, gerando benefícios e servindo a autores, docentes, livreiros, funcionários, colaboradores e acionistas.

Nosso comportamento ético incondicional e nossa responsabilidade social e ambiental são reforçados pela natureza educacional de nossa atividade e dão sustentabilidade ao crescimento contínuo e à rentabilidade do grupo.

ELISEU MARTINS
JOSEDILTON DINIZ
GILBERTO JOSÉ MIRANDA

4ª EDIÇÃO

ANÁLISE AVANÇADA DAS DEMONSTRAÇÕES CONTÁBEIS

uma abordagem crítica

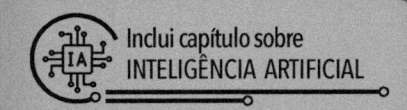

Inclui capítulo sobre
INTELIGÊNCIA ARTIFICIAL

■ Os autores deste livro e a editora empenharam seus melhores esforços para assegurar que as informações e os procedimentos apresentados no texto estejam em acordo com os padrões aceitos à época da publicação, *e todos os dados foram atualizados pelos autores até a data de fechamento do livro.* Entretanto, tendo em conta a evolução das ciências, as atualizações legislativas, as mudanças regulamentares governamentais e o constante fluxo de novas informações sobre os temas que constam do livro, recomendamos enfaticamente que os leitores consultem sempre outras fontes fidedignas, de modo a se certificarem de que as informações contidas no texto estão corretas e de que não houve alterações nas recomendações ou na legislação regulamentadora.

■ Data do fechamento do livro: 28/05/2025

■ Os autores e a editora se empenharam para citar adequadamente e dar o devido crédito a todos os detentores de direitos autorais de qualquer material utilizado neste livro, dispondo-se a possíveis acertos posteriores caso, inadvertida e involuntariamente, a identificação de algum deles tenha sido omitida.

■ **Atendimento ao cliente: (11) 5080-0751 | faleconosco@grupogen.com.br**

■ Direitos exclusivos para a língua portuguesa
Copyright © 2025 by
Editora Atlas Ltda.
Uma editora integrante do GEN | Grupo Editorial Nacional
Travessa do Ouvidor, 11
Rio de Janeiro – RJ – 20040-040
www.grupogen.com.br

■ Reservados todos os direitos. É proibida a duplicação ou reprodução deste volume, no todo ou em parte, em quaisquer formas ou por quaisquer meios (eletrônico, mecânico, gravação, fotocópia, distribuição pela Internet ou outros), sem permissão, por escrito, da Editora Atlas Ltda.

■ Designer: OFÁ Design

■ Imagem da capa: ©iStockphoto/sittipong phokawattana

■ Editoração eletrônica: Set-up Time Artes Gráficas

■ Ficha catalográfica

CIP-BRASIL. CATALOGAÇÃO NA PUBLICAÇÃO
SINDICATO NACIONAL DOS EDITORES DE LIVROS, RJ

M342a
4. ed.

Martins, Eliseu
Análise avançada das demonstrações contábeis : uma abordagem crítica / Eliseu Martins, Josedilton Diniz, Gilberto José Miranda. - 4. ed. - Barueri [SP] : Atlas, 2025.

Inclui bibliografia e índice
"Inclui capítulo sobre inteligência artificial."
ISBN 978-65-5977-740-2

1. Contabilidade. 2. Balanço (Contabilidade). I. Diniz, Josedilton. II. Miranda, Gilberto José. III. Título.

25-97278.0

CDD: 657
CDU: 657

Gabriela Faray Ferreira Lopes - Bibliotecária - CRB-7/6643

Respeite o direito autoral

SOBRE OS AUTORES

Eliseu Martins é professor emérito das Faculdades de Economia, Administração e Contabilidade da Universidade de São Paulo (*campi* São Paulo e Ribeirão Preto), cofundador da FIPECAFI (Fundação Instituto de Pesquisas Contábeis, Atuariais e Financeiras), parecerista na área contábil, ex-diretor da CVM (Comissão de Valores Mobiliários) e ex-diretor do Banco Central. Autor/coautor/organizador de diversos livros publicados pelo GEN | Atlas, entre os quais: *Análise didática das demonstrações contábeis, Manual de contabilidade societária, Contabilidade de custos, Contabilidade de custos: livro de exercícios, Métodos de custeio comparados, Teoria da contabilidade: uma nova abordagem, Contabilidade introdutória* e *Avaliação patrimonial de empresas: da visão contábil à econômica.*

Josedilton Alves Diniz é doutor em Ciências Contábeis pela Faculdade de Economia, Administração, Contabilidade e Atuária da Universidade de São Paulo (FEA/USP), área de concentração em Controladoria e Contabilidade. Mestre em Contabilidade pelo Programa Multi-Institucional e Inter-Regional de Pós-Graduação em Ciências Contábeis da UnB/UFPB/UFRN. Especialista em Auditoria Contábil pela Universidade Potiguar (UnP). Graduado em Ciências Contábeis e Engenharia Civil pela Universidade Federal da Paraíba (UFPB). Atualmente, é auditor de Contas Públicas do Tribunal de Contas do Estado da Paraíba e professor da UFPB. Coautor dos livros *Análise didática das demonstrações contábeis* e *Contabilidade pública* e colaborador do livro *Análise multivariada para os cursos de administração, ciências contábeis e economia*, todos publicados pelo GEN | Atlas.

Gilberto José Miranda é doutor em Controladoria e Contabilidade pela FEA/USP, mestre em Administração, especialista em Docência na Educação Superior, especialista em Controladoria e Contabilidade e graduado em Ciências Contábeis pela Universidade Federal de Uberlândia (UFU). Atualmente, é professor do Programa de Pós-Graduação *Stricto Sensu* em Ciências Contábeis da UFU. É coautor dos livros *Análise didática das demonstrações contábeis, Revolucionando a sala de aula, Revolucionando a docência universitária* e *Revolucionando o desempenho acadêmico*, todos publicados pelo GEN | Atlas.

APRESENTAÇÃO

Em 1996, o então Coordenador de Pós-Graduação em Controladoria e Contabilidade do Departamento de Contabilidade e Atuária da FEA/USP, Prof. Lázaro Plácido Lisboa, procurou-me, não pela primeira vez, para que eu ministrasse a disciplina de Análise das Demonstrações Contábeis para as turmas de Mestrado e Doutorado desse programa. Eu vivia dizendo que não havia muita chance de se ter essa disciplina no nível do Mestrado e do Doutorado, inclusive por provável não interesse dos alunos. Mas, nesse ano, ele trouxe um abaixo-assinado subscrito por 19 alunos, pedindo que eu ministrasse essa disciplina, que estava no rol, mas nunca havia sido oferecida nesses cursos.

Aceitei o desafio já no início do ano seguinte e nunca mais consegui deixar de ministrá-la porque, mesmo sendo optativa, sempre há interessados, muitos deles de outros cursos e alguns de outras Universidades.

A ênfase foi considerar que o que é básico de análise de balanços todos os alunos já conhecem e que o fundamental seria criticar os indicadores tradicionalmente utilizados nessa análise, evidenciando seus pontos fortes e mostrando seus pontos fracos, tão desconsiderados na literatura e na prática. Além disso, introduziu-se o que há de situações bem específicas no Brasil, tão diferentes do contido nos livros estrangeiros ou nacionais inspirados nos de fora, como as influências dos tributos nesses indicadores, como é o caso de as contas Clientes e Fornecedores conterem os tributos faturados, mas estes não estarem contidos nos estoques e no custo das mercadorias ou produtos vendidos.

Procurou-se sempre mostrar que o fundamental é começar pelo relatório do auditor, mas que não se deve ir adiante sem que se conheçam o negócio da entidade e, além disso, qual modelo contábil está sendo utilizado. É surpreendente como não se tem a ideia de que a Contabilidade é um modelo em si, com utilização de modelos específicos para cada tipo de negócio; e que esses modelos são mais ou são menos representativos da realidade em função de sua qualidade, em função do ramo de negócios, em função das incertezas e dos riscos da entidade e em função da norma de plantão em vigência. E mais, que esses modelos muitas vezes mudam. Afinal, sempre é possível haver mais de um modelo para cada tipo de negócio. Sem conhecer o modelo contábil, é impossível uma análise de qualidade.

E com isso a disciplina tem conseguido ser um razoável sucesso. Muitas vezes, alunos pediram que eu elaborasse um livro para a matéria, mas o tempo me impedia sempre.

No ano de 2010, dois alunos, Josedilton Alves Diniz e Gilberto José Miranda, que haviam cursado a disciplina no ano anterior, pediram para gravar as aulas para facilitar a eventual elaboração do livro. Autorizei sem acreditar muito nessa difícil empreitada. Mas não é que eles gravaram mesmo tudo, transcreveram, adicionaram alguns pontos e me apresentaram o texto? Fiz então toda a revisão, enxertando alguns pontos (como os relativos às novas normas de contabilidade), com o total auxílio dos dois, e daí resolvemos testar o texto.

No ano de 2011, os capítulos foram distribuídos aos alunos e mostraram-se bastante úteis, pois liberou-se maior tempo para discussões em sala de aula. O Prof. Vinícius Aversari Martins, da FEA de Ribeirão Preto (também USP), testou o livro com sua turma no interessantíssimo curso denominado ECEC – Economia Empresarial e Controladoria, Habilitação em Contabilidade, bem como no de Contabilidade. Com isso, muitos erros foram corrigidos e diversas sugestões foram introduzidas. Os testes mostraram que valeu o esforço e que valeria a pena a tentativa de levar o material ao mercado na forma de livro.

Assim, ao final de 2011, foi feita a entrega da edição do primeiro texto que, no fundo, representa o conteúdo da disciplina. Em 2017, apresentamos a segunda edição, com a reelaboração do Capítulo 2 por causa do novo formato do parecer do auditor e diversos melhoramentos, como indicadores de análise a partir do fluxo de caixa, da demonstração do valor adicionado, do EBITDA e outros poucos pontos. Em 2020, liberamos a terceira edição, com vários ajustes menores e a inserção do Capítulo 13, *Introdução aos Modelos de Avaliação Econômica de Empresas* (Valuation) *e Como Evitar Erros Comuns*. Como sempre, há uma enorme vontade de adicionar uma quantidade grande de pontos relevantes que deveriam aqui estar contidos, como um gigantesco capítulo só sobre o uso adequado das notas explicativas, ou o caso específico das empresas com ativos biológicos, das seguradoras, dos fundos de pensão, mais detalhes sobre os bancos, das securitizadoras, das concessionárias de serviços públicos etc. Mas o livro ficaria exageradamente grande.

É possível que o ampliemos no futuro e elaboremos um livro de exercícios. Por isso, gostaríamos dos comentários dos usuários, tanto alunos quanto professores e profissionais.

Os meus mais sinceros agradecimentos aos alunos todos que participaram direta ou indiretamente deste livro, ao Prof. Vinícius e, principalmente, aos agora coautores Josedilton e Gilberto.

Prof. Eliseu Martins

PREFÁCIO

O Prof. Eliseu Martins, hoje o mais importante contador do Brasil, meu orientado de doutoramento há praticamente quatro décadas, ministra a disciplina de Análise das Demonstrações Contábeis no mestrado e no doutorado em Contabilidade e Controladoria da FEA/USP há uns quinze anos. E o faz de uma maneira bastante própria: trabalha com a ideia de que a contabilidade é um "modelo" e, como todos os modelos, procura representar simplificadamente a realidade. E, como cada segmento econômico trabalha com características próprias, com níveis de incerteza típicos, com riscos também específicos, acaba tendo sua própria realidade. Mas, dentro de cada segmento desses, cada empresa tem também suas características e sua realidade próprias. Assim, cada balanço de cada empresa acaba se transformando numa tentativa de representação simplificada da realidade dessa empresa, e a aproximação com a realidade acaba dependendo da percepção do que é essa realidade por parte dos gestores, do contador e do auditor, bem como da qualidade do modelo utilizado, da qualidade com que o modelo é processado e das restrições relativas às incertezas e aos riscos inerentes à entidade e ao ramo de negócios.

Dessa forma, segundo o Prof. Eliseu, não há como efetuar qualquer análise sem o prévio conhecimento de todo esse ambiente e de toda essa conjunção de fatores. Não há como analisar balanços sem conhecimento do segmento de negócios, sem conhecimento da empresa (e seus gestores), sem conhecimento do modelo contábil utilizado (o que inclui conhecer um mínimo das normas vigentes) e sem conhecimento das "nuvens" de incerteza que cercam essa empresa e o ambiente em que está inserida.

Para efetuar a análise propriamente dita, o Prof. Eliseu passa então a criticar, de forma às vezes até dura, os indicadores tradicionais, mostrando os pontos fortes e fracos de cada um dos principais deles, procurando evidenciar o que a literatura introdutória (mesmo nos países mais avançados) normalmente não alcança. E introduz os aspectos específicos brasileiros, como a influência dos tributos no cálculo de certos indicadores (prazos de pagamento de fornecedores, por exemplo). Logo, há uma mistura de pontos totalmente acadêmicos com a experiência profissional do Prof. Eliseu.

O livro acabou sendo produzido a partir da iniciativa de seus ex-alunos Josedilton Alves Diniz e Gilberto José Miranda, que gravaram as aulas no ano seguinte ao que frequentaram o curso, transcreveram todo o material, introduziram sugestões e ofereceram o material ao

Prof. Eliseu. Ele reviu todo o texto, introduziu alguns materiais novos, e eis que, finalmente, nasce essa contribuição aos mundos acadêmico e profissional.

Vê-se facilmente que o livro não é de caráter introdutório, sendo fortemente indicado para cursos de pós-graduação e profissionais do ramo, sem deixar de poder ser utilizado, mesmo que parcialmente, nos bons cursos de graduação de Contabilidade e de Administração de Empresas.

Quanto ao que traz de novo este material, pode-se dizer que as principais inovações são: a forma já descrita de entender e praticar a análise avançada de balanços, o já famoso "Caso Abdul" há anos desenvolvido pelo Prof. Eliseu e que dá uma visão da ligação entre alguns modelos contábeis e a realidade empresarial; uma introdução ao entendimento do que seja e de como deve ser interpretado o relatório do auditor independente; a prova de que sempre é possível haver mais de um modelo para representar a posição patrimonial de uma empresa e sua evolução, a análise crítica dos principais indicadores de liquidez, de rentabilidade e de atividade utilizados pela análise de balanços, a análise também crítica da Demonstração dos Fluxos de Caixa, a figura do "Fluxo de Caixa por Competência"; dicas para levantamento preliminar dos efeitos da inflação sobre o resultado e o patrimônio de uma empresa e um resumo do que as novas normas de Contabilidade trouxeram de mais importante para a análise avançada das demonstrações contábeis brasileiras.

Assim, o insigne Mestre põe à disposição dos estudiosos não apenas o fruto de seu privilegiado intelecto, como também a experiência de analista e executivo, acumulada em tantos anos de trabalho.

Prof. Dr. Sérgio de Iudícibus

*Professor Emérito da Faculdade de Economia,
Administração, Contabilidade e Atuária da Universidade de São Paulo (FEA/USP)*

*Professor do Mestrado em Contabilidade da Pontifícia
Universidade Católica de São Paulo (PUC-SP)*

COMO UTILIZAR ESTE LIVRO

Para uma sala de aula de Pós-Graduação (Doutorado, Mestrado ou até mesmo Especialização – como os bons MBAs), o livro pode e deve ser usado como um todo, seguindo a ordem dos Capítulos. O que se pode é ir pedindo, antecipadamente, a leitura de partes dos Capítulos 8 e 9 (de análise crítica dos indicadores) por tópico, distribuindo-os por aula conforme a conveniência (índices de liquidez e capital de giro para uma aula, prazos médios para outra etc.). Isso desde que todos os alunos tenham já uma boa base de análise de balanços, é claro.

Para alunos de graduação de muito bom nível, recomendam-se pelo menos os Capítulos 1 a 9 e 14.

Para leitores e profissionais com boa formação no nível da graduação na área de análise de balanços que queiram se aprofundar, sugere-se a leitura de todo o livro na ordem em que estão os capítulos. O mesmo vale para profissionais e docentes experientes que queiram testar seus conhecimentos.

Para especialistas em análise já bastante avançados na matéria, sugere-se a leitura dos Capítulos 8, 9, 10 e 13.

Para quem quiser se familiarizar com as **regras relativas ao Parecer dos Auditores**, leia o Capítulo 2.

Um ponto muito interessante: no Capítulo 1 está o "**Caso Abdul**". Sugere-se fortemente que **todos o leiam atentamente**. Atenção colegas professores: esse caso pode ser utilizado não só em análise de balanços, mas também em teoria da contabilidade, em contabilidade societária e outras disciplinas!

Por fim, é importante informar que há alguns tópicos que são tratados em diversos capítulos. Por exemplo, os Fluxos de Caixa são discutidos nos Capítulos 1, 5, 6, 7, 8, 9, 10 e 12.

RECURSOS DIDÁTICOS

Para facilitar o aprendizado, este livro conta com o seguinte recurso:

- Dicas de vídeos que contextualizam os temas do capítulo com exemplos de casos reais.
- Material sobre Fluxo de Caixa por Competência (indicado ao fim do Capítulo 6).

Para acessá-los, é necessário posicionar a câmera do *smartphone* ou *tablet* sobre o código.

Assista à *playlist* com vídeos sobre operações de arrendamento mercantil e impactos do CPC 06 (R2)

uqr.to/1zuvp

SUMÁRIO

Índice de Figuras

Índice de Equações

Índice de Quadros

INTRODUÇÃO

Esta obra (muita pretensão chamá-la assim?) possui várias características principais que, julgamos, a destacam das demais publicações sobre análise de demonstrações contábeis.

Em primeiro lugar, não é um livro de iniciação à Análise de Balanços. Parte-se, aqui, do princípio de que o básico de análise já seja de domínio do leitor e do aluno.

A segunda característica se refere à abordagem diferenciada do conteúdo utilizada, mais informal e estruturada de maneira diferente, com o objetivo de desmistificar a aura que se criou ao longo do tempo em torno dos indicadores de desempenho econômico e financeiro, de mostrar a real potencialidade de cada indicador e de evidenciar suas muitas limitações à luz de diversos fatores. Espera-se que o leitor, ao entrar em contato com este estudo bastante crítico, não imagine que os indicadores de análise de balanço tenham sido "destruídos", mas sim que possa conhecer seu verdadeiro potencial de contribuir para a avaliação do desempenho econômico e financeiro da entidade em análise.

Outro objetivo almejado se refere à didática de apresentação dos conceitos. A elaboração da obra parte da realidade da sala de aula. Os saberes aqui trazidos foram coletados diretamente na fonte de uma prática que vem se consolidando há anos. Foram gravadas as aulas da disciplina "Análise de Demonstrações Contábeis" do curso de pós-graduação da FEA/USP no primeiro semestre de 2010. Posteriormente, foram compiladas, avaliadas e revisadas para publicação. Procurou-se preservar a linguagem, os exemplos, as analogias, os "casos" e as estratégias de ensino para que o leitor pudesse se aproximar o máximo possível do que seria uma aula desse conteúdo (com o Prof. Eliseu Martins).

A linguagem aqui utilizada é também mais informal do que a tradicional, já que é derivada da que costumamos utilizar em sala de aula.

Todavia, por estar-se tratando de análise considerada como avançada, não houve exagerada preocupação didática, como deveria ocorrer num livro para o curso de graduação.

Como na maioria das obras sobre a matéria, aqui a abordagem assumida também parte da perspectiva do usuário externo, ou seja, a análise aqui exposta é realizada sob a ótica de quem está fora da empresa, tendo como informações para avaliação e tomada de decisões apenas as demonstrações publicadas, como de fato ocorre na prática.

Diferentemente de outras obras, não são apresentados exercícios fechados para serem elaborados. São sugeridas atividades baseadas nas Pedagogias Ativas, as quais centralizam o leitor no processo de ensino e aprendizagem, cujas aplicações possibilitam a consideração dos contextos nos quais estão inseridos os atores do processo. Também foram inseridos comentários sobre os aspectos didáticos, fundamentados em teorias educacionais, envolvendo aspectos específicos de cada unidade para que possam ser explorados pelos leitores professores no desempenho da atividade docente.

Espera-se que esta obra contribua em termos de conteúdos à área na medida em que procura resgatar os fundamentos da Análise de Demonstrações Contábeis, e que torne o ensino do assunto mais prazeroso e significativo aos estudantes, professores e profissionais.

O Capítulo 1 inicia comentando sobre aspectos simples, mas fundamentais, que realmente interessam na análise de balanços. Enfatiza que **o fundamental é saber ler as demonstrações contábeis**. O "resto", isto é, os indicadores, são um mero auxílio adicional. E nesse capítulo também se discute o "Caso Abdul". O relevante nesse caso é mostrar os fundamentos da Contabilidade e explicar alguns dos pressupostos mais relevantes a serem conhecidos para poder se analisar balanços. E discute sobre a grande **diferença de filosofia entre contabilidade a custo histórico e a valores justos**. Mostra também algumas das principais deficiências do custo histórico. E explica e justifica por que **os balanços não mostram o que uma empresa vale**.

O Capítulo 2 fala da importância da presença do **relatório do auditor independente**, e dá um resumo das normas recém-instituídas no Brasil para que se possa de fato entender o que esses relatórios querem dizer. E insiste-se: **não se inicia a analisar sem a leitura desse relatório**.

O Capítulo 3 explica o porquê da existência das normas contábeis, a evolução dessas normas e os pilares que sustentam a nova contabilidade brasileira e também mundial. Fala das **normas baseadas em princípios, e não em regras**, **da primazia da essência sobre a forma** e do papel do julgamento.

O Capítulo 4 enfatiza por que não se pode analisar uma empresa **sem que se conheça o negócio** em análise e sem que se tenha um certo domínio do **modelo contábil** sendo utilizado. E evidencia por que sempre pode haver mais de um modelo contábil para o mesmo tipo de negócio.

O Capítulo 5 discorre sobre os **modelos contábeis de diversos setores**, mostrando que há de fato possíveis diferentes modelos para o mesmo negócio, ou modelos iguais para diferentes tipos de negócio. E explora, numa visão bem prática, alguns casos especiais, falando de alguns setores que raramente são apresentados na literatura, como é o caso de bancos, seguradoras etc.

O Capítulo 6 fala da clássica relação entre **liquidez e rentabilidade**, dá uma ênfase ao fluxo de caixa, mas mostra que **a diferença entre lucro e caixa é apenas temporal**. Mostra por que depreciações são tão financeiras quanto pagamento de salários. Outra parte complementar é apresentada no Capítulo 12.

O Capítulo 7 utiliza um exemplo para simular uma análise apenas com base no conhecimento básico de contabilidade e sem a utilização de sofisticados cálculos, procurando provar o que fora dito no Capítulo 1: **a leitura atenta é a única parte realmente importante do processo de análise de balanços**. Nesse capítulo discute-se um pouco também sobre *valuation*, mostrando um pouco dos diversos métodos de avaliação de empresas. Mostra o **erro tão universalmente praticado com o uso do WACC** utilizado na avaliação de empresas com base no método do valor da firma.

Os Capítulos 8 e 9 são "**a alma da análise crítica**", porque procuram destrinchar os principais indicadores tradicionalmente utilizados na análise de balanços, mostrando como podem estar sendo mal-entendidos e mal praticados. Mostram as falhas mais relevantes de cada um e chamam a atenção para o cuidado e as limitações de cada um deles. Pode parecer uma **desconstrução** da análise de balanços, mas é, acima de tudo, a gênese da análise realmente **crítica**.

O Capítulo 10 volta ao velho tema da **inflação**, para mostrar como se reduz a capacidade de a Contabilidade representar a realidade quando os efeitos inflacionários não são considerados na contabilidade e/ou na análise de balanços. **Sem a consciência desses efeitos, muitos erros são cometidos**. Mostra algumas regras práticas para se estimar esses efeitos sobre o resultado.

O Capítulo 11 discute um pouco sobre o universal e relevantíssimo conceito de **custo de oportunidade** e sobre as más consequências da sua não adoção pelas normas contábeis. Analisa especificamente o caso da contabilização das *stock options*.

O Capítulo 12 apresenta aspectos relevantes das normas internacionais de contabilidade (IASB) a serem observados por quem analisa as Demonstrações Contábeis. Assuntos como **moeda funcional** que não o real e outros são considerados com certa profundidade. Chama-se a atenção para a análise complementar das demonstrações contábeis: Demonstração do Resultado Abrangente, Demonstração dos Fluxos de Caixa, Demonstração das Mutações do Patrimônio Líquido, Demonstração do Valor Adicionado e Notas Explicativas.

No Capítulo 13 é feita uma introdução aos modelos de avaliação econômica de empresas (*valuation*) e como evitar erros comuns.

O Capítulo 14 apresenta algumas possibilidades e cuidados com o uso de Inteligência Artificial (IA) no ensino e na análise profissional de demonstrações contábeis.

Finalmente, o Epílogo menciona o que é importante para uma boa análise de balanços, mas que ficou fora desta obra.

1

APRENDENDO A FAZER UMA BOA ANÁLISE DE BALANÇOS. O CASO ABDUL

Objetivo do capítulo

Na primeira seção, pretende-se apresentar aspectos essenciais àqueles que aspiram enveredar pelo processo de análise das demonstrações contábeis. Na segunda seção são apresentados alguns conceitos essenciais na análise das demonstrações contábeis (publicadas ou não). O domínio da teoria contábil muitas vezes é o que faz a diferença entre os bons analistas. Na sequência é apresentado o Caso Abdul, em que são explorados alguns desses conceitos. Tudo à luz da análise dos balanços.

1.1 APRENDENDO A FAZER UMA BOA ANÁLISE DE BALANÇOS

Para fazer análise de demonstrações contábeis, é preciso algumas poucas coisas:

1) Saber ler. E "saber ler" não é tão fácil! Há muitas coisas que estão escritas somente nas entrelinhas. Você precisa entender o que está lá, captar o não dito.

2) Ter conhecimento mínimo de qual modelo contábil está sendo utilizado e se ele tem a capacidade de representar de fato a situação da empresa. Ou seja, conhecer a empresa, o negócio e... sua contabilidade!

Análise de balanço se faz da seguinte forma: domingão, sentado na sala com os pés em cima do sofá e jornal nas mãos. Não é necessário computador nem máquina de calcular. É absolutamente inútil utilizar máquina de calcular para definir, por exemplo, a segunda casa decimal de qualquer indicador. As continhas e as comparações mínimas são feitas mentalmente. Você lê as demonstrações e faz as comparações "de cabeça". Quando terminar essa leitura atenta, você terá analisado e entendido o desempenho da entidade ou empresa naquele período. O dia que conseguir fazer isso, você terá aprendido a analisar balanço! Enquanto precisar de máquina de calcular, planilha etc., não terá chegado lá ainda. Você pode até usá-las para ajudar, isso é outra história, mas ser dependente de modelinhos... não dá!!!

Fonte: hendringuriana | iStockphoto
FIGURA 1.1   Postura para fazer uma boa análise de balanços.

Outro ponto: se alguém precisar de mais de meia dúzia de indicadores para fazer uma boa análise, é porque alguma coisa está errada. Se dobrar de meia para uma dúzia então, sinto muito, já passou do limite. Quanto mais indicadores utilizar, maior poderá ser o risco de perder o conjunto de vista e de se fixar em detalhes sem tanta importância, muito embora seja comum vermos alguns textos que se preocupam muito mais com uma quantidade infindável de "índices" do que com a análise crítica da capacidade de cada um deles.

Portanto, análise de balanço se faz lendo as demonstrações. O resto é blá! blá!... É nada! As grandes conclusões nascem com a pura leitura e seu conhecimento, e o que você vai conseguir com todos os detalhes posteriores são os refinamentos! Pois as conclusões básicas que você tirou na leitura do conjunto de informações não vão mudar. Se você não tirou a essência da análise naquela grande leitura, esqueça. Mude de ramo! Pois análise não tem milagre, não tem fórmula mágica. Não existe um indicador específico ou um conjunto de indicadores que resolva todos os problemas. E algo muito importante: é preciso saber muito mais de contabilidade do que se imagina. É notável o número de conclusões errôneas praticadas por causa do desconhecimento dos fundamentos contábeis que estão sendo utilizados em certos casos.

1.2   O CASO ABDUL

1.2.1   Introdução

Este caso foi "bolado" há muitos e muitos anos atrás para uso em sala de aula. Com uma única folha de papel, sempre conseguimos de 1 a 3 horas de discussão sobre inúmeros conceitos. Ele agora passa a compor esta obra. Sugerimos sua leitura atenta, apesar da "historinha", porque vamos aqui discutir um pouco os conceitos:

- Entidade.
- Competência.
- Ativo e Passivo e seus reconhecimentos.
- Receita e Despesa e seus reconhecimentos.
- Avaliação a *fair value*.
- Avaliação ao custo.
- Depreciação; depreciação e caixa.
- Custo de oportunidade.
- *Impairment*.
- Conciliando Lucro e Caixa.
- Balanços na continuidade e na descontinuidade.
- Balanço e Valor da Empresa.
- Custo Histórico e Reposição de Ativos.

Abdul Schmidt, alimentando o sonho de ser dono do próprio negócio, investiu seus únicos $ 40.000 na compra de um táxi (0 km), para iniciar a sua microempresa Abdul Schmidt & Família. Sem muito planejamento, Abdul iniciou suas atividades, cheio de esperanças, em 05/09/X4!

Fonte: lukaves | iStockphoto

FIGURA 1.2   Táxi de Abdul Schmidt & família.

No final desse mesmo ano, Abdul começou a inquietar-se sobre a viabilidade do seu negócio. Teria sido uma boa iniciativa a de investir todos os seus recursos nesse táxi?... Bem... para responder a essa dúvida é necessário recorrer aos números...

Em 31 de dezembro de X4, o fluxo de caixa para o quadrimestre indicava:

QUADRO 1.1   Fluxo de caixa de "Abdul & Família" em 31/12/X4.

Itens	Valores ($)
Receitas de Serviços	15.000
Despesas com Combustíveis	(3.500)
Despesas com Manutenção	(800)
Impostos e Seguros	(400)
Aluguel de Casa com Garagem	(1.600)
Alimentação	(2.000)
Diversas Despesas Pessoais	(460)
Renda de Poupança	60
Saldo Final (incluídos $ 6.000 na conta poupança)	6.300

Além desses dados, existiam as seguintes informações complementares:

a) A depreciação aceita pelo Fisco é calculada em 5 anos, com valor residual nulo, mas Abdul estima o uso do carro em 4 anos, quando acredita poder vendê-lo por 40% do preço de um novo. O valor de reposição do táxi em 31/12/X4 é de $ 41.000 em estado de novo. O valor de venda como se encontra é de $ 30.000.

b) Se tivesse trabalhado de empregado, Abdul teria ganhado $ 4.000 nesse período.

c) Há uma conta com manutenção a pagar de $ 200 e Abdul cobra, ao final dos meses ímpares, $ 200 do Sr. Salim para levar seus filhos à escola, e prestou o serviço em dezembro.

d) A caderneta de poupança de Abdul é do dia 03 e renderá 0,7% em janeiro.

Para analisar a viabilidade do negócio do Sr. Abdul, vários aspectos conceituais devem ser observados, o primeiro deles se refere ao conceito de **entidade**.

1.2.2   Definindo a entidade em análise

Inicialmente, alguém poderia pensar que é obrigatória, sempre, a segregação das despesas pessoais do Sr. Abdul daquelas despesas inerentes à atividade da prestação de serviço exercida pelo taxista. Esse é um velho erro bastante comum no ensino de Contabilidade. Qual seria o problema em conceber o Sr. Abdul & Família como uma entidade? Nenhum! O Princípio da Entidade genuíno determina que temos que definir qual a entidade em análise, e não simplesmente segregar o patrimônio da pessoa física daquele pertencente à pessoa jurídica; faz-se isso porque avaliar apenas a pessoa jurídica é o mais usual no mundo dos negócios. Mas a visão de só se fazer contabilidade para a pessoa jurídica não é verdadeira. O objetivo da contabilidade é prestar informações acerca de uma estrutura patrimonial, independentemente se pertence a uma pessoa jurídica, a uma pessoa física ou até mesmo a uma família.

Existe uma ideia preconcebida de que os balanços só devem ser feitos para as pessoas jurídicas. Essa ideia advém de um vício consubstanciado numa visão errônea de que o Princípio da Entidade consiste em segregar os bens da pessoa jurídica dos bens do proprietário. Está incorreto! O princípio consiste em segregar a entidade objeto da contabilização. Feito isso, você deve separar o que pertence à entidade. Observe, entretanto, que, se você for elaborar o balanço da pessoa jurídica, não poderá agregar os bens da pessoa física, dos gestores, dos empregados etc. Mas, se você definir que a entidade é uma família, ou o conjunto das famílias representadas pelos que puseram o capital e pelos que são empregados, é perfeitamente possível fazer as demonstrações de tal entidade. Não há nada que o impeça. Portanto, a primeira coisa a fazer é decidir qual é a entidade que iremos analisar: a pessoa jurídica ou a família? Definida a entidade, faz-se a segregação dos bens desse ente.

Neste caso podemos definir que a entidade será Sr. Abdul & Família, ou seja, AS & Família. Portanto, serão considerados os registros relativos a aluguel da casa, despesas pessoais de alimentação, de higiene, de limpeza etc.

QUADRO 1.2   Dados da entidade "AS & Família".

Dados	Valores
Compra Táxi em 05/09/X4	$ 40.000
Vida Útil	4 anos
Valor Residual (final de vida útil)	40%
Valor de Reposição do Táxi em 31/12/X4	$ 41.000
Valor de Venda do Táxi em 31/12/X4	$ 30.000
Poupança Janeiro	0,7%
Salário Mensal, se Empregado	$ 1.000

1.2.3   Compor o balanço patrimonial da entidade AS & Família

Para analisar a viabilidade do negócio, vamos montar os Balanços Patrimoniais com as possibilidades existentes: (a) Balanço a *fair value* com a compra do táxi; (b) Balanço de Abdul empregado; (c) Balanço de acordo com as regras contábeis tradicionais.

1.2.3.1   *Balanço a* fair value

Já possuímos a informação de que, no final, o caixa é de $ 6.300, conforme apresenta o fluxo de caixa. Também sabemos que há contas a receber no valor de $ 100, referentes à metade do valor pago pelo Sr. Salim por bimestre pelo transporte de seus filhos até a escola (consideramos que o recebimento é garantido). Há também juros a receber relativos ao dinheiro depositado na caderneta de poupança, com vencimento em 03 de janeiro. Em função da imaterialidade do valor, vamos considerar o valor mensal dos juros (e não 27/30, como seria teoricamente indicado). Portanto, os juros totalizam $ 42. Para finalizar o ativo, consideraremos o automóvel por seu valor de venda, já que há mercado ativo e esse é o primeiro critério para o conceito de valor justo, ou seja, $ 30.000, tudo conforme demonstrado a seguir.

O Sr. Abdul inscreve os $ 100 dos serviços a receber porque ele prestou o serviço e tem convicção de que vai receber esse valor, e porque seu cliente continua localizável e em condições normais, e só não pagou porque assim foi combinado. Se houvesse dúvida significativa quanto ao recebimento, o cliente houvesse mudado e não deixado endereço etc., esse balanço não poderia conter tal recebível. Esses conceitos de **competência**, de **reconhecimento de Ativo** e de **reconhecimento de Receita** ele aprendeu porque outro vizinho seu, contador, já lhe explicou um dia numa conversa de bar... E mais forte convicção tem ele de que precisa reconhecer a despesa e a obrigação de pagar pela manutenção já incorrida e ainda não liquidada financeiramente. Os juros a receber da poupança também derivam do regime de competência, conclui o Sr. Abdul, e produz:

QUADRO 1.3   Balanço patrimonial *fair value* de "AS & Família" em 31/12/X4.

AS & Família Balanço Patrimonial "*fair value*" em 31/12/X4			
Ativo		**Passivo**	
Disponível	6.300	Contas a Pagar	200
Serviços a Receber	100	**Patrimônio Líquido**	36.242
Juros a Receber	42	Capital	40.000
Automóvel	**30.000**	**Prejuízo Acumulado**	**(3.758)**
Total	36.442	Total	36.442

Observe que o resultado (negativo) que está no PL foi calculado por diferença entre o total dos ativos menos o capital e os passivos, como o Sr. Abdul aprendeu com seu vizinho contador.

Percebam que esse balanço está montando a *fair value*, já que o automóvel e os outros itens estão pelo valor de mercado. Isso significa que, a *fair value*, a entidade tem um patrimônio, na data do balanço, menor do que aquele existente na data de sua formação, que era $ 40.000. Ou seja, a entidade perdeu patrimônio, perdeu $ 3.758!

O Sr. Abdul confirma seu temor: **hoje seu patrimônio encolheu**. Para verificar se fez ou não um bom negócio, verifica o que teria acontecido se tivesse trabalhado como empregado.

1.2.3.2 *Balanço de Abdul como empregado*

Se o Sr. Abdul estivesse trabalhando de empregado, não teria diversos desembolsos, como combustíveis, manutenção, imposto e seguro do carro. Talvez até não tivesse o mesmo aluguel, porque não precisaria da garagem, mas como não sabemos avaliar isso, não consideraremos. Por outro lado, teria um rendimento na poupança pela aplicação do dinheiro que tinha, $ 40.000, que, a 0,7% ao mês estaria agora em $ 1.132. Logo, poderia ter sido seu fluxo de caixa:

QUADRO 1.4   Fluxo de caixa – "AS & Família" em 31/12/X4 (trabalhando como empregado).

Itens	Valores ($)
Receitas de Salários	4.000
Despesas com Combustíveis	–
Despesas com Manutenção	–
Impostos e Seguros	–
Aluguel de Casa com Garagem	(1.600)
Alimentação	(2.000)
Diversas Despesas Pessoais	(460)
Renda de Poupança	1.132
Sobra do período	1.072
Saldo inicial	40.000
Saldo final	41.072

Seu balanço final:

QUADRO 1.5   Balanço patrimonial de "AS & Família" em 31/12/X4 (trabalhando como empregado).

Balanço Patrimonial – Abdul & Família – se empregado realizado em 31/12/X4			
Disponível	–	Capital	40.000
Poupança + Juros a receber	41.072	Lucros Acumulados	1.072
	41.072		41.072

O Sr. Abdul conclui: se estivesse trabalhando de empregado, **seu patrimônio provavelmente estaria maior**. Essa é a primeira conclusão que fazemos analisando este balanço.

Talvez o Sr. Abdul pudesse até pensar: **acho que valeu a pena**! Estou $ 3.758 menor do que comecei, poderia estar $ 1.072 maior, ou seja, a diferença total é de $ 4.830. Mas valeu a pena porque compensou com o fato de eu não ter patrão!!!

$ 4.830 é o custo de oportunidade da decisão de comprar o táxi. O benefício dessa decisão, para ele, pode ser maior do que esse custo, se realmente tiver tanto apreço por trabalhar por conta própria.

Mas será que sua família pensa assim? É bem provável que NÃO. Sua família pode estar cobrando dele enormemente essa perda de quase 10% do patrimônio num único quadrimestre. Motim na família?

Transtornado, o Sr. Abdul pede socorro ao contador.

1.2.3.3   Balanço de AS & Família de acordo com as regras contábeis

Olhando o que lhe foi apresentado, o vizinho conclui que o balanço da "AS & Família" que foi feito anteriormente não obedece às regras contábeis, porque o táxi é Ativo Imobilizado (por mais que rode, continua Imobilizado... – desculpem-nos) e a regra normal para avaliação do Imobilizado não é valor justo, e sim custo depreciado. Ao procedermos de acordo com a norma, o valor de mensuração do automóvel seria alterado.

O custo foi $ 40.000, mas quanto é a depreciação? Talvez o Sr. Abdul diga que foi $ 10.000, já que o táxi vale agora apenas $ 30.000. Ocorre que o seu vizinho explica que, para a contabilidade, a depreciação é um conceito mais amplo e de mais longo prazo. Afinal, o táxi não está no negócio com o objetivo de ser vendido após 4 meses, e sim apenas após 4 anos. Observe que, no momento em que está sendo feito esse balanço, o automóvel tem uma expectativa de vir a ser vendido, após mais 11 quadrimestres, por 40% do preço de um carro novo; e como o novo custa $ 41.000, há a expectativa, aos preços de hoje, de venda por $ 16.400. Explica então o vizinho contador que a depreciação do seu automóvel representa a parcela dos $ 40.000 investidos que não será recuperada nessa venda por $ 16.400, ou seja, $ 23.600. Distribuindo essa depreciação total então de $ 23.600 pelos 12 quadrimestres, conclui que a depreciação que o Sr. Abdul deve considerar para o último quadrimestre de X4 é:

$$Depreciação = \frac{(Valor\ de\ custo\ do\ bem - Valor\ residual)}{Número\ de\ períodos}$$

Equação 1 – Depreciação

Assim,

$$Depreciação = \frac{(40.000 - 16.400)}{12\ quadrimestres} = \$\ 1.967\ por\ quadrimestre$$

Após isso, o vizinho, depois de elogiar a apropriação dos serviços e juros a receber e a manutenção a pagar, monta a Demonstração do Resultado e levanta outro balanço para o Sr. Abdul:

QUADRO 1.6   Demonstração do Resultado do Exercício de "AS & Família" em 31/12/X4.

Demonstração do Resultado do Exercício – X4	
Itens	**R$**
Receitas de Serviços	**15.100**
Desp. Combustíveis	(3.500)
Desp. Manutenção	**(1.000)**
Imposto e Seguro	(400)
Aluguel Casa e Garagem	(1.600)
Alimentação	(2.000)
Diversas Despesas Pessoais	(460)
Renda da Poupança	**102**
Depreciação	**(1.967)**
Lucro!!!	**4.275**

(Os valores correspondem aos valores do próprio fluxo de caixa mais as apropriações por competência dos $ 100 de serviços a receber, $ 42 de juros a receber, $ 200 de manutenção a pagar e a depreciação.)

QUADRO 1.7   Balanço patrimonial de "AS & Família" em 31/12/X4 (de acordo com as regras contábeis).

Balanço Patrimonial – De Acordo com as Regras Contábeis Realizado em 31/12/X4			
Ativos		**Passivos**	
Disponível	6.300	Contas a Pagar	200
Serviços a Receber	100		
Juros a Receber	42	**Patrimônio Líquido**	
Automóvel	**40.000**	Capital	40.000
(–) Deprec. Acumulada	**(1.967)**	**Lucros Acumulados**	**4.275**
Total	44.475	Total	44.475

O Sr. Abdul pensou sozinho antes de raciocinar mais detidamente sobre o que realmente significavam esses números: "Puxa, não é que agora o resultado no Patrimônio Líquido não foi obtido só por diferença entre ativos, passivos e capital? Está lá na última linha da apuração do resultado!".

Poderíamos dizer que o balanço citado é caracterizado como balanço de acordo com as regras contábeis? Ainda não. Existe uma regra fundamental que não foi atendida. Nós podemos deixar o Ativo Imobilizado pelo valor que está registrado nesse balanço? O automóvel está registrado por $ 38.033 ($ 40.000 – $ 1.967), quando na realidade ele vale $ 30.000 no mercado. É possível fazer isso? Se fosse para venda, por definição, não poderia ser reconhecido por esse valor de $ 38.033. Mas, se for para uso, é possível?

1.2.3.3.1   O teste de *impairment*

O Sr. Abdul, começando a analisar, fica com essa dúvida e fica também com medo de que o balanço do seu amigo não esteja retratando a realidade. Questiona-o, e o vizinho explica que, de acordo com a norma, os ativos destinados a uso devem ser submetidos a **dois** testes para efeito de *impairment*, ou seja, ele tem que passar em pelo menos um deles para permanecer no Ativo.

a)   O primeiro deles é saber se o valor é validado pelo mercado. Nesse caso, isso não se verificou, ou seja, o valor contábil é superior ao valor de mercado, mas isso não significa que temos que reconhecer esse prejuízo contabilmente. Teremos que fazer o segundo teste.

b)   No segundo passo teremos que verificar se o valor excedente é recuperável pelo fluxo de caixa a vir a ser proporcionado pelo uso do ativo, descontado a valor presente.

Para fazer esse segundo teste, e já que o automóvel é a (única) unidade geradora de Caixa, precisamos fazer alguns cálculos. Vamos fazer uma projeção aproximada. Qual a capacidade de esse negócio gerar Caixa? O correto seria efetuar uma projeção com todos os detalhes e todas as estimativas de receitas e despesas futuras. Mas, dentro da filosofia de que "façam o que eu falo, mas não façam o que eu faço", separamos o que falamos que deveria ser feito, mas, por simplificação, vamos aqui admitir uma ideia exageradamente rudimentar: vamos admitir que nos próximos 11 quadrimestres as coisas continuem mais ou menos como foram neste.

Ora, o quadrimestre produziu o valor que consta no fluxo de caixa de $ 6.300; mas precisamos adicionar a esse valor os $ 100 a receber do cliente, mais $ 42 de rendimento da poupança a receber e diminuir $ 200 que faltam ser pagos da manutenção. Assim, a unidade geradora produziu um fluxo de caixa de $ 6.242. Supondo, simplesmente, que o cenário projetado se repetirá ao longo do tempo, teremos, ao final de 12 quadrimestres, $ 74.904 (estamos desprezando rendimentos reais da poupança sobre os saldos crescentes da poupança, tudo pela simplificação); só que deverá ainda ser recebido o valor residual do veículo, $ 16.400. Logo, a previsão, um pouco às pressas, é de um fluxo total futuro de valor nominal de $ 91.304, saldo previsto para o final do último dos 12 quadrimestres.

Ora, não há dúvida de que, trazendo a valor presente esse fluxo, com certeza chegamos a um número maior, muito superior ao saldo contábil do Imobilizado a ser recuperado ($ 38.033). Logo, o Imobilizado, que passou pelo teste da recuperabilidade, e o balanço contábil, com sua Demonstração do Resultado, podem ser dados como estando totalmente conforme os sadios princípios contábeis.

E eles evidenciam que o Sr. Abdul e sua família tiveram **lucro**, e não prejuízo como mostrava o balanço a valor justo. E mais, um lucro bem maior do que o que seria obtido com ele trabalhando de empregado. Por essas informações, foi acertadíssima a decisão de compra do táxi.

E as projeções do fluxo de caixa, mostrando o provável saldo final de disponibilidade de $ 91.304 e o provável balanço final seguinte, parecem indicar que de fato a decisão estava corretíssima. Ou seja, as demonstrações contábeis tradicionais mostrando que tudo vai bem, muitíssimo bem, obrigado!

1.2.3.3.2 Conciliando lucro com caixa

Que tal conciliar esse lucro realizado com a projeção efetuada? O Caixa + quase caixa realizados foi de $ 6.242, conforme vimos, que vezes 12 e mais o valor residual nos deram a estimativa de um Caixa final e um Patrimônio Líquido final a evidenciar um capital de $ 40.000 e um lucro acumulado de $ 51.304. Já o lucro apresentado, se também multiplicado por 12, nos dá o quanto de lucro foi acumulado? Exatamente os mesmíssimos $ 51.304 (12 × $ 4.275). Vejam-se os quadros a seguir.

QUADRO 1.8   Fluxo de caixa projetado de "AS & Família".

Fluxo de Caixa e de Lucro Projetados (para quatro anos)			
Caixa + Quase Caixa:	$ 6.242	Lucro:	$ 4.275
	× 12		× 12
	74.904		**51.304**
Venda do Automóvel	16.400		–
Caixa total final projetado	**91.304**	**Lucro total projetado**	**51.304**

QUADRO 1.9   Balanço patrimonial projetado de "AS & Família".

Balanço Patrimonial (Projetado)			
Disponível	91.304	Capital	40.000
		Lucro Acumulado	51.304
Total	**91.304**		**91.304**

Ou seja, o lucro projetado de $ 51.304 estará completamente realizado no Caixa ao final dos 12 quadrimestres! E no caixa estará, de volta, é claro, o capital inicial. **Lucro e Caixa se igualaram completamente.**

Aliás, depois de receber o que falta receber e pagar o que falta pagar, já vimos que há um Caixa de $ 6.242 no primeiro quadrimestre. Qual a diferença desse valor com o lucro de $ 4.275? **Exatamente o valor da depreciação, de $ 1.967.** Logo, os $ 6.242 representam o lucro mais a parte do dinheiro que está no caixa, mas que não é lucro, e sim o começo da recuperação da parte investida no automóvel que não será recuperada pela sua venda ao final; essa parcela tem que ser recuperada pelos serviços prestados.

Se o Sr. Abdul continuar a vida normalmente do jeito que definimos aqui, até o fim da vida do automóvel, ele não só repõe o automóvel, como tem condição de aumentar a frota.

Observe que começamos esses cálculos para testar a recuperabilidade do automóvel e chegamos à conclusão de que o Sr. Abdul tem um ótimo negócio. Pois a projeção revela que ele está tendo um excelente retorno. No entanto, temos três informações diferentes...

1.2.4   Qual balanço reflete melhor a realidade do patrimônio e sua evolução? Em análise a continuidade da entidade

> *Há tempos atrás, quando não existiam parágrafos de ênfase, os auditores expressavam sua opinião dizendo que estavam de acordo com as demonstrações, porém: "sujeitos a" e "exceto quanto" quando queriam dar ressalvas. Os pareceres com ressalvas continham essas duas expressões características: a) "**exceto quanto**" quando se tratava de parecer adverso e "**sujeito a**" que era semelhante ao parágrafo de ênfase que temos hoje.*
>
> *O Parecer dos auditores independentes da Hewllet-Packard-HP era mais ou menos nesses termos: "[...] o balanço representa adequadamente a situação patrimonial da empresa e está de acordo com os princípios contábeis geralmente aceitos, [...], sujeito à continuidade da vida dos Srs. Bill Hewllet e David Packard...*

Percebam que a continuidade ou descontinuidade do empreendimento é um conceito fundamental na análise de qual balanço utilizar na tomada de decisões.

O balanço sob as regras contábeis atuais por nós elaborado espelha a realidade da empresa dentro dos princípios contábeis, dentro dos quais o pressuposto da continuidade dos negócios é fundamental. Todavia, **se o Sr. Abdul morrer**, será que a família poderá continuar o negócio? Se morrer ao final do primeiro quadrimestre, a família poderá ter que descontinuar o negócio, vendendo o táxi. Se ele morrer num desastre com seu automóvel, a família deverá receber, como seguro, o valor de mercado desse veículo. **Nessa hipótese, o balanço com os ativos de uso a *fair value*** é o que melhor representa a realidade.

Na descontinuidade, o balanço contábil a custo não tem muita utilidade, não reflete a realidade. **Por outro lado, no pressuposto da continuidade, o balanço com os ativos de uso a *fair value* pode induzir à conclusão de que o Sr. Abdul teria feito um mau negócio** na aquisição do táxi.

Veja que é uma verdade que a família tem menos patrimônio (a valores de venda) em 31/12/X4 que no início das atividades. Isso ocorre por efeito das regras contábeis? Não! O fato é que a depreciação do automóvel no primeiro ano é muito grande, exagerada. Do ponto de vista prático, sabemos que isso é verdade, no primeiro ano o carro se desvaloriza rapidamente, porém nos anos subsequentes essa variação em termos relativos tende a diminuir.

No entanto, quando se faz o balanço contábil, a depreciação é definida, comumente, como numa linha reta, o que faz com que o valor de mercado daquele ativo se descole completamente do valor contábil. **Mas é engraçado, apesar disso e por causa disso, o resultado apresentado é um número que espelha muito bem a realidade olhando o longo prazo.** Frise-se que isso só é válido se existir alguém da família para assumir o negócio na hipótese de o Sr. Abdul morrer, ou se ele, preferivelmente, não morrer. Se a família contratar um motorista para substituir o Sr. Abdul, por exemplo, a estrutura de resultado vai ser diferente daquela definida no nosso cenário.

Os balanços são feitos sob certas regras; nesse sentido, a hipótese de continuidade da empresa a longo prazo não pode ser esquecida, e ela é um dos pressupostos básicos (conforme a Estrutura Conceitual). O lucro de cada ano representa a tendência da empresa para o resto da vida, dentro do pressuposto estabelecido de que o ambiente deve se manter igual ao longo da vida do veículo.

O balanço com os ativos de uso a *fair value* tem a característica de dizer qual é a evolução do patrimônio até este momento, no pressuposto da descontinuidade. Pode ser a melhor expressão da verdade, desde que existam fortes indícios de descontinuidade quando o *fair value* é aplicado aos ativos de uso. É bom destacar aqui que o balanço com os ativos de uso a *fair value* sem esse pressuposto é pouco útil. De forma semelhante, o balanço contábil tem suas fragilidades, entre elas está o fato de, havendo a descontinuidade do empreendimento, tais informações não serem adequadas.

Veja que pelos dois métodos sempre falta alguma coisa. O bom seria que o balanço fosse feito das duas formas e apresentado em duas colunas distintas para atender às necessidades de informação nas duas vertentes, continuidade e descontinuidade.

Deu para perceber o porquê de, apesar de ter avançado muito nos últimos anos, o uso de *fair value* para os instrumentos financeiros e alguns outros ativos não reflete tendência para os ativos de uso? Dá para entender o porquê do princípio contábil do custo como base de valor?

1.2.5   O balanço e o valor da empresa

Mas... se não fosse uma mistura de negócio com família, e esses dados todos representassem uma empresa propriamente dita, qual seria o valor dessa empresa? Quanto ela valeria? Estaríamos dispostos a pagar mais do que o Patrimônio Líquido contábil de $ 44.275 em 31/12/X4?? **Bem mais!** Uma empresa que num quadrimestre produz quase 11% de taxa de retorno tem ótima rentabilidade. Se considerarmos um ano, teríamos algo em torno de 36% de retorno. Retomando a pergunta: Quanto ela valeria? Depende. Na descontinuidade, ela talvez valha até menos do que o Patrimônio Líquido a *fair value*, $ 36.242, porque faltam ainda ser computados os gastos de encerramento da entidade. Na continuidade, ela vale mais pela expectativa de rentabilidade futura, pela projeção de belos fluxos de caixa futuros. Logo, nenhum dos dois balanços acaba mostrando o quanto a empresa vale.

A contabilidade nunca teve por objetivo mostrar no balanço o quanto a empresa vale, e isso é apontado como uma das suas grandes falhas. Muitos autores falam que há uma tendência de se ampliar itens contábeis avaliados a valor justo para mostrar melhor a realidade. Repare que isso é uma meia-verdade. *Fair value* mostra a realidade para certos ativos e em certas condições. No nosso caso, foi feito um balanço 100% a *fair value*, que, no entanto, não mostrou quanto efetivamente a empresa vale! Aproximou-se, é claro, do quanto vale na descontinuidade, mas não é essa a grande expectativa de quem procura o valor da empresa; quer o seu valor "em marcha", com a entidade funcionando.

Para que um balanço esteja *full fair value*, é necessário que o Patrimônio Líquido, ou seja, as ações da empresa, esteja avaliado ao seu *fair value*. No caso em comento, teríamos que ajustar o valor do Patrimônio Líquido, e como contrapartida apareceria o *goodwill* no ativo. Assim, de uma forma geral, é provável que a empresa avaliada a *fair value* valha menos do que o valor contabilizado; já na hipótese da continuidade, com uma rentabilidade razoável, a tendência é que ela valha mais do que o valor registrado contabilmente.

Voltaremos a esse assunto logo à frente no item 1.2.8.

1.2.6   O balanço a custo histórico e a reposição dos ativos

Nessa altura do campeonato, já estaria convencido o Sr. Abdul de que, na hipótese da continuidade, o negócio é perfeitamente viável, e de ótima rentabilidade, cobrindo todos os riscos. Com vistas ao resultado promissor esperado no negócio, duas alternativas são propostas por ele à família:

a)   Economizar o dinheiro e depois de certo tempo comprar outro táxi.
b)   "Torrar" todo o lucro auferido pelo táxi.

A família, feliz, opta pela segunda alternativa, ou seja, mensurar o lucro do período e gastar tudo em viagens. No primeiro quadrimestre a empresa apresentou um lucro de $ 4.275, e delibera-se então gastar tudo. Ou seja, a família, à luz da consultoria recebida, fez realmente a "distribuição" desse lucro quadrimestralmente.

Qual vai ser o balanço projetado da empresa depois de 12 quadrimestres? Se a empresa distribuir 12 parcelas de $ 4.275, terá distribuído $ 51.304 no total e, no balanço final, terá no caixa exatamente o valor do... capital inicial, $ 40.000.

É possível nesse momento repor o veículo? Não, pois a parcela que se retém periodicamente no caixa por conta da depreciação contábil é necessária para repor não o bem, mas o dinheiro que foi usado na compra do bem que se deprecia, o que pode não ter, e normalmente não tem, nada a ver com o valor do bem a ser reposto. Se o automóvel tiver mantido o mesmo valor de reposição que tinha em 31/12/X4, custará novos $ 41.000. Se tiver caído para $ 38.000, vai sobrar dinheiro no caixa.

A contabilidade tradicional parte do pressuposto da continuidade da vida da empresa, mas peca quando desconsidera as variações de preços específicos dos ativos que ela precisa ter para se manter fisicamente ao longo da vida. É verdade que a empresa está dando lucro, se ela distribui todo esse lucro, ainda consegue manter o capital, mas só que agora o dinheiro não é suficiente para manter fisicamente a empresa no estado em que ela estava antes.

O que fazer? O contador deveria, naquela reunião que teve com a família, explicar que em caso de distribuição do lucro na sua totalidade eles deveriam ficar atentos para o seguinte aspecto: "o lucro, se totalmente distribuído, mantém o capital colocado por vocês, porém pode ser que esse capital não seja suficiente para manter fisicamente a empresa". Você poderia sugerir, para efeitos gerenciais, recalcular a depreciação não com base em $ 40.000, mas pelo preço de reposição, que é $ 41.000. Desse modo, a depreciação seria calculada da seguinte forma:

$$Depreciação = \frac{(Valor\ do\ bem - Valor\ residual)}{Número\ de\ períodos}$$

Equação 2 – Depreciação (a preço de reposição)

Assim,

$$Depreciação = \frac{(41.000 - 16.400)}{12\ quadrimestres} = \$\ 2.050\ por\ quadrimestre$$

A diferença entre esses $ 2.050 e a depreciação contabilizada de $ 1.967 deveria permanecer na empresa, e não ser distribuída. A DRE alternativa seria a seguinte:

QUADRO 1.10   Demonstração do Resultado alternativa de "AS & Família".

Demonstração do Resultado Alternativa	
Lucro Antes da Depreciação	6.242
Depreciação à Base Reposição	**(2.050)**
Lucro Disponível	*4.192*
"Economia na Depreciação", ou Depreciação retida	**83**
Lucro Líquido Contábil tradicional	4.275

Ao se fazer análise de balanços é necessário lembrar que há uma estrutura conceitual que deve ser entendida, e o pressuposto fundamental é o da continuidade, visto que o lucro é mensurado à luz desse pressuposto. Em certos momentos, ele mostra uma verdade muito melhor do que aquela aposta a valor de mercado.

Porém, ele apresenta uma limitação muito séria, pois calcula lucro sem mostrar quanto do lucro precisa ser retido para repor ativos cujos preços são crescentes.

E isso também ocorre com o lucro nos estoques, que podem não poder ser totalmente distribuídos para reposição se a valores crescentes.

Além do mais, são ignoradas as necessidades de retenções maiores para ajudarem a financiar expansão de ativos.

1.2.7 E a inflação?

Desconsideramos, por simplificação, os efeitos de eventual inflação nesse exemplo do Sr. Abdul Schmidt. Suponha que ela seja de aproximadamente 2% ao quadrimestre e tente refazer os balanços e o resultado. Sabemos que não mudarão as conclusões desse caso especificamente, mas mudarão um pouco os números. Tente.

Algumas dicas: no balanço a *fair value*, os ativos em 31/12/X4 já estão todos na moeda final, mas o capital inicial precisa ser corrigido pelos 2%, em $ 800, o que aumenta o prejuízo para $ 4.558.

No balanço pelos critérios contábeis vigentes, não só o capital, mas o veículo também precisa ser corrigido (e sua depreciação acumulada), o que muda o veículo, a valores líquidos, para $ 38.794, e o Patrimônio Líquido final para $ 45.036. A conta de correção monetária do balanço, se utilizada a metodologia da antiga lei brasileira, tem saldo zero, porque Imobilizado e Patrimônio Líquido iniciais são iguais, mas a despesa de depreciação se altera e o lucro cai para $ 4.235. Se adotada a correção integral, esse também é o resultado.

Nesse caso, nada muda nas conclusões, inclusive porque o valor do lucro é grande e os efeitos inflacionários, dada a estrutura patrimonial (Ativo Imobilizado *vs.* Patrimônio Líquido), são pequenos no resultado. Muda muito pouco a taxa de retorno que, efetiva, sem os efeitos da inflação, cai para 10% ($ 4.235 sobre o capital corrigido de $ 40.800) ao quadrimestre (34% ao ano).

1.2.8 Avaliando a empresa

Se, ao invés de refletirem o conjunto patrimonial do Sr. Abdul e sua família, esses números fossem de uma pessoa jurídica, mas sem a dependência tão direta da pessoa do Sr. Abdul, quanto provavelmente valeria essa empresa se fosse colocada à venda?

O critério mais utilizado e conceitualmente suportado é o de avaliar a empresa pela sua capacidade de geração de caixa. Ou seja, projetando os fluxos de caixa e descontando-os a seu valor presente.

Ao final desse primeiro quadrimestre, quanto então valeria? Em primeiro lugar, determinemos ou arbitremos o custo de oportunidade que um comprador atribuiria a esse negócio considerando seus riscos.

1.2.8.1 *Os primeiros problemas da avaliação – custo de oportunidade e projeções dos fluxos de caixa*

Supondo-se, por simplificação, que se espera que os fluxos de caixa continuem iguais aos $ 6.242, desconsiderando-se efeitos de eventual inflação futura, talvez no pressuposto de que a inflação afetaria de maneira homogênea as despesas da empresa, bem como suas receitas; admitamos que também o preço do automóvel varie conforme a inflação e pronto: podemos trabalhar como se nunca mais viesse a existir inflação. Só que a consequência desse raciocínio é a de que a taxa de desconto a ser utilizada como custo de oportunidade tem que ser definida em termos reais, ou seja, juros reais mais risco, e sem inflação.

Vamos começar com a hipótese de que um investidor só compraria essa empresa se ganhasse, pelo menos, 12% a. a. Logo, a taxa de desconto corresponderia, nesse caso, ao custo de oportunidade do proprietário (ou do acionista, como dito na prática), que é de 12% a. a. reais.

Nosso exemplo é extremamente simples. Se supusermos que essa empresa tem uma capacidade eterna de geração de fluxo de caixa de $ 6.242 ao quadrimestre (a literatura e a prática costumam chegar a esse valor adicionando ao lucro líquido a depreciação, como, aliás, já vimos: $ 4.275 + $ 1.967), e que isso signifique (tudo em nome da simplificação!) uma geração anual de 3 × $ 6.242 = $ 18.726, isso significa que o negócio valeria o valor presente desses $ 18.726 anuais descontados a 12% a. a., o que daria o valor presente:

Valor do negócio (errado) = $ 18.726/12% = $ 156.050

Mas... estará isso correto?

Não, porque, se se retirar todo o caixa da empresa quadrimestralmente, não vai haver dinheiro para complementar o valor residual do Imobilizado na hora de repô-lo. Assim, precisamos agora calcular o fluxo de caixa disponível para o investidor: é projetado um fluxo de caixa positivo para o fim dos anos 1, 2 e 3 de $ 18.726, e de – $ 5.874 ($ 18.726 – $ 24.600 necessários para complementar o valor de venda do veículo e comprar o novo) no final do ano 4. Projetando-se isso para sempre (na prática costuma-se, como sabemos, projetar um certo número de anos, e depois admitir uma perpetuidade com um crescimento vegetativo, mas não vamos entrar nesse assunto aqui), chega-se ao valor da firma no início da vida da empresa.

VF = Valor da Firma = $ 113.157.

Só para **comprovação**: no final do primeiro ano, o investidor retira $ 18.726, que, colocados a juros de 12% ao ano, produzem, no final do segundo, $ 20.973, que, acrescidos a mais 12%, e no quarto ano não retira nada e, pelo contrário, coloca $ 5.874, chegando ao total acumulado de $ 64.898. Esse valor representa 57,35% de retorno acumulado no ciclo para 4 anos, o que equivale à taxa exata de 12% a. a. Fizemos esse cálculo porque, no primeiro ano, o caixa retirado equivale a 17% de retorno, o mesmo nos 2 anos subsequentes e, no terceiro, há injeção de capital. Assim, facilita-se a análise do cálculo do ciclo completo dos 4 anos.

Vamos criticar um pouco mais.

1.2.8.2   O "valor da firma" não é o valor do PL da empresa, a não ser em raríssimos casos

Nesse cálculo, em que se tomou o fluxo de caixa previsto das operações, cometeu-se um pecadinho – está aí incluído um valor de receita financeira de $ 102; ora, esse valor não é derivado das operações propriamente ditas, sabemos disso. Então não deveria estar incluído na projeção pura dos fluxos de caixa operacionais. Por outro lado, vamos admitir que o lucro só esteja disponível para distribuição ou saque por razões legais inclusive, assim que terminar o exercício social. Ora, nesse caso, **está correto, sim, incluir a receita financeira do caixa gerado dentro do próprio exercício**, diferentemente do que aparece em muitos textos e do que se pratica muitas vezes.

Só vamos esquecer que os $ 6.242 gerariam uma receita adicional nos dois quadrimestres seguintes e vamos, novamente, por pura simplificação e para evitar exagero de cálculos ("façam como digo que é o correto e não como faço"), admitir que realmente ao final de cada ano estarão disponíveis no caixa os $ 18.726.

Mas precisamos lembrar ainda que deve ser adicionado ao montante calculado o saldo em caixa disponível (lembre-se de que estamos fazendo a avaliação no final do primeiro quadrimestre) na data da transação (final do primeiro quadrimestre, no nosso caso), bem como devem ser adicionados todos os ativos não necessários à operação pelos seus valores realizáveis líquidos (valor de venda menos impostos, comissões e despesas diretas de venda). Por outro lado, precisamos deduzir as dívidas pelo valor que seria necessário para saldá-las nesse momento, que no caso é zero, já que os $ 200 estão considerados como redutores do caixa. Na realidade, deverão também ser descontados os valores relativos à necessidade de eventual aumento do próprio capital de giro, não só investimento em Imobilizado. Só assim temos o valor do PL da Empresa. Só que, no nosso exemplo, consideramos que os $ 6.242 que estão no caixa só serão disponibilizados ao final do terceiro quadrimestre e já entraram nesse fluxo de caixa previsto para essa data:

$$\text{Valor da Empresa} = \text{Valor do PL da Empresa} = \text{VE} = \$ 113.157$$
$$+ \text{ativos não operacionais } (\$ 0) \text{ menos dívidas } (\$ 0) = \$ 113.157.$$

Aqui o valor da firma foi igual ao valor do PL.

Que maravilha de valor, hein? Esse seria o quanto então que um investidor aplicaria se quisesse ganhar 12% a. a. Por curiosidade, como ficaria contabilmente a conta de investimento desse investidor? O total pago de $ 113.157 precisaria ser subdividido em valor de Patrimônio Líquido com ativos e passivos a valores justos, e nesse caso o valor justo dos ativos e passivos não é o valor contábil da empresa; o valor do PL contábil é $ 44.275, mas o valor justo do veículo é inferior; assim, o valor justo do PL é $ 36.242 (*fair value*). A diferença entre o que vale a empresa funcionando e o que ela vale se ordenadamente desmanchada é que é o *goodwill*, ou seja, o ágio por expectativa de rentabilidade futura. E a diferença entre o valor justo dos ativos e passivos e seu valor contábil é a mais-valia a figurar em conta própria. No caso, então, se o investimento for de fato de $ 113.157 (na negociação é provável que o valor efetivamente negociado não seja o da avaliação), teremos a seguinte divisão na contabilidade do investidor:

Equivalência patrimonial:	$ 44.275
Menos-valia de ativos e passivos (antigamente "deságio"):	$ (8.033)
Goodwill:	$ 76.915
Valor do investimento:	$ 113.157

(A conta credora de menos-valia irá sendo amortizada como receita proporcionalmente à baixa do veículo porque, para a investidora, o valor investido no veículo é o que ele vale na aquisição e, consequentemente, para ela a depreciação é menor do que a registrada pela investida. É bom saber isso na hora da análise se esse valor for relevante.)

Mas... sempre há um "mas" na história...

1.2.8.3 *Os sérios problemas dos pressupostos nas avaliações tradicionais de empresas*

Veja que tudo partiu da **hipótese de que seja possível retirar \$ 18.726** do caixa da empresa ao final de cada ano não múltiplo de 3. E, ao trabalhar com o custo de oportunidade de 12%, o avaliador partiu também do pressuposto outro de que **esses \$ 18.726 possam ser aplicados noutro negócio ou noutro investimento de risco igual à mesmíssima taxa de 12% a. a.** Além disso, terceiro pressuposto, **o investidor terá, prontamente, totalmente disponível o caixa necessário para reinvestir na compra do novo veículo quando for trocá-lo.** Veja-se a comprovação do valor da empresa no início da vida dela no item 1.2.8.1.

Em primeiro lugar, é possível, legalmente, tirar todo o fluxo de caixa produzido pela empresa? Como dividendo não, porque o lucro sempre vai considerar a depreciação e não haverá suficiente lucro acumulado para pagamento desses valores. Logo, o excedente de caixa com relação ao lucro precisaria ser retirado como devolução de capital, ou como empréstimo ao sócio ou outra forma legal, o que pode ser problemático. Ou, então, a empresa o investe em outra alternativa em que ganhe pelo menos a mesma taxa de 12% a. a., que é o custo de oportunidade do investidor para esse negócio.

Se não existirem essas alternativas, a avaliação produz um valor que não remunerará em 12% o capital investido.

Logo, o correto é projetar o fluxo de caixa considerando, por exemplo, o quanto de caixa terá que ficar investido na empresa, aplicado por exemplo no mercado financeiro, para que haja disponibilidade para renovar o Imobilizado (ou a parte a ser paga à vista se vier a ser comprado a prazo etc.).

Por exemplo, se o investidor não consegue tirar mais do que o lucro de dentro da empresa, precisa então reprojetar os lucros, já que a retenção de caixa durante 4 anos para renovar o Imobilizado provocará acréscimo nas receitas financeiras. Como provavelmente aplicará ganhando menos do que 12% a. a. reais, quando for descontar o novo fluxo de caixa projetado, chegará a um valor menor da empresa. Nesse caso fica até muito fácil calcular o valor da empresa. Por exemplo, se a empresa for distribuir 100% do lucro menos o necessário para repor o veículo, e por isso distribuir o equivalente ao lucro quadrimestral de \$ 4.192 (veja o item 1.2.6), retendo \$ 6.150 (3 × \$ 2.050) por ano, e se achar que esses \$ 6.150 produzirão adicional de receita financeira de 5% reais ao ano, no primeiro ano só retirará \$ 12.576, no segundo ano retirará mais o juro de 5% × \$ 6.150, ou seja, \$ 12.884, e assim sucessivamente até o final do quarto ano. Depois começa de novo o ciclo. Nesse caso a empresa valeria, no início da sua vida, $ 108.282. Essa perda de valor estaria representada pela aplicação do dinheiro a 5% e não a 12%, como no primeiro cálculo.

Lembrar que calculamos os valores da empresa no início da vida dela. No final do primeiro quadrimestre ela já valeria um pouco mais (3,85% – equivalente quadrimestral da taxa anual de 12%), porque estaria mais próxima a primeira retirada de dinheiro da empresa.

O importante é lembrar que os cálculos de avaliação da empresa se centram em certos pressupostos que podem não ser válidos para cada caso, sendo necessária análise crítica e adaptação em cada situação.

Outra curiosidade: se a taxa de custo de oportunidade fosse 15%, e não 12%, o valor da firma, ao invés de $ 108.282, seria $ 86.559. Quer testar?

1.2.8.4 *Outro problema sério na avaliação*

Um dos erros mais comuns na avaliação de empresas é o uso do *Weighted Average Cost of Capital* (WACC) no cálculo da taxa de desconto quando há dívida. Nesses casos, costuma-se calcular o valor da firma com o fluxo de caixa líquido (fluxo de caixa das operações menos investimentos em Imobilizado e em giro, como fizemos), ou seja, sem considerar os encargos das dívidas onerosas. E costuma-se trazer esse fluxo de caixa a valor presente pelo WACC calculado pela média ponderada entre o custo do capital de terceiros e o custo do capital próprio.

E, além do problema de ser difícil ou quase impossível que a empresa mantenha sempre a mesma proporção entre dívidas onerosas e capital próprio, existe o problema de que o WACC só funciona se for calculado com base no custo de capital próprio mensurado pelo seu valor de mercado (veja as discussões no item 9.7.3). Só que, se para calcular o valor da empresa você precisa saber o valor da empresa, é claro que não há solução sem um processo de iteração. Assim, costuma-se, infelizmente, trabalhar com o WACC ponderado pelo valor contábil do capital próprio, o que introduz superavaliação, como regra, na mensuração do valor da empresa.

No nosso exemplo não dá para aplicar essa análise porque a empresa não tem dívida.

Mas só para exemplificar: Suponha-se uma empresa que investe num terreno:

- adquirido por $ 100 milhões;
- tomando como dívida $ 60 milhões por meio de uma debênture perpétua (logo, não há pagamento da dívida no horizonte previsível) de 8% a. a.;
- ausência total de inflação;
- tributos de 30% sobre o lucro;
- o ativo produz $ 20 milhões de lucro e fluxo de caixa; e
- ninguém está interessado em investir nessa empresa se não for para ganhar pelo menos 15% ao ano.

Como o fluxo de caixa é igual ao lucro, tudo é perpétuo, basta deduzir os 30% de imposto sobre o que o ativo produz, e temos o fluxo de caixa líquido operacional perpétuo produzido pelo ativo:

- Fluxo de Caixa Líq. Operacional = $ 14 milhões.
- Despesa financeira líquida do tributo = $ 4,8 milhões × (1 – 30%) = $ 3,36 milhões, equivalentes a 5,6% a. a.

O costume é calcular o WACC dessa forma:

$$WACC = \textbf{\textit{Custo da dívida}} \times \textbf{\textit{[dívida/(dívida + PL)]}} +$$
$$\textbf{\textit{custo do PL}} \times \textbf{\textit{[PL/(dívida + PL)]}}$$

$$WACC = 5,6\% \times 60\% + 15\% \times 40\% = 9,36\%$$

Calculando-se o "valor da firma":

$$\$ \text{ 14 milhões}/9,36\% = \$ \text{ 150 milhões}$$
$$\textit{Valor da dívida} = \$ \text{ 60 milhões (supondo valor contábil igual ao de mercado)}$$

$$\textit{Valor do PL} = \$ \text{ 150 milhões} - \$ \text{ 60 milhões} = \$ \text{ 90 milhões}$$

Mas imagine-se você investindo nessa empresa esses $ 90 milhões.

Seu lucro líquido será de $ 20 milhões de lucro operacional menos juros de $ 4,8 milhões, lucro antes do tributo de $ 15,2 milhões, ou seja, $ 10,6 milhões de lucro líquido e fluxo de caixa disponível para distribuição. Ora, qual o valor desejado de lucro para quem quer 15% sobre um investimento de $ 90 milhões? Obviamente lucro líquido de $ 10,6 milhões não cobre essa taxa. Logo, o modelo está errado.

O jeito certo de trabalhar é abandonar esse modelo e trabalhar com o conceito de fluxo de caixa do acionista, em que, nesse caso, basta calcular o valor da perpetuidade do dividendo de $ 10,6 milhões, ou seja, valor da firma de $ 71 milhões (e não $ 90 milhões).

Ou então fazendo algo mais analítico: valor puro do ativo, considerando como se fosse financiado somente pelo PL:

$ 14 milhões/15% = $ 93 milhões (note-se que o terreno não é capaz de dar o retorno desejado de 15%, considerando os $ 100 milhões nele investidos).

Valor do **ganho na dívida**:

- Valor da dívida pelo valor presente do fluxo do seu serviço descontado pelo custo do PL, ou seja, quanto os acionistas economizam porque não financiam a dívida: $ 3,36 milhões/15% = $ 22 milhões
- Valor da dívida = $ 60 milhões
- Ganho na dívida = $ 60 milhões – $ 22 milhões = $ 38 milhões

Impressionante: esse é o valor presente pelo fato de se pegar dinheiro bruto equivalente a 60% do ativo ao custo bruto de 8%, ou seja, custo líquido de 5,6%, e aplicá-lo ganhando 14% ao ano líquido de tributos! Resumindo o valor da empresa:

Valor econômico do ativo	=	$ 93 milhões
Valor de mercado da dívida	=	($ 60 milhões)
Ganho na dívida	=	$ 38 milhões
Valor econômico do PL	=	$ 71 milhões

Calculemos agora: para quem investe $ 71 milhões e quer ganhar 15% pelo menos, precisa ganhar quanto? $ 10,6 milhões. Exatamente o lucro líquido da empresa!!!

Que furo o cálculo com o WACC, correto?

O WACC correto agora pode ser calculado, com base no PL a mercado de $ 71 milhões:

$$WACC = Custo\ da\ dívida \times [dívida/(dívida + PL)] +$$
$$custo\ do\ PL \times [PL/(dívida + PL)]$$

$$WACC = 5,6\% \times (\$\ 60/\$\ 131) + 15\% \times (\$\ 71/\$\ 131) = 10,69\%$$

Faça a conta e verá que agora o valor calculado anteriormente que gerara valor do PL de $ 90 milhões dará os $ 71 milhões!

1.2.9   Outros cuidados

Desconsideramos, nesta seção, de forma exagerada, exceto no último item, os efeitos dos tributos sobre o lucro. Lembrar que eles precisam ser introduzidos no cálculo não só do lucro líquido, como no dos fluxos das operações, das despesas financeiras, das receitas financeiras quando não operacionais etc. E, no cálculo de valores com modelos de inflação, há também os tributos diferidos sobre a diferença entre patrimônios líquidos com e sem correção monetária.

De qualquer forma, este capítulo, no que diz respeito à avaliação, foi apenas para mostrar alguns ângulos desse assunto, sendo que diversos outros pontos existem e não foram aqui discutidos. Quem sabe noutro curso, ou melhor, noutra edição, ou noutro livro...

EXERCÍCIOS

1. Identifique os conceitos a seguir, que foram trabalhados neste capítulo, e informe sua importância na análise das demonstrações contábeis:
    •   Entidade
    •   Competência
    •   Reconhecimento de ativos e passivos
    •   Reconhecimento de receitas e despesas
    •   Custo de oportunidade
    •   *Impairment*
    •   Valor justo

OBJETIVO DO EXERCÍCIO

Reforçar a compreensão dos conceitos apresentados, bem como evidenciar sua relevância no processo de análise das demonstrações contábeis e tomada de decisão.

2. **Acesse as demonstrações contábeis de empresas listadas na B3 ou em outras plataformas que disponibilizem balanços patrimoniais acompanhados de pareceres de auditoria. O objetivo é que você realize uma análise inicial da situação financeira das empresas escolhidas, de acordo com os seguintes passos:**
   a) Selecione uma empresa e acesse suas demonstrações contábeis mais recentes;
   b) Realize uma análise preliminar da situação financeira da empresa, considerando as informações que julgar mais relevantes;
   c) Registre suas observações iniciais, destacando os aspectos mais relevantes da análise;
   d) Responda às seguintes perguntas:
       i. Qual foi o primeiro aspecto que você analisou no balanço? Por quê?
       ii. Que informações você considerou mais relevantes na sua análise?
       iii. Quais desafios você encontrou ao interpretar os dados financeiros da empresa?
   e) Agora, observe o parecer da auditoria associado às demonstrações contábeis analisadas. Identifique se há qualificações (ressalvas) ou parágrafos de ênfase e compare com suas observações iniciais.
   f) Reflita sobre os seguintes pontos:
       i. Há alguma incoerência entre a sua análise inicial e os apontamentos feitos no parecer da auditoria?
       ii. O parecer alterou sua percepção sobre a situação financeira da empresa? Por quê?
       iii. Como o parecer da auditoria contribui para a credibilidade das informações contábeis?

OBJETIVOS DO EXERCÍCIO

a) Avaliar seu nível de compreensão sobre análise de balanços e sua capacidade de interpretação crítica das informações contábeis;
b) Criar um vínculo entre a teoria estudada e a prática contábil, permitindo que você tenha contato com a complexidade do mundo real;
c) Desenvolver familiaridade com as plataformas que disponibilizam demonstrações contábeis e relatórios de auditoria;
d) Antecipar discussões do próximo capítulo a partir das suas análises e reflexões.

> ENTREGA: *prepare um relatório conciso com suas respostas e reflexões e submeta-o conforme orientação do professor.*

2

A ANÁLISE DO RELATÓRIO (PARECER) DO AUDITOR

Objetivo do capítulo

Evidenciar a relevância da adequada análise do parecer do auditor no processo de análise das demonstrações contábeis, bem como "dissecá-lo" em suas partes constituintes.

Não se começa a olhar um balanço a não ser pelo parecer do auditor (agora chamado mais formalmente de Relatório do Auditor). É óbvio que o auditor está sujeito a muitas falhas. Mas se com um parecer às vezes a análise é problemática, imagine sem ele! É perda de tempo analisar demonstrações contábeis que não têm parecer de auditoria. Pois a incerteza será muito, muito maior. A não ser que você conheça muito bem, pessoalmente, o contador, os gestores e confie no conhecimento técnico deles.

Cuidado: a primeira imagem que se obtém na leitura de um balanço é muito forte! Corre-se o risco de criar conclusões erradas antecipadas para, lendo o parecer apenas no fim, descobrir quanta bobagem se concluiu e quanto tempo se perdeu. Em muitos países, a primeira coisa que aparece no corpo das demonstrações é esse parecer, ele vem logo no início.

Portanto, não perca tempo olhando o balanço sem ler antes o parecer!

Como se constrói um parecer? O parecer tem um formato padrão estabelecido pela normatização nacional de auditoria (dentro das Normas Brasileiras de Contabilidade), as quais estão alinhadas às normas internacionais da profissão,[1] e pode conter o seguinte conjunto de parágrafos: título; destinatário; a opinião do auditor (a ser tratada em seção específica deste capítulo); a base para opinião do auditor;[2] avaliação acerca da continuidade operacional da empresa;[3] os principais assuntos de auditoria (PAA) (a ser tratada em seção específica deste capítulo); outras informações incluídas no relatório anual da empresa;[4] a responsabilidade da administração pelas demonstrações contábeis; a responsabilidade do auditor na revisão das demonstrações contábeis; outras responsabilidades (para fins regulatórios, por exemplo) por parte do auditor na emissão do parecer; o nome do auditor responsável com assinatura e localidade da emissão; e data da emissão do relatório de auditoria. Em muitos pareceres, existe, logo após o parágrafo da Base para Opinião, o de Ênfase(s), destinado a chamar a atenção dos usuários para um assunto ou assuntos apresentados ou divulgados nas demonstrações contábeis de tal importância que são fundamentais para o entendimento das demonstrações contábeis; ou para chamar a atenção dos usuários para quaisquer assuntos que não os apresentados ou divulgados nas demonstrações contábeis e que são relevantes para os usuários entenderem a auditoria, as responsabilidades do auditor ou o seu relatório.

Este capítulo não tem como objetivo a análise de todas as situações possíveis de emissão do relatório do auditor. Para se entender bem os relatórios, consultem-se as normas NBC TA (Normas Brasileiras de Contabilidade – Técnicas de Auditoria) e outras emitidas pelo Conselho Federal de Contabilidade (a NBC TA 700 talvez devesse ser a primeira a ser lida).

Acesse a NBC TA 700, por meio do QR Code.

uqr.to/1zuvl

---

[1]   As normas de auditoria na elaboração do parecer do auditor, no Brasil, são fundamentadas nas normas emitidas pela Federação Internacional dos Contadores (IFAC), e quem as emite, no Brasil, é o Conselho Federal de Contabilidade, normalmente com a ajuda do Instituto dos Auditores Independentes do Brasil (IBRACON).

[2]   Essa seção tem o intuito de declarar que a auditoria foi conduzida em conformidade com as normas de auditoria. Há a menção às exigências éticas que inclui aquelas a serem obrigatoriamente seguidas para que fique totalmente caracterizada a independência do auditor (ausência de interesses financeiros na entidade como devedores, investidores, financiadores etc., ausência de relações de parentesco com os administradores e/ou controladores etc.); e a declaração de que o auditor acredita que a evidência de auditoria obtida por ele é suficiente e apropriada para fundamentar sua opinião.

[3]   Interessante essa seção, não? Nela o auditor irá "fazer o trabalho do" analista e informar se há incerteza significativa relacionada com eventos ou condições que, individual ou coletivamente, possam levantar dúvida significativa sobre a capacidade da empresa de manter sua continuidade operacional no curto prazo, até o final do próximo exercício social. Analista, nesse caso, todo o cuidado! Mas essa seção só existe quando há dúvida sobre a continuidade da empresa.

[4]   O auditor pode ter responsabilidades relacionadas com outras informações, sejam elas financeiras ou não financeiras, incluídas no relatório anual da entidade.

2.1 A SEÇÃO "OPINIÃO"

A seção "Opinião", a primeira do relatório para as demonstrações a partir de dezembro de 2016, indica, logo no início, a quem está sendo emitido o relatório, com a identificação da empresa auditada. **É a parte realmente importante do relatório, talvez a única que tenha, como regra e na grande maioria das vezes, que ser lida.**

2.1.1 O parágrafo da abrangência da auditoria

Na sequência, encontra-se o parágrafo de abrangência que especifica quais demonstrações foram analisadas pelo auditor.

> *Examinamos as demonstrações financeiras individuais e consolidadas da Companhia Exemplo, identificadas como Controladora e Consolidado, respectivamente, que compreendem o balanço patrimonial em 31 de dezembro de 20X1 e as respectivas demonstrações do resultado, do resultado abrangente, das mutações do Patrimônio Líquido e dos fluxos de caixa, para o exercício findo naquela data, bem como as correspondentes notas explicativas, incluindo o resumo das principais políticas contábeis.*

É preciso cuidado na leitura desse parágrafo, porque, não raro, estão publicadas as demonstrações completas de dois anos consecutivos de uma empresa, mas o parecer cita expressamente que só foi analisado, como no exemplo, o balanço final, e não as demais demonstrações do exercício encerrado nessa data!

2.1.2 A opinião do auditor

O parágrafo seguinte é o mais importante do parecer, é o da opinião, aquele em que o auditor expressa sua posição, sua opinião, seu parecer, com relação às demonstrações analisadas. É a alma do relatório.

O auditor tem, como resultado do seu trabalho, a emissão desse parecer, com ou sem ressalva (modificação de opinião), acerca dos seus trabalhos realizados. E chega a essa opinião sobre as demonstrações contábeis com base na avaliação das conclusões alcançadas pelas evidências de auditoria obtidas. A opinião não modificada (parecer "limpo") sobre demonstrações contábeis deve utilizar a seguinte frase:

> *... Em nossa opinião, as demonstrações contábeis apresentam adequadamente, em todos os aspectos relevantes.*

Por exemplo:

> *Em nossa opinião, as demonstrações contábeis individuais e consolidadas acima referidas apresentam adequadamente, em todos os aspectos relevantes, a posição patrimonial e financeira individual e consolidada da Companhia ABC em 31 de dezembro de 20X1, o desempenho individual e consolidado de suas operações e os seus fluxos de caixa para o exercício findo naquela data, de acordo com as práticas contábeis adotadas no Brasil e com as normas internacionais de relatório financeiro (IFRS) emitidas pelo International Accounting Standards Board – IASB, ou de acordo com as práticas contábeis adotadas no Brasil.*

Às vezes a opinião é separada, uma parte relativa às demonstrações individuais e outra relativa às consolidadas. Para formar essa opinião, o auditor conclui se obteve segurança razoável de que as demonstrações contábeis estão livres de distorção relevante. Note o destaque à palavra *relevante*, o que reforça o caráter de "opinião", e não de certificação do trabalho da auditoria.

Observe que, às vezes, no que diz respeito às demonstrações individuais, a opinião é de que está tudo ok com relação às práticas contábeis adotadas no Brasil. Já nas consolidadas, está tudo de acordo com as normas internacionais de contabilidade. Nesse caso, apesar de as demonstrações individuais estarem concordes com as normas brasileiras, algo pode não estar sendo cumprido com relação às normas internacionais. Isso ocorria mais no passado quando, por exemplo, as normas internacionais não aceitavam o uso do método de equivalência patrimonial nos investimentos em controladas, o que é exigido pela lei e pelas normas contábeis brasileiras atuais.

Quando se tratar de uma companhia fechada, ou de uma limitada (as limitadas de grande porte são obrigadas a ter demonstrações auditadas também, mas não elaboradas exatamente conforme o IASB), o auditor provavelmente emitirá um único parágrafo de opinião, junto às demonstrações individuais e as consolidadas, dizendo estarem todas conforme as práticas contábeis brasileiras.

Em determinados casos, as demonstrações são ainda feitas segundo normas de algum órgão regulador que tenha poder legal para isso, e às vezes sem obedecer integralmente às Normas Brasileiras de Contabilidade (fundamentadas nas internacionais). Assim, o auditor dará uma opinião, mas não se referindo a essas normas, e sim "às normas contábeis emitidas pelo Banco Central do Brasil", por exemplo. É importante olhar-se isso e ter em mente que não se pode analisar essas demonstrações e compará-las com as emitidas segundo as IFRS. Aliás, esse erro ainda é muito costumeiro no Brasil.

A formação de opinião acima é considerada padrão, absolutamente normal, a chamada opinião sem ressalva!

No entanto, se o auditor não estiver confortável em emitir opinião "limpa", poderá ter que emitir o que se chama de "opinião modificada", para a qual existem três hipóteses:

(a) diz que está tudo adequado, "exceto por isso e aquilo"; ou seja, aprovação com ressalva;

(b) diz que há problemas tão graves que as demonstrações "não representam adequadamente..."; ou seja, opinião adversa;

(c) se nega a emitir opinião.

Há, portanto, três tipos de opiniões modificadas, a saber: (a) opinião com ressalva, (b) opinião adversa e (c) abstenção de opinião. Quando o auditor modifica sua opinião normal, ele deve usar, na seção "Opinião", o título "Opinião com ressalva", "Opinião adversa" ou "Abstenção de Opinião", e a seguir criará um parágrafo de "Bases para opinião com ressalva" ou outro pertinente. Note-se que se houver distorção relevante nas demonstrações contábeis relacionada a valores específicos nessas demonstrações contábeis, o auditor deve incluir a descrição e a quantificação dos efeitos financeiros da distorção. Nesse caso, o usuário até pode refazer as demonstrações e, com certeza, chegará a valores de ativos, passivos, patrimônio líquido e resultado tão diferentes dos apresentados pela empresa que entenderá facilmente por que as demonstrações apresentadas não representam a posição patrimonial e financeira e suas mutações.

A seguir buscamos demonstrar o julgamento do auditor na inferência de sua opinião modificada:

QUADRO 2.1 Julgamento do auditor na emissão do parecer de auditoria com modificação.

Natureza do assunto que gerou a modificação	Julgamento do auditor sobre a disseminação de forma generalizada dos efeitos ou possíveis efeitos sobre as demonstrações contábeis	
	Relevante mas não generalizado	Relevante e generalizado
Demonstrações contábeis apresentam distorções relevantes	Opinião com ressalva	Opinião adversa
Impossibilidade de obter evidência de auditoria apropriada e suficiente	Opinião com ressalva	Abstenção de opinião

Fonte: NBC TA 705.

Ou seja, quando o auditor encontra alguns pontos bem identificados que são de valores relevantes, mas que não estão adequadamente retratados conforme as normas contábeis (a empresa fez uma reavaliação de ativos, por exemplo), ou quando não conseguiu se assegurar com relação a algum fato com essa característica por não haver conseguido a devida evidência (confirmação de saldo de devedor de grande monta, por exemplo), emite um parecer com ressalva mencionando o fato e, se possível, o valor. Se há muitos pontos com valores relevantes que estão fora das normas contábeis, e o conjunto distorce generalizadamente as demonstrações, é o caso da opinião adversa. E se é muito relevante a quantidade de itens que não consegue confirmar e auditar, abstém-se de opinar.

Opinião com ressalva(s)

Exemplo de uma opinião com ressalva:

> **Opinião com ressalva**
>
> *Em nossa opinião, exceto pelos efeitos do assunto descrito no parágrafo a seguir, denominado Base Para Opinião com Ressalva, as demonstrações contábeis acima referidas apresentam adequadamente, em todos os aspectos relevantes, a posição patrimonial e financeira da Companhia ABC em 31 de dezembro de 20X1, o desempenho de suas operações e os seus fluxos de caixa para o exercício findo naquela data, de acordo com as práticas contábeis adotadas no Brasil.*

Ou seja, o auditor concorda com tudo, menos (assumimos como exemplo) com a avaliação dos estoques e os consequentes efeitos no ativo, no Patrimônio Líquido e no Lucro. Assim, num parágrafo ele explica o que ocorreu e quantifica (quando possível) o problema, e no outro parágrafo ele dá sua opinião ressalvando esses pontos. (Imagine se for muito relevante esse problema e você analisou as demonstrações, concluiu sobre a rentabilidade etc. e só agora, no final, é que lê o relatório do auditor...)

E a explicação melhor do porquê dessa ressalva será encontrada no parágrafo seguinte do relatório (ver seção posterior a esta). Suponhamos que, para o exemplo acima, lá se encontre o seguinte:

> **Base para opinião com ressalva**
>
> *Os estoques da Companhia estão apresentados no balanço patrimonial por $ xxx. A administração não avaliou os estoques pelo menor valor entre o custo e o valor líquido de realização, mas somente pelo custo, o que representa um desvio em relação às práticas contábeis adotadas no Brasil. As informações obtidas indicam que se a administração tivesse avaliado os estoques pelo menor valor entre o custo e o valor líquido de realização, teria sido necessária uma provisão de $ yyy para reduzir os estoques ao valor líquido de realização. Consequentemente, o lucro líquido e o Patrimônio Líquido teriam sido reduzidos em $ www e $ zzz, respectivamente, após os efeitos tributários.*

Opinião modificada por ressalva só pode ser emitida se, tendo obtido evidência de auditoria apropriada e suficiente, o auditor concluir que as distorções, individualmente ou em conjunto, são relevantes, mas não generalizadas nas demonstrações contábeis; ou se ele não consegue obter evidência apropriada e suficiente de auditoria para suportar sua opinião, mas conclui que os possíveis efeitos de distorções não detectadas, se houver, sobre as demonstrações contábeis poderiam ser relevantes, mas não generalizados.

Portanto, se o auditor julgar que há algum procedimento contábil em desacordo com as práticas contábeis brasileiras ou internacionais com efeito significativo, irá mencionar, nesse parágrafo, as expressões **"exceto quanto"**, **"exceto pelos efeitos"**, ou algo similar, evidenciando o fato de que está em desacordo com essas práticas, quantificando tais efeitos. Isso significará que parte das demonstrações não conta com a aprovação do auditor. E o analista deverá então decidir sobre como continuar seu trabalho de análise.

Portanto, podem estar disponíveis nesses dois parágrafos, por exemplo, informações sobre o quanto o ativo inicial e o ativo final estão a maior ou a menor com relação ao que deveria ter sido considerado. E também estarem disponíveis as informações para ajustar o exigível inicial e final (efeitos tributários), bem como os patrimônios líquidos e o resultado do exercício por uma atualização não feita no Passivo de determinada controlada.

Trabalho adicional para o analista, é claro, que precisará recompor essas demonstrações para melhor analisá-las.

Portanto, o objetivo aqui é alertar o leitor para o problema da absoluta necessidade de começar olhando o parecer dos auditores.

Opinião adversa

O auditor deve expressar uma opinião adversa quando, tendo obtido evidência de auditoria apropriada e suficiente, conclui que as distorções, individualmente ou em conjunto, são **relevantes e generalizadas** para as demonstrações contábeis.

Ou seja, os problemas são proporcionalmente tão grandes e se espraiam como vírus pelas demonstrações que, mesmo que o auditor tenha todos os números que considera corretos, não pode emitir opinião com ressalva, tamanha a distorção global.

> ### *Opinião adversa*
>
> *Em nossa opinião, devido à importância do assunto discutido no parágrafo Base para opinião adversa, as demonstrações contábeis consolidadas não apresentam adequadamente a posição patrimonial e financeira consolidada da Companhia ABC e suas controladas em 31 de dezembro de 20X1, o desempenho consolidado das suas operações e os fluxos de caixa consolidados para o exercício findo em 31 de dezembro de 20X1 de acordo com as normas internacionais de relatório financeiro.*

Depois de ler essa opinião, vá diretamente ao parágrafo seguinte onde talvez encontre:

> ### *Base para opinião adversa*
>
> *Conforme explicado na Nota X, a Companhia não consolidou as demonstrações contábeis da controlada XYZ, que foi adquirida durante 20X1, devido ao fato de*

não ter sido possível determinar os valores justos de certos ativos e passivos relevantes dessa controlada na data da aquisição. Esse investimento, portanto, está contabilizado com base no custo. De acordo com as normas internacionais de relatório financeiro, a controlada deveria ter sido consolidada. Se a controlada XYZ tivesse sido consolidada, muitos elementos nas demonstrações contábeis teriam sido afetados de forma relevante. Os efeitos da não consolidação sobre as demonstrações contábeis não foram determinados.

Note-se que às vezes terá sido impossível quantificar certos problemas, e daí o leitor ficará "vendido", sem condições de conseguir remontar as demonstrações para obter o que seriam de fato, caso fossem efetuados os ajustes que levaram o auditor à sua opinião.

Esse foi um exemplo bastante especial. Mas veja este outro:

Opinião adversa

Em nossa opinião, devido à relevância dos valores mencionados no parágrafo Base para opinião adversa, as demonstrações contábeis consolidadas não apresentam adequadamente a posição patrimonial e financeira consolidada da Companhia ABC e suas controladas em 31 de dezembro de 20X1, o desempenho consolidado das suas operações e os fluxos de caixa consolidados para o exercício findo em 31 de dezembro de 20X1 de acordo com as normas internacionais de relatório financeiro.

E que tal se encontrasse o seguinte:

Base para opinião adversa

A sociedade não efetuou depreciação de suas máquinas e equipamentos, o que importa em superavaliação acumulada de R$ xxx no seu balanço inicial e de R$ xxx no balanço final, com superavaliação do resultado, líquido dos efeitos tributários, de R$ xxx. Também não vem provisionando seus litígios fiscais e trabalhistas que, na parte classificável como provável, importam em subavaliação do passivo de R$ xxx no balanço inicial e de R$ xxx no balanço final, com superavaliação do resultado, líquido dos efeitos tributários, de R$ xxx. Não expôs esses efeitos e mais os relativos aos litígios classificáveis como possíveis em notas explicativas. Não reconheceu créditos fiscais virtualmente certos, no balanço final, de R$ xxx, com a subavaliação do resultado, líquida dos efeitos tributários, de R$ xxx. De acordo com as normas internacionais de relatório financeiro e as práticas contábeis brasileiras, esses registros deveriam ter sido efetuados. Se a controlada XYZ tivesse sido consolidada, muitos elementos nas demonstrações contábeis teriam sido afetados de forma relevante. Os efeitos da não consolidação sobre as demonstrações contábeis não foram determinados.

Veja-se que o auditor conseguiu fazer todo o seu trabalho de auditoria, só que não concordou com determinados procedimentos que, em conjunto, produzem distorção tamanha que o obriga a opinar adversamente às demonstrações apresentadas.

Não opinião

Normalmente, o auditor se abstém de expressar uma opinião quando não consegue obter evidência de auditoria apropriada e suficiente para suportar sua opinião. Ele conclui que os possíveis efeitos de distorções não detectadas, se houver, sobre as demonstrações contábeis, podem ser relevantes e generalizados, como no exemplo a seguir:

> ### Abstenção de opinião
>
> *Devido à relevância do assunto descrito no parágrafo Base para abstenção de opinião, não nos foi possível obter evidência de auditoria apropriada e suficiente para fundamentar nossa opinião de auditoria. Consequentemente, não expressamos uma opinião sobre as demonstrações contábeis acima referidas.*

Indo ao parágrafo seguinte:

> ### Base para abstenção de opinião
>
> *O investimento da empresa no empreendimento XYZ (localizado no País X e cujo controle é mantido de forma compartilhada) está registrado por $ xxx no balanço patrimonial da Companhia ABC, que representa mais de 90% do seu Patrimônio Líquido em 31 de dezembro de 20X1.*
>
> *Não nos foi permitido o acesso à administração e aos auditores da XYZ, incluindo a documentação de auditoria do auditor da XYZ. Consequentemente, não nos foi possível determinar se havia necessidade de ajustes em relação à participação da Companhia nos ativos da XYZ, que ela controla, assim como sua participação proporcional nos passivos da XYZ pelos quais ela é responsável, e sua participação nas receitas, despesas e nos elementos componentes das demonstrações das mutações do Patrimônio Líquido e dos fluxos de caixa do exercício findo naquela data.*

Leitor, você sabe que temos tido tantos casos de opiniões adversas quanto casos de negativa de opinião no Brasil? Procure e achará!!!

2.2   BASE PARA A OPINIÃO

Nessa seção o auditor especifica se aplicou ou não as normas brasileiras (emitidas pelo Conselho Federal de Contabilidade) que hoje são iguais às internacionais emitidas pelo IFAC, e afirma que pode emitir sua opinião em função de sua independência conforme determinado pelo Código de Ética Profissional do Contador. E afirma (ou não) que o conjunto de evidências de auditoria obtido é suficiente e apropriado para fundamentar a opinião emitida.

Comumente é só isso que existe nessa seção. É óbvio que é desnecessária, porque tudo o que se afirma é obrigatoriamente papel do auditor independente. É colocado apenas para um lembrete ao leitor. E sempre a mesma redação! A não ser que ocorra o que vem a seguir.

2.2.1 Base para a opinião com ressalva

No caso de a opinião haver sido emitido com ressalva, além dos aspectos do item anterior, deve ser colocada claramente a razão pela qual (ou razões pelas quais) o auditor está emitindo opinião com essa ressalva. Vejam-se os exemplos já colocados no item anterior.

2.3 PARÁGRAFOS DE ÊNFASE NO RELATÓRIO DO AUDITOR

Os parágrafos de ênfase são utilizados quando o auditor possui elementos que considera relevantes aos usuários das demonstrações contábeis, mas que, por exemplo, não chegaram ainda ao ponto de exigir uma posição de exceção a ressalvar o parecer. Com isso, esses parágrafos muitas vezes são ironicamente denominados de "o gato subiu no telhado". Mas podem ser decorrentes de apresentação de assunto inclusive feita apropriadamente pela empresa, mas que, no julgamento do auditor, é de tal importância que ele considera deva constar do seu relatório.

Essas ênfases podem ser decorrentes de vários fatores; por exemplo, riscos de desembolsos futuros que a empresa não contabilizou e que, de fato, não estão ainda, conforme julgamento da administração da companhia e de seus consultores (normalmente advogados), com um nível de probabilidade de ocorrer tal que obriguem ao registro como efetivo passivo, mas que, pela sua relevância e pelos riscos envolvidos, merecem uma atenção especial por parte do usuário da informação. O auditor ainda não está convencido de que as demonstrações deveriam conter o seu registro no Passivo, mas a situação não é tão cristalina que permita deixar passar em branco o fato. Exemplo:

> *Ênfase*
>
> *Chamamos a atenção para a Nota X às demonstrações contábeis, que descreve a incerteza relacionada com o resultado da ação judicial movida contra a Companhia pela Empresa XYZ. Nossa opinião não contém ressalva relacionada a esse assunto.*

Ou então diz respeito a certos ativos para os quais há certo nível de risco, mas não o suficiente para que o auditor se convencesse da necessidade de sua baixa. Outro exemplo:

Ênfase

Conforme mencionado nas notas x e y, a Companhia incorreu em custos de desenvolvimento de certos produtos novos, os quais, de acordo com as estimativas e projeções da administração, começarão a ser absorvidos pelas receitas das operações, considerando o início dessas atividades operacionais em... Adicionalmente, conforme mencionado na nota..., durante os exercícios de ... e ..., a administração contabilizou créditos tributários de imposto de renda e contribuição social sobre prejuízos fiscais e base negativa, no montante de $... A realização do referido montante está condicionada à efetiva geração dos resultados tributáveis, previstos pela administração da Companhia para os próximos exercícios. Nossa opinião não contém ressalva relacionada a esse assunto.

Nesse caso, o auditor não está totalmente confortável com o Ativo Intangível e com os créditos tributários registrados no ativo, mas também não está convencido de que esses valores sejam irrecuperáveis (neste caso, deveria ter feito pura e simplesmente a ressalva). Assim, emitiu um parecer "limpo", mas deu ênfase a essa situação para chamar a atenção dos usuários. Ou então a ênfase diz respeito a certos ativos para os quais há certo nível de risco, mas não o suficiente para que o auditor tenha se convencido da necessidade de sua baixa.

No entanto, há também parágrafos de ênfase com outro enfoque: o que melhora as condições perspectivas da empresa. Por exemplo, a empresa pode possuir um ativo contingente, ou seja, está prestes a adquirir o direito de receber um crédito tributário, por exemplo, por devolução de impostos já pagos, em função de uma disputa com o governo; segundo os princípios contábeis, enquanto não estiver totalmente assegurada essa realização, não pode haver contabilização de tal ativo. Se for de relevante valor, às vezes o auditor indica a existência desse quase-ativo em um parágrafo de ênfase, mesmo que a informação conste adequadamente em nota explicativa.

2.4 CONTINUIDADE OPERACIONAL

Como dito em nota de rodapé no início deste capítulo, é responsabilidade do auditor analisar e informar se há incerteza significativa relacionada com eventos ou condições que, individual ou coletivamente, possam levantar dúvida significativa sobre a capacidade da empresa de manter sua continuidade operacional no curto prazo, até o final do próximo exercício social. Analista, nesse caso, todo o cuidado... Se bem que você deveria ser capaz de chegar à mesma conclusão pela análise da demonstração...

Essa seção só aparece se o risco efetivamente existir.

Veja-se o seguinte exemplo:

> **Continuidade operacional**
>
> *As demonstrações contábeis foram elaboradas tendo como premissa o fato de que a companhia está em atividade e irá manter-se em operação por um futuro previsível, considerando que a administração não pretende liquidar a entidade ou interromper a operação. A administração avaliou a possibilidade dessa continuidade com base nos fluxos de caixa futuros esperados, que considera suficientes para cobertura do capital circulante líquido negativo de R$ XXX em 31/12/16 e o prejuízo de R$ YYY no ano de 2016. Esses cálculos requerem que a administração utilize premissas subjetivas e essenciais para sustentar a hipótese da continuidade operacional. Envidamos esforços de auditoria significativos, inclusive com o uso de membros seniores de nossa equipe de auditoria e de especialistas externos para avaliar tais premissas bem como as expectativas de geração de caixa futuro em função de vendas estimadas, estoques existentes e a serem adquiridos e despesas operacionais. E avaliamos também a adequação das divulgações da companhia sobre o assunto que estão na Nota ZZ.*

Fala por si só o parágrafo, certo? Obviamente, não é comum.

2.5 OUTROS ASSUNTOS

Nessa seção o auditor expõe, se necessário, a existência de outros assuntos que considere relevantes relatar. O mais comum é a de que a demonstração do valor adicionado, obrigatoriamente apresentada pelas companhias abertas, não é exigência das normas internacionais, e sim de uma determinação brasileira. E gastam-se linhas e linhas para essa informação que bastaria ser dada na própria demonstração com algo do tipo: "Demonstração do Valor Adicionado (requerida pela CVM mas não pelas IFRSs)".

Fala-se também, nessa seção, e isso sim é importante, que o Relatório da Administração foi lido pelos auditores, mas não auditado e, por consequência, não abrangido na opinião, mas que não contém inconsistências com as demonstrações contábeis. (Não se fala em resultado quando a entidade apresenta prejuízo no período).

2.6 PRINCIPAIS ASSUNTOS DE AUDITORIA

A partir de 2017, a principal alteração para entidades listadas no parecer do auditor para as companhias abertas, que objetiva trazer mais qualidade na análise dos usuários das demonstrações financeiras, é a descrição dos Principais Assuntos de Auditoria (PAAs). São assuntos que, no julgamento do auditor, foram de maior importância na auditoria das demonstrações financeiras do período. Os autores deste livro entendem que, aos analistas, uma análise minuciosa destes assuntos poderá auxiliar na avaliação das demonstrações financeiras e trará uma nova era de transparência às demonstrações contábeis.

Vale ressaltar, inclusive, que esses assuntos (referentes às áreas: com alto risco de conter um erro relevante, dos pontos que envolvem julgamento significativo da administração e fatos, ou transações, que têm efeito significativo no período corrente), geralmente, são aqueles comunicados aos responsáveis pela governança e que previamente não eram apresentados com tal luz aos usuários externos. Assim, esses assuntos terão sido os mais significativos durante a auditoria do exercício corrente e que requereram maior atenção, sendo, em decorrência, muito útil seu conhecimento na análise por parte dos usuários das demonstrações financeiras.

Aos itens identificados como um PAA, a seção incluirá uma descrição do "porquê" o assunto foi considerado e "como" foi tratado pela auditoria.

Note-se que a comunicação dos principais assuntos de auditoria no relatório do auditor não é obrigatoriamente uma conclusão ou opinião separada sobre os assuntos tomados individualmente, mas pode conter (deveria sempre conter, no nosso entender) o posicionamento do auditor de forma explícita, e não produz alteração na opinião que se encontra em seção específica do parecer do auditor.

No caso do PAA que tiver provocado uma modificação na opinião do auditor, esse assunto é tratado não nesta seção, mas sim na de Base para a Opinião.

É comum vermos descrição de que um PAA é o reconhecimento contábil das receitas, outro é o relativo às Provisões para Contingências Tributárias, outro é o *Impairment* do *Goodwill* etc. Normalmente não passam de 2 a 4 pontos. E, se o auditor julgar que não há ponto algum que mereça destaque, não apresenta a seção.

Como regra, o auditor diz porque considera o assunto um PPA. Por exemplo:

> *O reconhecimento da receita envolve um alto grau de controle com o objetivo de assegurar que as vendas sejam reconhecidas no período contábil adequado, considerando a efetiva entrega dos produtos aos clientes e sua aceitação formal.*

Claro que se trata, nesse exemplo, de uma situação em que o produto é entregue e existe um momento em que o cliente, talvez, após haver feito algum teste ou experimento, efetivamente o aceita. Logo, determinar o que é genuinamente receita auferida no período pode não ser uma tarefa fácil para o auditor (nem para a empresa).

A insegurança jurídica brasileira em todos os níveis e esferas, a legislação tributária complexa e mutante e o nosso volume da tributação fazem da análise das contingências tributárias um frequente Principal Ponto de Auditoria.

E o assunto *impairment*, ou seja, perda da capacidade de recuperação de um valor investido no ativo, é preocupação constante e, em alguns casos, difícil e complexo e provocador de um trabalho todo especial por parte da empresa e do seu auditor externo.

Nos casos das instituições financeiras, é lógico que a provisão para créditos de liquidação duvidosa tem alta chance de ser um dos PAA. Numa entidade com propriedade para investimento avaliada a valor justo, a confirmação da mensuração desse valor justo costuma ser um dos maiores problemas da auditoria, o que ocorre também quando é o caso de ativos biológicos em algumas entidades.

Ou seja, os pontos podem e devem ser diferentes conforme o ramo de negócio, o modelo de negócio, o modelo contábil e outros fatores.

O estudo de Marques *et al.* (2021) revela que os PAA têm implicações sobre a qualidade da auditoria (Salehi *et al.*, 2020), a qualidade do lucro (Luo *et al.*, 2018), o custo do capital (Bonsall; Miller, 2017) e a adoção dos *International Financial Reporting Standards* (IFRS) (Cheung; Lau, 2016). Os PAA também influenciam a tomada de decisão dos diversos usuários (Gold *et al.*, 2020; Köhler *et al.*, 2020; Sirois *et al.*, 2018). Podem influenciar o mercado acionário e reduzir o gerenciamento de resultado (Alves; Galdi, 2020; In *et al.*, 2020; Reid *et al.*, 2019; Santos *et al.*, 2020).

2.7 OS PARÁGRAFOS DA RESPONSABILIDADE DA ADMINISTRAÇÃO DA AUDITADA

Enormes parágrafos normalmente vêm sob o título de "Responsabilidade da administração e da governança pelas demonstrações financeiras" e, como regra, aparecem assim:

> *A administração da Companhia é responsável pela elaboração e adequada apresentação das demonstrações financeiras individuais de acordo com as práticas contábeis adotadas no Brasil e das demonstrações financeiras consolidadas de acordo com as normas internacionais de relatório financeiro (IFRS), emitidas pelo* International Accounting Standards Board – IASB, *e de acordo com as práticas contábeis adotadas no Brasil, assim como pelos controles internos que ela determinou como necessários para permitir a elaboração dessas demonstrações financeiras livres de distorção relevante, independentemente se causada por fraude ou erro.*
>
> *Na elaboração......*

Chega, procure um e leia, são todos iguais. Didático, não é? Explica bem que "eu dou minha opinião, mas a responsabilidade por fazer e apresentar é da empresa!", o que é correto.

Nesse parágrafo é mencionado que é também responsabilidade primária da administração da entidade auditada todo o conjunto de controles internos utilizados para a emissão dessas demonstrações que devem estar livres de distorções **relevantes**, mesmo que origináveis de fraudes ou de erros. Tudo para o auditor deixar bem claro o que não é de sua responsabilidade. Comentamos a respeito no final do próximo tópico.

2.8 OS PARÁGRAFOS DA RESPONSABILIDADE DOS AUDITORES

O relatório detalha qual a responsabilidade assumida pelo auditor independente:

> *Nossos objetivos são obter segurança de que as demonstrações contábeis individuais e consolidadas, tomadas em conjunto, estão livres de distorção relevante, independentemente se causada por fraude ou erro, e emitir relatório de auditoria contendo nossa opinião. Segurança razoável é um alto nível de segurança, mas não uma garantia de que a auditoria realizada de acordo com as normas brasileiras e internacionais de auditoria sempre detecta as eventuais distorções relevantes existentes. As distorções podem ser decorrentes de fraude ou erro e são consideradas relevantes quando, individualmente ou em conjunto, possam influenciar, dentro de uma perspectiva razoável, as decisões econômicas dos usuários tomadas com base nas referidas demonstrações contábeis individuais e consolidadas.*
>
> *Etc. Etc. Etc. Etc. Etc.*

Declara que utilizou o sistema de controles internos *relevantes* da entidade e, com base no seu julgamento, planejou seus procedimentos de auditoria em função deles, só que, senhores leitores, não tomem isso como um aval da eficácia de tais controles.

E declara também que avaliou as práticas contábeis adotadas pela auditada, bem como a razoabilidade das estimativas contábeis por ela utilizadas. Também declara que avaliou a apresentação das demonstrações. Esse aspecto pouca gente percebe: o auditor é responsável até pelo exame da **forma** de apresentação. Por exemplo: se a empresa apresenta as demonstrações contábeis com a Demonstração do Resultado inserida nas mutações do Patrimônio Líquido, ou um balanço com as contas Caixa e Estoques com valores relevantes numa mesma linha, somados, ele é obrigado a fazer ressalvas, pois essas formas não são as adequadas de apresentação.

Normalmente essa Seção é a que maior espaço ocupa (para júbilo dos jornais...).

Tanto essa seção da responsabilidade do Auditor quanto a da responsabilidade da Administração, bem que poderiam aparecer apenas com o seguinte: "Leia o conteúdo na norma tal, no *site* do CFC e do IBRACON, sobre a Responsabilidade da Administração e a responsabilidade do Auditor". Repetir isso em todas as empresas auditadas, ano após ano, não nos parece fazer sentido. Exagero de espaço para uma informação repetidíssima. Leia bem uma vez e pronto!

Talvez os processos judiciais crescentes contra os auditores no mundo os coloquem numa defensiva tal que acabam gastando, não raro, a maior parte do seu parecer para explicar do que não são responsáveis.

EXERCÍCIOS

1. Acesse as demonstrações contábeis de uma empresa listada na B3 ou em outras plataformas que disponibilizem balanços patrimoniais acompanhados de pareceres de auditoria. Identifique os objetivos de cada parágrafo do parecer da auditoria.

OBJETIVOS DO EXERCÍCIO

a) Reforçar a compreensão dos conceitos apresentados, bem como evidenciar a importância de conhecer detalhadamente o parecer da auditoria no processo de análise das demonstrações contábeis;

b) Criar um vínculo entre a teoria estudada e a prática contábil, permitindo que você tenha contato com a complexidade do mundo real.

2. **Acesse as demonstrações contábeis de empresas listadas na B3 ou em outras plataformas que disponibilizem balanços patrimoniais acompanhados de pareceres de auditoria:**

a) Pesquise e selecione demonstrações contábeis de empresas que apresentem relato de auditoria com diferentes tipos de pareceres;

b) Analise e compare os pareceres selecionados, identificando divergências e aspectos comuns;

c) Apresente suas descobertas em sala de aula, promovendo discussões sobre as diferentes abordagens adotadas pelos auditores;

d) Responda às seguintes questões:

   i.   Quais diferenças principais você encontrou entre os pareceres analisados?

   ii. Como essas diferenças podem impactar a interpretação das demonstrações contábeis?

   iii. De que maneira essa atividade contribuiu para sua compreensão sobre a relação entre auditoria e transparência contábil?

OBJETIVOS DO EXERCÍCIO

a) Desenvolver familiaridade com as plataformas que disponibilizam demonstrações contábeis e relatórios de auditoria;

b) Estimular a pesquisa ativa dos discentes, incentivando a busca por novas informações contábeis;

c) Articular ensino e pesquisa por meio da exploração de diferentes fontes de demonstrações contábeis.

   ENTREGA: *prepare um relatório conciso com suas respostas e reflexões e submeta-o conforme orientação do professor.*

3. Identifique, no caso a seguir, os conceitos relativos ao parecer da auditoria que poderiam ser associados a cada ditado popular (em destaque).

CASO: É Melhor Prevenir do que Remediar

A empresa Balanço Perfeito Ltda., conhecida por seu compromisso com informações contábeis claras, gerava uma receita anual de R$ 12 milhões e mantinha uma margem líquida média de 10%. Sob a liderança de Dona Clara, sua administração era reconhecida pela responsabilidade na elaboração de projeções financeiras. Seu lema era **"A responsabilidade é de quem faz."**

Para consolidar a confiança dos investidores, a empresa contratou Dr. João Prudente, um auditor renomado por sua objetividade e rigor técnico. Ele costumava dizer: **"Quem avisa, amigo é."**

Durante a auditoria anual, Dr. João identificou problemas que poderiam comprometer a credibilidade das demonstrações contábeis. As projeções financeiras para o próximo ano indicavam um crescimento de 50% nas receitas, atingindo R$ 18 milhões. Contudo, também projetavam despesas administrativas de R$ 5 milhões, um aumento significativo em relação aos R$ 3 milhões atuais, sem justificativas claras.

Além disso, um "ativo especial" de R$ 2,5 milhões, descrito como investimento em uma *startup* de inteligência artificial, foi registrado no balanço patrimonial. Ao investigar, Dr. João descobriu que não havia contratos nem relatórios que comprovassem a viabilidade econômica desse ativo. Ele refletiu: **"Nem tudo que reluz é ouro."**

Fonte: https://www.istockphoto.com/br/vetor/%C3%ADcone-do-vetor-de-auditoria-do-documento-gm1475073259-504688095

FIGURA 2.1   Auditoria.

Ao entrar em contato com a equipe de Dona Clara, Dr. João mencionou ter identificado distorções relevantes nas demonstrações contábeis. Entretanto, enfrentou resistência ao tentar obter as informações necessárias. Diante disso, ele alertou que, sem os esclarecimentos adequados, poderia emitir um parecer adverso.

Dona Clara revelou que o "ativo especial" derivava de uma transação verbal, sem qualquer documentação formal. Além disso, a empresa estava prestes a perder um contrato de R$ 4 milhões com um hospital regional, representando 33% da sua receita anual.

Dr. João, embasado em sua análise, concluiu que emitiria uma opinião com ressalvas caso os problemas não fossem solucionados. Afinal, **"Contra fatos não há argumentos."**

A tensão chegou ao ápice quando os investidores, que haviam aportado R$ 10 milhões no capital da empresa, exigiram explicações. Dr. João enfatizou que seu papel era assegurar que as demonstrações financeiras refletissem a realidade e reforçou: **"Não basta ser honesto, tem que parecer honesto."**

Dr. João incluiu um parágrafo de ênfase no relatório, destacando o risco de continuidade operacional, e um parágrafo de outras informações para comentar sobre o "ativo especial". Ele recomendou cautela adicional, reforçando: **"O Seguro morreu de velho."**

Seguindo as recomendações do auditor, Dona Clara convocou sua equipe para revisar as projeções financeiras. O crescimento da receita foi ajustado para 15%, atingindo R$ 13,8 milhões, com base em contratos assinados, e o "ativo especial" foi reclassificado como despesa não recorrente, reduzindo o lucro projetado de R$ 1,8 milhão para R$ 800 mil. Além disso, a empresa apresentou novos contratos que poderiam gerar R$ 3 milhões em receitas no próximo ano, reforçando a continuidade operacional.

Com essas medidas, a confiança dos investidores foi restaurada. Dr. João concluiu a auditoria satisfeito por evitar grandes problemas e refletiu: "É melhor prevenir do que remediar."

3

CONTEXTUALIZANDO AS VERTENTES CONTÁBEIS PREDOMINANTES NA ATUALIDADE

Objetivo do capítulo

Proporcionar uma visão histórica do contexto que envolve a evolução da contabilidade praticada na atualidade. Apresentar a origem de importantes conceitos, como: equivalência patrimonial, consolidação de balanços, correção das demonstrações contábeis, normatizações internacionais, essência sobre a forma, modelos contábeis, informações não financeiras etc. Do ponto de vista didático, tal contextualização facilitará a assimilação do conhecimento que será desenvolvido nas seções subsequentes.

Não existem duas empresas que façam suas contabilidades perfeitamente iguais, mesmo em países onde a contabilidade seja extremamente normatizada. Sempre há margens para o processo de escolha. Seus gestores, seu contador, todos têm suas visões e seus julgamentos próprios. Assim, uma adequada análise das demonstrações contábeis deve considerar vários aspectos, como: conhecer quem é a empresa, quem são essas pessoas envolvidas, quais são os julgamentos utilizados pela gestão e o próprio contexto histórico de desenvolvimento da contabilidade. Os três primeiros aspectos são específicos na análise de cada empreendimento, mas este último é geral, por isso merece ser explorado neste estudo. Vamos lá!

A contabilidade nasceu gerencial, ou seja, para atender aos interesses dos usuários internos (IUDÍCIBUS; MARTINS; CARVALHO, 2005). E não era normatizada. Mas com o tempo ela passou a ser dominada pelos credores em países onde os bancos eram os donos dos sistemas de transferência dos recursos entre quem poupa e quem usa, e isso levou à normatização.

3.1   NORMATIZAÇÃO: DA CONTABILIDADE PARA FINS INTERNOS À DESTINADA AOS USUÁRIOS EXTERNOS – O INÍCIO

Foi na Europa Continental, nos países latinos e germânicos, onde predomina o Direito romano, que começou toda essa normatização da contabilidade, voltada para atendimento do interesse dos credores (começou com o Código Comercial Francês em 1673). Uma das características dessa contabilidade normatizada pelo Estado foi ser muito conservadora, exageradamente conservadora pelo que vemos hoje, com o máximo de avaliação para os passivos e o mínimo para os ativos, a postergação para reconhecimento das receitas e o reconhecimento o mais rápido possível das despesas. Isso ocorreu por influência dos interessados, os credores, basicamente banqueiros. Dessa forma, quem olhasse esse balanço tão conservadoramente avaliado, logo pensava: a empresa vale mais do que isso, com certeza! Menos, não vale! O conservadorismo foi mais exagerado principalmente entre os germânicos, inclusive em total detrimento do regime de competência.

Já na Inglaterra, a normatização contábil surgiu inicialmente para atender aos interesses de credores e investidores de uma maneira semelhante, também utilizando o Princípio do Conservadorismo, mas de uma forma muito mais parecida com o Princípio da Prudência, e não com os extremos antes comentados, principalmente dos germânicos. Isso porque os saxônicos procuraram manter, na normatização, a mesma filosofia utilizada até antes do processo normativo, de que boa contabilidade era a que produzia boas informações para os gestores das empresas. E esses balanços é que deveriam ser levados aos credores e investidores.

Vejam que fato interessante: os próprios contadores é que faziam a normatização contábil no mundo de influência inglesa, onde predomina o Direito consuetudinário, dos usos e costumes. Era uma atividade dos técnicos. Não estava na alçada do legislador, do Estado, sob a forma de leis ou outra norma, como no mundo do direito romano, predominante nos latinos e germânicos.

Essa posição dos anglo-saxônicos predominou até que surgiu a Revolução Industrial, na segunda metade do século XVIII, que alavancou o papel da intermediação financeira. Nesse cenário, a quantidade de capital necessário para a construção das grandes indústrias passou a ser muito maior, porque até então volumes vultosos de capital eram necessários somente para grandes embarcações e atividades relativas a armamentos; a maioria dos empréstimos era voltada para o comércio com pequenas montas.

Na Inglaterra e nos países de sua influência, essa captação de grandes recursos na formação das grandes indústrias com seus vultosos investimentos em Imobilizados passou a ser predominantemente feita pela emissão de ações por parte das companhias; ou seja, os empresários recorriam diretamente aos poupadores/investidores, com menor utilização proporcional dos empréstimos bancários que os países da Europa Continental. Isso foi fazendo com que os contadores passassem a dirigir suas regras contábeis para o interesse desses investidores.

Na Europa Continental, os bancos, que já eram fortes, com a Revolução Industrial assumiram decididamente o papel de intermediadores, fortalecendo o processo de normatização contábil conservador e reforçando, naquele momento, que a contabilidade era um instrumento de proteção ao credor. Em alguns países, nos germânicos principalmente, foi criada a penalização criminal para os que, por conta de informações contábeis mal elaboradas, causassem prejuízos a terceiros, além das penalidades civis causadas por tais prejuízos. Essa foi a razão do incremento do conservadorismo nessa região.

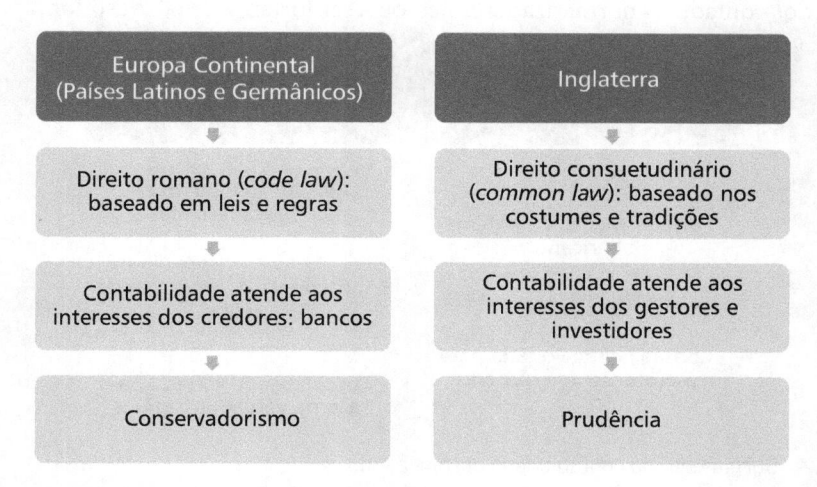

FIGURA 3.1   Surgimento da contabilidade europeia.

E como os banqueiros, recebendo balanços conservadores de seus clientes, podiam distinguir entre os mais e os menos conservadores? Muito simplesmente: cada credor vinha à mesa do gerente para pleitear seu crédito, e nessa hora o gerente indagava e conseguia todas as informações que não estavam no balanço: passavam a saber se a depreciação estava 20% ou 50% a mais do que a efetivamente necessária, se as provisões estavam um pouco acima ou muitíssimo acima do necessário etc. Suas anotações ao lado do balanço passavam a fornecer uma espécie de segundo balanço para ajudar no processo de concessão de crédito.

No continente europeu se fortaleceram, portanto, regras de proteção ao credor, que já existiam bem antes da Revolução Industrial. Mas, na Inglaterra, quem passou a ser dono da contabilidade foi o investidor em ações, porque todo o processo de criação das grandes empresas, das grandes indústrias, das grandes construções que foram surgindo, passou a acontecer via emissão de ações. A boa contabilidade passou a ser aquela que fornecesse aos investidores em ações as melhores informações para que decidissem sobre seus investimentos e que pudesse levar até eles as melhores prestações de contas.

Assim, os contadores que normatizavam a contabilidade passaram a não dar muita atenção para a figura do credor no mundo anglo-saxônico. Nesse contexto, o balanço passou a ser a única forma de ligação entre a empresa e o mundo que tinha dinheiro, a única forma de comunicação de desempenho entre a companhia, seus acionistas e potenciais acionistas. De um lado, a empresa presta contas ao mercado, e de outro ela vem a esse mercado buscar recursos novos, desde que tenha conseguido angariar, com transparência e boas informações, a confiança desse mercado. Nesse contexto surgiu a necessidade de desenvolver a figura das bolsas de valores que centralizassem as transações com ações para proporcionar a negociação entre os investidores. O interesse não era, como não é atualmente, só na captação primária, mas também no mercado secundário de ações, para que haja liquidez e viabilidade de comercialização dos investimentos, ou seja, um local onde se possa comprar e vender as ações. O foco, portanto, dos contadores normatizadores passou a ser fortemente o investidor.

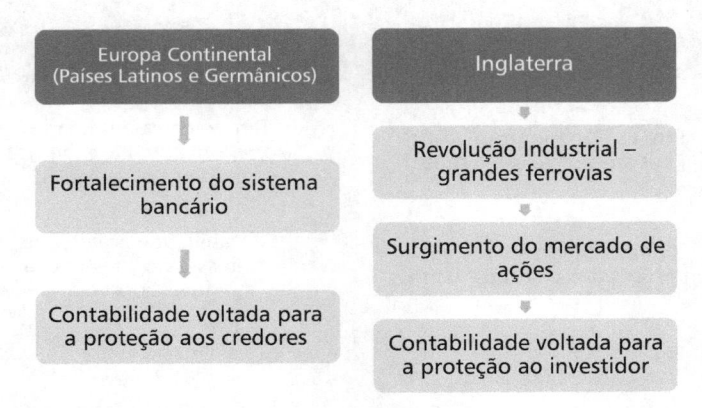

FIGURA 3.2 Surgimento da contabilidade europeia – II.

3.2 NORMATIZAÇÃO CONTÁBIL: A PRESENÇA DO FISCO

Posteriormente, já no século passado, os Estados começaram a tributar sobre os lucros contábeis. Fato interessante é que os germânicos conseguiram manter a mesma contabilidade conservadora que protegia o credor para pagar Imposto de Renda (IR). Os empresários conseguiram impor uma regra que lhes era muito interessante: o "princípio da unicidade contábil". "Nós vamos pagar IR, mas de acordo com as regras de proteção ao credor." Ou seja, com as mesmas regras que obedecem ao Princípio do Conservadorismo. Consequentemente, são postergados os pagamentos de lucro (dividendos), mas também os tributos sobre o lucro! O que é ótimo para os credores, pois é a garantia de que fica mais dinheiro na empresa. Uma espécie de "regime da conveniência"... Era conveniente que o mesmo lucro conservador para o credor fosse o utilizado para a tributação, conseguindo-se o máximo de postergação de impostos. Em outras palavras, os alemães adequaram o Fisco à contabilidade, não a contabilidade ao Fisco.

Na Itália e na França, o empresariado não foi suficientemente forte para se impor. E os Estados latinos começaram a normatizar a contabilidade pensando um pouco, sim, nos credores, mas... muito mais no próprio Estado, na sua arrecadação. Em alguns países, estabelecia-se de forma direta como a contabilidade deveria ser feita. Já em outros utilizou-se uma linha de onde nós trouxemos a nossa filosofia, de indução. Não se obriga a fazer a contabilidade dessa ou daquela forma, mas se induz fortemente a isso. Nesse processo indutivo a empresa pode escolher entre diferentes alternativas contábeis, mas se não for da forma como o Estado prescreve, ela deve assumir os respectivos acréscimos tributários. Veja-se o que ocorria no Brasil até 2007: não se obrigava a depreciar as máquinas em 10 anos, mas se se depreciasse em mais, o excesso não era dedutível, e se se depreciasse em menos, não se podia utilizar a parte não contabilizada para abater do Imposto de Renda; com isso, induzia-se quase todos a depreciar nos 10 anos.

Já os ingleses fizeram diferente: conseguiram manter a contabilidade como fonte de informações para os investidores, criando, paralelamente, a contabilidade para fins tributários quando o Estado queria regras diferenciadas daquelas que os contadores consideravam "boa contabilidade". Para isso, é utilizado uma espécie de LALUR (Livro de Apuração do Lucro Real) com enorme possibilidade de ajustar, para cima ou para baixo, o lucro contábil ao lucro tributável.

Com isso, a contabilidade europeia passou a ter três grandes vertentes no mundo ocidental: para proteção ao credor no mundo germânico, fiscalista no mundo latino e para o investidor, no mundo anglo-saxônico, conforme Figura 3.3.

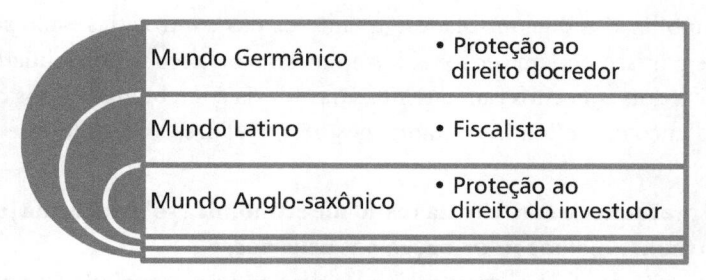

Mundo Germânico	• Proteção ao direito docredor
Mundo Latino	• Fiscalista
Mundo Anglo-saxônico	• Proteção ao direito do investidor

FIGURA 3.3 Síntese das grandes vertentes da contabilidade europeia.

3.3 EXEMPLOS DE DISPARIDADES CONTÁBEIS ENTRE AS DIFERENTES CULTURAS – O NASCIMENTO DA PRIMAZIA DA ESSÊNCIA SOBRE A FORMA

Vejam-se algumas situações práticas para se entender melhor as diferenças e, principalmente, o porquê da mudança da contabilidade na mão dos anglo-saxônicos.

Com o passar do tempo e a evolução das formas organizacionais, notadamente os grandes conglomerados, foram surgindo problemas. Em virtude de transações inadequadas entre empresas de um mesmo grupo, como o caso da venda de produtos da empresa-mãe, companhia aberta, para a empresa-filha, fechada, sem que esta conseguisse necessariamente vender esses produtos a terceiros, evidenciando aumento de faturamento na companhia aberta e aumento de lucro (fictício), o mercado começou a reagir e os contadores normatizadores ingleses decidiram fazer o balanço dessas empresas como se elas não fossem mãe e filha, e sim como se fossem um só empreendimento.

Criaram assim a figura do **balanço consolidado**, como se mãe e filhas fossem uma única empresa. O objetivo era passar confiança ao mercado, dizendo assim: "As dívidas totais do grupo estão aqui! Não precisa haver medo de existir uma subsidiária do grupo, uma filha, onde a dívida esteja escondida. Aqui, nesses balanços consolidados, só existem transações com terceiros, compras e vendas com entidades fora do grupo econômico. As transações internas foram eliminadas." Eles criaram o balanço consolidado como uma espécie de balanço *pro forma*, cuja essência é demonstrar o balanço e o resultado de entidades com relação às transações com o mundo fora do conglomerado. Mas esse balanço passou a ser aquele que todo mundo queria! Porque é ele que dá a visão mais completa do ponto de vista econômico do que é um conjunto de empresas trabalhando sob o mesmo comando. **Com isso, o conceito de entidade jurídica foi substituído pelo conceito de entidade econômica.**

Além dessa mudança de visão e aceitação do conceito de entidade econômica prevalecendo sobre o das entidades jurídicas formadoras da entidade econômica, outra enorme evolução ocorreu ao se juntar os ativos da controladora e os da controlada num único balanço: o conceito fundamental passa a ser o do **controle** dos ativos, e não sua propriedade jurídica. Por exemplo, os imóveis da controladora são de propriedade jurídica dela, os da controlada A são de propriedade jurídica de A; para fazer o balanço consolidado, o conceito muda: tanto os ativos Imobilizados da controladora quanto os das controladas estão **sob controle** da controladora, e por isso podem ser somados no mesmo balanço (o consolidado). Veja-se que foram quebrados dois conceitos fundamentais na vida da contabilidade e dos contadores com a criação do balanço consolidado (afetando gestores, credores, investidores etc.):

a) **deve prevalecer o conceito da realidade econômica sobre a forma jurídica quando isso trouxer melhor informação aos usuários; e**
b) **a figura do controle é mais relevante do que a da propriedade jurídica na elaboração das demonstrações contábeis.**

Além disso, houve uma evolução adicional: eram consolidadas somente as empresas controladas. As demais participações eram tratadas como investimentos, registrados ao custo naquela época. Mas também existem investimentos intermediários, aqueles que não são investimentos por especulação, mas também não com participações suficientes para alcançar o controle da empresa investida. No entanto, pode haver relações fortes entre investida e investidora, como: influência na administração, a investidora podendo participar do conselho de administração da investida, poder nomear diretores, ou a investida ter dependência tecnológica total; quer dizer, são parcerias que se estabelecem, mas sem a necessária relação de controle. Deixar esse investimento ao custo e apurar o lucro no dia da venda do investimento não dá boa informação, mas consolidar também não, pois o controle da investida é de outros, de terceiros, ou de ninguém! Por isso, foi criada a figura da equivalência patrimonial.

A equivalência patrimonial é uma maneira de trazer a parte do lucro da investida que cabe à investidora, mas só a parte do lucro. Não são trazidas as partes relativas aos ativos e nem às dívidas, porque eles não ficam sob o controle da investidora. Não são consolidadas as receitas e as despesas, mas deve ser reconhecida a participação nesse lucro. É uma forma de dizer algo importante ao mercado, para que saiba que, além das atividades próprias da investidora, ela tem outros investimentos e quais os resultados proporcionados por esses investimentos, sobre os quais tem influência, mas não controle. O processo da equivalência é feito como se houvesse consolidação. Inclusive a própria norma inicial de equivalência era bastante simples:

a equivalência patrimonial é o método de avaliação que produz na investidora o mesmo lucro e o mesmo Patrimônio Líquido que seriam produzidos caso se fizesse a consolidação.

É claro que, para os mais conservadores, equivalência não é uma prática contábil bem-vinda, porque implica reconhecer receita antes (às vezes muito antes) da entrada do respectivo caixa (em muitos casos, a conversão em caixa se dá só na venda do investimento), daí a enorme relutância de alemães e nórdicos em adotá-la. Há inclusive movimento atual para reduzir seu uso dentro do próprio IASB, mesmo que aparentemente havendo se enfraquecido recentemente.

3.4 OUTROS EXEMPLOS DE DISPARIDADES CONTÁBEIS ENTRE AS DIFERENTES CULTURAS

Um exemplo diferente: na Alemanha era considerado que numa construção de navios ou obras civis que levassem 2, 3 anos ou mais devesse haver a apuração do lucro apenas ao final da construção (ótimo para o credor a postergação do reconhecimento do lucro e dos tributos); mas na Inglaterra não havia interesse dos investidores em esperar tantos anos para saber o desempenho da empresa. Preferiam informações, mesmo que menos precisas, mas mais próximas da realidade em cada um dos anos de desempenho. Daí nasce a figura da apuração do resultado durante o processo da prestação de serviço, da execução do contrato de longo prazo etc.

Outro exemplo: se uma mineradora produz ouro, e reconhece o lucro só quando vende, para o investidor não é uma boa informação, já que o ouro vale dinheiro e sua comercialização é extremamente simples, sem esforço. O esforço é grande, ou quase total, no processo de produção. Para o investidor (e também para os gestores), se o lucro for medido na proporção em que o ouro é produzido, a informação adquire melhor qualidade.

Assim surgiu o reconhecimento antes da venda para ouro inicialmente, depois, para alguns outros tipos de bens. O registro da receita passa a ser realizado ao final do processo produtivo, e não na venda, desde que existam, para tais bens, mercado ativo, preço definido, facilidade de negociação e recebimento após a venda bastante garantido.

Produzido o ouro, estoca-se essa mercadoria pelo valor de mercado (próximo ao conceito de valor justo na linguagem de hoje) a crédito de receita; e descarregam-se os custos de produção, como despesas, apurando-se o lucro da produção. Daí para frente, se esse produto é mantido por especulação para posterior venda, os estoques variam conforme os preços no mercado, dando lugar a ganhos ou perdas por estocagem (por não venda, por sua manutenção dentro da entidade), até a venda final.

FIGURA 3.4   Evolução da contabilidade anglo-saxônica.

Recentemente o reconhecimento da receita passou, em alguns casos, a ser feito durante o processo produtivo, como no caso de envelhecimento de vinho, crescimento de plantas, crescimento e engorda de animais etc. Mais recentemente ainda, a filosofia passou a ser estendida a determinados instrumentos financeiros, que passaram também a ser reconhecidos por seu valor justo.

Veja-se que a filosofia anglo-saxônica da tradição, do costume e da essência econômica sobre a forma se fortalece porque é necessário ter, nos balanços para os investidores, as melhores informações possíveis, uma representação a mais fidedigna possível da realidade. Prevalece a ideia de que é preciso dar ao investidor um balanço adequado às suas necessidades. E não há, como no caso dos bancos, condição de sentar com cada investidor para explicar melhor o balanço. O balanço precisa procurar dizer tudo por si só. Por isso, passa-se ao caminho das regras contábeis explicadas nas notas, transparência levada ao máximo possível, não deformação deliberada por conservadorismo exagerado. Desejam-se informações prudentes, mas não fora da realidade.

3.5 NORMATIZAÇÃO À BASE DE PRINCÍPIOS E À BASE DE REGRAS

Outra diferença enorme: nos países onde a contabilidade é regulada por leis, a vontade do normatizador de emitir regras se coaduna com a vontade dos contadores e administradores de terem todas as regras prontas para não correrem riscos e não precisarem assumir posições. Assim, regras sobre como fazer provisão para isso, para aquilo, quando reconhecer uma receita, uma despesa, quanto amortizar ou depreciar, em que conta colocar isso ou aquilo (não é sem razão que os balanços e os planos de contas são padronizados em muitos países: Alemanha, França, Portugal etc.) é o que passa a ocorrer. Ou seja, uma contabilidade **normatizada por regras.**

Já entre os ingleses nasceu outra filosofia: cada empresa é diferente, cada administração age e pensa de forma distinta, e a contabilidade deve não só respeitar, como representar essas distinções. Deve haver, por exemplo, um princípio da obrigatoriedade de reconhecer a depreciação dos ativos de uso cujo custo não é total ou parcialmente recuperado na sua venda. Se a depreciação deve ser à base de 10% ao ano, ou 20% ao ano, ou num período de, digamos, 7 anos e 5 meses etc., é problema de cada empresa. Cada entidade cuida diferentemente de seus ativos, faz um tipo de manutenção, usa-os às vezes para fins não iguais e pode mesmo ter para eles vidas úteis distintas. Obrigar todas a usar a mesma taxa é equalizar o que não é igual e impedir informações de boa qualidade para terceiros. O fundamental é dar o princípio, o da obrigatoriedade da depreciação reconhecida contabilmente quando de certas condições, mas não o de dar as regras detalhadas de x% para este ativo, y% para aquele outro etc. E os ingleses criaram então a contabilidade **normatizada por princípios**.

3.6 O PROCESSO DE CONVERGÊNCIA: O NASCIMENTO DO IASB

A partir do fim da Segunda Grande Guerra (1945), com o crescimento das grandes empresas transnacionais e o crescimento do comércio mundial de dinheiro, de bens e de serviços, essas disparidades contábeis começaram a trazer custos, incômodos e problemas. A companhia transnacional recebia 10 contabilidades diferentes de 10 países distintos! Loucura: precisava obrigar as filiais a fazerem uma contabilidade conforme a regra local e outra conforme a regra do país da matriz! Dar créditos para importadores com base na análise de balanços de países de cuja contabilidade não se conhecem as regras começou a produzir prejuízos.

Nasceu daí todo um movimento para a convergência das normas de contabilidade ao longo do mundo. A contabilidade passou a ser muito importante no mundo dos negócios, para cada um ter a sua. Os interesses nas negociações ao redor do mundo não podiam continuar sofrendo tanto por dúvidas sobre como eram geradas as informações contábeis.

Criou-se um grupo especial na ONU para discutir essa matéria na década de 1960, sem grandes avanços de fato. Mas logo houve um acontecimento marcante na história da contabilidade internacional: a criação do FASB em 1973, nos Estados Unidos. Ele nasceu porque, naquele país, como nos anglo-saxônicos em geral, quem emitia as normas contábeis era o *Accounting Principles Board*, vinculado ao instituto norte-americano de contadores (AICPA), e não ao governo. A comissão de valores mobiliários norte-americana, a SEC (*Securities and Exchange Commission*), reconhecia essas regras como adequadas para o mercado daquele país. Só que os investidores começaram a reclamar que os contadores eram os *controllers* das empresas, ou os auditores independentes das empresas, pagos por elas, e que não davam muito cuidado aos investidores. Assim, o Congresso daquele país incitou a SEC à criação do FASB, com o objetivo de ser esse o órgão normatizador contábil dos EUA, onde passaram a se sentar representantes dos contadores das empresas, dos auditores, dos investidores, da academia, dos analistas etc.

Só que, com a criação do FASB, com milhões de dólares vindos de diversas fontes, os europeus logo viram: ele vai querer não só normatizar a contabilidade norte-americana, mas a do mundo todo! E, imediatamente, no mesmo ano de 1973, juntaram suas forças e, com apoio de representantes de muitos outros países não europeus, criaram o IASC, que acabou se transformando no que é hoje o IASB – *International Accounting Standards Board*.

Mas vejam que interessante: o IASB nasceu exatamente no continente onde existiam as 3 grandes correntes contábeis, mas, como foi formado por uma elite de contadores e auditores, com apoio de empresários (inclusive banqueiros) e de bolsas de valores, rapidamente concluíram: a contabilidade latina, totalmente fiscalista, não servia aos interesses gerais dos usuários externos; a germânica, exageradamente conservadora, não servia aos interesses dos investidores e, nessas alturas, muitos bancos diziam que não servia também aos credores (o aumento do número de clientes impedia as tais análises individuais profundas pelos gerentes e o processamento dessas informações de forma adequada) e acabaram todos por concordar: a convergência internacional tinha que ser feita de acordo com a contabilidade... saxônica, a da essência sobre a forma, a da prevalência do controle sobre a propriedade jurídica, a da transparência, predominando sobre as informações privilegiadas particulares, a das normas baseadas em princípios e não em regras. E não é à toa que a sede do IASB é em Londres. Que revolução!

Por ser criação de uma elite, sem poder legal de coerção, as normas do IASB passaram a ser emitidas, mas... não reconhecidas formalmente pelos países, com exceção de diversos pequenos países que não queriam gastar tempo e dinheiro em criar suas regras próprias.

E, nesse momento, quando as regras saíram da elite criadora do IASB para o mundo mais amplo, a resistência começou aparecer. "Por que mudar? Boa contabilidade é a minha, é aquela que eu aprendi no primeiro ano..." E, fora dos países anglo-saxônicos, a dificuldade com as regras tributárias também passou a impedir o avanço da adoção. Assim, passou o FASB a emitir normas obrigatórias para uso nos EUA e nas empresas que iam buscar dinheiro no mercado norte-americano, e passou o IASB a emitir normas que na verdade só eram obrigatórias em alguns poucos países.

Somente no início do século XXI é que os países da União Europeia conseguiram entrar em acordo. Cansada de tantas contabilidades divergentes, obrigou todas as companhias abertas a passarem, a partir de 2005, a divulgar seus balanços consolidados conforme as regras do IASB. Veja-se que essas regras do IASB são obrigatórias apenas para os balanços consolidados, já que os individuais continuam dependendo das leis de cada país. Estes também estão num processo de convergência, mas num ritmo lento e muito diferenciado de país a país. A Inglaterra permite que seus balanços individuais sejam feitos também conforme as regras internacionais, e somente em 2010 o primeiro país europeu obriga a adoção de IFRS em seus balanços individuais: a Itália!

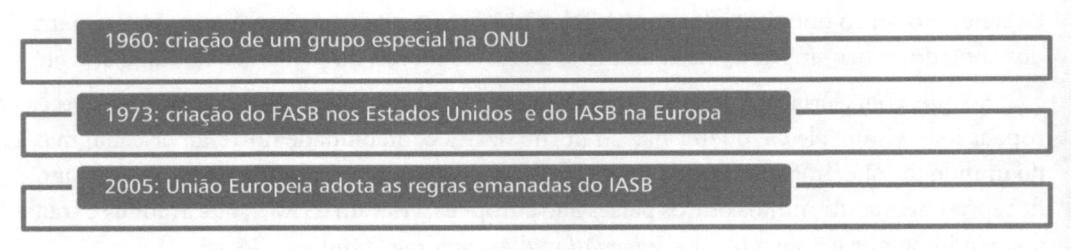

FIGURA 3.5   O processo de convergência das normas contábeis.

3.7   MUDANÇAS DE FILOSOFIA NOS EUA: GRANDES ESCÂNDALOS POR FUGA AOS PRINCÍPIOS

O IASC e depois o IASB continuaram a manter a filosofia original anglo-saxônica da prevalência da essência sobre a forma e das normas baseadas em princípios e não em regras. Só que, nos EUA, acabou-se por alterar substancialmente a filosofia relativa à normatização contábil. O FASB era um órgão forte, poderoso, cheio de gente só pensando em normas... A instituição começou a emitir regrinhas...

– Vamos explicar como se faz a eliminação do lucro não realizado.

Não precisava, bastava dar o princípio; a escola e os manuais é que deveriam ensinar como fazer isso.

– Vamos explicar como é que se faz quando há impostos incidentes nos lucros não realizados.

– Vamos explicar como é que se faz reconhecimento da receita numa empresa que explora prospecção geofísica para fins de localização de reservas de petróleo (ou coisas extremamente detalhadas assim).

E assim criaram regrinhas, regrinhas, regrinhas... Moral da história: um país que também tinha a contabilidade baseada em princípios, em pouco mais de três décadas saiu de uma filosofia que era baseada na essência sobre a forma e normas baseadas em princípios para uma filosofia baseada em regras. Os EUA são atualmente o país que tem o maior número de regras contábeis no mundo.

Para os contadores é muito mais fácil conviver com regras detalhadas do processo contábil, pois não é preciso consultar pessoas, não é preciso assumir responsabilidades por decidir fazer desse ou daquele jeito. Pensa-se assim: "A responsabilidade é de quem fez a norma." Isso é uma salvaguarda do contador (do mau contador) e também do auditor (do não confiante auditor). Existindo a regra superdetalhada, não é preciso assumir responsabilidade, basta seguir a regra. Não é necessário pensar e nem decidir. Não é necessário, enfim, refletir sobre a essência do negócio.

Essa normatização excessiva foi criando um ciclo vicioso. De um lado, o órgão normatizador fica todo orgulhoso. Ele manda, ele tem poder! De outro, o contador que quer as normas prontas está feliz da vida. O máximo que faz é querer fazer mudança na norma...

As consequências são claras, vejamos. Nos EUA havia uma regrinha que estabelecia: se a participação na Sociedade de Propósito Específico (SPE) for menor que 3%, não precisava checar se é coligada, controlada etc., pois considera-se um investimento irrelevante. Seguindo as regras, poder-se-ia constituir uma SPE e lançar as dívidas lá, deixando limpo o balanço da investidora, desde que as participações chegassem no máximo até 2,99%, porque não era obrigatória a consolidação, mesmo que, na essência, a SPE fosse totalmente controlada por essa entidade com investimento tão pequeno.

Essa regrinha foi uma das responsáveis por uma das maiores bancarrotas na virada para este século, a da Enron, e a queda da empresa de auditoria americana Arthur Andersen, que era uma das *"Big Five"* americanas (as demais são: *PricewaterhouseCoopers, Deloitte Touche Tohmatsu, Ernst & Young* e *KPMG*).

Os administradores da empresa de energia Enron utilizaram de má-fé, de falhas nessas normas contábeis norte-americanas e, ainda, deliberadamente esconderam fatos que tinham, por obrigação legal, moral e fortemente compromissada, de mostrar aos seus auditores independentes. Muitas dessas operações foram engendradas por consultores financeiros com suas equipes de quase-cientistas das finanças suportados por espertos advogados especialistas na interpretação de leis e de normas, inclusive contábeis. Os auditores, por sua vez, não obstante estarem sendo privados de informações relevantes, cometeram erros de avaliação sobre dados e informações obtidos. Seguiram muito as regras sem parar para pensar, pelo visto, na essência das transações. A consequência foi a omissão, nas demonstrações contábeis consolidadas da Enron, de vultosos empréstimos e prejuízos que só começaram a vir a público quando a Andersen descobriu parte dos problemas e forçou a republicação de demonstrações previamente divulgadas. (Mais tarde descobriu-se que um sócio da Andersen havia destruído documentos, o que gerou dúvidas sobre ele saber de toda a situação, e isso é que provocou a derrocada da firma.)

Gestores e auditores acabaram ficando na sua interpretação literal, obcecados talvez pela forma. Olvidaram-se de ver o que representavam, na essência, as operações com as sociedades de propósito especial, criadas de maneira deliberada para tirar de dentro da companhia, e assim omitir parte dos seus ativos podres, passivos e prejuízos.

Com isso, sociedades de propósitos especiais, controladas por terceiros (de forma aparente, já que, na realidade, eram pessoas ligadas à própria Enron ou com documentação "de gaveta" a caracterizar a verdadeira relação e o tamanho da operação), não tiveram seus balanços e resultados consolidados na Enron. Na essência dos fatos eram, realmente, suas controladas e precisariam ser consolidadas.

Ao primeiro grande estouro no mercado, as ações da Enron despencaram, os bancos se retraíram e a empresa quebrou. O envolvimento incorreto dos auditores (como a destruição de documentos e, consequentemente, obstrução da justiça) levou à bancarrota também a Andersen. Não foi o trabalho técnico da auditoria, como muitos pensam. Ela demorou a descobrir as fraudes, mas quando descobriu teve a devida coragem de fazer a denúncia. O problema foi falta de ética de gestores, alguns profissionais de contabilidade e de direito, consultores financeiros etc.

O filme *Enron: os mais espertos da sala* é uma boa ilustração da trama. Assista ao *trailer*.

uqr.to/1zuvm

Tudo isso por quê? Por causa das "benditas" regrinhas. Deixou-se de obedecer ao princípio geral: a controladora precisa consolidar todas as suas controladas de fato (não só as de direito) e passou-se a observar regrinhas de percentuais.

3.8 A NECESSIDADE DA PREVALÊNCIA DA ESSÊNCIA, DA SUBSTÂNCIA ECONÔMICA NAS DEMONSTRAÇÕES CONTÁBEIS, DO JULGAMENTO, DA SUBJETIVIDADE

Mesmo quando existem normas, elas não existem para todos os detalhes. E quando não existem as regrinhas, você usa a subjetividade. Como já dissemos: suponhamos que todos os computadores, por interesse fiscal, possam ser depreciados em dois anos e meio. Você, como analista, está sendo enganado porque nem todos os computadores se depreciam, em todas as empresas, em 30 meses. Você, de fora, não consegue distinguir uma empresa da outra. Se se coloca regra em tudo, tira-se a liberdade da empresa de se mostrar; cria-se, isso sim, mais liberdade para a empresa fazer algumas manobras.

É lógico que no mundo da prevalência da essência sobre a forma é muito maior o campo para julgamento, para subjetividade. Podem surgir manobras? Ninguém pode negar que sim!

Só que, no mundo das regrinhas, as manobras são muito piores, porque as manobras podem ser feitas totalmente dentro da lei, com riscos muito menores de se ser punido. As regrinhas criam chances de manipulações mais trabalhadas. A história mostra que os maiores rombos são sempre nos mercados das regrinhas.

Quando se trabalha com mais liberdade, os usuários vão conhecendo melhor cada empresa e aprendem a hierarquizá-las e a "separar o joio do trigo". O mercado, quer de investidores, quer de credores, acaba podendo fazer a seleção com muito mais segurança.

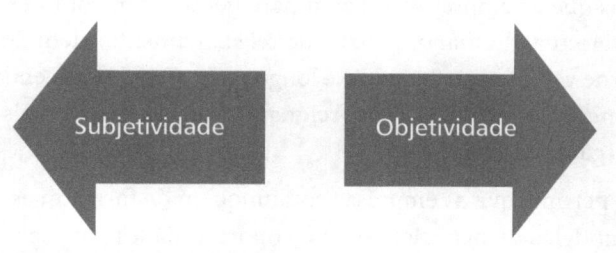

FIGURA 3.6   Subjetividade *versus* objetividade.

Subjetividade e objetividade. Essa dicotomia existe e é terrível! As normas baseadas em princípios dão chances de escolha, mas em compensação dão chances de punições maiores para quem não segue os princípios. Se alguém estima que algo é irrelevante porque é 11% de alguma coisa, há que justificar tal estimativa. Quem julga pode não concordar e punir quem fez. Portanto, é difícil viver em um mundo baseado em normas e princípios. Mas, em compensação, quem quer fazer bons usos se mostra melhor ao mercado e tem a chance de ser privilegiado.

Exige-se, no mundo das normas baseadas em princípios, mais julgamento por conta do elaborador das demonstrações, mas o usuário externo, o analista, principalmente, tem condições de melhor conhecer a gestão da empresa e a própria empresa. Quando todos fazem tudo de forma bem "quadradinha", conforme regras rígidas, há uma aparência de homogeneidade (só aparência, as verdades costumam ser muito diferentes entre as empresas) que engana muito, e os externos às entidades não têm como de fato discriminar entre as empresas. Daí a importância de se mudar de postura, trabalhando-se com princípios e com julgamentos. É o que pretendem as normas internacionais.

O interessante notar é que os que mais têm dificuldade de utilização desses conceitos são os auditores independentes que, pela própria natureza, provavelmente se sentem desconfortáveis em ter que aceitar posições subjetivas das administrações das empresas que auditam.

3.9 EVIDENCIAÇÃO DE INFORMAÇÕES NÃO FINANCEIRAS: A SUSTENTABILIDADE

As demandas contemporâneas por transparência, sustentabilidade e gestão integrada impuseram o desafio de ir além da simples divulgação de números financeiros. Para que a informação cumpra seu papel de representar a realidade empresarial, novos formatos informacionais surgiram, como o Relato Integrado (RI). É optativo, mas, quem o utilizar, precisa seguir a OCPC 09, aprovada pelo Conselho Federal de Contabilidade (CFC) e pela Comissão de Valores Mobiliários (CVM) em 2020.

O RI promove a integração de informações financeiras e não financeiras, abrangendo aspectos econômicos, sociais, ambientais e de governança. Ele reflete a interdependência dos diferentes recursos que as empresas utilizam para gerar valor, como os capitais financeiro, manufaturado, intelectual, humano, social e de relacionamento, além do capital natural. Ao enfatizar a criação de valor no curto, médio e longo prazos, o RI transcende a visão imediatista dos resultados trimestrais ou anuais, proporcionando uma avaliação mais ampla e sustentável do desempenho organizacional.

Esse formato permite que as empresas comuniquem de forma mais clara e transparente suas estratégias, modelos de negócios, riscos e oportunidades para seus *stakeholders*, como acionistas, reguladores, clientes e a sociedade em geral. Ao alinhar as expectativas das partes interessadas com as práticas empresariais, o RI transforma a contabilidade, ampliando seu papel ao fornecer informações úteis para a tomada de decisões a fim de cumprir sua missão, qual seja, representar a realidade. Dessa forma, ele retrata com maior amplitude a complexidade e a interconexão dos fatores que influenciam as operações e a capacidade de uma organização de gerar valor de forma sustentável.

As normas IFRS S1 e IFRS S2, lançadas pela International Sustainability Standards Board (ISSB) em 2023, e no Brasil pelo Comitê Brasileiro de Pronunciamentos de Sustentabilidade (CBPS), e aprovadas pela CVM e pelo CFC, marcaram um novo patamar ao incorporar formalmente a sustentabilidade e os riscos climáticos nos relatórios financeiros. Essas normas contribuem para uma representação mais completa da realidade empresarial, destacando a interdependência entre fatores financeiros e não financeiros, além de antecipar os impactos de longo prazo nas operações das empresas.

Os CBPS 01 e 02 reforçam a percepção de que a realidade empresarial não é moldada apenas por resultados financeiros imediatos, mas também por fatores como mudanças climáticas, uso de recursos naturais e questões sociais. Ao capturar melhor essa interdependência, passa-se a refletir de forma mais clara os impactos dessas questões nas demonstrações financeiras.

Assim, aproxima-se de uma visão econômica mais complexa e integrada, representando com mais precisão o ambiente em que as organizações operam.

A análise fundamentalista de empresas, de que se trata este livro, é um método amplamente utilizado por investidores e analistas para avaliar o valor intrínseco de uma organização. Esse processo envolve a avaliação de diversos fatores financeiros e não financeiros que afetam a capacidade de geração de valor ao longo do tempo. Mas, como já dito, cada vez mais se utilizam de outras informações, e recentemente as derivadas desses documentos relativos à sustentabilidade mencionados.

A relevância das informações providas pelo ISSB reside no fato de que o valor de uma empresa não é mais determinado exclusivamente por fatores financeiros, como lucro líquido ou fluxo de caixa. Com a crescente importância dos fatores ambientais, sociais e de governança (ESG), investidores estão cada vez mais atentos ao impacto que práticas de sustentabilidade têm sobre o desempenho financeiro de longo prazo de uma organização. O ISSB, ao estabelecer padrões de relatórios de sustentabilidade consistentes e comparáveis, facilita o acesso a dados estruturados e confiáveis sobre como as empresas estão gerenciando questões críticas como mudanças climáticas, uso de recursos naturais, direitos humanos e práticas de governança.

Essas informações ESG fornecidas pelas normas do ISSB são fundamentais para a análise fundamentalista, pois permitem que analistas e investidores integrem fatores de risco e oportunidades que podem afetar diretamente a *performance* financeira da empresa. Por exemplo, empresas que demonstram uma gestão eficiente de seus impactos ambientais podem reduzir custos operacionais ao longo do tempo, evitar sanções regulatórias e melhorar sua reputação com consumidores e investidores. Da mesma forma, empresas que adotam boas práticas de governança tendem a ter uma estrutura de tomada de decisão mais robusta e transparente, reduzindo o risco de fraudes e problemas de *compliance*.

E algo muito importante: esses relatórios têm que trazer números financeiros que têm que constar das demonstrações contábeis. Não podem ser só "blá blá blá", há que haver a fonte desses números todos, a não ser quando relativos às projeções, é claro. Mas a realidade dos fatos contida na contabilidade há que suportar o relatório no que diz respeito ao já ocorrido. Não é por outro motivo que a asseguração desses relatórios todos terá que ser feita por Contadores!

A utilização dos dados providos pelo ISSB na análise fundamentalista possibilita uma visão mais holística da empresa, que vai além dos números contábeis tradicionais. Ao avaliar como uma empresa se posiciona em relação aos fatores ESG, investidores podem fazer previsões mais precisas sobre a resiliência e a sustentabilidade do seu modelo de negócios no longo prazo. Além disso, a padronização promovida pelo ISSB facilita a comparação entre empresas de diferentes setores e regiões, uma vez que todos estarão utilizando critérios semelhantes para relatar informações ESG.

Em resumo, as informações providas pelo ISSB para fins de análise fundamentalista não apenas aumentam a transparência, como também ajudam a identificar potenciais riscos e oportunidades associados à sustentabilidade. Essa integração das informações ESG nos relatórios corporativos é cada vez mais reconhecida como essencial para entender o verdadeiro valor das empresas e para construir portfólios de investimentos que estejam alinhados com as demandas sociais e ambientais atuais.

Em novas edições procuraremos discutir um pouco mais essa matéria, mas nossa atenção aqui se centra na análise fundamentalista, sem a qual o restante fica também incompleto.

Acesse a Norma
IFRS S1 no QR Code
a seguir.
IFRS S1 – *General
Requirements
for Disclosure of
Sustainability-related
Financial Information –
An In-depth Explainer
with the ISSB*

uqr.to/1zuvn

Acesse a Norma
IFRS S2 no QR Code
a seguir.
IFRS S2 – *Climate-
related Disclosures –
An In-depth Explainer
with the ISSB*

uqr.to/1zuvo

EXERCÍCIOS

1. Para compreender melhor os impactos das normas IFRS S1 e IFRS S2 no processo de análise das demonstrações contábeis, realize a seguinte atividade:

   a) Pesquise referências complementares sobre os resultados da aplicação das IFRS S1 e IFRS S2;

   b) Prepare um resumo dos principais fatos relevantes ocorridos no processo de implementação dessas normas;

   c) Discuta em sala de aula os efeitos do uso de informações sobre sustentabilidade por parte de investidores e credores;

d) Responda às seguintes questões:

   i. Como as IFRS S1 e IFRS S2 impactam a transparência das demonstrações contábeis?

   ii. Quais desafios as empresas enfrentam na adoção dessas normas?

   iii. De que maneira os investidores e credores podem se beneficiar das informações fornecidas?

OBJETIVOS DO EXERCÍCIO

a) Estimular a pesquisa ativa dos discentes, incentivando a busca por novas informações contábeis;

b) Articular ensino e pesquisa por meio da exploração de diferentes fontes de demonstrações contábeis.

   ENTREGA: *prepare um relatório conciso com suas respostas e reflexões e submeta-o conforme orientação do professor.*

4

CONHECENDO O NEGÓCIO. CONHECENDO OS FUNDAMENTOS CONTÁBEIS DO "MODELO DO NEGÓCIO"

Objetivo do capítulo

Mostrar ao leitor a diversidade de setores e ramos de atuação das entidades. Enfatizar a necessidade de conhecer as peculiaridades de cada negócio para que a análise não fique comprometida. Mostrar também a diversidade contábil existente e a necessidade de adequar cada modelo contábil ao tipo de negócio que está sendo analisado, para que se possa extrair o máximo de informações relevantes ao processo decisório. Ou, pelo menos, ter uma ideia da eventual distância entre o negócio e o modelo pelo qual é apresentado. Por fim, mostrar a importância de se contextualizar a empresa em análise em seu macroambiente.

4.1 CONHECENDO O NEGÓCIO

Não faz o mínimo sentido querer analisar uma empresa cujo ramo de negócios se desconhece. Não se deve perder tempo e muito menos se arriscar com isso! Se você não sabe o que faz uma distribuidora de valores, não queira concluir sobre suas demonstrações. Se não sabe o que é uma administradora de consórcios, idem. Se não conhece como opera uma *trading company*, um fundo de pensão, uma resseguradora, idem. Se não entende de pecuária e não conhece seus riscos, não queira concluir sobre o balanço de uma empresa que se dedique a esse ramo! Não queira concluir sobre a liquidez, sobre a adequação da distribuição de ativos, sobre rentabilidade e principalmente sobre suas chances no futuro etc.

Outro ponto: as demonstrações financeiras têm, no Brasil, uma relativa padronização dada pela Lei das Sociedades por Ações e, em alguns casos, têm uma padronização mais detalhada por conta do seu órgão de controle (Banco Central, SUSEP etc.). As situações específicas desses setores econômicos e as particularidades de seus planos de contas padronizados acabam criando situações que exigem um cuidado especial do analista que, nesse caso, repete-se, deve conhecer muito bem o setor e o conteúdo dos planos de contas utilizados para não ficar replicando determinados índices e concluir de forma não condizente com a realidade.

Num exemplo exageradamente simples: imagine o balanço de uma instituição financeira que capta depósitos de poupança e aplica a maior parte desses recursos em operações de empréstimos a longo prazo, financiando atividade imobiliária; que tipo de "índice de liquidez corrente" apresenta, classificando esses valores todos captados como depósitos de poupança no Passivo Circulante, como é a normatização brasileira, e classificando suas operações de crédito no Ativo Realizável a Longo Prazo? Ativo Circulante pequeno e Passivo Circulante enorme. Se não tem ideia de quão estável (quase "permanente" em certas instituições estatais) é esse Passivo Circulante, poderá concluir que essa instituição já quebrou e só não fechou suas portas porque ninguém a avisou... (por aí se vê por que, em tantos países, não se classificam em circulante e não circulante os ativos e passivos das instituições financeiras e seguradoras).

Portanto, se você não sabe como funcionam os negócios numa empresa e/ou quais as regras contábeis aplicáveis, procure conhecê-los. Não se coloque a analisar suas demonstrações se não estiver devidamente habilitado!

Para um entendimento da razão com a preocupação quanto ao alerta neste item, sugerimos a leitura atenta deste e do Capítulo 5, que cuidam dos modelos contábeis de diferentes segmentos. Afinal, o relevante é, de um lado, saber muito bem do tipo de negócio que está sendo analisado, quais suas características comerciais, quais seus suportes jurídicos, quais seus fundamentos econômicos, quais as expectativas futuras sobre essa atividade, mas não só isso. É fundamental verificar qual o modelo contábil que está sendo utilizado para retratar essa empresa, porque às vezes o modelo não consegue retratar bem a efetiva realidade, evidenciar seus verdadeiros riscos etc.

Essa conjugação de conhecimento do negócio e do conhecimento do modelo contábil é absolutamente vital para o entendimento do que ocorre e, consequentemente, da análise do que acontece hoje com a empresa e com a análise e projeção das perspectivas futuras do negócio.

4.2 DIVERSIDADE DE MODELOS

Novamente chamamos a atenção para algo tão relevante: se se conhece o ramo de negócios, mas não se conhecem os procedimentos contábeis que estão sendo aplicados na análise, também não se deve tirar conclusões... isso é muitíssimo perigoso. Cada ramo de negócio possui suas peculiaridades, seus riscos, suas características que o diferenciam dos demais. E, dentro de cada ramo, as empresas assumem características também diferentes entre si. **A realidade de cada ramo é diferente, e a de cada empresa dentro do mesmo ramo também.**

A contabilidade é um **Modelo**[1] que procura representar o que vem ocorrendo com a empresa, mas modelo, por definição, é uma aproximação da realidade, nunca a própria realidade. Sempre estará mostrando algo de maneira mais simplificada do que de fato é, e estarão sempre faltando informações para se entender de forma completa o que está ocorrendo. Como a planta de uma casa, é uma representação da casa, não se confunde com a casa.

O balanço, por exemplo, sob um certo prisma é algo maluco!!! Pois ele soma ativos os mais diferentes entre si, como tijolo utilizado na construção de um imóvel, energia elétrica consumida na produção de um estoque, computadores, direitos a receber, dinheiro, *goodwill*, investimentos em outras empresas, instrumentos derivativos... São somadas coisas que são absolutamente incomparáveis na sua realidade, apenas trocando tudo pelo seu denominador comum: a moeda. Dessa soma, diminuímos os passivos que são formados pelas dívidas líquidas e certas, por outras obrigações apenas prováveis, mas não líquidas e certas, por valores a apropriar, como lucro no futuro etc. E, diminuindo-se dos ativos esses passivos, chegamos a uma diferença denominada de Patrimônio Líquido, que não existe! (Ativos e passivos existem, embora sujeitos aos problemas relativos à mensuração, já o Patrimônio Líquido é simplesmente uma diferença algébrica entre eles.)

O que a empresa tem, em cada momento, é um balanço; são seus ativos e passivos que de fato existem. Daí explicamos as modificações ocorridas ao longo de um certo tempo nesses ativos e passivos e damos a muitas dessas modificações os nomes de receitas e de despesas; segregamos essas receitas e despesas numa outra demonstração e dizemos que elas dimensionam o lucro ou o prejuízo. Ou, então, analisamos outras modificações nesses ativos e passivos e concluímos pelo que mudou nas suas disponibilidades e criamos a demonstração dos fluxos de caixa etc.

Só que, para se ter esses balanços e demais demonstrações, criamos regras. E as regras muitas vezes dependem do tipo de negócio. São as tais normas contábeis. E há o caso em que as normas contábeis acabam permitindo mais de um modelo para um mesmo ramo de negócios, o que obriga o leitor das demonstrações a um cuidado redobrado na leitura e na análise, e a um esforço adicional nas comparações. Por exemplo, a BRMalls vem avaliando seus ativos denominados propriedades para investimentos pelos seus valores justos, reconhecendo a variação desses valores no resultado, conforme facultado pelo Pronunciamento Técnico CPC 28 – Propriedade para Investimento (IAS 40, no IASB). Já a Multiplan os vem avaliando pelo custo, conforme facultado pelo mesmo documento (só que, nesse caso, ela é obrigada a dar o valor justo nas notas explicativas). Assim, mesmo estando no mesmo ramo de negócios, seus balanços não são tão comparáveis quanto talvez gostaríamos que fossem. Ou, talvez, sejam

---

[1]   "Modelo" é uma palavra polissêmica, ou seja, pode ter diferentes significados dependendo do contexto. No presente caso, o termo é utilizado em uma acepção próxima à que se encontra nos campos da matemática, da física, da economia, da engenharia, referindo-se a uma representação simplificada e estruturada de uma realidade complexa. Na contabilidade, essa modelagem ocorre em diversas etapas, como na escolha de métodos de mensuração (valor justo, custo histórico), no reconhecimento de ativos e passivos, e na formulação de estimativas (depreciação, provisões). Cada uma dessas decisões busca captar a essência econômica dos eventos, embora envolva julgamentos subjetivos que podem variar conforme o profissional ou as regulamentações aplicáveis.

comparáveis dentro do mesmo segmento, se têm modelos de negócios semelhantes. Por exemplo: quem mantém um *shopping center* para obtenção de receitas de aluguéis, não está tão preocupado com o valor de mercado do *shopping*. Pode fazer muito sentido manter imobilizado ao custo. Mas quem mantém *shopping center* sempre em busca de valorização para venda a terceiros, tem interesse total no modelo de avaliação a valor justo. Esse seria, de fato, um motivo forte a justificar procedimentos contábeis diferentes nessa situação.

Além disso, há, às vezes, algumas variações na forma de apresentação e no linguajar utilizado... o que também pode interferir no entendimento.

Podemos citar outros exemplos: na área de concessão de serviços públicos há modelos contábeis para concessionárias que não sofrem controle tarifário, diferentes dos que sofrem, e mesmo entre estes há hora de reconhecer ativo intangível, há hora de reconhecer ativos financeiros etc. Se não se conhecer esses modelos, haverá muita dificuldade em se chegar a conclusões válidas.

Na atividade imobiliária há situações em que a receita e o resultado vão sendo apurados durante a construção de imóveis já vendidos, e há outras em que são registrados apenas quando da entrega desses produtos. Faz muita diferença?

E é importante também verificar que os modelos mudam. Por exemplo, as operações de arrendamento mercantil nas instituições financeiras arrendadoras tinham um modelo determinado pelo Banco Central: no balanço do banco ficavam os ativos arrendados (ou sociedade de arrendamento mercantil); hoje (mudança relativamente recente) esses balanços trocaram os ativos arrendados por ativos financeiros representados por arrendamentos a receber. Pequena mudança, não?

Mudanças, nos últimos anos, alteraram a forma de registro de arrendamentos e aluguéis nos arrendatários e locatários, com alterações significativas no EBITDA, por exemplo, além de no resultado e na demonstração do fluxo de caixa. Ou estão alterando os balanços das seguradoras, das instituições reguladas pelo Banco Central, dos registros de créditos carbono etc. Os instrumentos financeiros sofreram mudanças ao longo do tempo. Hoje, discute-se o método da equivalência patrimonial, a forma de conversão de balanços de moeda não hiperinflacionária para moeda hiperinflacionária e outros. E outros modelos poderão surgir no futuro.

Há muito mais, mas não temos como descrever todos aqui. Alguns até serão tratados à frente. Mas atenção: se não conhece o modelo contábil, leia muito bem as notas explicativas que são obrigadas a descrevê-lo, discriminando as formas de registro e de avaliação de ativos, passivos, receitas e despesas. Esteja sempre atento(a)!

4.2.1 Um modelo diferente de prestar contas...

A título de curiosidade, veja o balanço na forma descritiva elaborado pelo então prefeito de Palmeira dos Índios, em Alagoas, em 1928, nosso saudoso Graciliano Ramos.

Fotomontagem: Camila Paim/Jornal da USP com foto do acervo do IEB.

Fonte: Extraído de https://jornal.usp.br/cultura/usp-guarda-os-originais-de-vidas-secas-de-graciliano-ramos/. Acesso em: 27 jan. 2025.

FIGURA 4.1   Modelo de prestação de contas de Graciliano Ramos.

RELATÓRIO ao Governo do Estado de Alagoas

Exmo. Sr. Governador:

Trago a V. Ex.ª um resumo dos trabalhos realizados pela Prefeitura de Palmeira dos Índios em 1928.

Não foram muitos, que os nossos recursos são exíguos. Assim minguados, entretanto, quase insensíveis ao observador afastado, que desconheça as condições em que o Município se achava, muito me custaram.

COMEÇOS

O PRINCIPAL, o que sem demora iniciei, o de que dependiam todos os outros, segundo creio, foi estabelecer alguma ordem na administração.

Havia em Palmeira inúmeros prefeitos: os cobradores de impostos, o Comandante de Destacamento, os soldados, outros que desejassem administrar. Cada pedaço do Município tinha a sua administração particular, com Prefeitos Coronéis e Prefeitos inspetores de quarteirões. Os fiscais, esses, resolviam questões de polícia e advogavam.

Para que tal anomalia desaparecesse lutei com tenacidade e encontrei obstáculos dentro da Prefeitura e fora dela – dentro, uma resistência mole, suave, de algodão em rama; fora, uma campanha sorna, oblíqua, carregada de bílis. Pensava uns que tudo ia bem nas mãos de Nosso Senhor, que administra melhor do que todos nós; outros me davam três meses para levar um tiro.

Dos funcionários que encontrei em janeiro do ano passado restam poucos: saíram os que faziam política e os que não faziam coisa nenhuma. Os atuais não se metem onde não são necessários, cumprem as suas obrigações e, sobretudo, não se enganam em contas. Devo muito a eles.

Não sei se a administração do Município é boa ou ruim. Talvez pudesse ser pior.

RECEITA E DESPESA

A receita, orçada em 50:000$000, subiu, apesar de o ano ter sido péssimo, a 71:649$290, que não foram sempre bem aplicados por dois motivos: porque não me gabo de empregar dinheiro com inteligência e porque fiz despesas que não faria se elas não estivessem determinadas no orçamento.

PODER LEGISLATIVO

Despendi com o poder legislativo 1:616$484 – pagamento a dois secretários, um que trabalha, outro aposentado, telegrama, papel, selos.

ILUMINAÇÃO

A iluminação da cidade custou 8:921$800. Se é muito, a culpa não é minha: é de quem fez o contrato com a empresa fornecedora de luz.

OBRAS PÚBLICAS

Gastei com obras públicas 2:908$350, que serviram para construir um muro no edifício da Prefeitura, aumentar e pintar o açougue público, arranjar outro açougue para gado miúdo, reparar as ruas esburacadas, desviar as águas que, em épocas de trovoadas, inundavam a cidade, melhorar o curral do matadouro e comprar ferramentas. Adquiri picaretas, pás, enxadas, martelos, marrões, marretas, carros para aterro, aço para brocas, alavancas, etc. Montei uma pequena oficina para consertar os utensílios estragados.

EVENTUAIS

Houve 1:069$700 de despesas eventuais: feitio e conserto de medidas, materiais para aferição, placas.

724$000 foram-se para uniformizar as medidas pertencentes ao Município. Os litros aqui tinham mil e quatrocentas gramas. Em algumas aldeias subiam, em outras desciam. Os negociantes de cal usavam caixões de querosene e caixões de sabão, a que arrancavam tábuas, para enganar o comprador. Fui descaradamente roubado em compras de cal para os trabalhos públicos.

CEMITÉRIO

No cemitério enterrei 189$000 – pagamento ao coveiro e conservação.

ESCOLA DE MÚSICA

A Filarmônica 16 de Setembro consumiu 1:990$660 – ordenado de um mestre, aluguel de casa, material, luz.

FUNCIONÁRIOS DA JUSTIÇA E DA POLÍCIA

Os escrivães do júri, do cível e da polícia, o delegado e os oficiais de justiça levaram 1:843$314.

ADMINISTRAÇÃO

A administração municipal absorveu 11:457$497 – vencimentos do Prefeito, de dois secretários (um efetivo, outro aposentado), de dois fiscais, de um servente; impressão de recibos, publicações, assinatura de jornais, livros, objetos necessários à secretaria, telegramas.

(...)

ARRECADAÇÃO

As despesas com a cobrança dos impostos montaram a 5:602$244. Foram altas porque os devedores são cabeçudos. Eu disse ao Conselho, em relatório, que aqui os contribuintes pagam ao Município se querem, quando querem e como querem.

Chamei um advogado e tenho seis agentes encarregados da arrecadação, muito penosa. O município é pobre e demasiado grande para a população que tem, reduzida por causa das secas continuadas.

LIMPEZA PÚBLICA – ESTRADAS

No orçamento limpeza pública e estradas incluíram-se numa só rubrica. Consumiram 25:111$152.

Cuidei bastante da limpeza pública. As ruas estão varridas; retirei da cidade o lixo acumulado pelas gerações que por aqui passaram; incinerei monturos imensos, que a Prefeitura não tinha suficientes recursos para remover.

Houve lamúrias e reclamações por se haver mexido no cisco preciosamente guardado em fundos de quintais; lamúrias, reclamações e ameaças porque mandei matar algumas centenas de cães vagabundos; lamúrias, reclamações, ameaças, guinchos, berros e coices dos fazendeiros que criavam bichos nas praças.

POSTO DE HIGIENE

Em falta de verba especial, inseri entre os dispêndios realizados com a limpeza pública os relativos à profilaxia do Município.

Contratei com o Dr. Leorne Menescal, chefe do Serviço de Saneamento Rural, a instalação de um posto de higiene, que, sob a direção do Dr. Hebreliano Wanderley, tem sido de grande utilidade à nossa gente.

VIAÇÃO

Consertei as estradas de Quebrangulo, da Porcina, de Olhos d'Água aos limites de Limoeiro, na direção de Cana Brava.

(...)

ESTRADA DE PALMEIRA DE FORA

Tem oito metros de largura e, para que não ficasse estreita em uns pontos, larga em outros, uma parte dela foi aberta em pedra. Fiz cortes profundos, aterros consideráveis, valetas e passagens transversais para as águas que descem dos montes.

Cerca de vinte homens trabalharam nela quase cinco meses. Parece-me que é uma estrada razoável. Custou 5:049$400. Tenciono prolongá-la à fronteira de Sant'Ana do Ipanema, não nas condições em que está, que as rendas do Município me não permitiriam obra de tal vulto.

TERRAPLENO DA LAGOA

(...) Até agora as despesas com os serviços da lagoa sobem a 14:418$627.

Convenho em que o dinheiro do povo poderia ser mais útil se estivesse nas mãos, ou nos bolsos, de outro menos incompetente do que eu; em todo o caso, transformando-o em pedra, cal, cimento, etc., sempre procedo melhor que se o distribuísse com os meus parentes, que necessitam, coitados.

(Os gastos com a estrada de Palmeira de Fora e com o terrapleno estão, naturalmente, incluídos nos 25:111$152 já mencionados).

DINHEIRO EXISTENTE

Deduzindo-se da receita a despesa e acrescentando-se 105$858 que a administração passada me deixou, verifica-se um saldo de 11:044$947.

40$897 estão em caixa e 11:004$050 depositados no Banco Popular e Agrícola de Palmeira. O Conselho autorizou-me a fazer o depósito.

Devo dizer que não pertenço ao banco nem tenho lá interesse de nenhuma espécie. A Prefeitura ganhou: livrou-se de um tesoureiro, que apenas serviria para assinar as folhas e embolsar o ordenado, pois no interior os tesoureiros não fazem outra coisa, e teve um lucro de 615$050 de juros.

40$897 estão em poder do secretário, que guarda o dinheiro até que ele seja colocado naquele estabelecimento de crédito.

[...]

CONCLUSÃO

Procurei sempre os caminhos mais curtos. Nas estradas que se abriram só há curvas onde as retas foram inteiramente impossíveis.

Evitei emaranhar-me em teias de aranha.

Certos indivíduos, não sei por que, imaginam que devem ser consultados; outros se julgam autoridade bastante para dizer aos contribuintes que não paguem impostos.

Não me entendi com esses.

Há quem ache tudo ruim, e ria constrangidamente, e escreva cartas anônimas, e adoeça, e se morda por não ver a infalível maroteirazinha, a abençoada canalhice, preciosa para quem a pratica, mais preciosa ainda para os que dela se servem como assunto invariável; há quem não compreenda que um ato administrativo seja isento de lucro pessoal; há até quem pretenda embaraçar-me em coisas tão simples como mandar quebrar as pedras dos caminhos. Fechei os ouvidos, deixei gritarem, arrecadei 1:325$500 de multas.

Não favoreci ninguém. Devo ter cometido numerosos disparates. Todos os meus erros, porém, foram da inteligência, que é fraca.

Perdi vários amigos, ou indivíduos que possam ter semelhante nome. Não me fizeram falta.

Há descontentamento. Se a minha estada na Prefeitura por estes dois anos dependesse de um plebiscito, talvez eu não obtivesse dez votos. Paz e prosperidade.

Palmeira dos Índios, 10 de janeiro de 1929.

GRACILIANO RAMOS[2]

Como podem perceber, é um modelo contábil, com fortes conotações literárias, digamos, mas é um modelo! E os modelos evoluem conforme a necessidade dos usuários.

4.2.2 Voltando ao ouro e aos produtos agrícolas

Evolução foi também o que ocorreu nas indústrias de mineração de ouro na Inglaterra, como já dito. A regra inicial determinava o reconhecimento do resultado no momento da venda do ouro produzido. Para um comerciante comum, um varejista de roupas ou calçados, o mérito na venda é grande. Ele tem que vencer a concorrência, negociar etc. Ou seja, o ato de vender é o ponto que encerra toda a parte relevante do processo. Pode ser talvez até a parte mais relevante. Mas na indústria da mineração, dentro do processo de descobrir a mina, montar a mina, produzir o ouro e vendê-lo, qual a relevância da atividade de vender nesse processo todo? Onde está o mérito da venda? Veja que praticamente não há esforço na venda. Então reconhecer o resultado no ato da venda pode não medir bem o desempenho da entidade.

---

[2] Disponível em: http://www.revistadehistoria.com.br/v2/home/?go=detalhe&id=1712.

Assim, a Inglaterra mudou a contabilidade da indústria de ouro para reconhecer o lucro no ato do término de sua produção. Mudou o modelo. Criaram o estoque chamado "estoque de ouro avaliado a mercado". Pronto o produto, reconhece-se no ativo o estoque a preços de mercado contra receita (de produção, pode-se dizer). Contra essa receita você joga todos aqueles custos de produção, as demais despesas e apura-se o lucro. Depois você tem outros lucros pela flutuação do preço desse estoque; após o reconhecimento da receita você começa a obter ganhos e perdas, daí para frente, pela variação de preços nos estoques do seu ouro. Nesse caso, você está ganhando ou perdendo pela decisão de não vender. Se você decide reconhecer na venda e apura o lucro só na venda, nunca vai aparecer quanto era o lucro no dia da produção e quanto você ganhou ou perdeu no processo de especulação. Ou seja, desse modo você perde informação.

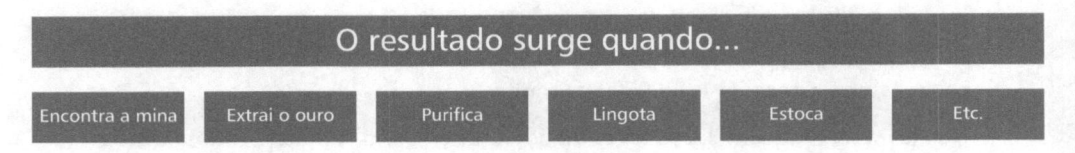

FIGURA 4.2   Reconhecimento do resultado.

O ouro avaliado no balanço a mercado é melhor do que ouro ao custo para efeito de cálculo, por exemplo, da liquidez corrente. Mas um estoque de relógios na indústria de relógio não é avaliado da mesma forma. O estoque ficará pelo custo de produção e o lucro será apurado apenas quando da efetiva venda. Assim, no cálculo da liquidez corrente da indústria de relógios há a interferência de tal estoque dimensionado pelo seu custo, e não pelo seu valor de mercado.

> **A título de curiosidade**
>
> *O primeiro ativo a ser registrado a valor justo foi a moeda estrangeira. Se ela tem conversibilidade, por que esperar para reconhecer ganho ou perda com ela apenas quando utilizada? Vamos reconhecer na medida de sua variação. Em seguida veio o ouro. Depois vieram os demais ativos produzidos cujo mérito é pela produção e não pelo processo de venda, desde que eles tenham preços de mercado definidos, liquidez de mercado: soja, café, cana-de-açúcar, madeira, leite, carne, ovos e todos os demais produtos agrícolas. Vale também para certos produtos minerais. Veja que essa coisa de valor justo é centenária na contabilidade. E, mais recentemente, os instrumentos financeiros, por quê? Porque em certos instrumentos financeiros destinados à negociação com mercado e liquidez, o mérito, no fundo, é medido pelo que ocorreu durante o tempo em que você não vendeu, ou seja, é medido pelos ganhos e perdas que foram acontecendo pela decisão de não vender.*

Quando é que se tem uma representação mais adequada da obtenção de lucro de uma empresa que vive de produzir soja? Deve-se reconhecer seu lucro quando ela consegue produzir a soja, colhê-la e armazená-la em lugares protegidos e próprios, ou apenas quando é vendida?

No primeiro caso, os estoques são avaliados a preços de mercado quando produzidos e devidamente guardados, e o lucro pela "produção" é reconhecido nesse momento, antes mesmo da venda (é claro que para isso se exigem condições de liquidez de mercado, preço objetivamente determinado, conhecimento das despesas a contrapor a essa receita etc.; em última hipótese, utiliza-se a técnica dos fluxos futuros de caixa líquidos ajustados a valor presente). No segundo caso, ou seja, quando se reconhece o lucro apenas na venda, os estoques produzidos permanecem pelo custo e o resultado só é registrado quando há a entrega do produto vendido.

Por outro lado, se alguém produz a soja, ou compra de terceiros, e a utiliza num processo de fabricação para produzir óleo para consumo humano, a situação muda: pois o comprador (ou produtor, nesse caso) não tem na soja um objeto de venda, e sim uma matéria-prima. Por isso, a mantém pelo custo, para ajudar na mensuração do custo de fabricação do óleo. E o óleo só produzirá receita quando for vendido e entregue ao comprador. E se é a mesma empresa que produziu a soja e vai utilizá-la na fabricação, avalia essa soja como produto agrícola ao final de produção, ou seja, a mercado, reconhecendo o lucro no processo de produção dessa oleaginosa; mas, a partir daí, a mantém por esse valor, como se fosse custo, e esse valor é que será considerado para o custo de produção do óleo. A próxima receita só será reconhecida na venda do produto final e sua entrega. Assim, seu lucro será dividido em duas partes: o da produção da soja e o da venda do óleo.

4.2.3   Modelo contábil é questão de escolha

Percebe você que é uma questão de escolha de modelo?

Poderíamos aqui ficar a descrever inúmeras outras situações, mas o importante é alertar: conheça o negócio e conheça os critérios contábeis que a empresa utiliza. Para isso é importante que estejam bem divulgados, nas notas explicativas às suas demonstrações contábeis, o contexto operacional da empresa e as suas principais políticas e práticas contábeis. É uma pena que isso não seja, de fato, bem observado pela grande maioria das sociedades, e quase nada observado, aliás, pelas entidades que não são sociedades anônimas. Apesar de a Lei e as normas estarem aí a exigir isso de todos.

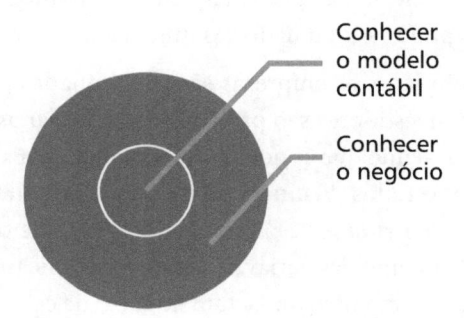

FIGURA 4.3   Requisitos para análise de demonstrações contábeis.

Enfim, um enorme risco está em nós nos habituarmos a um modelo e acharmos que ele vale para todos. O risco é aprender o modelo da empresa comercial normal no primeiro ano de faculdade e achar que, por definição, não só é verdade esse modelo, mas pensar que é a única verdade. Não existe isso! Sempre alguém é capaz de bolar um modelo contábil diferente para a mesma atividade. Se ele é melhor, não podemos afirmar, mas que é possível achar um alternativo, sempre é!

O fato é que as normas continuarão mudando a vida toda e os modelos irão se alterando, algumas vezes para melhor, outras vezes para pior...

Portanto, na análise de demonstrações contábeis é preciso: conhecer a empresa, conhecer o modelo contábil e verificar se eles estão "casando" ou não, para entender o que está acontecendo com a empresa.

4.3 O MACROAMBIENTE

Como vimos até aqui, os modelos contábeis são representações que não conseguem abarcar toda a complexidade econômico-financeira de uma organização. Assim, o analista deve conduzir seu trabalho a partir de uma perspectiva multidimensional, considerando não apenas o ambiente interno, mas também as influências do macroambiente e do setor econômico em que a organização está inserida. Assaf Neto (2023) salienta que as demonstrações financeiras, por si só, fornecem um retrato incompleto da realidade empresarial se descontextualizadas das condições macroeconômicas e setoriais. O entendimento das interações entre o macroambiente, o setor e a empresa é importante para uma análise abrangente, uma vez que essas três esferas influenciam o desempenho financeiro e estratégico das organizações.

A abordagem PESTAL (acrônimo dos aspectos Político, Econômico, Social, Tecnológico, Ambiental e Legal), destacada por Gupta (2013), é um método analítico essencial para mapear e compreender os fatores externos macroambientais que impactam as empresas. O modelo oferece uma estrutura para que analistas avaliem como mudanças nas políticas governamentais, variações nas taxas de câmbio, alterações nos hábitos de consumo, inovações tecnológicas e diversos outros fatores podem influenciar a competitividade de uma organização. No entanto, a análise PESTAL não deve ser utilizada isoladamente, e sim integrada a uma análise setorial mais aprofundada para capturar a totalidade das influências externas.

Notem que se, por um lado, as empresas são pressionadas pelo macroambiente onde atuam, por outro lado, os investidores são pressionados a tomar as melhores decisões de investimento sobre empresas, sendo que as notícias macroambientais os ajudam a interpretar as notícias de lucros. Diversos estudos (Flannery e Protopapadakis, 2002; Savour e Wilson, 2013; Chen, Jiang e Zhu, 2018; Wen *et al.*, 2021) têm evidenciado que o desempenho das ações é influenciado pelo comportamento das variáveis macroeconômicas e um dos motivos é que as alterações no cenário macroeconômico impactam no fluxo de caixa esperado das companhias e nas taxas de desconto ajustadas ao risco (Flannery; Protopapadakis, 2002).

Finalmente, a PESTAL é uma abordagem que simplifica o contexto macroambiental, mas há que levar em conta todo o conjunto de fatores, de qualquer natureza, que podem vir a afetar a vida da empresa futuramente. E isso pode incluir, por exemplo, toda a política voltada ao meio ambiente, às políticas públicas, às tendências da evolução da legislação, à cultura que muda nos poderes executivo, legislativo e judiciário, à mutação cultural da população, aos usos e costumes, à tendência mundial com relação à veneração ou à maleficação de produtos ou ideias etc.

EXERCÍCIOS

1. Estudo Dirigido: conhecendo o Negócio e o Modelo Contábil na Análise das Demonstrações Contábeis.
   a) Identificação da empresa: caso trabalhe ou tenha contato com uma empresa, descreva brevemente sua área de atuação, seu porte e algumas características do modelo de negócio. Se não tiver experiência profissional, escolha uma empresa de conhecimento público para análise.
   b) Modelo contábil: com base na empresa escolhida, após ler as notas explicativas iniciais, responda:
      i. Qual o ramo de negócio da empresa? O que ela faz? Onde se localiza? Está vinculada a alguma regulação especial de algum órgão governamental?
      ii. Quais são os principais elementos patrimoniais da empresa?
      iii. Que tipo de estrutura de capital a empresa utiliza?
      iv. Qual o modelo de negócios da empresa e qual o modelo contábil utilizado?
      v. Quais demonstrações contábeis e quais notas explicativas são mais relevantes para analisar sua saúde financeira?
   c) Articulação entre teoria e prática: relacione as informações levantadas com os conceitos estudados em sala de aula. Como o conhecimento do modelo de negócio e do modelo contábil influencia a análise das demonstrações financeiras?
   d) Discussão: compartilhe suas respostas com seus colegas em sala ou em um fórum virtual, destacando aspectos relevantes e identificando semelhanças e diferenças entre os modelos analisados.

OBJETIVOS DO EXERCÍCIO

   a) Compreender a importância do contexto empresarial na interpretação das demonstrações contábeis e no processo de tomada de decisão.
   b) Tornar o estudante protagonista na construção do conhecimento, articulando teoria e prática a partir de experiências reais do ambiente empresarial.

5

ALGUNS MODELOS CONTÁBEIS ESPECIAIS

Objetivo do capítulo

Apresentar modelos contábeis relativos a algumas empresas sujeitas às normatizações de órgãos reguladores e outros modelos, bem como suas especificidades que demandam análises diferenciadas. São situações relativas a muitos empreendimentos brasileiros, como: arrendadoras, financiadoras, concessionárias de rodovias, securitização, construção civil etc. São situações – problemas que fazem parte do cotidiano de muitos contadores e gestores. Nesse sentido, são apresentados casos reais para que se possa estabelecer a necessária articulação entre teoria e prática, que melhor propicia a significação ao conhecimento construído.

5.1 MODELOS CONTÁBEIS DE EMPRESAS REGULADAS

Várias agências reguladoras no Brasil definem ou influenciam regras relacionadas à contabilidade das empresas que regulam, seja por exigirem demonstrações financeiras específicas, estabelecerem critérios contábeis próprios ou adaptarem normas gerais para atender às particularidades de seus setores. Ou seja, muitos segmentos econômicos são regulados por agências (na maioria federais, mas há também algumas estaduais) que têm como objetivo acompanhar e fiscalizar determinados segmentos econômicos nos quais a economia popular, a saúde em geral e outros fatores sociais relevantes levam o Estado a se responsabilizar por acompanhar para proteger a população.

E muitos deles têm poder legal para interferir em suas contabilidades, como é o caso do Banco Central, da Agência Nacional de Energia Elétrica (ANEEL), da Superintendência de Seguros Privados (SUSEP), da Agência Nacional de Saúde Suplementar (ANS) etc. E, com isso, temos que, muitas vezes, o interesse específico desses reguladores prevalece sobre o interesse geral dos investidores e credores dessas empresas. Assim, os órgãos criam regras contábeis diferentes das consideradas mais relevantes para esses outros usuários.

Por exemplo, algo muito interessante: o Banco Central foi a primeira instituição de que temos conhecimento a aplicar as normas internacionais de contabilidade (IFRS) sobre seu próprio balanço, e isso em 2004, anos antes da Lei nº 11.638, que começou o processo de internacionalização das nossas normas brasileiras, mas sempre impediu os bancos e demais entidades que regula de seguirem essas regras contábeis nos seus balanços. Apenas as entidades que são abertas e os grandes bancos vêm sendo obrigados a produzir demonstrações em IFRS, mas nos balanços consolidados apenas.

Todavia, felizmente, com o tempo vêm existindo aproximações entre as normas do BACEN e as internacionais, e a partir de 2025 essa aproximação se torna muito forte, em alguns casos até total.

Os demais reguladores seguem aproximadamente os mesmos padrões. É importante lembrar que, normalmente, esses órgãos são também responsáveis pelo acompanhamento da saúde financeira dos entes que estão sob sua regulação, tendo muitos deles poder inclusive de intervenção e liquidação dessas empresas; daí essa visão de ter suas demonstrações contábeis para acompanhamento elaboradas segundo seus próprios conceitos.

Contudo, há um órgão regulador que merece, desde o início das normas internacionais no Brasil em 2010, todos os aplausos. Trata-se da ANEEL, porque ela passou a não interferir nas demonstrações societárias das suas entidades reguladas, fazendo com que elas seguissem a CVM (abertas) e o CFC (fechadas). E, para cumprir com suas obrigações de fiscalização do sistema elétrico, acompanhamento da *performance* e da saúde financeira das empresas sob sua regulação, simplesmente passou a pedir outro conjunto de demonstrações contábeis, denominadas "demonstrações regulatórias", estas sim sob todos os conjuntos de regras específicos que determina.

Por exemplo, não aplica a figura das receitas de construção; outro exemplo: como é muitas vezes responsável pelas tarifas dessas empresas, exige que seus ativos utilizados na produção, transmissão e distribuição de energia elétrica sejam todos contabilizados como imobilizados e avaliados a valores de reposição, com correção monetária nos intervalos entre essas avaliações. Assim as depreciações são por esses valores introduzidas no cálculo da tarifa, bem como o valor do investimento base para cálculo do retorno projetado.

Aliás, um exemplo que, ao nosso entender, deveria ser seguido por todos os órgãos reguladores que precisam de demonstrações com conteúdos ou mensurações diferentes das normas brasileiras de contabilidade.

Só para finalizar: o órgão regulador CVM zela principalmente pela economia dos investidores não controladores, mas não é responsável pela saúde das companhias abertas que regula, e sim pela qualidade de suas informações (além de outras responsabilidades por acompanhar condutas de controladores, administradores, auditores etc.)

5.1.1 O balanço das seguradoras

Como já dito tantas vezes neste livro, conheça o negócio, conheça sua contabilidade e depois ponha-se a analisar. Não antes disso.

Veja, por exemplo, o caso das companhias de seguros. São obrigadas a seguir as normas contábeis da SUSEP que, até pouco tempo, eram muito próximas das normas internacionais. Entrou em vigência a IFRS 17, CPC 50 – Contratos de Seguros, mas a SUSEP está com reticências em aceitar esse novo ato normativo. Assim, nos balanços individuais, as seguradoras seguem uma norma, e no consolidado, seguem outra, se abertas. Mas muitas empresas também estão aderindo ao CPC 50 no individual, fazendo então duas demonstrações: uma para o mercado (investidores e credores) e outra para a SUSEP. Já as sociedades fechadas tendem a ficar apenas com as normas do órgão regulador. Com isso, caro leitor, esteja atento às mudanças que vão ocorrendo. De novo: veja as notas explicativas sobre o modelo contábil!

Nas normas da SUSEP, a receita é contabilizada no resultado e imediatamente transferida para o passivo sob o nome de Provisão para Prêmios Não Ganhos (dentro das Provisões Técnicas). É uma espécie de diferimento para ir apropriando a receita do prêmio emitido durante o prazo do contrato. E a conta do passivo acaba contendo então não só a provisão para o risco sendo assumido, mas também a parcela que virará receita para cobrir custos e produzir lucro! Afinal, o prêmio que o cliente paga por transferir o risco à seguradora serve para cobrir os sinistros prováveis que esta suportará, além das despesas e do lucro dessa entidade. Só que, dessa forma, se o risco aumentar ou diminuir, mas ficar dentro do saldo da Provisão para Prêmios Não Ganhos, em nada se altera o resultado.

Nas novas normas, a provisão para o risco assumido é mostrada separadamente do diferimento da receita. Basicamente não se altera o resultado com isso, mas o balanço fica mais transparente, principalmente do lado do passivo. E essa provisão tem que estar totalmente atualizada, sendo que seus aumentos e diminuições vão afetando o resultado.

Além disso, nas novas normas todos os ativos garantidores (aplicações financeiras, às vezes outros ativos) precisam estar avaliados a valor justo, enquanto nas antigas não, podendo ficar pela curva dos títulos ou pelo valor histórico dos montantes aplicados em outros ativos garantidores. Assim, há uma interferência no valor dos ativos com as novas normas. Além da interferência nos passivos. Na nova regra, todos os ativos e passivos da seguradora têm que estar a seu valor justo, com todas as flutuações indo para o resultado.

Com isso, pode acontecer de as diferenças entre os dois modelos contábeis serem maiores nos ativos e nos passivos do que no resultado. Mas essas diferenças criam problemas de comparabilidade com o passado (antes do balanço do ano anterior, que obrigatoriamente deve seguir as novas normas) e criam problemas de comparabilidade entre as empresas do mesmo ramo.

Divertido o mundo da análise das demonstrações financeiras, certo? E cheio de emoções quando se as conhece bem.

5.1.1.1   *Alguns indicadores na análise das seguradoras*

Alguns dos indicadores específicos (fora todos os demais de liquidez, rentabilidade e alguns de giro válidos para as outras empresas) utilizados na análise das demonstrações desse tipo de empresas são apresentados a seguir.

A relação **Prêmios Retidos/Prêmios Emitidos**, quando indicados esses valores, aponta a política da empresa e/ou sua capacidade técnica de retenção dos riscos; da mesma forma que certos bancos, certas seguradoras se especializam em vender os contratos de seguros e repassá-los, com margem de lucro, a outras seguradoras.

O índice de **sinistralidade**, obtido pela relação **Sinistros Retidos/Prêmios Ganhos**, que evidencia o percentual de cada real de prêmio que se transforma em indenização por sinistro.

Como em outros setores, é possível ter o Índice de Eficiência Administrativa comparando essas despesas com a Receita: **Despesas Administrativas/Receita de Prêmios.**

Como as despesas operacionais são apresentadas, basicamente, em Despesas de Comercialização, Despesas Administrativas e Despesas com Tributos, é comum a verificação de cada uma delas em relação ao valor das Receitas, para acompanhar a evolução e comparar desempenhos.

Por isso, um índice muito comum nesse setor é o denominado "índice combinado":

$$\text{(Sinistros Retidos + Despesas Administrativas + Despesas Comercialização) / Receitas}$$

O inverso mostra a cobertura e como se apresenta o percentual das receitas com sinistros e despesas operacionais básicas.

É esse índice, normalmente chamado de ampliado, quando se adiciona, no denominador, o resultado financeiro aos prêmios ganhos.

5.1.2   O balanço dos bancos comerciais

Para se analisar os balanços de instituições financeiras comerciais é preciso que se saiba, antes de mais nada, como essas instituições funcionam. Essas instituições fazem intermediação financeira, tomando emprestado recursos (evidenciados no Passivo) e emprestando e/ou aplicando esses recursos em operações de crédito e/ou em títulos e valores mobiliários (mostrados no Ativo). Diferentemente das empresas comerciais e fabris, os passivos dos bancos são, via de regra, totalmente operacionais, e, por isso, precisam ser sempre levados em conta dessa forma nas análises. Os bancos captam recursos (depósitos a prazo e à vista, mais títulos emitidos e empréstimos obtidos), os quais têm custo (Ki) e aplicam esses recursos de diversas formas, seja em empréstimos, seja em títulos e valores mobiliários. Tais aplicações rendem juros e outros rendimentos (Ka). A diferença bruta entre o rendimento das aplicações e o custo dos passivos é chamada *spread* (Ka – Ki). Com ela, o banco remunera suas despesas operacionais (com funcionários, estrutura, riscos e impostos), chegando-se ao lucro líquido do acionista.

Nesta seção são exploradas especificamente as análises de rentabilidade dos bancos, por não serem encontradas facilmente na literatura. Alguns aspectos sobre análise de bancos podem ser encontrados em Assaf Neto (2023). Esta seção tem o objetivo de apenas complementar tais aspectos.

As análises deste capítulo são fortemente apoiadas nas análises de alavancagem financeira exploradas no item 9.4 deste livro. Uma mudança significativa na análise é que, diferentemente do enfoque lá visto, o Passivo é componente operacional. As instituições financeiras "vivem" de alavancagem. Os Passivos são as maiores fontes de recursos dos bancos, e, quanto mais recursos (e baratos), mais conseguem aplicá-los, aproveitando-se das diferenças entre as taxas de aplicação e de captação. Para ficar mais claro, vamos nos pautar pelo balanço patrimonial e pela Demonstração de Resultados do Banco Exemplo, todos muito simplificados.

QUADRO 5.1   Balanço patrimonial do Banco – Exemplo (1).

Balanço Patrimonial	
	Ano X ($)
Operações de Crédito	600
Títulos e Valores Mobiliários	350
Imobilizado	50
Ativo	**1.000**
Depósitos a Prazo	580
Captação no Mercado	330
Patrimônio Líquido	90
Passivo + PL	**1.000**

Notem-se algumas comparações entre as contas do balanço. O patrimônio líquido, normalmente bastante relevante nas empresas comerciais, industriais, de serviços e outras, é normalmente bastante pequeno nesses bancos. Eles trabalham basicamente com recursos de terceiros, e, por isso, o Banco Central (não só no Brasil) acompanha essa proporção e impõe determinados limites (Índices de Basileia, como são conhecidos), para não se exagerar nesses riscos.

O imobilizado é bastante pequeno, e bem inferior ao patrimônio líquido, como o Banco Central também acompanha e coloca limites.

Vamos agora ao resultado, no Quadro 5.2.

QUADRO 5.2   Demonstração do Resultado do Banco Exemplo (1).

Demonstração do Resultado do Exercício	
	Ano X ($)
Receitas de Intermediação	**173**
Receitas de Operações de Crédito	120
Receitas com TVM	53
Despesas de Intermediação	**(98)**
Com depósitos	(58)
Captações	(40)
Resultado Bruto de Intermediação	**75**
Despesas Operacionais	(40)
Lucro antes do IR	**35**
IR/CS	(10)
Resultado	**25**

Olhando-se o balanço, as duas carteiras operacionais (operações de crédito e TVM – Títulos e Valores Mobiliários) geraram, juntas, receitas de $ 173. E os passivos operacionais (depósitos e captações) custaram $ 98. Se tomarmos somente esses dados financeiros principais, podemos remontar o balanço da maneira demonstrada nos Quadros 5.3 e 5.4.

QUADRO 5.3   Balanço patrimonial do Banco Exemplo (2).

Balanço Patrimonial	
	Ano X ($)
Operações de Crédito	600
Títulos e Valores Mobiliários	350
Ativo	**950**
Depósitos a Prazo	580
Captação no Mercado	330
Patrimônio Líquido	*40*
Passivo + PL	**950**

QUADRO 5.4   Demonstração do Resultado do Banco Exemplo (2).

Demonstração do Resultado do Exercício	
	Ano X ($)
Receitas de Intermediação	**173**
Receitas de Operações de Crédito	120
Receitas com TVM	53
Despesas de Intermediação	**(98)**
Com depósitos	(58)
Captações	(40)
Resultado Bruto de Intermediação	**75**

Esses dados mostram o "coração" do banco. O Patrimônio Líquido que financia as carteiras é de $ 40 (diminuindo-se dele os $ 50 que financiam o imobilizado). Do Patrimônio Líquido total de $ 90, $ 40 estão financiando diretamente as carteiras operacionais, portanto expostos diretamente aos seus riscos e benefícios. Fazendo-se uma primeira análise agregada, temos os seguintes resultados, apresentados no Quadro 5.5.

QUADRO 5.5   Alavancagem bruta das carteiras – Banco Exemplo (1).

Alavancagem Bruta das Carteiras	
Retorno das carteiras	18,2%
Custo dos passivos	–10,7%
Spread bruto	**7,4%**
Passivos/Patrimônio Líquido	22,8
Spread alavancado	**169,1%**
Retorno do PL da Carteira	**187,3%**
PL das carteiras/PL Total	0,4
Retorno do PL total devido às carteiras	**83,2%**

Se forem levados em consideração os custos da estrutura e dos impostos, as carteiras operacionais renderam, em média, 18,2% no período ($ 173/$ 950); os passivos que financiaram essas carteiras custaram, em média, 10,7% ($ 98/($ 580 + $ 330)); o *spread* bruto (um menos o outro) foi de 7,4%. O banco captou recursos no mercado (via depósitos de seus clientes e de outras formas de captação) que custaram na média de 10,7%. Esses recursos foram aplicados à taxa média de 18,2%, proporcionando um *spread* bruto de 7,4%.

No entanto, esse *spread* é uma simples diferença entre taxas. E essas taxas não são perfeitamente comparáveis, pois compara-se uma taxa de aplicação de 100% da carteira com custo de financiamento menor que 100% da carteira (no caso, 96% da carteira é financiada com passivos, e os outros 4% são financiados com capital próprio). Como o foco de análise é o retorno do capital próprio, e como também o banco "vive" de alavancagem, esse *spread* bruto precisa ser proporcionalizado com relação ao Patrimônio Líquido. O banco tem, para cada 1 real de patrimônio financiando a carteira, 22,80 reais de passivos, o que é uma tremenda alavancagem.

Por isso, o *spread* bruto, após a alavancagem, proporciona retorno ao Patrimônio Líquido que financia essa carteira ($ 40) de 169,1% (7,4% × 22,8). Daí o retorno total do Patrimônio Líquido que financia essa carteira ser igual ao retorno da carteira sem o efeito da alavancagem (18,2%) mais o efeito da alavancagem (*spread* alavancado de 169,1%), resultando em um retorno de 187,3%! Mas esse retorno é somente com relação ao patrimônio de $ 40, que é a parcela exposta aos riscos e benefícios da operação. Levando-se em consideração que o Patrimônio Líquido que financia essa carteira é 40% do Patrimônio Líquido total, o retorno que as carteiras, juntas, agregam ao Patrimônio Líquido total é de 83,2% (0,4 × 187,3%). Repare o efeito da alavancagem no retorno do Patrimônio Líquido. Esse aspecto é uma particularidade dos bancos, e, por isso, precisa ser analisado com devida atenção.

Mas e os custos da estrutura e dos impostos? Ao compararmos as despesas operacionais e impostos com o Patrimônio Líquido total, notamos que elas "comem" 55,6% de rentabilidade ($ 40 + $ 10/$ 90). Portanto, o retorno líquido do Patrimônio Líquido é de 27,7%, resultado do retorno proporcionado pela operação (83,2%) menos os custos da estrutura e de impostos (55,6%).

Agora, vamos nos aprofundar um pouco mais. Até agora, mostramos os efeitos das duas carteiras juntas. Mas qual delas é mais ou menos rentável? A resposta para essa pergunta depende de algumas especificidades. Como já deve ter sido notado, os bancos vivem em função de alavancagem. Por isso é necessário que cada aplicação de recursos seja "casada" com suas respectivas origens. Em outras palavras, as carteiras são compostas de aplicações de recursos e fontes específicas de financiamento.

Geralmente é possível fazer esse casamento com base nas demonstrações contábeis até certo nível, pois os "casamentos" mais detalhados são feitos internamente nas instituições, em suas controladorias. Para melhorar o entendimento, vamos partir dos seguintes pressupostos:

i. A carteira de operações de crédito é financiada exclusivamente com os depósitos;
ii. A carteira de TVM é financiada com as captações no mercado.

Daí fica simples um desdobramento da análise de rentabilidade das carteiras. Temos o seguinte, nos Quadros 5.6 e 5.7.

QUADRO 5.6   Balanço patrimonial do Banco Exemplo (3).

Balanço Patrimonial	
	Ano X ($)
Operações de Crédito	600
Ativo	**600**
Depósitos a Prazo	580
Patrimônio Líquido	*20*
Passivo + PL	**600**

QUADRO 5.7   Demonstração do Resultado do Banco Exemplo (3).

Demonstração do Resultado do Exercício	
	Ano X ($)
Receitas de Operações de Crédito	120
Despesas com Depósitos	(58)
Resultado Bruto de Intermediação	**62**

Temos também:

QUADRO 5.8   Balanço patrimonial do Banco Exemplo (4).

Balanço Patrimonial	
	Ano X ($)
Títulos e Valores Mobiliários	350
Ativo	**350**
Captações no Mercado	330
Patrimônio Líquido	*20*
Passivo + PL	**350**

QUADRO 5.9   Demonstração do Resultado do Banco Exemplo (4).

Demonstração do Resultado do Exercício	
	Ano X ($)
Receitas com TVM	53
Despesas com Captações	(40)
Resultado Bruto de Intermediação	**13**

As duas carteiras foram segregadas. E o Patrimônio Líquido foi atribuído em função do financiamento necessário dos ativos de cada uma delas. Dessa forma, é possível fazer análise individual de cada uma das carteiras, comparando-as com a total. Na verdade, a rentabilidade da carteira total representa as rentabilidades médias ponderadas de cada carteira individual. Veja no Quadro 5.10.

QUADRO 5.10   Alavancagem bruta das carteiras – Banco Exemplo (2).

Alavancagem Bruta das Carteiras	Crédito	TVM	Total
Retorno das carteiras	20,0%	15,0%	18,2%
Custo dos passivos	–10,0%	–12,0%	–10,7%
Spread **bruto**	**10,0%**	**3,0%**	**7,4%**
Passivos/Patrimônio Líquido	29,0	16,5	22,8
Spread **alavancado**	**290,0%**	**49,5%**	**169,1%**
Retorno do PL da Carteira	**310,0%**	**64,5%**	**187,3%**
PL das carteiras/PL Total	0,2	0,2	0,4
Retorno do PL total devido às carteiras	**68,9%**	**14,3%**	**83,2%**

A carteira de crédito rende, em média, 20%, ao passo que a de TVM rende 15%. O custo do financiamento com capital de terceiros da carteira de crédito é de 10%, e o da de TVM, de 12%. E os respectivos *spreads* brutos são 10 e 3%. Percebe-se que a carteira de crédito é mais favorável, pois tem *spread* maior. Além disso, ela é mais alavancada (29,0 contra 16,5), o que gera *spread* alavancado de 290,0%, contra "somente" 49,5% da de TVM.

O resultado é que individualmente a carteira de crédito gera 310% de retorno ao Patrimônio Líquido alocado a ela, ao passo que a de TVM gera 64,5%. Proporcionalizando-se esses retornos individuais para o Patrimônio Líquido total, tem-se que a carteira de crédito contribui com 68,9% de retorno e a de TVM, com 14,3%. Somando-se essas duas rentabilidades (isso só é possível porque já estão proporcionais ao capital próprio total), tem-se a rentabilidade agregada das carteiras de 83,2%.

E os custos operacionais e de impostos? Para se responder a essa questão, seria necessário saber a estrutura de custos do banco, as atividades etc. Entretanto, essas informações não são disponíveis publicamente; são de caráter gerencial de cada banco. Porém, é possível assumir premissas.

Vamos assumir que a taxa de Imposto de Renda seja a mesma para as duas carteiras, mas que, em função das atividades, a carteira de crédito consuma 80% dos custos operacionais. Desse modo, tais despesas são assim segregadas (Quadro 5.11).

QUADRO 5.11   Balanço patrimonial do Banco Exemplo (5).

Balanço Patrimonial	
	Ano X ($)
Operações de Crédito	600
Ativo	**600**
Depósitos a Prazo	580
Patrimônio Líquido	*20*
Passivo + PL	**600**

QUADRO 5.12   Demonstração do Resultado do Banco Exemplo (5).

Demonstração do Resultado do Exercício	
	Ano X ($)
Receitas de Operações de Crédito	120
Despesas com Depósitos	(58)
Resultado Bruto de Intermediação	**62**
Despesas Operacionais	(32)
IR/CS	(9)
Resultado Líquido	**21**

Temos, também:

QUADRO 5.13   Balanço patrimonial do Banco Exemplo (6).

Balanço Patrimonial	
	Ano X ($)
Títulos e Valores Mobiliários	350
Ativo	**350**
Captações no Mercado	330
Patrimônio Líquido	*20*
Passivo + PL	**350**

QUADRO 5.14   Demonstração do Resultado do Banco Exemplo (6).

Demonstração do Resultado do Exercício	
	Ano X ($)
Receitas com TVM	53
Despesas com Captações	(40)
Resultado Bruto de Intermediação	**13**
Despesas Operacionais	(8)
IR/CS	(1)
Resultado Líquido	**3**

QUADRO 5.15   Alavancagem bruta das carteiras – Banco Exemplo (3).

Alavancagem Bruta das Carteiras	Crédito	TVM	Total
Retorno das carteiras	20,0%	15,0%	18,2%
Custo dos passivos	–10,0%	–12,0%	–10,7%
Spread bruto	**10,0%**	**3,0%**	**7,4%**
Passivos/Patrimônio Líquido	29,0	16,5	22,8
Spread alavancado	**290,0%**	**49,5%**	**169,1%**
Retorno do PL da carteira	**310,0%**	**64,5%**	**187,3%**
PL das carteiras/PL Total	0,2	0,2	0,4
Retorno do PL total devido às carteiras	**68,9%**	**14,3%**	**83,2%**
Custos operacionais e de IR	– 45,1%	– 10,4%	– 55,6%
Retorno Líquido do Patrimônio Líquido Total	**23,8%**	**3,9%**	**27,7%**

Nota-se que a carteira de TVM tem menor custo operacional (10,4%) que a de crédito (45,1%). Mesmo assim, a carteira de crédito é a que mais contribui com a rentabilidade do capital próprio, com 23,8%. Soma-se a essa rentabilidade a da TVM, de 3,9%, chegando-se à rentabilidade total do Patrimônio Líquido, de 27,7%.

Essas análises simples foram feitas com o objetivo de se mostrar que, para bancos, instituições financeiras outras, fundos etc., a análise de alavancagem financeira pode ser extremamente útil, tanto quando feita de forma global quanto por carteiras. Não podemos deixar de alertar ao leitor que essa ferramenta pode ser utilizada de inúmeras formas. Por exemplo, poder-se-ia "ratear" o Imobilizado para cada carteira. Mas isso somente pode ser feito adequadamente com informações confiáveis, que geralmente são providas pela controladoria das instituições.

Enfim, mostramos que a análise de alavancagem financeira é ferramenta indispensável na análise de instituições financeiras, porém pouco explorada na literatura.

5.2   OUTROS MODELOS ESPECIAIS

5.2.1   Operações de arrendamento, aluguéis, parcerias etc.

O que é uma operação de *leasing*? Juridicamente, uma espécie de "instituição financeira" (no caso do Brasil) que compra ativos e arrenda para os clientes. Mas existem arrendamentos e "arrendamentos". Existem os arrendamentos que são genuínos aluguéis e existem aqueles casos que sabidamente são financiamentos disfarçados. No primeiro caso, vencido o prazo de arrendamento, o objeto é devolvido à arrendadora. No segundo caso, geralmente, o ativo é vendido à arrendatária por um valor simbólico, ou pelo menos menor do que o de mercado.

Vejamos um exemplo clássico: o caso do telhado da Ford, ocorrido há muitos anos atrás. O telhado dela foi adquirido por meio de um arrendamento mercantil. O prédio dela estava no balanço, mas não tinha telhado (no balanço). O telhado estava no balanço do banco que fez o arrendamento! O banco dizia que o telhado era dele... Nesse caso, o modelo "casa" com o negócio? Não...

A arrendadora não **deveria** ativar o "dito cujo" telhado e considerar o dinheiro utilizado na "compra" dele como uma operação de crédito ao comprador (arrendatário), de financiamento, a produzir receitas financeiras pelo Regime de Competência e pelo método exponencial de apropriação de juros (taxa efetiva de juros), concorda? Pois pasme, isso começou a ser feito há apenas uns 4 ou 5 anos!

Até 2018, nesses casos de aluguel, ou arrendamento operacional, a arrendatária simplesmente ia apropriando as despesas com o aluguel ou arrendamento por regime de competência, e pronto. Nenhum ativo ou passivo de financiamento. Mas as coisas mudaram a partir de 2019. Para responder a essa questão, precisamos falar um pouco sobre o CPC 06 (R2).

5.2.1.1   *Alcance da norma*

De acordo com o CPC 06 (R2), o tratamento contábil por parte dos fornecedores, ou arrendadores, se manteve sem grandes mudanças. Ou seja, se a operação se caracteriza mais como um aluguel ou arrendamento operacional, com utilização por prazo não longo comparativamente à vida do bem, com devolução do dito cujo etc., o ativo arrendado fica no balanço como ativo da arrendadora e esta vai reconhecendo as receitas de arrendamento ou aluguel ao longo do tempo, bem como a depreciação do bem.

Todavia, se a operação se caracteriza como um verdadeiro empréstimo, mas que, por garantia, o bem arrendado continua no nome da arrendadora, esta não deve registrar o bem, mas sim o direito a receber do arrendatário, como uma genuína operação financeira, registrando as receitas de juros, correção monetária ou variação cambial etc. a que tiver direito. E obviamente não existirá depreciação a contabilizar desse bem.

Entretanto, na ótica dos arrendatários, todos os contratos devem ser avaliados para verificar se contêm ou não o espírito do arrendamento ou aluguel; e isso de forma totalmente independente da forma jurídica do contrato, ou seja, abrange os contratos de aluguéis, de parcerias agrícolas, de determinadas franquias etc. As exceções estabelecidas pelo pronunciamento são as seguintes:

- arrendamentos para explorar ou usar minerais, petróleo, gás natural e recursos não renováveis similares;
- arrendamentos de ativos biológicos dentro do alcance do CPC 29 – Ativo Biológico e Produto Agrícola mantidos por arrendatário;
- acordos de concessão de serviço dentro do alcance da ICPC 01 – Contratos de Concessão;
- licenças de propriedade intelectual concedidas por arrendador dentro do alcance do CPC 47 – Receita de Contrato com Cliente; e
- direitos detidos por arrendatário previstos em contratos de licenciamento dentro do alcance do CPC 04 – Ativo Intangível para itens como: filmes, gravações de vídeo, reproduções, manuscritos, patentes e direitos autorais.

Por isso, não pense que todos os contratos de arrendamentos (aluguéis etc.) estão reconhecidos nos balanços.

Feitas essas exceções, todos os contratos de arrendamentos devem ser avaliados no tocante ao prazo e valor para serem reconhecidos no balanço do arrendatário. Arrendamentos de curto prazo e baixo valor podem deixar de ser reconhecidos no balanço:

- Arrendamentos de curto prazo: são aqueles que possuem prazos de 12 meses ou menos na data do início. Os arrendamentos que contêm opção de compra não são arrendamentos de curto prazo.
- Arrendamentos para os quais o ativo subjacente é de baixo valor: a norma exemplifica como sendo aqueles inferiores a 5.000,00 dólares de forma genérica; mas cada empresa precisa avaliar sua condição específica (não tem sentido esse valor ser aplicado na Petrobras, é claro).

Na contabilização dos casos de arrendamentos de curto prazo e/ou baixo valor, os pagamentos associados a esses "arrendamentos" deverão ser reconhecidos como despesas em base linear ao longo do prazo ou em outra base sistemática, se esta representar melhor o padrão dos benefícios obtidos pelo arrendatário.

Há que se consultar o CPC 06 (R2) para verificar quando esses contratos são passíveis de contabilização, como a seguir demonstrado.

5.2.1.2   *Contabilização*

Na arrendatária, os ativos deverão ser reconhecidos como **direito de uso**, mensurados pelo valor de custo, devendo ser apresentados no imobilizado, sujeitos a depreciação e redução ao valor recuperável (*impairment*). O custo do ativo de direito de uso deve compreender o valor da mensuração inicial do passivo de arrendamento (valor presente), pagamentos de arrendamento efetuados até a data de início, menos quaisquer incentivos de arrendamento recebidos, custos diretos iniciais incorridos pelo arrendatário e a estimativa de custos a serem incorridos pelo arrendatário na desmontagem e remoção do ativo subjacente.

No passivo, a obrigação de arrendamento é o valor presente dos pagamentos de arrendamento adicionado do valor presente dos pagamentos esperados no final do contrato. Os pagamentos do arrendamento devem ser descontados, utilizando a taxa de juros implícita no arrendamento, se essa taxa puder ser determinada imediatamente. Se essa taxa não puder ser determinada imediatamente, o arrendatário deve utilizar a taxa incremental sobre empréstimo do arrendatário. Ou seja, a taxa que pagaria a uma fonte de financiamento para a aquisição desse ativo.

Isto é, onde antes se tinha apenas despesa de aluguel, por exemplo, reconhecida por competência ao longo do tempo, e nenhum ativo ou passivo decorrente do contrato (exceto ativo por pagamento antecipado ou passivo por prestações não pagas), agora se tem despesa de depreciação do bem de uso e despesa financeira pela atualização do passivo de arrendamento! Será que evoluímos ou involuímos? E temos esses ativo e passivo novos!

5.2.1.3   *Impactos trazidos pela mudança da norma*

As despesas de arrendamento e aluguéis, antes operacionais, não mais são reconhecidas linearmente. Elas são segregadas em: a) despesas de juros sobre o passivo de arrendamento; b) despesas de depreciação pela amortização do direito de uso. Embora a depreciação, via de regra seja linear, em função dos montantes maiores no início do contrato, as despesas de juros e, consequentemente as despesas totais, serão maiores no início do contrato e menores no fim. Ou seja, os resultados serão menores e depois irão crescendo à medida que as despesas financeiras forem diminuindo. Mas isso pode não ocorrer; por exemplo, se uma grande rede de varejo, que aluga os imóveis em que coloca suas lojas, tiver a política de ir renovando os contratos de aluguel ao longo do tempo, teremos que alguns estarão no início e outro no fim em determinado momento. Pode ocorrer, então, de um compensar o outro e a soma das despesas de depreciação com as despesas financeiras se manter razoavelmente constante.

Com a "transformação" das despesas operacionais de arrendamento em despesas financeiras e despesas de depreciação, indicadores operacionais, como Fluxo de Caixa Operacional, EBIT e EBITDA são afetados, pois as despesas de juros (e as depreciação, no caso do EBITDA) não fazem parte da sua composição, portanto esses indicadores tendem a aumentar com as novas regras. Veja-se que nada terá mudado na realidade da empresa: estará desembolsando o mesmo caixa ao longo do tempo com o aluguel, por exemplo, mas o denominado fluxo de caixa operacional e principalmente o famigerado EBITDA serão majorados.

Os índices de endividamento, liquidez e alavancagem sofrem impactos em virtude do reconhecimento dos passivos relativos ao arrendamento em contrapartida dos direitos de uso reconhecidos no ativo.

Assista à *playlist* com vídeos sobre operações de arrendamento mercantil e impactos do CPC 06 (R2)

uqr.to/1zuvk

Há cuidados muito especiais a serem tomados. Se o contrato for por cinco anos, por exemplo, mas ele permitir a renovação por mais três, e essa renovação for dada pela empresa como certa, é preciso considerar o valor presente dos fluxos de pagamento dos próximos 8 anos. Se não for dado como certa, utiliza-se o prazo de 5 anos.

Logicamente, fica visível que a subjetividade nesses casos poderá influenciar fortemente as demonstrações.

No caso de variações de preços, como os de inflação, nas parcelas, cada reajuste do passivo será reconhecido como acréscimo no ativo para depreciação durante a vida restante do contrato (nos financiamentos normais, essas variações são jogadas diretamente como despesas financeiras quando ocorrem). Mas isso não vale para contratos em moeda estrangeira, que têm que continuar provocando despesas (ou até receitas) cambiais no resultado. Haja capacidade de o analista destrinchar o que está ocorrendo!

Outro ponto fundamental: a taxa de desconto a ser utilizada dependerá de cada contrato, se explícita, ou dos juros incrementais de cada empresa. Assim, em empresas com o mesmo contrato, com mesmo prazo e mesmo valor, poderá aparecer por valores diferentes no ativo e no passivo de cada uma delas.

Mas tem algo pior: a norma original cometeu uma atrocidade financeira e contábil: permite que se desconte um fluxo de caixa real (projetado sem se considerar as inflações futuras) por uma taxa de desconto nominal (que embute a expectativa inflacionária); isso porque na Europa e em determinados outros países às vezes os juros são inferiores à própria taxa de inflação, o que causa taxas reais negativas, difíceis de serem entendidas. Mas aplicar essa regra num país como o Brasil pode provocar distorções brutais (no caso de valores significativos desses contratos e períodos muito longos).

Precisa-se quase ser um artista para entender bem o que está ocorrendo com cada empresa em particular e para comparar com o passado (o que não caracteriza a Contabilidade como arte). Tanto que é comum os analistas externos pedirem as informações às empresas que têm grandes valores de aluguéis, como as varejistas, para recompor o velho modelo, eliminando o ativo e o passivo e substituindo as despesas de depreciação e financeiras derivadas do CPC 06 (R2) pelas simples despesas de aluguel. Veja, inclusive, o caso da RD Saúde, que apresenta suas demonstrações contábeis atendendo, é claro, a essa norma, mas no seu Relatório da Administração reapresenta o balanço, o resultado e o fluxo de caixa sem ela, com as despesas de aluguel no lugar das citadas depreciação e despesa financeira, recalculando inclusive o EBITDA. E afirma que essas são as demonstrações pelas quais ela se gerencia!

5.2.2   Concessões de serviços públicos

Não vamos aqui entrar em detalhes, mas as concessões de serviços públicos podem, conforme as circunstâncias, apresentar diferenças muito grandes em suas demonstrações com relação ao que se praticava e entre elas. Por exemplo, a concessionária que constrói ativos para explorar, mas que não tenha a propriedade jurídica nem a posse desses ativos e o Estado determina ou controla o preço dos serviços, é tratada da seguinte forma:

a)   os ativos, quer sejam rodovias, equipamentos de distribuição de energia elétrica, de distribuição de gás canalizado etc., quando forem construídos, terão que segregar o que é o serviço da construção do que é serviço da exploração; como esses ativos, na essência, são do Estado, haverá contabilização de uma receita na construção, como se fosse para terceiros (e é), com apuração de lucro nessa construção;

b)   tais ativos deixam de figurar como Imobilizado na concessionária, e passam a compor o custo do seu Direito de Concessão, ou seja, um Ativo Intangível (somando-se a eventuais outros valores pagos diretamente pela concessão, como no item anterior);

c)   segrega-se desse Intangível, e vira um ativo financeiro, a parcela a ser recuperada diretamente do Estado como indenização quando os ativos forem revertidos a ele como poder concedente no final do contrato;

d)   a parcela do Ativo Intangível é amortizada durante a concessão (antes o Imobilizado era depreciado pela vida útil sua, independentemente do prazo da concessão).

Se não existirem as duas condições básicas e, principalmente, se não houver efetivo controle de preços pelo poder concedente, nada muda com relação ao que era feito, e os ativos continuam como Imobilizado, mesmo que sejam reversíveis ao Estado no final da concessão, como no caso das geradoras de energia com preços livres, de muitas ferrovias etc. Maluquice: ativos Imobilizados pertencentes genuinamente ao Estado podem aparecer, nas empresas, como Intangíveis e como Imobilizados, dependendo do controle de preços. Há algo a melhorar nessas normas!

Se a concessão é de tal forma que há garantia total de remuneração pelo poder concedente, então não há ativos intangíveis nem imobilizado, porque todo o valor investido será obrigatoriamente recebido via tarifa e via indenização final. Assim, será todinho um ativo financeiro, recebível, como é o caso das transmissoras de energia elétrica.

Há muitos outros pontos que exigem que o leitor leia, "atentissimamente", a nota explicativa que explana as práticas contábeis da empresa, logo no início das notas explicativas.

Veja-se, mais uma vez, como é importante conhecer o negócio e o modelo contábil do negócio.

5.2.3 Atividade imobiliária

Na grande maioria dos casos não houve alteração na contabilidade da atividade imobiliária no Brasil com as novas regras internacionais, mas algumas empresas mudaram, passando a reconhecer o resultado não mais à medida do progresso da obra no caso das unidades já vendidas, mas na entrega das chaves.

A norma diz que só se pode reconhecer o resultado durante a construção no caso das unidades vendidas (as não vendidas só têm uma alternativa: na entrega) se houver transferência de riscos e benefícios ao adquirente. Muitos, inclusive a CVM, dizem que isso é o que ocorre no Brasil, já que se trata de negócio fechado, em que o adquirente ganha ou perde com a valorização ou desvalorização do imóvel, pode vendê-lo (sem dar satisfação à incorporadora se tiver pago tudo, ou mediante a aprovação do cadastro do devedor, é claro, se for passar a dívida), dá-lo em garantia etc. O único risco que remanesce é o de queda ou problema técnico sério, mas isso é característica de construção sob encomenda para terceiros, e o risco ainda continua mesmo após as chaves.

Em muitos outros países, o que existe é um depósito pelo comprador, que, na verdade, adquire a opção de fazer a aquisição quando estiver tudo pronto, a incorporadora e a construtora não podem usar o dinheiro depositado etc., ou seja, são condições e legislações diferentes. Nesse caso, os custos são ativados no ativo como produtos em andamento, valores recebidos dos clientes ficam como adiantamentos no passivo, e o resultado só é reconhecido quando da efetiva entrega do bem e de seu controle ao adquirente.

No Brasil, a CVM determinou o uso do primeiro entendimento, mas os auditores não se conformam com isso. Por isso, os auditores dão a opinião de que as demonstrações estão em conformidade com as IFRS *conforme interpretadas pela CVM* (obviamente, não conforme a interpretação deles, auditores). E colocam uma ênfase para explicitar isso. Na verdade, o que se tem é uma espécie de opinião com ressalva disfarçada de ênfase! Mas, formalmente, o parecer é considerado limpo, sem qualificação.

As principais diferenças entre os dois modelos são:

a) Receitas no POC (*percentage of completion*), apuração durante a construção: via de regra, as receitas são determinadas pela aplicação, sobre o preço contratado, do percentual de custos incorridos versus os custos totais estimados até o final e entrega da obra; isso, obviamente, implica em rígidos controles de custos e de excelentes processos de orçamento de custos ainda a incorrer; as receitas geram contas a receber dos clientes que normalmente pagam pequenas quantias durante o processo de construção, com o valor final sendo recebido do comprador ou do banco que financiar o comprador. Assim, não há custos da construção no ativo (jogados contra a receita no resultado). E lucros são apurados sem efetiva geração de caixa oriundo do cliente, criando problemas de pagamentos de dividendos por conta desses lucros. Quando há distrato (e, apesar de os contratos serem irretratáveis, há brechas legais e julgamentos de juízes), há que se estornar todo o lucro reconhecido até então, produzindo problemas significativos, chegando a surgir receitas negativas em alguns exercícios, o que é bastante complexo.

b) Receitas na entrega das chaves: os valores recebidos dos clientes são adiantamentos no passivo e os custos incorridos são ativados, não havendo geração de resultado até que a obra seja entregue; não aparecem contas a receber de clientes e não há, é lógico, dividendos a pagar.

Em ambos os casos, o normal é a construtora se financiar junto a bancos para a construção dos imóveis; os encargos financeiros são ativados como parte do custo de construção, conforme as normas contábeis vigentes, e só são despesas financeiras se saldos existirem dessas dívidas após o término da obra. É importante então lembrar, como também em outros casos em que há a ativação dos encargos financeiros, que não vale comparar as despesas financeiras na demonstração do resultado com os saldos das dívidas para obter o percentual de custo desses financiamentos; isso só pode ser obtido pela leitura das notas explicativas sobre o endividamento.

Veja-se, mais uma vez, como é importante conhecer o negócio e o modelo contábil do negócio.

5.2.4   O mecanismo de securitização

Vamos supor que a Cia. Exemplo seja uma empresa varejista que vende a prazo, por meio de cheques ou carnês, mas que não tenha recursos suficientes para bancar todas as vendas. Nesse caso, ela pode usar essa carteira de crédito como lastro para tomar dinheiro emprestado. Mas, quem for emprestar dinheiro para essa empresa tendo como lastro a carteira, sabe que, de qualquer forma, está correndo o risco da empresa, concorda? Ela tem essa dívida e tem esses créditos, mas tem outros ativos e outras dívidas.

No processo de securitização genuíno é diferente. Os créditos são vendidos de forma definitiva. Os créditos são entregues de maneira definitiva para outra entidade. Portanto, o risco da entidade que compra esses créditos fica circunscrito ao risco da carteira, que tende a ser, na maioria dos casos, um risco menor que o da empresa originadora dos créditos. Ou seja, segregando-se esses créditos e colocando-os em outra entidade com a qual não há nenhuma ligação, isola-se esse patrimônio. A garantia da entidade que comprou os créditos é o próprio recebível, e a única dívida é a que tomou para comprar tais créditos. Normalmente essas entidades onde ficam os créditos são SPEs, sociedades de propósito especial ou específico, onde há auditoria específica, para a qual existem agentes fiduciários envolvidos no processo para garantir a segregação dos recebimentos ocorridos na empresa e outras normas que garantem essa vida de forma independente da vida da empresa que originou os créditos.

Assim, os investidores nessa SPE têm um nível de garantia bastante alto e, consequentemente, exigem menos de taxa de juros para comprar esses créditos.

A experiência tem mostrado que o processo funciona. No caso da falida Mesbla, por exemplo, havia uma securitizadora. Quando a Mesbla quebrou, os credores entraram na justiça para que aqueles créditos que estavam na SPE voltassem para a massa falida para serem distribuídos entre todos. Não conseguiram! Ou seja, o processo de securitização passou no teste dos tribunais.

O problema, entretanto, reside no seguinte: em muitas dessas operações, as empresas (varejista, nesse caso) acabam assumindo enorme responsabilidade, obrigando-se a recomprar da SPE os créditos não recebíveis. É quando começa o processo de distorção daquilo que seria o modelo original. Elas começam, no fundo, a assumir responsabilidade integral pela carteira da securitizadora. Na realidade, passa a ser um processo semelhante ao de desconto de duplicatas, pelo qual o que ocorre, na essência, é uma operação de financiamento com as duplicatas sendo dadas em garantia; só que a empresa que originou as duplicatas continua mantendo todos os riscos da operação porque se obriga a repor as duplicatas ou a pagar o banco no lugar do cliente inadimplente.

Nesse caso, as normas brasileiras atuais, fundamentando-se nas internacionais, dizem que se a empresa originadora dos créditos continua com a responsabilidade sobre os títulos, a carteira não deve ser baixada, e a entrada de dinheiro deve ser lançada como empréstimo, e não como receita de venda da carteira. Uma alternativa bastante conservadora. O que obviamente altera o balanço da empresa, pois a carteira de recebíveis continua no balanço da originadora, e surge no seu passivo a dívida que altera a responsabilidade global da empresa. Da mesma forma, a empresa que fornece o dinheiro deve contabilizar a transação como uma operação de financiamento e não como uma operação de compra de carteira.

O problema é a contabilidade baseada em regrinhas... Os americanos, por exemplo, estabelecem que até x% a responsabilidade é transferida. O que acaba acontecendo? Esse é o caso da Enron (já citado anteriormente) e da maior falência estadunidense mais recente, o caso do banco Lehman Brothers, em 2008. Ele fazia transferências de carteiras para fora, tirava as operações do balanço dele, o dinheiro recebido era registrado como se fosse venda dos recebíveis, mantendo a responsabilidade, mas fugindo aparentemente na base das regrinhas. No final das contas, no balanço dele faltava simplesmente o registro de alguns bilhões de dólares relativos à responsabilidade assumida na venda dos títulos. Como punir? Estava tudo "dentro da lei"...

Por meio das "regrinhas" a responsabilidade pode ser diluída e passar pela "peneira" das auditorias...

5.2.5   Uma das maiores fraudes contábeis do Brasil e do mundo: o caso das Americanas[1]

Todos os brasileiros, e o mundo, nos deparamos, no início de 2023, com uma das maiores fraudes cometidas na contabilidade de uma empesa: AMERICANAS. Daquelas coisas que nos transtornam, nos entristecem e nos colocam tantas dúvidas. Mas entre as dúvidas não se pode ter a de continuar a brigar por contabilidade produzindo boas informações, incluindo não só a societária para investidores e credores, mas para o fisco, para os órgãos reguladores, para a sociedade em geral E PARA OS GESTORES. (Desabafo!!!)

Indo direto ao caso: os dois maiores fatores da fraude foram a contabilização da verba cooperada e do risco sacado. A verba cooperada, conhecida por vários outros nomes, deriva de contrato em que o fornecedor da mercadoria paga ao cliente, normalmente varejista, por algum privilégio na exposição dessa mercadoria em gôndolas no cliente, por algum outro privilégio como exposição de materiais de propaganda, utilização de espaço para enviar pessoas para expor o produto etc.

Contabilização simples: o cliente registra uma redução na sua conta de Fornecedores e, por outro lado, uma redução no custo dos produtos adquiridos, o que vai melhorar seu resultado via redução do custo das mercadorias vendidas. Tudo normal.

Só que a fraude foi a mais grotesca possível: forja de inúmeros contratos que nunca existiram! Com isso, reduziram-se Fornecedores e CMV de maneira totalmente fictícia. Melhorou-se fraudulentamente o resultado e reduziu-se da mesma forma o passivo operacional.

O segundo fator foi o do risco sacado. Nesses casos, o banco paga o fornecedor e o cliente paga o banco depois. Quando o prazo é dilatado, pagam-se encargos financeiros ao banco. Logo, há um lançamento contábil adicional à compra, que é o do registro da Despesa Financeira e o aumento da conta do passivo Fornecedores Risco Sacado (ou algo semelhante). Só que a empresa não contabilizou a despesa financeira: fez a aberração de debitar e creditar Fornecedores.

Assim, o resultado não recebeu a despesa e o passivo não cresceu. E forjou para não atender à obrigatoriedade de evidenciar, no balanço ou na nota explicativa, a existência dessas obrigações que nascem de operação comercial, mas terminam em obrigações perante os bancos. Essa transparência é fundamental para o analista de balanços; afinal, dever para um fornecedor é uma coisa, um conjunto de hipóteses de renegociação quando preciso, já dever para um banco é muito diferente.

---

[1]   Os fatos aqui mencionados constam dos relatórios e informações divulgados publicamente até novembro de 2024.

Com esses e alguns outros estratagemas, a empresa escondeu dívidas muito maiores do que o falso patrimônio líquido apresentado e produziu lucros inexistentes. Fazendo isso ao longo de mais de uma década, escondendo nos sistemas contábeis e falsificando geração de relatórios, tendo o cuidado de manter certos indicadores de relação de fornecedores com estoques e CMV nas demonstrações falsas, a diretoria, com conivência de algumas dezenas de funcionários, conseguiu efetivamente ludibriar o público todo (inclusive os analistas de balanços!!!), os bancos que lhe emprestaram dinheiro, provavelmente ludibriou também os auditores e os conselheiros.

INACREDITÁVEL, MAS ACONTECEU.

5.2.6 Agora uma aberração contábil toda especial: o balanço da Itaipu Binacional

Se você nunca viu, procure um balanço da Itaipu Binacional. Primeiramente, sua moeda funcional é o dólar, sua contabilidade é feita nessa moeda (como muitas outras no Brasil, como Embraer por exemplo), mas não apresenta suas demonstrações em reais, como as demais citadas, e sim na moeda norte-americana. Mas isso não é nada.

Ela segue não as normas brasileiras de contabilidade, nem as IFRS ou nem qualquer outra no mundo que conheçamos, e sim as que foram determinadas especificamente no Tratado Internacional (Brasil e Paraguai) de 1973. Veja essas demonstrações no site da empresa, acessando o QR Code a seguir.

Acesse as
Demonstrações
Contábeis da Itaipu
por meio do
QR Code.

uqr.to/1zuvq

Você vai ver coisas que nunca viu: apesar de ativo de mais de 4 bilhões de dólares em fins de 2023, o patrimônio líquido é formado por uma única conta, de 50 milhões de dólares, da origem! Não tem lucros ou prejuízos acumulados, reservas de lucros ou capital, outros resultados abrangentes, nada disso no seu patrimônio líquido!

Na verdade, tem, sim, "resultados acumulados", de mais de 15 bilhões de dólares, mas contabilizados com saldo negativo no ativo!!!!! Mas não são resultados genuínos porque **nunca contabilizou as depreciações do seu imobilizado!** Será que uma coisa compensa a outra????

As distribuições de lucros são contabilizadas como despesas operacionais!!!(???)!!!

Como o PL é constante, não há a demonstração das mutações do patrimônio líquido. Em compensação, apresenta, além da demonstração dos fluxos de caixa introduzida na década de 2000, a de origens e aplicações de recursos retirada das normas brasileiras de contabilidade há mais de 15 anos.

O parecer dos auditores diz que está tudo ok, é claro, "de acordo com as disposições específicas contidas no Tratado de Constituição da Entidade e seus Anexos, de 26 de abril de 1973, descritas na nota explicativa 2 e consubstanciadas no plano de contas e normas de elaboração dos registros contábeis, aprovados pelo Conselho de Administração".

Por fim, algo interessante: suas tarifas, por esse Tratado, foram determinadas com base na soma das amortizações de suas dívidas feitas para a construção da Usina com as despesas financeiras e as despesas operacionais, e como a dívida praticamente acabou depois de 50 anos, deveriam as tarifas ter diminuído drasticamente. Mas os dois países entraram em acordo, fizeram redução, mas ainda sobra fortuna. Assim, determinaram que Itaipu pode **desenvolver planos sociais dos governos** (que nada têm a ver com a operação da empresa como regra), **e esses valores são lançados como despesas da empresa.** Procure a linha de "Programas de responsabilidade socioambiental" na sua demonstração do resultado (a demonstração tem saldo final, sim!).

Mera curiosidade, concorda? Viu? Agora esqueça porque pode lhe causar confusão mental!

5.2.7 Outros balanços

Muitas outras entidades possuem modelos contábeis próprios e precisam de análise bastante específica. Chama-se atenção toda especial para os das entidades de previdência privada, como PREVI, FUNCEF, PETROS, VALIA etc. Porém, há outras que também têm regras contábeis específicas ou estão submetidas a práticas contábeis bastante específicas, ou simplesmente utilizadas pelo setor de forma especial, mesmo que sem normatização, como as entidades de prestação de serviços e seguros de saúde, administradoras de consórcios, mineradoras, produtoras de petróleo, clubes esportivos etc.

Lembre-se sempre: conhecer o negócio e conhecer o modelo contábil são a chave de tudo.

EXERCÍCIOS

1. A turma deve ser dividida em grupos. Cada grupo deve estudar demonstrações contábeis de um modelo especial, seguindo as seguintes etapas:

    a) **Seleção de empresas:** pesquise e colete demonstrações contábeis recentes das empresas selecionadas, conforme definição do professor (modelos especiais: seguradoras; bancos comerciais; empresas com operações de arrendamento mercantil; empresas que atuam em concessões de serviços públicos; empresas do setor imobiliário, entre outras);

    b) **Coleta de dados**: identifique os principais elementos que diferenciam suas demonstrações em relação às demais empresas;

    c) **Elaboração do painel**: organize as informações em um painel comparativo, destacando aspectos como:

        i.   estrutura das demonstrações contábeis;

        ii. principais contas e critérios de reconhecimento;

        iii. requisitos regulatórios específicos;

        iv. indicadores financeiros relevantes para cada setor.

    d) **Análise e reflexão:**

        i.   reflita sobre as particularidades contábeis do modelo estudado;

        ii. discuta as implicações dessas diferenças para analistas financeiros e investidores;

        iii. reflita sobre a relevância da padronização contábil e os desafios para a análise intersetorial.

    e) **Apresentação e discussão:**

        i.   Cada grupo apresentará suas conclusões em sala, no formato de painel, promovendo uma discussão sobre os principais achados e aprendizados.

OBJETIVO DO EXERCÍCIO

Proporcionar uma visão ampla sobre as particularidades dos modelos contábeis especiais e sua importância na análise financeira.

2. **Analise o "Dilema do Banco Alpha" e responda:**

    b) Quais os riscos e os benefícios da alavancagem financeira para o Banco Alpha?

    c) Se você estivesse no lugar de Carolina, o que teria feito? Justifique sua resposta com base nos números apresentados.

    d) Simule o impacto de diferentes estratégias no índice de Basileia, no ROE e na liquidez do banco.

CASO: O Dilema do Banco Alpha

O Banco Alpha, uma instituição de médio porte com sede em uma metrópole brasileira, é liderado pela jovem e visionária CEO Carolina Duarte. Após cinco anos de liderança, Carolina transformou o banco em um modelo de crescimento acelerado. A estratégia focava na captação de depósitos e na concessão de empréstimos imobiliários e comerciais.

Na sala de reuniões do conselho, com vista para o movimentado centro financeiro da cidade, Carolina apresenta os números mais recentes. O retorno sobre o patrimônio líquido (ROE) impressiona: 20%, bem acima da média do setor. "Senhores, estamos no topo da nossa curva de crescimento", ela diz, confiante.

Durante a apresentação, Eduardo, um conselheiro experiente, questiona os fundamentos por trás do crescimento. Ele aponta que o índice de alavancagem financeira do banco atingiu 15x, significativamente maior que a média setorial de 10x. Além disso, ele observa que grande parte do passivo é composta de depósitos à vista, altamente voláteis.

Eduardo pergunta: "E se enfrentarmos uma retração econômica ou os clientes começarem a sacar seus depósitos? Temos capital suficiente para lidar com uma pressão de liquidez ou com um aumento da inadimplência?".

O ambiente na sala fica tenso. Carolina, geralmente articulada, pede licença. De volta ao escritório, Carolina solicita à sua equipe financeira uma análise detalhada das demonstrações contábeis. Os resultados revelam um quadro preocupante:

- o índice de Basileia caiu para 9%, muito próximo do mínimo regulatório de 8%;
- 40% da carteira de crédito está concentrada em setores sensíveis à economia, como o imobiliário;
- apesar do alto crescimento, o fluxo de caixa operacional está pressionado, e a liquidez é limitada.

Carolina percebe que o banco enfrenta um dilema estratégico: continuar a expansão agressiva e correr o risco de descumprir normas regulatórias ou desacelerar o crescimento e perder competitividade.

Em uma reunião extraordinária, o conselho exige uma resposta clara. Eduardo apresenta sua solução: "Devemos interromper a expansão e priorizar a captação de recursos adicionais, fortalecendo nossa posição de capital.".

Por outro lado, Carolina propõe: "Podemos emitir dívidas subordinadas, que fortalecem nosso índice de Basileia, e continuar crescendo. É arriscado, mas estamos em um mercado competitivo.".

O debate é acirrado, com argumentos fortes de ambos os lados. A tensão atinge o ápice quando um dos conselheiros menciona que a reputação do banco está em jogo, e qualquer erro pode ser fatal para a confiança do mercado.

Após horas de deliberação, o conselho decide por um caminho híbrido. Carolina aprova a emissão de dívidas subordinadas para fortalecer a base de capital e reduz a concessão de novos empréstimos nos setores mais arriscados. A estratégia equilibra crescimento e segurança, mantendo a competitividade sem comprometer a sustentabilidade do banco.

No final, Carolina reflete: "A alavancagem financeira é uma 'faca de dois gumes'. Precisamos usá-la com responsabilidade para crescer, mas sempre protegendo a saúde do banco."

6

OBJETIVOS CENTRAIS DA ANÁLISE: RENTABILIDADE E LIQUIDEZ E LUCRO *VS.* CAIXA

Objetivo do capítulo

Estabelecer o foco do processo de análise das demonstrações contábeis e mostrar a importância das variáveis lucro e fluxo de caixa nesse processo.

Quando você analisa um balanço, o que você quer saber resumidamente? Se a empresa é rentável ou não e se ela apresenta liquidez, ou seja, capacidade de honrar suas obrigações. Pode-se dizer que a análise de balanços se resume a esses dois grandes objetivos. Não existe outra coisa, é só rentabilidade e liquidez. E o pior é que elas não se "bicam". É um "casamento" difícil de dar certo (MARTINS, 1999).

Com a análise relativa à liquidez, o que se pretende é verificar a capacidade da empresa de cumprir seus compromissos junto a todos os que a provêm de recursos, quer sejam financeiros, humanos, materiais, serviços etc. Isso pode incluir análises de liquidez a prazo muitíssimo curto, a prazo médio, longo etc.

E com a análise relativa à rentabilidade, o que se quer é ver se ela remunera, efetivamente, os capitais nela empregados, principalmente o capital próprio, já que o capital de terceiros, com sua remuneração, está visivelmente exposto nas demonstrações. Tanto a incapacidade de remunerar o capital próprio quanto a de responder pelas suas obrigações significam vida não longa para qualquer sociedade de fins lucrativos.

Liquidez e rentabilidade são objetivos conflitantes, já que o máximo da liquidez se consegue com muito recurso financeiro disponível para saldar dívidas, e isso automaticamente diminui a rentabilidade dos capitais totais empregados, porque dinheiro parado tende a produzir bem menos resultado do que a atividade normal de uma empresa sadia. A maximização da rentabilidade também implica, normalmente, em se trabalhar "na corda bamba", com muitos recursos de terceiros, quando se os consegue com custos abaixo do que os ativos conseguem produzir, mas isso aumenta enormemente os riscos e pode provocar sérios e insolúveis problemas de capacidade de liquidação das obrigações nos "soluços" negociais.

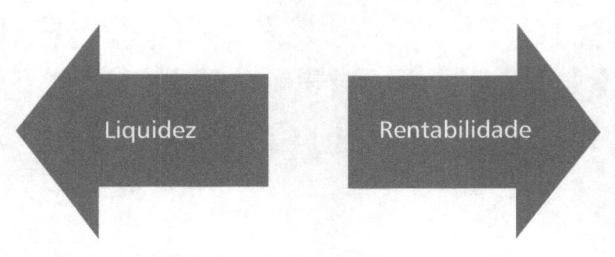

FIGURA 6.1   Liquidez *versus* rentabilidade.

Não há solução ótima e perfeita para esse dilema, que há décadas vem sendo assim mesmo denominado pelos estudiosos de Finanças e de Análise Financeira: "dilema liquidez × rentabilidade".

Fugindo dos extremos (máximo de liquidez ou máximo de rentabilidade), existem situações intermediárias que a empresa deve buscar. Uma boa gestão de capital de giro, por exemplo, visa otimizar a rentabilidade sem comprometer a liquidez. Uma empresa pode reduzir estoques ou contas a receber para liberar caixa, mas isso deve ser feito de modo que não afete as vendas ou o relacionamento com clientes. Note que há pouco espaço para essa "gestão".

Para melhor compreender essa dicotomia clássica, rentabilidade *versus* liquidez, faz-se necessário apresentar duas outras figuras relevantes na contabilidade: lucro e fluxo de caixa.

6.1   LUCRO × FLUXO DE CAIXA

O sonho de um analista é analisar o balanço do "Pipoqueiro". E o do contador é de ser contador desse mesmo "Pipoqueiro". Mas não é o caso de qualquer pipoqueiro. O nosso Pipoqueiro especial não tem nenhum bem e nem dívidas. Ele acorda de manhã, passa no local onde aluga o carrinho, depois passa no supermercado, onde já é freguês, compra o milho, o sal, o óleo etc. e diz que no final da tarde passa para pagar. Trabalha o dia inteiro, o milho que sobra ele dá para os pombos e o sal e o óleo, ele dá para os mendigos que encontrar. Depois devolve o carrinho e paga o aluguel. Paga o supermercado e vai embora para casa. Qual é o grande drama do "Pipoqueiro" administrar seu negócio sem balanço nem demonstração do resultado? Pode fazê-lo apenas por meio do fluxo de caixa? Nessa atividade não precisa realmente de balanço. Há Regime de Competência nesse negócio? Claro que sim!!!

Só que produz o mesmo balanço (o único elemento patrimonial no fim do dia é o caixa) e o mesmo resultado que o regime de caixa.

Como é bom ser contador e analista das atividades do nosso Pipoqueiro... enquanto não quiser crescer, certo? Viram que beleza? Só há uma conta no início e no fim de cada dia, Ativo, o Caixa; nenhuma no Passivo e nenhuma no Patrimônio Líquido, nem mesmo Capital. Isso porque os lucros acumulados ele retira e gasta... A Demonstração do Resultado é o próprio fluxo de caixa: receita das vendas, despesa com os materiais adquiridos e consumidos, pronto. Mas... já que sempre é bom complicar mesmo as coisas mais simples, que tal pensar no seguinte: ele não computa nos seus cálculos o quanto vale sua própria mão de obra? Se não o fizer, poderá chamar de lucro ao que é exclusivamente sua remuneração como trabalhador (salário), e não como investidor. Mas isso é fácil: basta ele segregar, no fim do dia, quanto é o valor correspondente à sua diária baseada em quanto ganha um profissional trabalhador avulso e ver se ainda sobra alguma coisa, essa parte sim, seria chamada de lucro. Lucro, mesmo que não tenha investido nenhum real como capital no seu negócio. Ao fazer assim, terá uma boa medida do quanto é de fato seu lucro depois de remunerar todos os fatores que utiliza no seu processo produtivo, inclusive o recurso humano (coisa que muito profissional não faz na vida prática, misturando então seus próprios salários ou honorários com lucro).

Tudo simples, na verdade sem precisar de contador, de auditor e, se possível (???) de cobrador de impostos...

Só que o grande problema é que o Pipoqueiro quer crescer. Ele quer comprar um carrinho, por exemplo. Aí é que começam as dificuldades...

Ele compra um carrinho a prazo, sem entrada, em dez vezes, mas com a primeira prestação se vencendo só após 2 meses. Disseram a ele que era sem juros. Mas ele é esperto, não acredita e começa a querer separar, do dinheiro da prestação, quanto é genuinamente pagamento do carrinho e quanto é a parcela relativa aos juros. Como ele vai apropriar esses juros? Será com base em cada prestação? Será por competência? Mas deram dois meses de carência para ele. Ele leva o carrinho e só começa a pagar daqui a dois meses. Então no primeiro mês não tem juros? Pagamento de juros não há, mas não deveria uma parte dos juros totais ser considerada no cálculo do lucro desses dois meses? Como dizer que sua atividade deu lucro se ele deixou de computar os juros? A coisa vai se complicando... Ele percebe que o carrinho um dia acaba e ele terá que comprar outro. O dinheiro que ele investiu vai desaparecer. Então é necessário registrar a depreciação... e por aí vai...

Esse é sim o grande problema! As pessoas querem crescer, mas crescer cria problemas... A gente tem que acabar com essa mania de querer crescer!!!

Fonte: angkritth | iStockphoto
FIGURA 6.2   Pipoqueiro.

Percebam por essa ilustração que a contabilidade foi nascendo e o Regime de Competência também, à medida que foi-se percebendo que o fluxo de caixa, sozinho, só mede o desempenho numa situação ímpar como essa relatada. Quando a empresa compra num mês, paga dois meses após, vende depois de três meses da compra, recebe metade a vista e a outra metade em três cheques mensais etc., o fluxo de caixa de cada mês começa a não medir o desempenho da entidade naquele período. Do fluxo de caixa (muito mais antigo que o balanço e a apuração do resultado) é que foram nascendo as redistribuições temporais que chegaram ao balanço e à demonstração do resultado atuais.

Mas, antes de avançar, respondamos ao que vem a seguir.

Qual é o melhor critério para medir lucros? Que base devemos usar para medir o lucro? Quando ocorre o lucro para quem compra e vende mercadoria a vista, por exemplo? No momento da entrega? Humm... Se um comerciante de móveis fez uma compra maravilhosa: comprou móveis excelentes, de alta qualidade, no auge da moda, preços espetaculares, prazos longos para o pagamento etc., como é que ele dorme naquela noite? Feliz? Já começou a sensação do lucro ou não? Transportar aquelas mercadorias por uma transportadora boa, cuidadosa, de confiança e por um bom preço faz parte do processo de geração de lucro, ou não? Expor essas mercadorias em um local privilegiado? Faz parte do processo de obtenção do lucro, ou não? Ter um bom vendedor treinado para negociar as vendas faz parte do processo ou não? O lucro, de fato, começou na hora da compra, passando pelo transporte, a exposição, a venda, o recebimento etc.

Ou seja, o lucro é um *processo* que permeia todas as etapas do negócio, sem preocupação de existência de sua ocorrência num único momento, nem mesmo no momento da venda. Ele é resultado de um conjunto de atos. Não é um ato sozinho que normalmente provoca o surgimento do lucro. A materialização do lucro se dá, na ponta final, quando o dinheiro da receita da venda é recebido e cotejado com todo o dinheiro gasto para se conseguir essa receita; só que esses fluxos de entrada e de saída de dinheiro ocorrem em momentos diferentes. O lucro se materializa no caixa, mas essa materialização é difícil de ser acompanhada exatamente porque o dia em que entra o dinheiro de uma venda não é o mesmo dia em que saem todos os caixas desembolsados para a obtenção dessa receita.

A realidade econômica e financeira é complexa, com inúmeros fatores contribuindo para a formação do lucro e acontecendo ao longo do tempo, muitos deles ocorrendo simultaneamente. Para se fazer uma contabilidade, para se ter a representação dessa realidade no papel, é preciso proceder a todo um processo de simplificar essa realidade, caso contrário o tempo, a energia e o dinheiro gastos no processo podem custar caro demais. O mercador antigo teve que escolher, um momento para nele reconhecer o lucro, porque distribuir o resultado ao longo de todos esses atos seria uma atitude quase impossível, demorada, que lhe retiraria o precioso tempo que precisasse para o fundamental: comprar, transportar, estocar, vender, cobrar etc.

6.1.1   O nascimento do Regime de Competência nas vendas à vista

Dentro de todas essas atividades, os mercadores foram, com o tempo, escolhendo como melhor momento para reconhecer o lucro aquele que completava o conjunto das fases cruciais. Não escolheram o momento necessariamente mais importante, mas o momento que completava todas as atividades que eram importantes e da sua responsabilidade, que ele tinha que cumprir. Ora, na atividade comercial com vendas a vista, o ciclo se completa, como regra, com a entrega do produto e concomitante recebimento. Assim, arbitraram reconhecer o lucro todo somente na hora da entrega da mercadoria e recebimento do dinheiro. Afinal, conseguir fazer a venda, entregar o produto e receber o dinheiro são ao mesmo tempo não só funções importantes (mas a boa compra às vezes é até mais importante do que isso), mas também o encerramento do ciclo todo.

O lucro é, na sua forma mais simples, acréscimo de dinheiro. Se é decidido que ele, o lucro, é reconhecido na entrega do produto e concomitante recebimento do dinheiro da venda, há que se encontrar um meio de, no papel, transferir-se os caixas até então desembolsados para obter o dinheiro da venda para serem cotejados com o dinheiro recebido por conta dessas vendas. Ou seja, o que se gastou há três meses atrás na compra das mercadorias precisa ser trazido, no papel, para se jogar agora contra o dinheiro ingressando da venda. Daí o registro dos estoques pelo seu custo de aquisição, para "memorizar" o dinheiro investido a ser recuperado na hora da venda. Veja-se que assim nasceu o conceito de Regime de Competência; este nada mais é do que a transposição temporal para se colocar, no dia da venda, dois fluxos de caixa – um diminuindo o outro –, apesar de terem acontecido em momentos tão distintos.

Mas não só se desembolsou dinheiro para comprar mercadoria perante o fornecedor; podem ter sido desembolsados valores para pagar comissão de comprador, para pagar transporte da mercadoria, para manuseá-la e colocá-la em condições de venda. Por isso a contabilidade determina que todos esses gastos sejam ativados na conta de Estoques de Mercadorias, para serem baixados quando de sua venda. Porém, é claro que um enorme processo simplificador teve que ser adotado para não complicar demais. Por exemplo, os salários das pessoas que administram a empresa, administram o estoque, dos vendedores, os materiais consumidos para manter a empresa funcionando etc. são desembolsos visando também obter o dinheiro da venda; mas a forma de apropriar tudo isso a cada estoque de mercadoria diferente pode representar um esforço e um trabalho muito grandes, inclusive com um nível de incerteza provavelmente alto, porque esses rateios sempre podem ser exageradamente subjetivos e arbitrários, e os mercadores optaram por uma "filosofia" mais simplificada: vamos adicionar ao ativo "Estoques" apenas os desembolsos que representam gastos diretamente vinculados a cada estoque em particular e que agregam valor a esses mesmos estoques.

Por exemplo, transportar um estoque do fabricante à loja produz um desembolso vinculável facilmente a esse estoque, além disso, faz com que o valor que o cliente atribui a esse estoque seja maior do que se o estoque estiver no fabricante. O cliente prefere, por exemplo, ir à loja, escolher entre diversos produtos de diversos fabricantes, mesmo sabendo que paga mais na loja do que pagaria se fosse comprar diretamente de um fabricante, mas isso faria com que ele gastasse bem mais tempo, teria que pagar pelo transporte etc. Por tudo isso o mercador começou a adicionar esse gasto com o transporte e colocação do produto em condições de venda ao próprio estoque, principalmente porque esses desembolsos agregam valor.

Já os desembolsos com os salários dos vendedores, dos que trabalham na administração da empresa e outros não são normalmente vinculáveis a cada estoque e, além disso, não necessariamente agregam valor aos estoques; fora o fato de essa alocação ser problemática. Deliberaram então: certos desembolsos são acrescidos aos estoques e baixados apenas quando esses estoques são vendidos; já outros desembolsos são considerados como despesas do período, e não como custos acrescidos aos estoques. São "descarregados" diretamente no período (mês, normalmente) em que incorridos, e são considerados como diminutivos do lucro desse período, sem se vincularem diretamente a esse ou àquele estoque ou a essa ou àquela venda em particular.

Não é aqui o lugar de se descrever a origem de cada princípio e de cada prática contábil, mas somente utilizar alguns exemplos para deixar bem claro que a contabilidade é um modelo escolhido entre alternativas que se apresentam, e um modelo que, como qualquer modelo, simplifica (às vezes até demais) a realidade. Assim, **fazer contabilidade é simplificar a realidade. Analisar demonstrações contábeis é fazer o caminho inverso: a partir desse modelo simplificado tentar entender a realidade. Ora, como o caminho da realidade à demonstração contábil é difícil, o retorno é mais difícil ainda!**

6.1.2 Regime de Competência nas vendas a prazo

Só para ir um pouco além nos exemplos: e se as vendas são a prazo? O modelo então deveria reconhecer o lucro somente no recebimento? Não mais nas vendas? O que se desenvolveu com o tempo foi o seguinte: se as vendas a prazo são feitas com critério, os recebíveis são de muito boa qualidade, os "canos" são muito poucos e o processo de recebimento não é custoso, o momento final de grande esforço acaba sendo o da venda com a entrega da mercadoria ao cliente e recebimento da promessa (documentada, de preferência) do cliente de que pagará numa certa data futura. Daí o momento da venda e entrega passarem a ser considerados como o melhor momento para registro da receita e do lucro. Isso não significa que o lucro apareça aí, mas que é nesse momento que se completam as fases que representam o esforço significativo do vendedor.

Veja-se que nesse modelo a qualidade do lucro apurado está dependente da efetiva transformação dos recebíveis em dinheiro; tem menor qualidade do que o lucro numa operação a vista, porque, afinal de contas, são de fato situações de riscos diferentes (deveríamos ter cores diferentes para mostrar balanços e resultados com riscos diferentes!). Por que então não se preferiu reconhecer no recebimento? Apenas porque a prática mostrou, ao longo do tempo, que o desempenho da empresa é **mais bem** medido (não significa medido com perfeição) se o reconhecimento se der na hora da entrega do produto, quando esses processos de recebimento não são muito custosos e quando a parte efetivamente importante do desempenho da entidade termina, ou seja, quando da entrega da mercadoria. Nesses casos, reconhecer o lucro só no recebimento provocaria mensurações de desempenho da entidade que, se por um lado, mostrariam lucros já financeiramente realizados, por outro lado, provocaria mensurações de desempenho muito mais ditadas por políticas de prazo de financiamento dado ao cliente, por certa arbitrariedade da administração em querer receber o dinheiro agora ou receber depois etc.

Assim, nas vendas a prazo, tanto o modelo de reconhecer o lucro na venda e entrega da mercadoria quanto o modelo de reconhecer o lucro no recebimento do dinheiro não são totalmente comparáveis ao modelo de reconhecer o lucro numa entidade que entrega e recebe a vista o dinheiro da venda. Só que o ponto central é esse: a diferença é porque são duas realidades factuais completamente distintas: comercializar recebendo a prazo e comercializar recebendo a vista. E a contabilidade não é capaz, é óbvio, de retirar a incerteza que existe no mundo real, apenas tenta retratar o que ocorre, e sempre com imperfeições.

Outra coisa: não se mostrou necessário apurar o resultado diariamente, mas sim em períodos maiores, um mês, um trimestre ou um ano inteiro. Pensemos em quem age diligentemente: pelo menos uma vez por mês, para o caso do comerciante. O que vemos então num determinado mês: um conjunto de vendas e respectivas entregas nesse período, e um conjunto de fluxos de entradas e saídas de caixa também nesse mesmo mês. Só que é possível que haja um enorme descasamento, porque parte das vendas e entregas é recebida no período, mas talvez a maior parte dos recebimentos desse mês se refira a vendas e entregas dos meses anteriores. Os pagamentos do mês dizem respeito a compras efetuadas anteriormente, não necessariamente relativas às mercadorias vendidas nesse mês.

Assim, passou-se a segregar apuração de lucro, ou seja, das receitas e das despesas, da apuração do fluxo de caixa, criando-se o Regime de Competência, mas sabendo que a receita de venda só é genuína se acabar produzindo caixa, e a despesa também só é genuína se corresponder a uma saída de caixa.

6.1.3 Lucro *versus* Caixa

Com a elaboração do balanço e da Demonstração do Resultado à luz do custo histórico puro e do Regime de Competência, temos a distribuição lógica e racional, ao longo do tempo, dos fluxos de caixa da empresa. Um ativo possui, além das disponibilidades e das aplicações de caixa efetuadas, direitos que estão para se transformar em caixa, desde que vinculados a fatos geradores já ocorridos (a venda é uma das origens desses valores a receber); além disso, possui bens que estão representando o montante de Caixa desembolsado ou a ser desembolsado em função de sua aquisição. O passivo, por sua vez, representa valores a serem desembolsados futuramente, desde que vinculados a ativos adquiridos ou a reduções do Patrimônio Líquido incorridas. Logo, o balanço inteiro, sem exceção, possui estreita ligação com o fluxo de caixa, acontecido ou a acontecer (estes vinculados a fatos já ocorridos). A Demonstração do Resultado possui receitas que foram ou serão recebidas na forma de dinheiro e despesas que foram ou serão pagas da mesma forma. Assim, o lucro obrigatoriamente transita pelo caixa da empresa, segundo essa visão original da contabilidade a custo histórico.

Portanto, contabilidade ao custo histórico no fundo se resume a quê? A nada mais do que reescrever o fluxo de caixa, ou seja, redistribuir os fluxos de caixa no tempo. Contabilidade a custo histórico, Regime de Competência, figura do balanço, figura do Ativo, tudo é exclusivamente fluxo de caixa redistribuído. É a coisa mais banal e simples do mundo! (MARTINS, 1999).

Qual é então a diferença entre a Demonstração do Resultado e o fluxo de caixa? Ora, o registro das vendas no momento de sua ocorrência tende a representar muito melhor a verdadeira capacidade de geração de lucro e de caixa do que o recebimento do dinheiro dos clientes. E a contraposição do custo das mercadorias vendidas a essas vendas mostra muito melhor o diferencial produzido pela operação (lucro ou prejuízo) do que o registro do pagamento das mercadorias num período e recebimento em outro período. Isto é, quando não há coincidência entre o recebimento e o pagamento, o Regime de Caixa puro e simples produz distorções enormes na mensuração do quanto se está ganhando ou perdendo nas operações, a não ser no caso daquele Pipoqueiro... Daí a inteligência humana haver criado o Regime de Competência, em que se tem a junção e a confrontação entre os fluxos de entrada e saída e o seu respectivo saldo em momentos diferentes de seus efetivos movimentos físicos, evidenciando-se o que não é tão bem visível no puro fluxo de caixa.

Com isso, o que o contador faz é pegar as entradas de caixa vindas dos clientes em janeiro e distribuí-las aos meses de origem, ou seja, das vendas/entregas. Se em janeiro se recebe venda/entrega de novembro passado, deverá ter havido, em novembro, o reconhecimento da Receita e das Contas a Receber. O recebimento em janeiro não altera o resultado deste mês, mas alterou o de novembro. O pagamento em janeiro de mercadoria vendida em abril, mas comprada em outubro passado, só vai afetar o lucro de abril, quando do reconhecimento da receita de venda dessa mercadoria etc.

6.1.4 Mas e as depreciações e as amortizações? O que têm a ver com o Caixa? E outros itens *non-cash*?

Alguns itens do balanço merecem considerações especiais para compreensão da distribuição temporal ao longo do tempo, sendo eles: depreciações, amortizações, exaustões; equivalência patrimonial e o uso de preços de reposição.

As depreciações, amortizações e exaustões representam uma diferença temporal singular entre caixa e resultado. Normalmente, os desembolsos são realizados por ocasião dos investimentos em Imobilizados (ativos destinados ao uso), enquanto os ingressos diretos derivados desses Imobilizados se dão apenas quando de sua venda ao final de sua utilização, e por valores que não recuperam o total neles investido; mas há uma porção de ingressos indiretos produzidos por esses ativos na forma de receitas de vendas de bens ou de serviços, de receitas de juros ou de aluguel etc.

As depreciações, amortizações e exaustões representam apenas a diferença entre os valores dos desembolsos na aquisição desses ativos e os valores dos ingressos diretos derivados das vendas desses ativos após sua utilização, ou seja, a parte do caixa investido que não é recuperado pela venda dos próprios bens. Logo, essas depreciações, amortizações e exaustões representam, de um lado, o consumo do potencial de benefícios dos ativos ao longo de sua vida, mas na verdade isso é medido pela diferença de dois fluxos de caixa: investimento e valor residual de venda. Logo, é uma parte do caixa aplicada normalmente no passado que, para ser recuperada, precisa ser "jogada" contra as receitas indiretas produzidas pelos ativos, que são as de vendas de bens, serviços, juros, aluguéis etc. Daí serem despesas que são deduzidas do lucro bruto e das demais receitas. Afinal, são a distribuição do Caixa desembolsado ou a desembolsar na aquisição de um Imobilizado não recuperável pela sua própria venda. Esse procedimento torna muito mais visível o resultado das operações da empresa em cada período.

Logo, depreciações e amortizações têm, sim, tudo a ver com o Caixa, só que provavelmente não com o Caixa do mês ou ano em que são registradas. Mas a diferença é apenas temporal. Se você pensava que depreciação não tinha nada a ver com o Caixa, é porque aprendeu errado... Se ao analisar o desempenho de uma empresa concluiu que, sendo seu prejuízo menor do que sua depreciação, então a situação não é problemática, porque apesar do prejuízo não faltou dinheiro, errou! Porque não se lembrou que a empresa não está conseguindo recuperar o dinheiro investido no Imobilizado. Ora, se não está conseguindo recuperar o dinheiro investido na compra da máquina é o mesmo que não recuperar dinheiro investido na compra de uma mercadoria. A diferença é que, se num ano a empresa não recuperou a parte que deveria recuperar do dinheiro investido na máquina, quem sabe possa recuperá-lo usando ainda a máquina no ano seguinte, enquanto o dinheiro investido na compra de uma mercadoria e não recuperado pela venda dessa mercadoria é um dinheiro nunca mais recuperável com aquela mesma mercadoria.

De forma semelhante às depreciações, a contabilização das receitas ou despesas com equivalência patrimonial também se distancia, em termos temporais, dos respectivos fluxos de caixa, os quais somente ocorrerão no recebimento de dividendos ou alienação do investimento.

Da mesma forma, as provisões para créditos de liquidação duvidosa representam um lapso temporal entre a receita e o Caixa, na medida em que a contabilidade antecipa o registro econômico de um fluxo de caixa esperado. Se se pressupõe que uma parte desse fluxo será frustrada no futuro, já se reconhece isso como uma redução do resultado no período, de preferência do reconhecimento da própria receita que se espera não vá ser recebida. Na verdade, a despesa com a formação da provisão para crédito de liquidação duvidosa numa empresa comercial é uma redução do valor da receita, já que diz respeito à parte da receita que não será recebida, certo?

No longo prazo, lucro e fluxo de caixa são equivalentes, pois adequadamente registrados, a diferença entre eles é apenas temporal. No entanto, no curto prazo, a necessidade de se conhecer continuamente o andamento da vida da entidade exige a elaboração das demonstrações contábeis periódicas. E para isso o Regime de Competência produz realocações do fluxo financeiro, de forma a se ter as confrontações necessárias a uma boa análise da evolução da efetiva rentabilidade e da correta posição financeira de qualquer entidade.

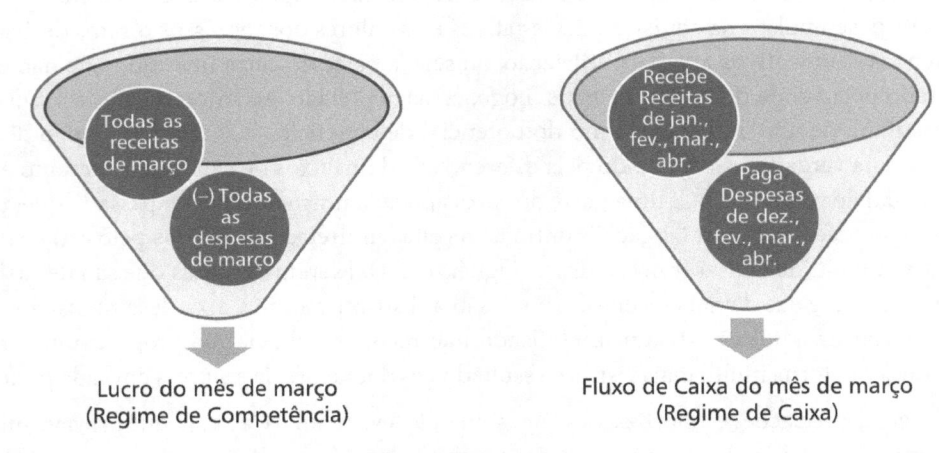

Lucro do mês de março
(Regime de Competência)

Fluxo de Caixa do mês de março
(Regime de Caixa)

FIGURA 6.3 Regime de Competência e Regime de Caixa.

É importante lembrar que as normas contábeis dividem o Resultado de que tratamos em dois pedaços: o Resultado Líquido (Lucro ou Prejuízo), que consta da Demonstração do Resultado, e os Outros Resultados Abrangentes, compostos das receitas e das despesas que são reconhecidas diretamente contra o patrimônio líquido e que, na sua maioria, serão transferidas para a Demonstração do Resultado um dia. A soma do Resultado Líquido com os Outros Resultados Abrangentes forma o **Resultado Abrangente**, este sim o montante que de fato altera o patrimônio líquido e que precisa "bater com o caixa" um dia. (As outras alterações do patrimônio líquido são as transações de capital com os sócios, como aumento de capital e dividendos.)

Ah, há que se considerar também os **ajustes de exercícios anteriores** relativos à retificação de erros ou mudanças de prática contábil, porque vão diretamente contra o patrimônio líquido, mas constituem-se de receitas e despesas que também têm que se igualar, no tempo, com o caixa das operações.

Para a análise da evolução do patrimônio e para o conhecimento da sua efetiva rentabilidade, a Demonstração do Resultado, a Demonstração dos Resultados Abrangentes e o Balanço, juntos, respondem adequadamente e de forma muito mais eficiente do que o fluxo de caixa. Já para a análise financeira de curtíssimo prazo, o fluxo de caixa é mais útil. E não se pode esquecer que o acompanhamento da liquidez da empresa é tão importante quanto da sua rentabilidade. **Portanto, ambos os fluxos se complementam.**

Na verdade, conseguiu-se inventar uma despesa que não "bate com o caixa", que é a relativa aos planos de remuneração baseados em ações. Veja-se o item 12.6.10.

6.2 ANÁLISE IMPORTANTE: LUCRO *VERSUS* QUAL CAIXA NA DEMONSTRAÇÃO DOS FLUXOS DE CAIXA?

Seria de se esperar, à primeira vista, que o lucro "batesse" com o Caixa Gerado pelas Operações constante da Demonstração dos Fluxos de Caixa. Como sabemos, essa demonstração é dividida em três grupos: Caixa Gerado pelas Operações, Caixa das Atividades de Financiamento e Caixa das Atividades de Funcionamento. Logo, deveria o lucro, ao longo do tempo, à primeira vista, se conciliar totalmente com o Caixa das Operações. Mas não é essa a realidade. Vejamos.

Suponhamos que uma empresa se forme recebendo R$ 100 milhões em caixa, que aparecerá no fluxo de caixa como derivado das Atividades de Financiamento (esquisito, não? Mas é verdade, para fins de análise esse grupo deveria ser distribuído em dois subgrupos: recursos recebidos e pagos para terceiros, os empréstimos, suas amortizações e as despesas financeiras; e o outro subgrupo para representar recursos recebidos e pagos aos **sócios**, como aumento de capital, pagamento de dividendos. Faça assim para sua análise mais meticulosa.).

Nesse primeiro mês há fluxo de caixa, mas não das operações, e não há lucro. No segundo mês, a empresa compra à vista estoques utilizando todos os R$ 100 milhões. Nada de lucro, afinal nada se vendeu, mas o Fluxo de Caixa das Operações aparecerá negativo nesse montante, já que o investimento em estoque não faz parte, por decisão dos órgãos reguladores, do Fluxo de Caixa das Atividades de Investimento, mas sim do das Operações! Logo, sem lucro, mas com Caixa das Operações negativo em R$ 100 milhões.

No terceiro mês, a empresa recebe R$ 120 milhões por venda de todos os estoques; reconhece lucro de R$ 20 milhões, mas caixa positivo de R$ 120 pelo recebimento das vendas.

Assim, o Caixa das Operações aparecerá negativo em R$ 100 milhões no segundo mês, mas positivo em R$ 120 milhões no terceiro, com o acumulado positivo em R$ 20 milhões. Exatamente o valor acumulado do resultado! Tudo certo: no acumulado, o lucro é igual ao caixa e ao Caixa das Operações.

Mas admitamos que outra empresa também receba R$ 100 milhões de capital no primeiro mês, mas invista esse valor em um imobilizado no segundo mês. Logo, no segundo mês não haverá nem lucro nem Caixa das Operações, e sim um caixa negativo no **Caixa das Atividades de Investimento**.

Suponhamos agora que, no terceiro mês, a empresa receba R$ 120 milhões de receitas de serviços, mas que o imobilizado se deprecie inteiramente nesse terceiro mês (só para facilitar as contas). O lucro desse terceiro mês mostrará Receitas de R$ 120 milhões, Despesa de Depreciação de R$ 100 milhões e lucro de R$ 20 milhões. Só que o Fluxo de Caixa das Operações, que nada havia tido de alteração nos meses anteriores, terá agora um caixa positivo de R$ 120 milhões pelo recebimento das receitas!

Ou seja, no acumulado, o Caixa das Operações estará com R$ 120 milhões, mas o lucro estará com R$ 20 milhões! Claro que, para fazer a análise de Lucro vs. Caixa, precisaremos considerar o Caixa do Investimento do segundo mês, negativo em R$ 100 milhões, e dizer que o caixa efetivo gerado pelas operações verdadeiro é de R$ 20 milhões, já que o investimento desapareceu, depreciou-se totalmente (supondo valor residual nulo).

Logo, **cuidado com o Fluxo de Caixa das Operações**: ele não representa o verdadeiro fluxo de caixa das operações na sua visão de longo prazo! A Contabilidade é muito sábia: transforma o investimento, imobilizado, no caso, em despesa, e apura o lucro correto. Mas, no fluxo de caixa, o investimento, corretamente reconhecido na aquisição do imobilizado, jamais será transferido para a conta de Caixa das Operações.

Assim, no longo prazo, continua a verdade: **o lucro bate com o caixa, mas não com o valor do Caixa das Operações da Demonstração dos Fluxos de Caixa**. O lucro contábil é verdadeiro, mas o Caixa das Operações, no longo prazo, acumuladamente, não o é!

Acesse o QR Code
para baixar o material
complementar sobre
Fluxo de Caixa por
Competência.

uqr.to/1zuvr

EXERCÍCIOS

1. **Debate: "Lucro × Fluxo de Caixa"**

Antes da atividade, os estudantes devem revisar os conceitos abordados no capítulo. Sugere-se que também consultem outras referências recomendadas pelo professor. Posteriormente, a turma deve ser dividida em dois grupos:

   a)   o Grupo A defenderá a ideia de que o lucro é o principal indicador do desempenho financeiro de uma empresa;

b) o Grupo B argumentará que o fluxo de caixa é mais relevante para avaliar a saúde financeira de uma organização.

Durante o debate:
a) cada grupo terá um tempo inicial para organizar seus argumentos;
b) em seguida, será conduzido um debate no qual os grupos apresentarão suas perspectivas e rebaterão os argumentos do grupo oposto;
c) o professor atuará como mediador, estimulando reflexões e questionamentos;
d) caso o professor queira, pode-se inverter o papel dos grupos para que os estudantes sejam estimulados a refletirem sobre as duas perspectivas.

REFLEXÃO FINAL: *após o debate, cada estudante deverá elaborar um breve resumo (5 a 10 linhas) expondo sua conclusão pessoal sobre o tema, com base na discussão realizada. Os critérios de avaliação são os seguintes:*
a) clareza e coerência na argumentação;
b) embasamento teórico na apresentação dos pontos de vista;
c) capacidade de contra-argumentação e diálogo;
d) síntese reflexiva individual bem estruturada.

OBJETIVOS DO EXERCÍCIO

a) Aprofundar a compreensão sobre a relação entre lucro e fluxo de caixa, conceitos fundamentais para a análise das demonstrações contábeis.
b) Desenvolver a capacidade de pesquisa, argumentação e aceitação de diferentes pontos de vista.

7

ANALISANDO DEMONSTRAÇÕES SEM O USO DE INDICADORES

Objetivo do capítulo

Estabelecer independência dos indicadores na análise das demonstrações. Ou seja, aprender a fazer análise baseada em uma leitura qualitativa e observacional dos dados e das informações fornecidas. Esse tipo de análise enfatiza a compreensão das características dos números, das políticas contábeis adotadas e das notas explicativas. Enfatizar a importância de conhecer o modelo do negócio e o modelo contábil para compreender o que se passa com a entidade em análise.

Será possível analisar demonstrações contábeis sem o uso de indicadores??? Que espécie de análise será essa? Apoiada em que tipo de teoria? É de se esperar que as respostas a essas perguntas sejam no mínimo curiosas! Sem mais delongas, vamos ao que interessa!

Como dissemos anteriormente, fazer análise de balanço consiste apenas em ler as demonstrações contábeis e entender o que elas dizem. Naturalmente, nenhum de nós vai conseguir entender cem por cento do que elas se propõem a transmitir. Vamos mais além, é possível que inicialmente tenhamos mais dúvidas do que conclusões.

Uma coisa muito importante na análise de balanços é olhar o conjunto dos dados contábeis. Colocar os holofotes numa demonstração específica e tentar compreender o que ela está querendo dizer, sem fazer interações com as demais, não é a forma correta de analisar um balanço. As variações ou os fatos relevantes que ocorrem em uma demonstração terão reflexos em outras, daí a necessidade de uma visão holística das demonstrações.

Lembre-se do conselho inicial. Como se faz análise de balanços? Sentado no sofá, num dia de domingo, com os pés em cima da mesa (às vezes alguém na casa não gosta muito...). Sem máquina de calcular, só no "*olhômetro*", fazendo cálculos mentais e procurando acompanhar o que está acontecendo. Sem indicadores, sem cálculos refinados etc. O exemplo a seguir ajudará a compreender esse processo.

Observando a Cia. Exemplo, a seguir, podemos verificar que são apresentados três balanços e dois períodos para a DRE. Para efeitos didáticos, vamos supor que o parecer, se tivesse sido emitido, seria limpo, e admitamos também que não haja inflação no período. Lembre-se: em uma empresa real esses aspectos seriam essenciais.

Não usaremos calculadora, os cálculos serão todos feitos de cabeça e apresentados de forma aproximada. Percebam que o objetivo é criar familiaridade com as contas das demonstrações. Compreender o significado das contas e o que está por trás dos números. O foco está muito mais na confiabilidade das informações e compreensão do significado de cada evento do que nos instrumentos de análise propriamente ditos. Vamos partir do ponto de vista de que boas práticas contábeis tenham sido seguidas na elaboração dessas demonstrações apresentadas (faltam as demais demonstrações, as notas explicativas e o parecer do auditor, mas admitamos que só temos acesso aos dados abaixo). (Valores todos em milhares de reais.)

QUADRO 7.1   Balanço patrimonial da Cia. Exemplo.

Balanço Patrimonial			
	31/12/X6	**31/12/X7**	**31/12/X8**
Caixa	3.000	4.000	2.000
Aplicações Financeiras	25.000	12.868	26.325
Duplicatas a Receber (líquido)	100.000	130.000	143.000
Estoques	90.000	75.000	65.000
Investimentos	43.000	65.000	98.000
Imobilizado	100.000	110.000	110.000
Depreciação Acumulada	(20.000)	(30.500)	(41.500)
Ativo	**341.000**	**366.368**	**402.825**
Fornecedores	72.000	60.000	61.750
Provisão IR	2.000	4.485	1.820
Contas a Pagar	15.000	12.000	11.000
Empréstimos	90.000	119.500	150.000
Capital	150.000	150.000	150.000
Reservas de Lucros	12.000	20.383	28.255
Passivo + PL	**341.000**	**366.368**	**402.825**

QUADRO 7.2   Demonstração do Resultado do Exercício da Cia. Exemplo.

Demonstração do Resultado do Exercício		
	20X7	**20X8**
Vendas	445.000	485.000
Custo das Vendas	(258.100)	(310.400)
Lucro Bruto	186.900	174.600
Equivalência Patrimonial	6.300	11.500
Despesas com Pessoal	(75.000)	(71.000)
Outras Despesas Administrativas	(65.000)	(58.000)
Despesas com Depreciação	(10.500)	(11.000)
Despesas com Devedores Duvidosos	(3.000)	(3.900)
Receitas Financeiras	2.500	2.316
Despesas Financeiras	(20.950)	(26.950)
Lucro antes do IR	21.250	17.566
Imposto de Renda	(4.485)	(1.820)
Lucro Líquido	**16.765**	**15.746**

7.1   MODELO DO NEGÓCIO DA CIA. EXEMPLO

Observando apenas esses dados, é possível dizer qual é o ramo de atividade da empresa? Qual é seu negócio, o que ela faz no seu conjunto? Qual o seu modelo contábil? Para começar, observamos a segunda conta da DRE, "Custos das Vendas". Não dá para afirmar que é uma empresa comercial, porque a terminologia usada nesse caso seria CMV (custo das mercadorias vendidas); nem uma indústria, porque nesse caso a nomenclatura usual é CPV (custo dos produtos vendidos); também não se pode afirmar que seja uma empresa de serviços, nesse caso seria CSV (custo dos serviços vendidos) ou outra. Assim, ainda não temos informações sobre o negócio. Podemos afirmar apenas que é uma empresa comercial ou industrial, dados os estoques.

Se olharmos as depreciações, veremos que o total da depreciação no resultado corresponde ao acréscimo no saldo das depreciações acumuladas. Logo, *tem toda a cara de empresa comercial*, porque, se indústria, parte das depreciações estaria embutida no custo dos produtos vendidos. Veja-se como é importante haver as notas explicativas, porque a primeira delas deve ser exatamente uma breve descrição da atividade à qual a empresa se dedica. Todavia, vamos ver o que é possível analisar assim mesmo, porque pelo jeito é uma empresa comercial ou industrial (veja-se que existem estoques significativos, o que descaracteriza prestadora de serviços).

7.2 PRINCIPAIS VARIAÇÕES TEMPORAIS DA CIA. EXEMPLO. OS INVESTIMENTOS

Seguindo a análise, qual é a característica inicial que logo se percebe nessas demonstrações? O que mais cresce no balanço? Olhe atentamente e verá que os *Investimentos são os ativos que mais crescem!* Que tipo de investimentos seriam? Provavelmente em outras empresas, já que há receita de equivalência patrimonial no resultado. Ora, se a empresa tem investimento de $ 43.000 no ano 20X6; $ 65.000 no ano 20X7 e $ 98.000 no ano 20X8, ela já está com aproximadamente 25% dos ativos investidos fora dela mesma. O Patrimônio Líquido (PL) em 20X8 totaliza quase $ 180.000 e os investimentos alcançam mais de 50% do capital próprio (note que esses percentuais são por mera comparação mental de números, não é necessário usar máquina de calcular; todavia, se você não está acostumado a fazer conta de cabeça...). Que informação preliminar estaria faltando acerca desse investimento? Não há nenhuma informação se a investida é controlada, ou coligada. E se fosse controlada, o que estaria faltando? **O balanço consolidado!**

É importante destacar que se há investimento em controlada, *deveria haver o balanço consolidado.* Sem ele, estamos analisando uma parte da entidade econômica, ou seja, análise da empresa individual, já que não temos outras informações. Mas vamos ver o que é possível saber sem as demonstrações consolidadas. Veremos como é pobre a análise de um balanço individual.

7.3 DISSECANDO AS CONTAS A RECEBER DA CIA. EXEMPLO

A partir das demonstrações citadas, quais as demais variações relevantes são percebidas? As disponibilidades não nos chamam a atenção, são pequenas. Vamos às Duplicatas a Receber. Note que elas estão líquidas, $ 100.000 em 20X6; $ 130.000 em 20X7 e $ 143.000 em 20X8. Portanto, aumento de 30% em 20X7 e 10% em 20X8. O que significa esse crescimento? Será que ocorreu um aumento no volume de vendas? A empresa tinha vendido em 20X7 $ 445.000 e passou para $ 485.000 em 20X8. Ou seja, as vendas cresceram menos de 10%. Isso quer dizer que, garantidamente, o aumento de Duplicatas a Receber não é efeito do aumento das vendas? (Poderia ser inadimplência? Veja a DRE, ela apresenta uma perda de $ 3.000 em 20X7 com "Devedores Duvidosos" e $ 3.900 em 20X8. Nada que nos chame a atenção.)

Seguindo a análise, mas continuando a tentar entender por que Duplicatas a Receber aumentaram tanto, pode-se pensar que a empresa foi pródiga na sua política de crédito, aumentando muito os prazos das Contas a Receber, pois ocorreu nessa conta um aumento superior às vendas. Veja que $ 100.000 de Contas a Receber representam o saldo final de 20X6, portanto não têm nada a ver com as vendas de 20X7. Já os $ 130.000 de Contas a Receber de 20X7 constituem uma parte dos $ 445.000 das vendas do mesmo ano não recebidas. Da mesma forma, os $ 143.000 de Duplicatas a Receber no ano de 20X8 representam uma parte das vendas desse ano. Mas a falta das vendas de 20X6 não nos permite concluir se afinal aquele aumento de $ 100.000 para $ 130.000 é um problema de alteração nos prazos de venda de 20X6 a 20X7.

Mas podemos dar uma olhada no que ocorreu de 20X7 para 20X8: quando as vendas eram de $ 445.000 em 20X7, o saldo médio das Duplicatas a Receber foi de aproximadamente $ 115 milhões; $ 445.000 divididos por 12 meses nos dão menos do que $ 40 milhões de vendas por mês; e se o saldo médio a receber era de $ 115 milhões, havia, no Contas a Receber, vendas de aproximadamente 3 meses, o que evidencia o prazo médio de recebimento calculado de forma aproximada em 90 dias. Olhando 20X8, as vendas sobem para mais de $ 40 milhões por mês, e o saldo médio das Duplicatas a Receber passou para mais ou menos $ 136 milhões, o que faz com que haja mais do que 3 meses nas Contas a Receber. Podemos concluir que *houve, então, um aumento de prazo médio de recebimento de 20X7 para 20X8.*

Assim, percebemos que conseguimos, apenas olhando esses números, só conhecer consequências, sem conhecer as origens, as causas. Por isso a importância, por exemplo, do Relatório da Administração e a Análise Financeira pela própria empresa para poder chegar ao que de fato trouxe essas consequências. Mas, pelo menos, já temos condições de fazer perguntas mais inteligentes à empresa, por exemplo, indo mais diretamente: aumentaram as vendas fortemente de 20X6 para 20X7? Ou aumentaram fortemente os prazos de recebimento dos clientes? (Aparentemente está fora de questão apenas a situação de forte inadimplência – isso porque consideramos que a contabilidade foi muito benfeita.)

Repare que sobraram mais dúvidas do que certezas, por enquanto!

7.4 DISSECANDO OS ESTOQUES E FORNECEDORES DA CIA. EXEMPLO

Outro item que sofreu variações foi a conta Estoques, que saiu de $ 90.000 em 20X6 para $ 75.000 em 20X7 e depois para $ 65.000 em 20X8. Essa redução em tese é boa ou ruim? A resposta: pode ter sido boa, como também pode ter sido ruim... vejamos:

a) Primeira opção: todos os concorrentes aumentaram as vendas, por exemplo, em 20%, e a empresa só aumentou em menos que 10% por problemas com fornecedores que não conseguem entregar os estoques. Nesse caso, a política de contrato com fornecedores não foi muito prudente e a empresa está reduzindo estoque porque ela está vendendo e não está conseguindo repor esses estoques.

b) Segunda opção: a empresa está fazendo uma política deliberada de redução de estoques. Ela está conseguindo aumentar as vendas, diminuindo os estoques ou mesmo encurtando os prazos de estocagem, talvez possa estar adotando o *just in time*. Nesse caso seria ótimo, porque as vendas não cairiam.

Portanto, a diminuição dos estoques pode ser boa ou ruim. Mas onde está a resposta de que necessitamos? Será que analisando a margem é possível vislumbrá-la? Vamos lá: a empresa tinha tido uma margem bruta de $ 186.900 nas vendas de $ 445.000 em 20X7. Em 20X8 as vendas subiram para $ 485.000, mas a margem bruta caiu para $ 174.600. Ela está vendendo com margem bruta menor! Pode ser que ela tenha tido um aumento de custo muito forte e não tenha conseguido repassar para seus preços.

Mas é também possível que a empresa tenha tido um aumento nas margens de cada um dos produtos. Vamos supor que a empresa trabalhe com dois produtos. Ela pode ter aumentado a margem dos dois, aumentando muito o nível de venda do produto que apresentava uma margem menor, e mantido ou até mesmo diminuído a venda do produto que tinha a margem maior. Exemplificando, imagine que a empresa compre um produto por $ 100 e o venda por $ 200; outro produto ela compra por $ 100 e o vende por $ 150. Aumentam igualmente em $ 10 as margens, passando o preço de venda de $ 200 para $ 210 e o de $ 150 para $ 160, só que as vendas, que eram em volumes iguais para os dois produtos, no ano seguinte mudam: ela vende muito mais do segundo, que tem margem menor. O volume total de vendas pode aumentar, mas a margem total pode cair.

Pode-se imaginar outra hipótese: o *mix* dos produtos pode ser definido de tal forma que ela não tenha aumentado a margem de nenhum produto. O fato de a margem de lucro bruto ter caído com o aumento das vendas pode ter sido ocasionado por uma composição (*mix*) diferente nas vendas. Outra hipótese ainda pode ser analisada: é possível que tenha caído a capacidade aquisitiva da população que, por sua vez, passou a comprar produtos que são mais baratos; apesar de ter vendido muito mais, passou a vender produtos que têm margens menores, e por isso o lucro bruto teria caído.

Pode ser também que tenha ocorrido uma mudança no critério de avaliação de estoques. Mas, infelizmente, nesse caso, não temos aquela nota explicativa que descreve esse fato. Afinal, o que de fato teria acontecido?

Resumindo as análises até aqui feitas: *os estoques diminuíram, as Duplicatas a Receber aumentaram, as vendas aumentaram e as margens de lucro bruto caíram*. Os aumentos significativos nos investimentos ainda constituem um mistério para nós.

No Passivo, a conta Fornecedores diminui, o que é compatível com a diminuição no nível dos estoques. Mas Fornecedores diminuem $ 10 milhões, enquanto os Estoques diminuem $ 25 milhões. Com certeza há uma alteração significativa nos prazos médios de pagamentos a fornecedores, que diminuíram. Se os Estoques diminuíram $ 15 milhões durante 20X7, isso quer dizer que as compras foram menores nesse valor do que o custo das mercadorias vendidas. Logo, as compras foram de aproximadamente $ 243 milhões, ou aproximadamente $ 20 milhões por mês; fornecedores médios de $ 66 milhões em 20X7 mostram um prazo médio então de 3,3 meses. Em 20X8, com a queda de $ 10 milhões nos Estoques, as compras foram de $ 300 milhões, uns 25% a mais do que os $ 243 do ano anterior; logo, mais ou menos $ 25 milhões de compras mensais. Havendo fornecedores médios ficado no patamar de $ 61 milhões, temos que passou para aproximadamente 2,5 meses o prazo de pagamento. *Ou seja, os prazos de pagamento a fornecedores se encurtaram bastante.* Mas diminuíram os prazos porque a empresa resolveu comprar com prazo menor e a um preço melhor? Ou porque os fornecedores estão forçando essa redução (poderia isso se acoplar à ideia de que há falta de mercadorias para comprar). Ou por outra razão?

Repare que logo que iniciamos a procura pela causa de uma variação nos lembramos de uma hipótese como resposta. O importante é não acreditar na primeira resposta que surgir. Sempre, sempre há a possibilidade de duas, três ou mais alternativas como causa da consequência que estamos verificando. O importante é ir juntando as dúvidas; algumas se resolvem com análises posteriores, mas outras, muitas vezes a maioria, só se consegue com auxílio de outras informações que não as próprias demonstrações contábeis, como o Relatório da

Administração, a Análise Financeira feita pela própria empresa, relatórios complementares, entrevista com a empresa etc.

Ou seja, a análise de balanços ajuda fortemente a direcionar os questionamentos relativos às causas das variações, mas não fornece automaticamente essas causas. Partimos das consequências para encontrar caminhos para chegar a elas.

Até aqui sabemos que *a Cia. Exemplo vem aumentando o valor de suas Duplicatas a Receber e diminuindo seus estoques; se somarmos essas duas contas, veremos que sua soma pouco mudou*, tendo havido pequeno acréscimo, de $ 190.000 para $ 208.000, quase 10%. Suas vendas aumentaram, mas o lucro bruto diminuiu. Ou seja, aumentaram os investimentos em Contas a Receber de clientes e estoques em seu conjunto, mas o importante é que o lucro bruto caiu! Não parece ter sido a empresa muito feliz no que decidiu fazer ou no que foi obrigada pelo mercado a fazer.

Também sabemos que a Cia. Exemplo está investindo bastante em outra(s) empresa(s), que não sabemos se são sua(s) controlada(s) ou coligada(s).

7.5 DISSECANDO OS EMPRÉSTIMOS DA CIA. EXEMPLO

Reolhemos os balanços da nossa Cia. Exemplo. Os empréstimos ascenderam de $ 90.000 em 20X6 para $ 119.500 em 20X7 e $ 150.000 em 20X8, enquanto o PL não apresentou grandes oscilações. Esses dados são importantes, pois revelam que a empresa está financiando os investimentos em outra empresa com capital de terceiros. Isso significa que a empresa está mal financeiramente? Os empréstimos estão no longo ou no curto prazo? Essa informação também não foi dada. Se forem de curto prazo, a empresa está quebrada? Não é uma situação de todo ruim se a dívida for de curto prazo, basta comparar o total do Ativo Circulante ($ 236 milhões) com o que seria o Passivo Circulante com os Empréstimos dentro dele ($ 224 milhões). Ainda não está quebrada. Se for de longo prazo a dívida, muito longo prazo, a liquidez (lembre-se de perguntar daqui a pouco: mas, e a rentabilidade?) está muito boa: mais de $ 236 milhões de caixa, Duplicatas a Receber e estoques contra menos de $ 75 milhões de fornecedores, Imposto de Renda e contas a pagar a curto prazo.

Diante dessa situação, que conclusão prévia pode ser tirada? Pode ser problema de gestão? De mercado? Decisões internas – compra e venda...? Veja que ela vendeu mais, porém o lucro bruto caiu até em valor absoluto. A margem passou de mais de 40% para menos de 40%. Prossigamos com a análise em busca de respostas.

7.6 DISSECANDO A EQUIVALÊNCIA PATRIMONIAL DA CIA. EXEMPLO

O que dizer dessa equivalência patrimonial, que era de $ 6.300 em 20X7 e passou para $ 11.500 em 20X8? Os investimentos, que eram de $ 43.000, cresceram para $ 65.000 e produziram durante o período um lucro de $ 6.300. Não sabemos quando houve esse aumento de $ 43.000 para $ 65.000; se foi no fim do período, fica claro que o investimento de $ 43.000 gerou $ 6.300, ou seja, uma taxa de retorno de cerca de 15% em 20X7. Em 20X8, se o investimento foi no final, ele gerou uma taxa de quase 20%. Se os investimentos foram concentrados no início do período, a taxa de retorno foi menor, mas mesmo assim cresceu em 20X8. É importante lembrar que os valores $ 65.000 e $ 98.000 incluem as equivalências. Assim, deduzindo $ 6.300 de $ 65.000, tem-se um investimento de quase $ 59.000 gerando receita de $ 6.300, ou seja, um pouco mais que 10%; deduzindo-se $ 11.000 de $ 98.000, tem-se $ 87.000, gerando $ 11.000 de lucro, o que dá uns 12% mais ou menos.

Se a empresa aumentou os investimentos de $ 43.000 para $ 65.000, quanto de dinheiro novo ela colocou lá? Aparentemente foram $ 22.000, mas dentro desses $ 22.000 há uma receita de $ 6.300; se a investida não distribuiu nada em dividendos (lembrar que o recebimento de dividendos na investidora diminui sua conta de equivalência patrimonial relativa ao investimento na investida), verifica-se um aporte de um pouco menos de $ 16.000. Se ela recebeu dividendos, o desembolso no período por novos investimentos na investida pode ter sido de aproximadamente $ 22.000.

Resumindo essa parte: *se todo o investimento foi feito no início do período*, nada foi recebido como dividendos, então o investimento antes do lucro em 20X7 seria pouco menos de $ 60.000 e o lucro de $ 6.300 *estaria dando um rendimento acima de 10%. Se o investimento foi no fim do ano, a taxa é de 15%*, e se foi durante o ano a taxa de retorno é pela média 12%.

Portanto, a empresa está gerando uma taxa de retorno entre 10% e 15% sobre o investimento líquido feito nessa investida, que para nós é uma incógnita. Aliás, dá para perceber como são necessários o relatório da administração, as notas explicativas e as demonstrações consolidadas?

7.7 DISSECANDO O RETORNO AO ACIONISTA DA CIA. EXEMPLO

Qual o retorno que a empresa está dando para seus acionistas? O lucro líquido de quase $ 17.000 em 20X7 deve ser comparado com qual Patrimônio Líquido: inicial de $ 162.000 ou o final de $ 170.383? Ou a média desses números? Isso tem sido alvo de muitas dúvidas. Imagine a seguinte situação: você começa uma empresa no início do ano, faz o investimento inicial de $ 1.000.000 e não faz outros investimentos durante o ano, e ao fim do ano a empresa apresentou lucro de $ 200.000 e Patrimônio Líquido de $ 1.200.000; como se calcula a taxa de retorno? Lucro sobre o PL final (200.000/1.200.000 = 17%) tem sentido? Não tem, pois o lucro obtido está dentro do PL. Deve-se usar, nesse caso, o PL inicial, o que dá 20%. Nesse caso, podemos pegar diretamente o PL inicial ou deduzir o lucro do patrimônio final para termos o mesmo número, porque não houve distribuição de dividendos.

Um banqueiro muito bem-sucedido pode ficar feliz da vida se estiver querendo não mostrar muita lucratividade, começando com PL de $ 100, produzindo lucro de $ 80 e distribuindo $ 10 de dividendos, resultando num PL final de $ 170. Todas as pessoas que usam o PL final calculariam: $ 80/$ 170, o que dá **47%** de taxa de retorno, o que já é um espanto; mas quem fizer corretamente calculará: $ 80/$ 100, mostrando a correta taxa, **de 80%** de retorno, quase o dobro do que poderia ser a manchete do jornal. (Quanto maior a taxa de retorno, maior a distorção.)

O problema surge quando há variações durante o exercício social, provocadas por aumento de capital, distribuição de dividendos e outros. Nessas situações, é possível fazer uma ponderação pelo tempo no qual cada modificação aconteceu.

No caso da Cia. Exemplo, houve aumento de capital? Não. Houve distribuição de dividendos? Sim, pois ela possuía lucro acumulado de $ 12.000 em 20X6, obteve lucro de $ 16.765 em 20X7, portanto a soma é igual a $ 28.765, mas ela só tem $ 20.383 na conta Reservas de Lucros em 20X7, ou seja, ela distribuiu $ 8.382 de dividendos.

Quando ela fez a distribuição de dividendos? No início, no meio ou no fim do período? Se você não tem as datas, não tem como fazer as taxas de retorno exatas. Por isso muita gente trabalha pela média, por não saber o que aconteceu. Assim, em alguns casos erram para cima, em outros, para baixo. Sabemos que está errado, mas pode não haver outra alternativa. **O que temos que saber é diferenciar o que é conceitualmente correto daquilo que é praticado por impossibilidade de se utilizar o melhor critério, e ter-se a devida consciência disso.**

Na Cia. Exemplo dá para dizer que a taxa de retorno foi aproximadamente 10% (LL = $ 16.765; PL= $ 162.000). Na verdade, as operações da própria empresa geram uma taxa menor ainda, pois nesses aproximados 10% globais da empresa está incluso o ganho na equivalência patrimonial, que é maior do que esse percentual, conforme visto anteriormente. Se pegarmos o resultado e tirarmos a equivalência, o lucro é aproximadamente $ 10.500. Só que é preciso então tirarmos a conta de Investimento do balanço. Digamos que, inclusive por falta de informações, se deva tirar o investimento e igual importância do PL, supondo que o PL é quem financia esse investimento. Então o PL, se não existisse o investimento, seria de $ 162.000 – $ 43.000 = $ 119.000. O lucro seria $ 10.500/$ 119.000 = aproximadamente 9%. *Veja que o que está dando mais lucro nessa empresa é o investimento na outra empresa.* Será que é por conta disso que ela está ampliando seus investimentos? Perceba que essa anatomia do lucro é extremamente importante, não pode deixar de ser feita.

7.8 DISSECANDO AS DESPESAS E AS RECEITAS FINANCEIRAS DA CIA. EXEMPLO

Avançando mais, vamos analisar as despesas financeiras. Observe que elas alcançaram o patamar de $ 20.950 para um empréstimo que variou de $ 90.000 a $ 120.000 em 20X7. Em 20X8, atingiram $ 26.950 para empréstimos que variaram de $ 120.000 a $ 150.000. *Percebe-se assim que a empresa está tomando empréstimos a taxas de aproximadamente 20% a. a. Mas na média está ganhando apenas 10% a. a.!!! Loucura?*

Essa política somente seria sustentável se esses investimentos fossem feitos visando à obtenção de ótimos retornos no futuro. Se esse investimento for totalmente pré-operacional, é mesmo possível que aquela taxa de retorno cresça no futuro. Por outro lado, se aquele investimento estiver no auge da sua produção, é uma loucura o que a empresa está fazendo, ou seja, captando a taxas de aproximadamente 20% a. a. e obtendo retornos a taxas muito mais baixas. Estarão corretos os cálculos?

Como bom profissional, professor ou estudante, você logo percebe que há um equívoco: as taxas de retorno que calculamos sobre Investimentos e para os Acionistas foram com base em valores **líquidos** do Imposto de Renda (e da Contribuição Social; admitamos que "Imposto de Renda" aqui inclua os dois). Mas essas despesas financeiras que tomamos são brutas, antes de considerar que elas reduzem esse tributo; como elas reduzem esse tributo, o efeito líquido que elas têm sobre o resultado é o valor líquido. Sabendo que receita de equivalência patrimonial não é tributável, vemos em 20X7 que o lucro antes do Imposto de Renda é de $ 21.250; mas os $ 6.300 de equivalência não são tributáveis. Assim, o imposto deve ter incidido sobre quase $ 15.000; como o imposto é quase $ 4.500, percebe-se que a alíquota de imposto é de 30%; olhando 20X8, com esse mesmo cuidado, tem-se a mesma alíquota de 30%. Com isso, concluímos que em 20X7 houve despesa financeira de $ 20.950, mas esse mesmo valor economizou Imposto de Renda de aproximadamente $ 6.300, ou seja, a despesa financeira líquida do efeito fiscal é de aproximadamente $ 14.600, o que ainda dá uma taxa de juros de aproximadamente 14% a. a. (Poderia simplesmente ser feito: taxa bruta de juros, 20%; imposto, 30% de 20% = 6%; 20% – 6% = 14%.) *Mudaram os números, mas não a conclusão: essa empresa está pagando mais juros do que rendem suas operações e as operações na investida.*

7.9 CONCLUINDO A ANÁLISE...

Olhemos as demais contas do resultado. As demais despesas caíram, ou seja, *a empresa está fazendo um enxugamento de despesas.* Observe que os estoques estão diminuindo, as despesas sendo enxugadas, há investimento significativo em outra empresa, a margem de lucro bruto está caindo e a taxa de retorno é pequena para os sócios. O endividamento não é nenhum desastre, pode estar num patamar até muito razoável se a dívida for de longo prazo. Só que seus ativos não dão boas taxas de retorno! Aparentemente, "a tábua de salvação" dela são retornos futuros desse investimento. De outra forma, tomar dinheiro a 20% a. a. brutos é um custo muito alto para a situação econômica da empresa. A empresa está quebrada? Não? Mas se continuar desse jeito ela poderá vir a ter sérios problemas no futuro. A empresa está apresentando uma taxa de retorno muito baixa, não sabemos o risco dela, pode ser que ele também seja muito baixo. Mesmo para risco baixo o retorno que ela propicia é pequeno. E a dívida dela é muito onerosa. Meu pai dizia "que não existe dinheiro caro ou barato na hora que você o pega na mesa do gerente do banco; o dinheiro é caro ou barato na hora que você **usa** o dinheiro". Se você capta a 20% e aplica a 30%, os 20% são uma taxa boa, pode-se dizer barata; se capta os mesmos 20% e os aplica a 10%, transformaram-se numa taxa absurdamente cara... Custo do dinheiro é relativo, e não se mede na captação; mede-se na aplicação.

É importante notar que nos restaram muitas dúvidas, mas o básico já vimos: redução de rentabilidade, dinheiro caro demais que ainda não provocou problemas, mas poderá provocar no futuro; grandes investimentos dos quais nada sabemos, que poderão salvar ou vir a quebrar a empresa, dependendo de quanto virão a produzir de retorno. E se os retornos não forem formidáveis, poderão não pagar os juros e nem o principal da dívida!

Não pense que quando se está analisando um balanço você vai ter as mesmas informações que se tem dentro da empresa. O máximo que pode acontecer é você elencar um monte de perguntas inteligentes para serem feitas se tiver oportunidade de dialogar com os gestores e/ou contador da firma. É necessário que se rascunhem todas as suas dúvidas, como também as possíveis respostas para cada pergunta. Se uma resposta for dada e você não estiver pensado nela, isso significa que você precisa aprofundar suas análises. Lembre-se de que a contabilidade registra consequências, e o que estamos querendo saber é o que provocou tais consequências. Lembre-se de que é sempre possível que tenha ocorrido mais de um fato causando a mesma consequência.

Note que não foi necessário calcular nenhum índice de maneira detalhada para entendermos um pouco da empresa. Ficamos com um monte de dúvidas, sim, *mas algumas conclusões básicas já foram tiradas, apesar de toda a falta de informações.* Os indicadores ou índices calculados analiticamente, com planilhas e modelos de análise, não vão responder melhor. Olhando as demonstrações, conhecendo o ramo de negócio e entendendo o mínimo de contabilidade, você é capaz de compreender as mudanças na estrutura patrimonial da empresa e o desempenho dela. Não estamos dizendo que não se deve fazer os cálculos dos índices, não é isso! O que estamos querendo dizer é que isso não vai acrescentar muito ao que você realmente conseguiu verificar nessa leitura; o resto são apenas detalhes e refinamento.

EXERCÍCIOS

1. Para interpretar a vida econômico-financeira de uma empresa apenas observando os relatórios financeiros, sem recorrer imediatamente a índices e técnicas matemáticas, são necessárias algumas competências: é essencial conhecer contabilidade, entender o ramo da empresa, seu modelo de negócio, seu modelo contábil e o que cada demonstração financeira representa nesse contexto; observar o comportamento das contas e grupos de contas ao longo do tempo, bem como o tamanho e composição de ativos e passivos; análise comparativa setorial; além de outras análises mais detalhadas, conforme visto no caso da Cia Exemplo.

Com base nesses direcionamentos, avalie as demonstrações contábeis da Cia. Via Láctea, a seguir.

Balanço Patrimonial – Cia. Via Láctea S.A.
(em milhares de R$)

Ativo	20X2	20X3
Caixa e Equivalentes	1.500	500
Contas a Receber	2.000	2.500
Estoques	2.500	3.000
Ativo Circulante Total	6.000	6.000
Ativo Não Circulante	8.000	9.000
Total do Ativo	**14.000**	**15.000**

Passivo e Patrimônio Líquido	20X2	20X3
Fornecedores	2.500	3.000
Empréstimos a Curto Prazo	2.000	3.500
Passivo Circulante Total	4.500	6.500
Empréstimos a Longo Prazo	3.000	3.000
Patrimônio Líquido	6.500	5.500
Total do Passivo e PL	**14.000**	**15.000**

Perguntas para discussão:

a) Evolução Patrimonial: o que mudou na estrutura de ativos e passivos da empresa de um ano para o outro? Há algo que chame atenção?

b) Liquidez: com base na observação, a empresa parece estar mais ou menos líquida em 20X3? Quais indícios sustentam essa conclusão?

c) Rentabilidade: a empresa está melhorando ou piorando sua lucratividade? O que pode estar impactando esse resultado?

d) Endividamento: o que se pode dizer sobre o uso de capital de terceiros na empresa? A empresa está se financiando de forma saudável?

e) Sustentabilidade financeira: se essa tendência continuar, quais desafios a empresa pode enfrentar nos próximos anos?

APRESENTAÇÃO: *apresente suas percepções sobre a empresa, destacando os principais pontos observados. O professor poderá complementar com sugestões e validar ou desafiar as interpretações dos alunos, ajudando-os a desenvolver o "olhar analítico" sobre relatórios financeiros.*

OBJETIVO DO EXERCÍCIO

Auxiliar os estudantes a enxergarem padrões, identificarem riscos e oportunidades e desenvolverem uma intuição financeira, sem depender de fórmulas matemáticas desde o início.

8

ANÁLISE CRÍTICA DOS INSTRUMENTOS CLÁSSICOS DE ANÁLISE DAS DEMONSTRAÇÕES CONTÁBEIS – PARTE I

Objetivo do capítulo

Este capítulo tem o objetivo de apresentar, de maneira muito sucinta, mas bastante crítica, os principais instrumentos utilizados nas análises de demonstrações contábeis no cotidiano dos analistas. São eles: análises horizontal e vertical, índices de liquidez, necessidade de capital de giro e prazos médios. Uma abordagem didática desses instrumentos pode ser encontrada em Martins, Miranda e Diniz (2024).

8.1 ANÁLISE HORIZONTAL E VERTICAL

Essas duas análises são técnicas relevantes na avaliação de tendências, pois, de acordo com Assaf Neto (2024), o critério básico que norteia a análise de balanços é a *comparação*, aspecto sob o qual se fundamentam as análises horizontal e vertical. Nessa direção, afirma Matarazzo (2010) que, por meio desse tipo de análise, é possível conhecer pormenores das demonstrações financeiras que escapam à análise genérica por meio de índices.

A **análise horizontal** é uma ferramenta importante para analisar a evolução das contas individuais e também dos grupos de contas ao longo do tempo, por meio de números-índices. Primeiramente é necessário estabelecer uma data-base, que terá o valor-índice 100. Para encontrarmos os valores dos próximos anos, efetuamos a regra de três para cada ano, relacionado com a data-base. Importante ressaltar que os valores para análise horizontal devem estar convertidos em uma mesma moeda, de forma a apurar os resultados reais. Se isso não for possível, "colocar um pé atrás" e tentar não ser iludido (ou muito iludido) pelo que é hoje o mais clamoroso erro contábil no mundo todo: trabalhar com a ilusão de que a inflação não existe ou de que seus efeitos são desprezíveis. O exemplo a seguir, da Cia. Ilustra, apresenta a aplicação da análise horizontal, supondo valores efetivamente comparáveis.

QUADRO 8.1   Análise horizontal do balanço patrimonial da Cia. Ilustra.

Balanço Patrimonial						
ATIVO	**X0**	**AH%**	**X1**	**AH%**	**X2**	**AH%**
Ativo Circulante						
Caixa	10.000	100	11.000	110,0	7.000	70,0
Contas a Receber	30.000	100	32.000	106,7	38.000	126,7
Estoques	45.000	100	48.000	106,7	51.000	113,3
Desp. Antecipadas	5.000	100	4.000	80,0	7.000	14,0
	90.000	**100**	**95.000**	**105,6**	**103.000**	**114,4**
Ativo Não Circulante						
Imobilizado	45.000	100	48.000	106,7	46.000	102,2
Total do Ativo	**135.000**	**100**	**143.000**	**105,9**	**149.000**	**110,4**
Passivo Circulante						
Fornecedores	30.000	100	33.000	110,0	35.000	116,7
Salários a Pagar	15.000	100	17.000	113,3	18.000	120,0
Empréstimos	15.000	100	20.000	133,3	14.000	93,3
	60.000	**100**	**70.000**	**116,7**	**67.000**	**111,7**
Passivo Não Circulante						
Financiamentos	20.000	100	17.000	85,0	25.000	125,0
PATRIMÔNIO LÍQUIDO						
Capital	50.000	100	50.000	100,0	50.000	100,0
Reservas	5.000	100	6.000	120,0	7.000	140,0
	55.000	**100**	**56.000**	**101,8**	**57.000**	**103,6**
Total do Passivo + PL	**135.000**	**100**	**143.000**	**105,9**	**149.000**	**110,4**

Acesse o vídeo sobre
Análise Horizontal
e Vertical, do Prof.
Bruno Salloti, por
meio do QR Code.

uqr.to/1zuvs

QUADRO 8.2   Análise horizontal da Demonstração do Resultado do Exercício da Cia. Ilustra.

	Demonstração do Resultado do Exercício					
	XO	AH%	X1	AH%	X2	AH%
Receitas	112.000	100	123.000	109,8	130.000	116,1
CMV	(71.000)	100	(74.500)	104,9	(79.500)	112,0
Lucro Bruto	41.000	100	48.500	118,3	50.500	123,2
Despesas Operacionais	(32.500)	100	(34.500)	106,2	(35.000)	107,7
Despesas Financeiras	(1.500)	100	(3.500)	233,3	(3.200)	213,3
Resultado Operacional	7.000	100	10.500	150,0	12.300	175,7
Provisão IR	(2.800)	100	(3.000)	107,1	(3.400)	121,4
Resultado Líquido	**4.200**	**100**	**7.500**	**178,6**	**8.900**	**211,9**

A análise vertical é importante para avaliar a estrutura de composição de itens e sua evolução ao longo do tempo (IUDÍCIBUS, 2017). É realizada mediante a extração de relacionamentos percentuais entre itens pertencentes a uma mesma demonstração financeira de um ano. Os percentuais obtidos podem ser comparados entre si ao longo do tempo e também podem ser comparados entre diferentes empresas. O objetivo é dar uma ideia da representatividade de cada item ou subgrupo de uma Demonstração Financeira em relação a um determinado total ou subtotal tomado como base.

A análise vertical pode ser utilizada para todas as demonstrações financeiras; no entanto, adquire mais relevância na análise da Demonstração de Resultados do Exercício (DRE), em que os vários itens são calculados comparativamente às vendas, brutas ou líquidas, inclusive as representações das despesas em relação às vendas. O exemplo a seguir ilustra a aplicação da técnica.

QUADRO 8.3   Análise vertical do balanço patrimonial da Cia. Ilustra.

Balanço Patrimonial						
ATIVO	X0	AV%	X1	AV%	X2	AV%
Ativo Circulante						
Caixa	10.000	7,4	11.000	7,7	7.000	4,7
Contas a Receber	30.000	22,2	32.000	22,4	38.000	25,5
Estoques	45.000	33,3	48.000	33,6	51.000	34,2
Desp. Antecipadas	5.000	3,7	4.000	2,8	7.000	4,7
	90.000	**66,7**	**95.000**	**66,4**	**103.000**	**69,1**
Ativo Não Circulante						
Imobilizado	45.000	33,3	48.000	33,6	46.000	30,9
Total do Ativo	**135.000**	**100,0**	**143.000**	**100,0**	**149.000**	**100,0**
Passivo Circulante						
Fornecedores	30.000	22,2	33.000	23,1	35.000	23,5
Salários a Pagar	15.000	11,1	17.000	11,9	18.000	12,1
Empréstimos	15.000	11,1	20.000	14,0	14.000	9,4
	60.000	**44,4**	**70.000**	**49,0**	**67.000**	**45,0**
Passivo Não Circulante						
Financiamentos	20.000	14,8	17.000	11,9	25.000	16,8
PATRIMÔNIO LÍQUIDO						
Capital	50.000	37,0	50.000	35,0	50.000	33,6
Reservas	5.000	3,7	6.000	4,2	7.000	4,7
	55.000	**40,7**	**56.000**	**39,2**	**57.000**	**38,3**
Total do Passivo + PL	**135.000**	**100,0**	**143.000**	**100,0**	**149.000**	**100,0**

QUADRO 8.4 Análise vertical da Demonstração do Resultado do Exercício da Cia. Ilustra.

Demonstração do Resultado do Exercício						
	XO	AV%	X1	AV%	X2	AV%
Receitas	112.000	100,0	123.000	100,0	130.000	100,0
CMV	(71.000)	63,4	(74.500)	60,6	(79.500)	61,2
Lucro Bruto	41.000	36,6	48.500	39,4	50.500	38,8
Despesas Operacionais	(32.500)	29,0	(34.500)	28,0	(35.000)	26,9
Despesas Financeiras	(1.500)	1,3	(3.500)	2,8	(3.200)	2,5
Resultado Antes do IR	7.000	6,3	10.500	8,5	12.300	9,5
Provisão IR	(2.800)	2,5	(3.000)	2,4	(3.400)	2,6
Resultado Líquido	**4.200**	**3,8**	**7.500**	**6,1**	**8.900**	**6,8**

Existe uma técnica, denominada "Referencial",[1] em que se pega, por exemplo, o último ativo total e se o faz igual a 100, e refazem-se todos os números no valor de moeda das demonstrações numa regra de três, o que ajuda a visualizar a evolução patrimonial e a relação entre os valores. Veja-se como ficaria nessas demonstrações (em função dos arredondamentos, trabalhando apenas a unidade; alguns grupos parecem não fechar os totais como o Ativo Circulante de X1, mas se considerássemos todas as casas os totais apareceriam corretamente):

QUADRO 8.5 Análise vertical do balanço patrimonial da Cia. Ilustra – referencial.

Balanço Patrimonial			
ATIVO	XO	X1	X2
Ativo Circulante			
Caixa	7	7	5
Contas a Receber	20	21	26
Estoques	30	32	34
Desp. Antecipadas	3	3	5
	60	64	69

(*Continua*)

---

[1] SAPORITO, Antonio. *Análise referencial*: proposta de um instrumento facilitador da análise a longo prazo de demonstrações contábeis. Tese (Doutorado) – Universidade de São Paulo, 2005. Veja-se também MATSUMOTO, Alberto Shiguerue; CARVALHO, Johnny Santana de, Análise referencial *versus* análises vertical e horizontal aplicada ao setor de telecomunicações. In: II SIMPÓSIO DE EXCELÊNCIA EM GESTÃO E TECNOLOGIA. Associação Nacional Dom Bosco, Resende. *Anais...* 2006. ISSN-1807-409.

(*Continuação*)

Ativo Não Circulante			
Imobilizado	30	32	31
Total do Ativo	**91**	**96**	**100**
Passivo Circulante			
Fornecedores	20	22	23
Salários a Pagar	10	11	12
Empréstimos	10	13	9
	40	**47**	**45**
Passivo Não Circulante			
Financiamentos	13	11	17
PATRIMÔNIO LÍQUIDO			
Capital	34	34	34
Reservas	3	4	5
	37	**38**	**38**
Total do Passivo + PL	**91**	**96**	**100**

QUADRO 8.6   Análise vertical da DRE da Cia. Ilustra – referencial.

Demonstração do Resultado do Exercício			
	X0	**X1**	**X2**
Receitas	75	83	87
CMV	– 48	– 50	– 53
Lucro Bruto	**28**	**33**	**34**
Despesas Operacionais	– 22	– 23	– 23
Despesas Financeiras	–1	– 2	– 2
Resultado Antes do IR	**5**	**7**	**8**
Provisão IR	– 2	– 2	– 2
Resultado Líquido	**3**	**5**	**6**

Essa técnica é particularmente útil quando se comparam demonstrações de várias empresas, normalmente tomando-se o maior ativo total como 100 e aplicando a técnica a todos os valores de todas as demonstrações; vê-se a relação entre todos os valores de forma rápida e simples.

Tudo são técnicas que às vezes simplificam a mecanização do processo de análise (nem sempre), mas, como já dissemos, as grandes conclusões costumam sair da leitura atenta das demonstrações, como fizemos no exemplo do Capítulo 7.

Repare-se que, naquele exemplo do Capítulo 7, uma boa parte do que fizemos foi simplesmente efetuar as análises vertical e horizontal, com comparações mentais e sem o uso dos quadros mostrados neste capítulo. E deu para ver como são ricas essa comparação e essa análise da evolução da estrutura patrimonial e de resultados (e também do fluxo de caixa que, por simplificação, não foi introduzido nesse exemplo). É lógico que, com a ajuda dos quadros, essa tarefa pode ser acelerada, só isso.

O drama é, conforme já foi dito, que nossas demonstrações financeiras não evidenciam os efeitos inflacionários. E isso é problemático porque os ativos de muito longo prazo estão, em cada balanço, não com base no valor da moeda na data desse balanço, mas sim no valor da moeda na data quando foram adquiridos. Logo, não adianta pegar o balanço de X0 e atualizá-lo pela inflação até X2, e fazer o mesmo com o balanço de X1. Isso dá a falsa ideia de comparabilidade, mas essa comparabilidade se dá, com certeza, em apenas alguns raríssimos itens, muitas vezes só no Caixa. Se não formos muito exigentes, poderíamos dizer que ainda daria para aplicar essa técnica nas contas a receber e nas dívidas (supondo todos esses itens aproximadamente com base no valor da moeda na data do balanço, pois os ajustes a valor presente significativos devem ter sido feitos) e, se soubermos que os estoques giram bastante, talvez neles também.

Mas não dá para fazer o mesmo com o Imobilizado. Por exemplo, se o Imobilizado de X0 foi comprado há 5 anos, talvez precisasse de uma atualização, por exemplo, de uns 30% para se poder dizer que ele está em moeda de X0, para só a partir daí poder sofrer a atualização para X2. E o Imobilizado de X1 talvez seja o mesmo de X0 depreciado mais um ano, e a parte nova adquirida em X1 estará defasada só pelos meses não corrigidos durante X1. Agora, se não temos ideia clara de quando o Imobilizado foi formado, e se nunca foi atualizado, como fazer? O pior é que no Imobilizado devem existir desde ativos muito, muito antigos, como terrenos, até ativos recentíssimos; e se não temos as informações, a tentativa de sua atualização monetária pode ser um trabalho imenso e sujeito a muitas incertezas. **Lembrar que foi em dezembro de 1995 que se aplicou a atualização monetária dos Imobilizados pela última vez**. É claro que a maioria dos Imobilizados dessa época, na forma de máquinas e equipamentos, veículos etc., já nem existe mais, mas, no caso dos imóveis, muitos ainda podem estar presentes na vida da empresa se ela for anterior àquela data.

Voltaremos ao assunto no capítulo próprio de efeitos da inflação (10).

É importante lembrar que, se fosse feita a atualização monetária desses ativos que estão na empresa há muito tempo sem qualquer correção, a contrapartida seria um ajuste ao Patrimônio Líquido. Mas lembre-se de que faltaria considerar os efeitos dessa inflação no resultado! Veremos no Capítulo 10.

8.2 ÍNDICES DE LIQUIDEZ

Os indicadores de liquidez evidenciam a situação financeira de uma empresa frente aos compromissos financeiros assumidos. Para a referida análise, Matarazzo (2010) apresenta os seguintes índices: (i) Liquidez Seca; (ii) Liquidez Corrente e (iii) Liquidez Geral. Martins (2002) acrescenta também o (iv) Índice de Liquidez Imediata e o (v) Índice de Liquidez Corrente de Kanitz, que, embora seja uma fórmula criativa, tem tido pouca utilização na prática (o "X" dessa fórmula representa o quanto se quer tirar do estoque, por precaução, em percentual, para um cálculo de liquidez corrente mais conservador).

Acesse o vídeo sobre Índices de Liquidez, do Prof. Gilberto Miranda, por meio do QR Code.

uqr.to/1zuvt

No Quadro 8.7 são apresentados os indicadores, suas fórmulas e as indicações de cada um deles.

QUADRO 8.7   Índices de *liquidez.*

ÍNDICE	FÓRMULA	INDICA
Liquidez Imediata	$\dfrac{\text{Caixa e Equivalentes de Caixa}}{\text{Passivo Circulante}}$	A porcentagem de dívidas a curto prazo em condições de serem liquidadas imediatamente
Liquidez Seca	$\dfrac{\text{Ativo Circulante} - \text{Estoques} - \text{Desp. Antecip.}}{\text{Passivo Circulante}}$	Capacidade de pagamento de curto prazo da empresa mediante uso basicamente de disponível e valores a receber
Liquidez Corrente	$\dfrac{\text{Ativo Circulante}}{\text{Passivo Circulante}}$	Quanto existe de Ativo Circulante para cada $ 1 de dívida também circulante

(*Continua*)

(*Continuação*)

ÍNDICE	FÓRMULA	INDICA
Liquidez Corrente de Kanitz	$$\frac{\text{Ativo Circulante} - (1 - X) \text{ Estoques}}{\text{Passivo Circulante}}$$	Idem. Só que, em vez de eliminar todo o estoque (liquidez seca), elimina-se somente um % considerado adequado
Liquidez Geral	$$\frac{\text{Ativo Circulante (AC)} + \text{Realizável a Longo Prazo (RLP)}}{\text{Passivo Circulante} + \text{Exigível a Longo Prazo}}$$	De cada $ 1 que a empresa tem de dívida total, o quanto existe de direitos e haveres no AC e RLP

Fonte: Adaptado de Matarazzo (2010) e Martins (2002).

Aplicando as fórmulas do balanço da Cia. Ilustra, utilizado nas análises horizontal e vertical, obtém-se:

QUADRO 8.8   Índices de *liquidez* da Cia. Ilustra.

ÍNDICE	X0	X1	X2
Liquidez Imediata	$\frac{\$\ 10.000}{\$\ 60.000} = 0,17$	$\frac{\$\ 11.000}{\$\ 70.000} = 0,16$	$\frac{\$\ 7.000}{\$\ 67.000} = 0,10$
Liquidez Seca	$\frac{\$\ 40.000}{\$\ 60.000} = 0,67$	$\frac{\$\ 43.000}{\$\ 70.000} = 0,61$	$\frac{\$\ 45.000}{\$\ 67.000} = 0,67$
Liquidez Corrente	$\frac{\$\ 90.000}{\$\ 60.000} = 1,50$	$\frac{\$\ 95.000}{\$\ 70.000} = 1,36$	$\frac{\$\ 103.000}{\$\ 67.000} = 1,54$
Liquidez Corrente de Kanitz	$\frac{\$\ 67.500}{\$\ 60.000} = 1,13$	$\frac{\$\ 71.000}{\$\ 70.000} = 1,01$	$\frac{\$\ 77.500}{\$\ 67.000} = 1,16$
Liquidez Geral	$\frac{\$\ 90.000}{\$\ 80.000} = 1,13$	$\frac{\$\ 95.000}{\$\ 87.000} = 1,09$	$\frac{\$\ 103.000}{\$\ 92.000} = 1,12$

Alguns desses indicadores são utilizados por praticamente todos os analistas, como, por exemplo, o Índice de Liquidez Corrente (MATARAZZO, 2010).[2] Outros recebem menos

---

[2]   Segundo Myers (1974), citado por Silva e Cavalcanti (2004), em 1908, Willian Rosendale veicula um artigo na revista *Banker's Magazine*, publicada pela Associação dos Banqueiros de Nova York, intitulado *Credit department methods,* almejando orientar os intermediários do mercado financeiro na consecução de análises destinadas à capacidade de pagamento – solvência – das empresas, mediante solicitações de crédito. Foram as primeiras alusões mercadológicas despendidas na análise das demonstrações contábeis, cujos Ativos e Passivos Circulantes foram manipulados conjuntamente sob a forma de quociente. A divisão do Ativo Circulante pelo Passivo Circulante

atenção por parte dos analistas (como o Índice de Liquidez Imediata e o Índice de Liquidez Seca). E existem também aqueles que não têm muito sentido, como o Índice de Liquidez Geral, que não apresenta qualquer relação de temporalidade entre os elementos do numerador e do denominador (MARTINS, 2005a).

As críticas aos indicadores de liquidez são várias. Alertamos especialmente para as possibilidades de "embelezamento" das demonstrações contábeis a fim de proporcionar índices "melhores". A seguir são apresentados alguns exemplos:

- *Classificações*: problemas nas classificações, como, por exemplo, duplicatas descontadas no Ativo Circulante (o que a Lei das Sociedades Anônimas ainda menciona, mas está vedado pelas atuais normas do CPC), o que pode alterar substancialmente os índices de liquidez. Na Cia. Ilustra, por exemplo, há Ativo Circulante (AC) de $ 90.000 e Passivo Circulante (PC) de $ 60.000, dando o Índice de Liquidez Corrente (ILC) igual a 1,5, o que quer dizer que há $ 1,50 de Ativo Circulante para cada $ 1,00 de Passivo Circulante. Só que, dentro do AC de $ 90.000, há Contas a Receber no valor de $ 30.000, e caso ela correspondesse a Duplicatas a Receber de $ 100.000 diminuída de Duplicatas Descontadas de $ 70.000, o que isso significaria? Ao apresentar no AC o valor líquido, dá a entender que tem a receber apenas o valor líquido de $ 30.000, mas isso só seria verdade se as duplicatas descontadas tivessem significado venda efetiva aos bancos, e estes tivessem assumido completamente o risco pela liquidez dessas duplicatas. Como isso provavelmente não ocorreu, o correto é entender que Duplicatas Descontadas, em vez de ficarem como redutoras das Duplicatas a Receber, deveriam figurar como se fossem um empréstimo bancário no Passivo Circulante, já que toda a responsabilidade pela liquidação dessas duplicatas continua da empresa. Na verdade, parte de suas Duplicatas a Receber foi dada como garantia do empréstimo, não se tratando, na essência, de uma venda definitiva dessas duplicatas. Dessa forma, rearranjando as contas, passando Duplicatas Descontadas para o Passivo Circulante, o AC passa a $ 90.000 + $ 70.000 = $ 160.000, e o Passivo Circulante a $ 60.000 + $ 70.000 = $ 130.000. O Índice de Liquidez Corrente agora fica em $ 160.000/$ 130.000 = 1,23. Mudou bastante, não? E o importante é que este último indicador representa melhor a realidade financeira da empresa. Ou obrigações de curto prazo, como resultados de processos judiciais já sentenciados, lançados indevidamente no Passivo Não Circulante.
- *Operações de securitização e de* factoring: vendas de recebíveis para sociedades de propósito especial ou para empresas de *factoring*, em que na realidade também se têm empréstimos e esses recebíveis são dados como garantias, conforme discutido

---

popularizou nos EUA o mais antigo dos indicadores oriundos do processamento de comparações lógicas entre rubricas específicas do balanço patrimonial, notoriamente conhecido por liquidez corrente. Mas é bom lembrar que, desde 1673, constava do Código Comercial Francês que todos tinham que fazer balanço e demonstração do resultado para... proteção aos credores. Não seria de se estranhar que uma pesquisa mais profunda encontrasse, na literatura europeia, indicadores muito antes desse trabalho do Rosendale de 1908.

na seção 5.2.4. Ou seja, na verdade, se trata de financiamentos, portanto deveriam ser classificados como tais, a fim de não alterar os indicadores de liquidez. O escândalo Lehman Brothers foi por causa de algo semelhante a isso: o banco vendia Ativos Circulantes, mantinha responsabilidade pela sua liquidez, mas os baixava como se tivessem sendo vendidos de forma definitiva. No Brasil tínhamos, ainda em 2011, uma situação muito estranha: as entidades não financeiras eram obrigadas a registrar essas vendas não como vendas de ativos, mas sim como empréstimos tomados com os ativos sendo dados em garantia.

Diversos filmes e documentários foram feitos sobre a quebra do Lehman Brothers. Veja os *trailers* de alguns:

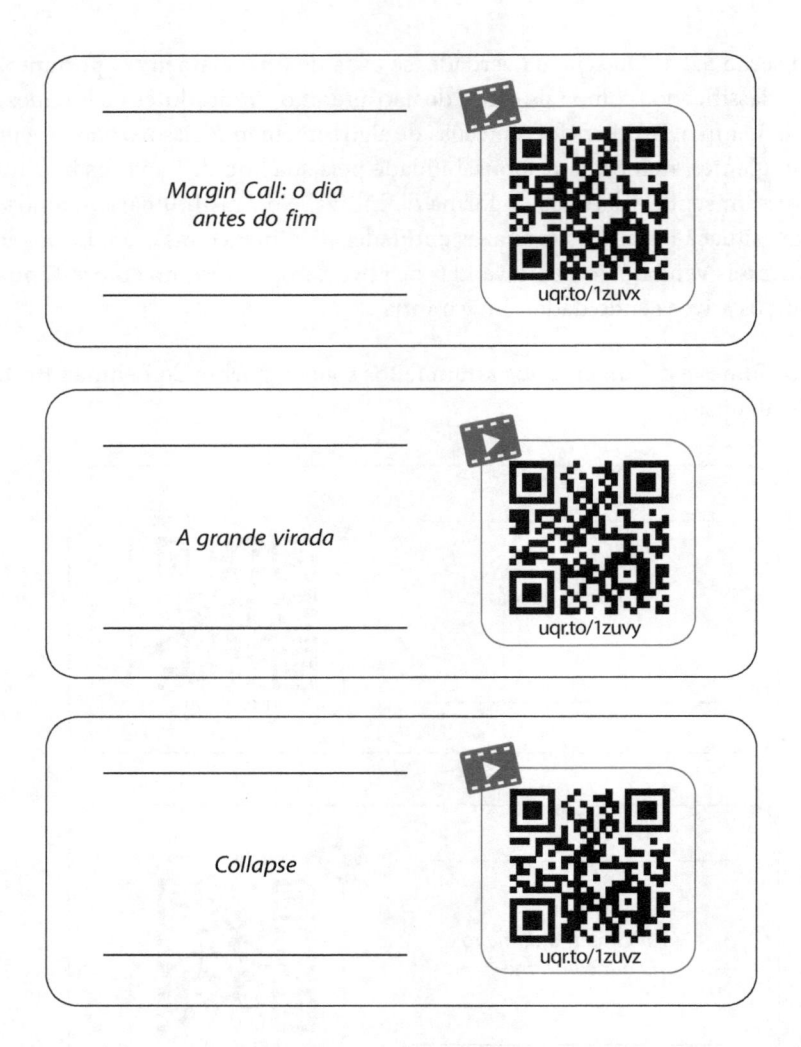

- *Gerenciamento do Circulante*: pagamentos de Passivos Circulantes na véspera do fechamento do balanço e realização de novas dívidas no início do período seguinte, que podem "embelezar" os indicadores de liquidez (mesmo efeito aritmético mostrado: diminuindo-se o AC e mantendo o PC pelo mesmo valor, muda-se o índice que divide um pelo outro).
- *Operações de venda com cláusula de recompra*: financiamentos que se revestiam formalmente de operações de *leasing*. Essa possibilidade agora se encontra limitada pela Lei nº 11.638/07 e pelo Pronunciamento Técnico CPC 06 (R2) – Arrendamentos, que alteraram a forma de contabilização do *leasing*.
- *Operações com Sociedades de Propósito Especial (SPE) ou outras entidades do mesmo grupo econômico*: são sociedades criadas com finalidades específicas pelos controladores do grupo econômico, como a compra de um Ativo de uma das empresas desse grupo e seu aluguel de volta em seguida, conforme visto na seção 3.7. Isso embeleza

o balanço da vendedora, que passa a mostrar liquidez bem maior, em detrimento da perda de liquidez de outra empresa do grupo. Se o ativo transferido tinha empréstimo a ele vinculado, diminui-se também o Passivo da vendedora, pois o empréstimo também é transferido juntamente com o Ativo. Tal prática tende a diminuir com o advento da Lei nº 11.638/07, em que a essência econômica do evento prevalece sobre sua forma jurídica, e com o Pronunciamento Técnico CPC 36 – Demonstrações Consolidadas, que faz com que não mais apenas as companhias abertas tenham que consolidar essas entidades quando genuínas controladas. Ou seja, tais demonstrações passam a ser consolidadas por todas as empresas quando se verifica o controle exercido pela investidora; isso porque, às vezes, essas SPEs eram criadas e a vendedora do Ativo não participava societariamente dela. Agora, o que interessa é que, na consolidação, o que predomina é a essência das relações entre as empresas, e não mais apenas a parte formal do relacionamento societário. De qualquer forma, é importante certificar-se de que as boas regras contábeis estejam de fato sendo empregadas...

- *Fraudes*: os aspectos acima são opções que a lei permite ou permitia. No entanto, devem-se observar também atos ilegais que podem alterar a *performance* dos indicadores. Para os casos de fraudes, não há alternativas conceituais, como as que se propõem neste estudo.

Além dos problemas acima mencionados, que se referem aos dados utilizados na composição dos índices, existem outras deficiências na própria composição matemática desses indicadores, como as seguintes:

- *Situação estática*: o Passivo Circulante representa o total das obrigações a serem liquidadas nos próximos 12 meses que existiam e já estavam contabilizadas no encerramento do período atual; enquanto o Ativo Circulante representa os bens e direitos realizáveis para o mesmo período e que já estão contabilizados. Ou seja, o balanço apresenta uma situação estática.
- *Diferenças temporais*: os prazos de realização dos itens do Ativo e do Passivo Circulantes são diferentes, podendo haver itens vencendo no mês de janeiro ou dezembro do próximo ano. Os passivos operacionais, como fornecedores, salários a pagar, impostos a recolher, normalmente vencem no curtíssimo prazo, enquanto os financiamentos e empréstimos, por exemplo, podem vencer no final do período. Mas todos recebem o mesmo tratamento na hora de calcular o indicador, como utilizado normalmente. Por exemplo, o balanço é de fim de dezembro e as contas a receber deverão ser recebidas durante o primeiro quadrimestre no ano seguinte, só que os estoques todos que estão no balanço demorarão 150 dias para serem vendidos, e mais 90 dias para serem recebidos; ou seja, só se transformarão em dinheiro, tudo correndo bem, até final de agosto próximo. E se todo o Passivo Circulante for exigível até maio, e for bem maior do que as contas a receber e as disponibilidades existentes em dezembro? Por isso a possibilidade de, com base em informações sobre prazos, retrabalhar-se o indicador com ponderações relativas a esses prazos.

• *Sazonalidade*: algumas empresas, notadamente as agrícolas, apresentam grandes oscilações de resultados e prazos ao longo do ano. Os indicadores apurados nas demonstrações encerradas em 31 de dezembro podem não retratar a realidade da empresa ao longo de todo o ano.

Além dos aspectos já mencionados, também é importante analisar a evolução dos indicadores ao longo do tempo. Uma empresa pode estar com um Índice de Liquidez Corrente de 1,5 no final de um período, e outra empresa com o mesmo índice. Tudo estará igual? E se a primeira tiver um histórico evolutivo ao longo dos últimos períodos assim: 2,0; 1,7; 1,6 e agora 1,5, enquanto a segunda vem de: 0,9; 1,2; 1,3 e agora 1,5? A tendência, não só desses indicadores, como a de todos os demais, é algo que precisa sempre ser considerado. A empresa está bem ou mal agora? Essa é uma informação relevante, mas às vezes o mais relevante é: ela está melhorando ou piorando? Está melhorando mais rapidamente do que as demais?

Há aqui que se considerar vários fatores antes de qualificar um determinado número dado pelo índice de liquidez (imediata, corrente etc.) como "bom" ou como "mau". É óbvio que, quanto maior o índice de liquidez (de curtíssimo prazo, seco, corrente ou outro qualquer, inclusive que se queira criar para uma situação particular), melhor do ponto de vista da capacidade de liquidação de obrigações. Um Índice de Liquidez Corrente de 2,0 deverá ser considerado, para a grande maioria das empresas, excepcionalmente bom, mostrando um Ativo Circulante igual a duas vezes o Passivo Circulante. Um índice de liquidez de curtíssimo prazo superior a 1,0 é o que todo administrador financeiro gostaria de ter para satisfazer sua tranquilidade em termos de capacidade de pagamento de dívidas.

Só que índices de liquidez altos podem estar mostrando, na verdade, recursos ociosos no Ativo Circulante, o que pode estar levando a uma redução da rentabilidade! Podem estar mostrando incapacidade de aplicação dos recursos obtidos, falta de coragem ou de oportunidade para efetuar investimentos. Mas podem estar indicando também preparação para investimentos futuros etc. Ou seja, índices muito altos não significam, sempre, necessariamente, situação boa ou situação ruim.

Já índices baixos preocupam, normalmente. Mas o que são índices baixos? Para isso é possível (e necessário) entrarmos em dois pontos relevantes: a efetiva necessidade de índice alto ou baixo conforme as práticas usuais do segmento econômico onde está a empresa e a figura dos índices-padrões, ou setoriais. Vamos analisar isso melhor?

Acesse os Índices Setoriais, do Instituto Assaf, por meio do QR Code.

uqr.to/1zuw0

8.3   NECESSIDADE DE CAPITAL DE GIRO

A análise da liquidez de curto prazo de uma empresa deveria ser precedida da análise do ciclo operacional financeiro dessa mesma empresa. Vejamos o caso, por exemplo, de uma empresa comercial. Ela compra mercadorias de seus fornecedores, estoca-as e as vende a seus clientes. Recebe destes o dinheiro e utiliza esse dinheiro para pagamento aos fornecedores. Numa visão simplista:

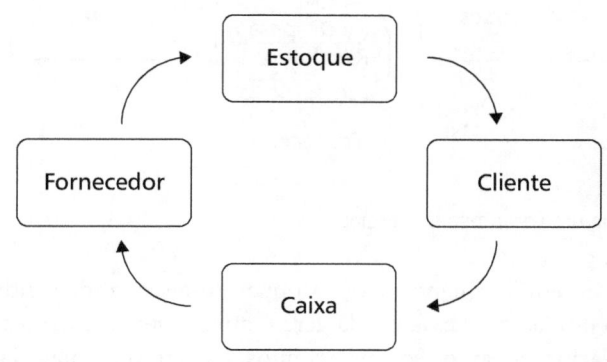

FIGURA 8.1   Fluxo de uma empresa comercial I.

Só que, além dos pagamentos operacionais aos fornecedores de mercadorias, há, também, os pagamentos aos fornecedores de mão de obra, serviços, materiais e utilidades que compõem as despesas operacionais da empresa.

Note-se que estamos falando de um ciclo financeiro **operacional**, ou seja, com a atenção dada às atividades vinculadas à sua operação, ao atendimento do objeto de seus negócios. Com isso, estamos excluindo todas as operações financeiras (de captação e de aplicação de recursos) e as de investimento (aquisições de novos Imobilizados etc.). Dessa forma, estamos classificando como operacionais as contas de Clientes, Estoques, Despesas Antecipadas (quando de pagamento de itens vinculados à operação, como seguros, aluguéis etc.), Fornecedores, Salários a Pagar, Contribuições Sociais a Pagar e a Recolher, Tributos a Pagar e a Recolher, Provisões para Férias e 13º Salário, Contas a Pagar (desde que vinculadas às despesas operacionais) etc.

Só é necessário lembrar (o que muitos esquecem) que, para ter condições de sustentar esse ciclo financeiro operacional, sempre há também um mínimo de Caixa a ser mantido; isso significa que **uma parte da Disponibilidade da empresa sempre pode e precisa ser também considerada como Ativo Circulante Operacional**.[3]

---

[3]   É comum se entender que uma empresa precisa, de forma simplista, se quiser trabalhar com certa folga, ter em Caixa o necessário ao pagamento de pelo menos o equivalente a 15 dias de desembolso. Assim, se somarmos todos os pagamentos da empresa (custo das mercadorias, produtos ou serviços vendidos mais despesas operacionais e impostos), e dividirmos por 24 quinzenas no ano, tem-se uma razoável ideia do mínimo de caixa necessário. Mas essa é uma regra empírica válida para alguns tipos de empresas e, como dito, não inclui o caixa necessário à liquidação de dívidas financeiras. Entidades ou pessoas com grande capacidade de recorrer a empréstimos em situações de dificuldade momentânea trabalham com Caixa para uma semana ou até menos.

Podemos representar, no caso da empresa comercial, esse ciclo numa forma um pouco mais completa, mas mais complexa:

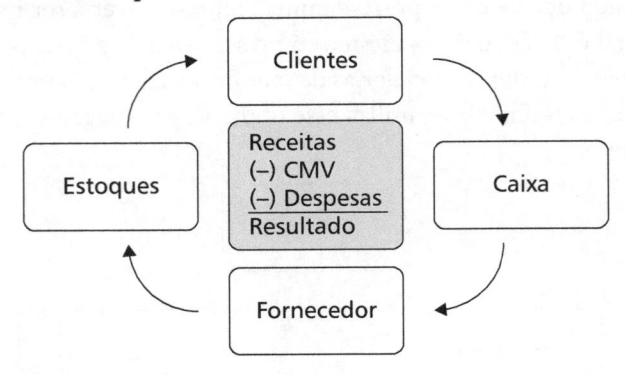

FIGURA 8.2 Fluxo de uma empresa comercial II.

Temos que Fornecedores financiam os Estoques e estes, quando vendidos, geram o Custo das Mercadorias Vendidas; mas essa venda gera o ativo Clientes e as Receitas de Vendas. As obrigações com salários, encargos sociais, tributos, consumo de materiais, energia e outras utilidades etc. geram as Despesas Operacionais e seus respectivos passivos. O recebimento de Clientes é utilizado para o pagamento a esses passivos e aos Fornecedores (MARTINS, 2005a).

Logo, na Demonstração do Resultado temos (no centro da Figura 8.2), como operacionais, todas as contas de Receitas de Vendas, Tributos sobre Vendas, Custo das Mercadorias Vendidas, Despesas com Pessoal, com Encargos Sociais, com Consumo de Materiais, de Comunicação, Energia, Serviços de Terceiros, Tributos sobre Propriedade, sobre Lucro etc.

No balanço, no Ativo em Giro (Circulante) encontramos as contas de Disponibilidades (no volume necessário à manutenção dos pagamentos normais), de Clientes, Estoques, Despesas Antecipadas; e, financiando esses ativos (ou parte deles), encontramos o Passivo em Giro (Circulante), formado por Fornecedores, Contas a Pagar, Salários a Pagar, Contribuições e Tributos a Pagar/Recolher, Provisões Operacionais etc.

Entre as operações de compra de mercadorias e seu pagamento aos fornecedores, há um prazo de pagamento; entre o recebimento da mão de obra, serviços, utilidades, outros fatores e os respectivos pagamentos também há um prazo de pagamento, assim como entre as vendas e os respectivos recebimentos. E, entre as compras e as vendas das mercadorias (prazo de permanência dos estoques com as empresas), também decorre um certo tempo.

Com isso, vemos que o dimensionamento do Ativo Circulante denominado de Operacional tem relação direta com os prazos dados para recebimento das vendas aos Clientes, com o prazo de permanência média dos Estoques, com o mínimo de Disponibilidade a ser mantida para os pagamentos normais e com as práticas de pagamento de Despesas Antecipadas (normalmente até negligenciadas nesses cálculos em função de seu costumeiro pequeno valor).

Por outro lado, o dimensionamento do Passivo Circulante Operacional (ou Passivo de Funcionamento) depende dos prazos dados pelos fornecedores de mercadorias e pelos fornecedores de outros materiais de consumo, de utilidades, serviços, outros itens consumidos etc.; e também depende dos prazos de recolhimento dos tributos, dos Encargos Sociais, de quando se pagam as Férias, o 13º Salário (parte sempre é paga durante o ano e normalmente a segunda metade em dezembro) etc.

Vê-se, também, dessa maneira, que é assim que se calcula quanto de recursos financeiros é necessário para o Capital de Giro Líquido (nesta hora sendo dado como sinônimo de Capital Circulante Líquido = Ativo Circulante menos o Passivo Circulante) quando do início de um determinado empreendimento e para a sua manutenção.

Acesse o vídeo sobre Administração do Capital de Giro, do Prof. Gilberto Miranda, por meio do QR Code.

uqr.to/1zuw1

A título de exemplo, admitamos que a Família Silva esteja pensando em investir num negócio com as seguintes características:

- necessidade inicial de Imobilizado: zero, já que alugará tudo o que for necessário (computadores, móveis, Imobilizado etc.);
- prazo médio de pagamento aos fornecedores: 60 dias;
- prazo médio de estocagem das mercadorias: 30 dias;
- prazo médio de recebimento dos clientes: 30 dias;
- necessidade mínima de caixa: o suficiente para mais ou menos uma semana de pagamentos de fornecedores e de despesas, exceto tributos;
- volume estimado de compras por mês: $ 50.000;
- margem bruta para a comercialização: 50% sobre o custo;
- tributos sobre as vendas: 12%,[4] recolhidos ao final do mês seguinte;
- despesas médias operacionais mensais: $ 10.000, parte pagas durante o mês e parte ao final de cada mês.[5]

---

[4] Por simplificação vamos admitir apenas essa tributação nas vendas sem considerar quaisquer recuperações tributárias, tipo ICMS, que implicariam em ajustes nos estoques e outros. Por simplificação, será omitida também a tributação sobre o lucro.

[5] Omitidas provisões para Férias e 13º Salário apenas por simplificação também.

Fonte: idimair | iStockphoto
FIGURA 8.3   Família Silva.

Qual a necessidade de Capital de Giro dessa família?

a) Saldo médio de Estoques: $ 50.000, já que a rotação esperada é de 30 dias.

b) Saldo médio de Clientes: $ 75.000, já que esse será o volume médio de vendas por mês (margem de 50% sobre o custo) e o prazo médio de recebimento é de 30 dias.

c) Saldo médio de Disponibilidades: se o necessário é para um quarto dos pagamentos mensais, teremos:
   - pagamentos de despesas: $ 10.000 por mês;
   - pagamento de fornecedores: $ 50.000 por mês; com a necessidade, então, de um caixa mínimo de aproximadamente um quarto dessa soma: $ 60.000/4 = $ 15.000.

d) Saldo médio de Fornecedores: $ 100.000, já que o prazo médio desse pagamento é de dois meses.

e) Saldo médio de Contas a Pagar (Salários, Serviços, Encargos etc.), $ 0, já que tudo é pago durante o mês.

f) Saldo médio de Tributos sobre Vendas a Recolher, $ 9.000 (12% sobre as Vendas com recolhimento ao final do mês seguinte).

Percebemos, então, que a empresa precisará ter um Ativo Circulante de $ 140.000, correspondentes ao Caixa mínimo para o dia a dia ($ 15.000), mais o saldo médio de Clientes ($ 75.000) e o saldo médio de Estoques ($ 50.000). Por outro lado, terá, dos fornecedores, um financiamento de $ 100.000, e do governo, um financiamento de $ 9.000. Assim, seu Capital Circulante Líquido será de $ 31.000 ($ 140.000 – $ 109.000) e será totalmente formado por itens operacionais, se a família colocar todos os recursos necessários e não tomar empréstimo.

Sua necessidade de Capital de Giro será então, pela análise do balanço, desses $ 31.000. Mas isso **pode fazer parecer que há a necessidade de a família começar com esse caixa mínimo de $ 31.000,00,** ou seja, pode fazer parecer que esse deve ser o Capital Social inicial do empreendimento, o que não é verdade. E isso porque parte dessa necessidade é dada pelo próprio lucro de cada mês.

Repare-se o seguinte: o lucro mensal estará assim projetado:

QUADRO 8.9   DRE da família Silva – I.

Demonstração do Resultado do Exercício – Janeiro de X1	
Receitas	75.000
Tributos	(9.000)
CMV	(50.000)
Lucro Bruto	16.000
Despesas	(10.000)
Resultado Líquido	6.000

E o balanço aparecerá, ao final do primeiro mês, da seguinte forma:

QUADRO 8.10   Balanço patrimonial da família Silva – I.

Balanço Patrimonial Realizado em 31 de Janeiro de X1			
Ativo Circulante		**Passivo Circulante**	
Caixa	15.000	Fornecedores	100.000
Clientes	75.000	Tributos a Recolher	9.000
Estoques	50.000		**109.000**
		Patrimônio Líquido	
		Capital	25.000
		Reservas de Lucros	6.000
			31.000
Total do Ativo	**140.000**	**Total do Passivo + PL**	**140.000**

Veja-se que a conta de Clientes, que deverá ter o saldo médio de $ 75.000, não representa a necessidade de um investimento em Caixa desse montante por parte dos financiadores, porque ela contém, dentro de si, uma parte que é lucro na operação; no exemplo dado, há $ 6.000 de lucro líquido embutido; assim, ela não demanda necessidade de investimento do seu saldo total ($ 75.000).

Com isso, a família precisará investir, no início dos negócios, o valor de $ 25.000 (Necessidade de Capital de Giro de $ 31.000 – Lucro Líquido em Clientes, de $ 6.000). Insistimos nesse ponto porque muitas vezes se tem entendido que Necessidade de Capital de Giro é igual ao montante necessário a ser colocado pelos sócios, ou tomado de empréstimo, para o necessário a investir nos itens em giro operacionais da empresa. Não é assim: desse montante há que se retirar o lucro líquido contido em Clientes.[6]

A comprovação disso é muito fácil: digamos que seja, no dia 30 de dezembro, comprado, de uma só vez, o necessário para formar o estoque inicial de mercadorias no valor de $ 50.000, a pagar no final de fevereiro; em janeiro esses estoques serão vendidos para recebimento em fevereiro, e outro montante igual de estoques será reposto ainda em janeiro, só que para pagamento em março; em janeiro a família precisará colocar o suficiente apenas para ter um mínimo de dinheiro em caixa, estipulado em $ 15.000, mais o suficiente para pagar as despesas do primeiro mês, $ 10.000, consumindo seu Capital Social inicial de $ 25.000. Nada pagará a fornecedores nem ao governo nesse mês de janeiro e nada receberá de seus clientes; em fevereiro receberá dos Clientes gerados no primeiro mês, $ 75.000, pagará os tributos de janeiro, $ 9.000, as despesas de fevereiro, $ 10.000, e o primeiro lote de compras de dezembro, $ 50.000, sobrando então, em caixa, os primeiros $ 6.000 de lucro. Na realidade, esses $ 6.000 são o lucro de janeiro recebido agora em fevereiro, quando os clientes das vendas de janeiro efetuaram seu pagamento. E todo o ciclo se repetirá daí para a frente.

Bem, o que interessa é que a Necessidade de Capital de Giro dessa empresa será, enquanto se mantiverem esses parâmetros, de $ 31.000 (formado com o Capital Social de $ 25.000 e o lucro de $ 6.000). E é claro que, se o lucro disponibilizado financeiramente em fevereiro não for distribuído, aí o caixa aparecerá, ao final de fevereiro, por $ 21.000, igual ao saldo mínimo operacional mais esse lucro realizado e disponibilizado financeiramente. Assim, o Ativo Circulante aumentará para $ 146.000, mas porque estará havendo um caixa "ocioso" de $ 6.000 e Reservas de Lucros de $ 12.000.

Isso significa que, se desse segundo mês em diante for sendo retirado o Lucro Líquido de $ 6.000, a empresa estará sempre apresentando o Ativo Circulante de $ 140.000 e o Passivo Circulante de $ 109.000, e ambos formados, exclusivamente, de itens operacionais.

8.3.1 O que tem a ver Necessidade de Capital de Giro com Liquidez a Curto Prazo?

É óbvio que a resposta a essa indagação já estará, acreditamos, totalmente entendida nessa altura. Para o exemplo dado, o Índice de Liquidez Circulante ou corrente "normal" para essa empresa será dado pela Equação 3, a seguir.

---

[6] Na verdade, há ainda o ajuste relativo à depreciação, aqui desconsiderada por simplificação. Ou seja, se houvesse sido registrada uma depreciação, por exemplo, de $ 1.000, o Lucro Líquido seria de $ 5.000, e esse seria o lucro líquido incluído em Clientes; só que como esses $ 1.000 não representam saída adicional de caixa, o Capital Social Mínimo seria calculado como a Necessidade de Capital de Giro diminuída do Lucro Líquido ajustado pela depreciação: $ 31.000 – ($ 5.000 + $ 1.000) = $ 25.000. Ou seja, o Capital Mínimo seria o mesmo que o visto antes, apesar de o Lucro Líquido ser menor.

$$\text{Índice de Liquidez Corrente} \; = \; \frac{\text{Ativo Circulante}}{\text{Passivo Circulante}} \; = \; \frac{140.000}{109.000} \; = \; 1,28$$

Equação 3 – Índice de Liquidez Corrente

Ou seja, qualquer indicador superior a esse estará mostrando recurso em giro adicional ao mínimo necessário, talvez até mesmo ocioso. Se menor do que esse, estará indicando que ou o Ativo Circulante está a menor do que deveria estar ou o Passivo Circulante a maior do que deveria, ou um pouco de cada um desses dois motivos.

Note-se que são duas formas diferentes de se tratar os mesmos grupos de Ativo e Passivo Circulantes: no cálculo do Índice de Liquidez Corrente, **divide-se** o AC pelo PC. Isso dá uma medida relativa, percentual, entre os dois grupos. Já na análise do Capital de Giro, trabalha-se de forma diferente: **diminui-se** o PC do AC, o que dá uma dimensão de valor absoluto medido em moeda. Lembre-se de que, quando falamos de certas manobras para melhorar o ILC, alteram-se o AC e o PC pelo mesmo valor, só que isso não muda o CCL, que é igual a AC – PC. O CCL costuma ser chamado, menos tecnicamente, de "folga financeira de curto prazo".

E fica fácil notar que, conforme as práticas dos diversos setores e subsetores econômicos, o índice "normal" variará enormemente. Se os prazos de fornecedores aumentarem, será normal que o índice caia, já que será normal aumentar o valor da conta de Fornecedores. Se diminuir o prazo de vendas a Clientes, será normal que o índice também caia etc.

Por exemplo, se os prazos do nosso exemplo fossem mudados para:

- clientes: 90 dias;
- estocagem: 60 dias;
- fornecedores: 30 dias.

teríamos a mesma Demonstração do Resultado já vista, mas o balanço "padrão" seria completamente diferente; deixamos ao leitor a tarefa de conciliar os valores e ver se chega a:

QUADRO 8.11   Balanço patrimonial da família Silva – II.

Balanço Patrimonial Realizado em 31 de Janeiro de X1			
Ativo Circulante		**Passivo Circulante**	
Caixa	15.000	Fornecedores	50.000
Clientes	225.000	Tributos a Recolher	9.000
Estoques	100.000		**59.000**
		Patrimônio Líquido	
		Capital	275.000
		Reservas de Lucros	6.000
			281.000
Total do Ativo	**340.000**	**Total do Passivo + PL**	**340.000**

Ou seja, a Necessidade de Capital de Giro será de $ 281.000 ($ 340.000 de AC Operacional menos $ 59.000 de PC Operacional), e o Índice de Liquidez Corrente passará a fantásticos 5,76!!!

É lógico que ambas as empresas estarão com o mesmo comportamento financeiro na normalidade: recebendo os mesmos $ 75.000 de Clientes, pagando os mesmos $ 50.000 a Fornecedores, $ 9.000 ao Governo e $ 10.000 de Despesas, sobrando $ 6.000 em caixa mensalmente em ambas (no início da vida da empresa, o primeiro dinheiro a ser disponibilizado como lucro líquido será no quarto mês, quando do recebimento das vendas do primeiro mês).

E o fato de uma empresa possuir um CCL tão maior do que o da outra, e também um Índice de Liquidez Corrente tão maior que da outra, apenas estará mostrando que a Necessidade de Capital de Giro de uma nada tem a ver com a da outra, tendo em vista as disparidades entre prazos de ambas.

Ou seja, o índice de 5,76 de uma, tão mais alto que o 1,28 da outra, não significa que aquela empresa esteja em melhor situação, na normalidade, que esta. Nem significará que ela estará com mais "ociosidade" de capital de giro. Assim, para se saber se o índice de liquidez de curto prazo está adequado ou não, é necessário fazer-se a análise dessa Necessidade de Capital de Giro.

Nesses exemplos vistos, a Necessidade de Capital de Giro foi financiada totalmente (100%) com recursos próprios. Mas isso não é tão normal.[7]

8.3.2 Financiando a Necessidade de Capital de Giro com recursos de terceiros

Admitamos que, no primeiro exemplo que tomamos, a família não detivesse todos os $ 25.000 de Capital Mínimo necessário, dispondo apenas de um pouco mais de $ 5.000 e tomasse $ 20.000 como empréstimo a pagar a curto prazo, em dois meses. Admitindo juros de 2% ao mês, pagos mensalmente, teríamos ao final do primeiro mês:

QUADRO 8.12   DRE da família Silva – II.

Demonstração do Resultado do Exercício – Janeiro de X1	
Receitas	75.000
Tributos	(9.000)
CMV	(50.000)
Lucro Bruto	16.000
Despesas Operacionais	(10.000)
Despesas de Juros	(400)
Resultado Líquido	**5.600**

[7] Diversos exemplos e textos deste livro foram extraídos ou inspirados em materiais de autoria do Prof. Eliseu Martins publicados no *Caderno de Temática Contábil da IOB – Publicações Objetivas*, principalmente nos números 26, 31, 47 e 49, de 2005.

E o Lucro Líquido cairia em função dos juros. Com isso, o balanço ficaria:

QUADRO 8.13   Balanço patrimonial da família Silva – III.

Balanço Patrimonial Realizado em 31 de Janeiro de X1			
Ativo Circulante		**Passivo Circulante**	
Caixa	15.000	Fornecedores	100.000
Clientes	75.000	Tributos a Recolher	9.000
Estoques	50.000	Empréstimo	20.000
			129.000
		Patrimônio Líquido	
		Capital	5.400
		Reservas de Lucros	5.600
			11.000
Total do Ativo	**140.000**	**Total do Passivo + PL**	**140.000**

Ora, a Necessidade de Capital de Giro, formada unicamente pelas contas **operacionais**, teria o mesmo valor que antes, de $ 31.000, mas o CCL efetivo (lembre-se, CCL = AC – PC) cairia para $ 11.000, ou seja, a folga financeira de curto prazo cairia, já que dentro do Passivo Circulante está uma conta "Não Operacional", de "Financiamento" (e não de Funcionamento), ou um Passivo simplesmente chamado de "Financeiro", de Empréstimo, com o valor de $ 20.000. Ou seja, 65% da Necessidade de Capital de Giro foi financiada com empréstimo a curto prazo. E o Índice de Liquidez Corrente terá caído para 1,09 ($ 140.000/ $ 129.000), piorando a situação da empresa, porque o mínimo que ela deveria ter é, como visto antes, de 1,28.

Note-se, também, que o Capital Mínimo necessário passou a ser de $ 5.400, representado pelo número anteriormente considerado como o mínimo, de $ 25.000, diminuído do empréstimo de $ 20.000, mas acrescido dos $ 400 de juros; ou seja, a necessidade total de recursos necessários se ampliou por causa desses encargos financeiros.

Vemos que a Necessidade de Capital de Giro continua a mesma, mas o fato de parte dela ter sido suprida com capital de terceiros, e de curto prazo, provocou uma redução da folga financeira da empresa e uma redução do Lucro Líquido (o que não significa, necessariamente, que tenha sido um mau negócio, já que o capital investido pelos sócios passou a ser muitíssimo menor). Aumentou, e disso não há dúvida, o risco da empresa.

Veja-se, por exemplo, que já vimos que ela gera $ 6.000 de Lucro Líquido e de Caixa por mês. Como pagará o empréstimo de $ 20.000 em dois meses? Obviamente dependerá totalmente de renovação de empréstimo, ou de antecipação de Clientes (desconto de duplicatas) ou de outra forma de financiamento.

Se a dívida tivesse sido a longo prazo, a situação seria totalmente diferente e é óbvio e desnecessário comentar a respeito.

Voltemos agora ao outro exemplo, em que os prazos haviam gerado aquela Necessidade de Capital de Giro enorme de $ 281.000. Se o empréstimo, também de curto prazo e com os mesmos juros, fosse de 71% dessa necessidade, ou seja, de $ 200.000, com o mesmo juro mensal, teríamos:

QUADRO 8.14   DRE da família Silva – III.

Demonstração do Resultado do Exercício – Janeiro de X1	
Receitas	75.000
Tributos	(9.000)
CMV	(50.000)
Lucro Bruto	16.000
Despesas Operacionais	(10.000)
Despesas de Juros	(4.000)
Resultado Líquido	**2.000**

QUADRO 8.15   Balanço patrimonial da família Silva – IV.

Balanço Patrimonial Realizado em 31 de Janeiro de X1			
Ativo Circulante		**Passivo Circulante**	
Caixa	15.000	Fornecedores	50.000
Clientes	225.000	Tributos a Recolher	9.000
Estoques	100.000	Empréstimo	200.000
			259.000
		Patrimônio Líquido	
		Capital	79.000
		Reservas de Lucros	2.000
			81.000
Total do Ativo	**340.000**	**Total do Passivo + PL**	**340.000**

O Índice de Liquidez Corrente, que precisava ser, se tudo financiado com capital próprio, de 5,76, com um Capital Circulante Líquido de $ 281.000, passou a ser perigosamente de 1,31, com um CCL de $ 81.000 apenas, muito longe do que deveria ser. (Esse índice de 1,31 é muito mais perigoso que o índice de 1,28 da outra empresa visto anteriormente!). E, evidentemente, é visível que essa dívida, para ser paga a curto prazo, somente se a empresa vender toda a carteira de clientes. Se não houver mercado para isso... não é possível pagar a dívida no curto prazo.

E se a dívida fosse um quarto a curto prazo e três quartos a longo prazo? A sobra líquida continuaria sendo de $ 2.000 mensais, a se manter a mesma taxa de juros, mas a situação já seria bastante diferente.

Vê-se, assim, que é muito mais importante analisar a composição do Capital Circulante Líquido, verificando-se quais os componentes operacionais e quais os itens financeiros do Ativo e do Passivo Circulantes, analisando-se a Necessidade de Capital de Giro e como ela está sendo financiada, do que simplesmente ficar, automaticamente, calculando índices de liquidez.

Sugerimos ao leitor efetuar simulações para aprender a dominar bem esse assunto.

Para instituições que possuem bancos de dados bastante grandes de clientes (ou outras fontes), em que esses clientes podem ser distribuídos por setores ou subsetores econômicos, veja-se como é viável para elas conseguirem a obtenção de certos "índices padrões" para esses segmentos, já que os prazos praticados de pagamento, recebimento e de giro dos estoques tendem a ser relativamente homogêneos dentro da maior parte dos setores.

Com isso, fica facilitada a comparação de uma empresa em particular com o "padrão" daquele segmento econômico.

8.3.3 A presença de "Ativos Financeiros" no Ativo Circulante

Já que estamos discutindo essa figura da Necessidade de Capital de Giro, complementemos com a lembrança de que, normalmente, encontramos no Ativo Circulante certos itens que não são operacionais e que, quando representados por aplicações financeiras de recursos disponíveis da empresa (acima do mínimo necessário operacionalmente), são denominados de Ativos Circulantes "Financeiros". (Na verdade, podem existir elementos outros, não comuns, mas não tão raros assim de aparecer, como "Imóveis para Venda", anteriormente destinados ao uso, que agora têm o nome técnico de Ativos não Circulantes Disponíveis para Venda, Equipamentos Desativados Disponibilizados para Negociação etc.)

Assim, temos diversas possibilidades de proporções entre esses quatro grupos Circulantes; vamos mostrar só duas possibilidades, ficando a cargo do leitor imaginar tantas outras possíveis (observe a Figura 8.4).

A Empresa **A** possui um Capital Circulante Líquido Positivo, com Ativos Circulantes maiores que seus Passivos Circulantes e, consequentemente, com Índice de Liquidez Corrente superior a 1. Mas a análise da composição desses itens mostra que ela possui fontes de financiamento operacionais que cobrem todos os seus Ativos Operacionais e ainda sobram recursos! Ou seja, ela talvez tenha prazos junto a fornecedores que cubram a rotação dos estoques e os recebimentos de clientes com muita folga (com excesso até). Sua Necessidade de Capital de Giro é negativa. Assim, mesmo um Índice de Liquidez Corrente inferior à unidade seria normal para ela.

Empresa A

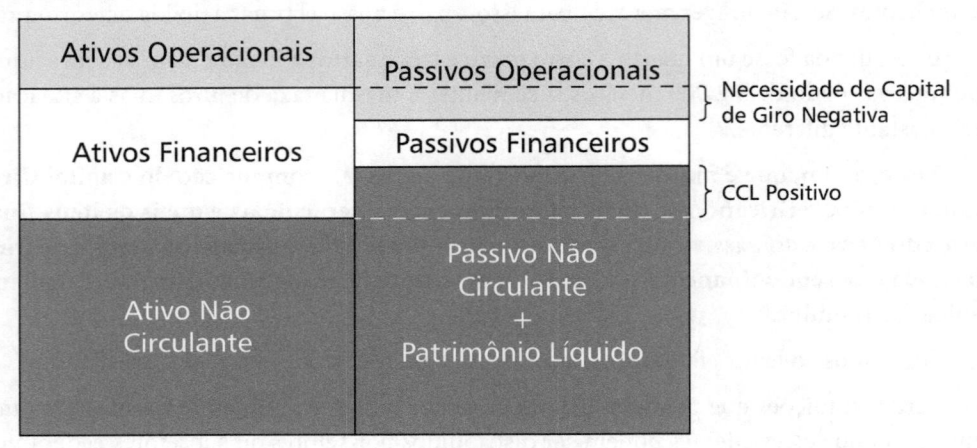

Empresa B

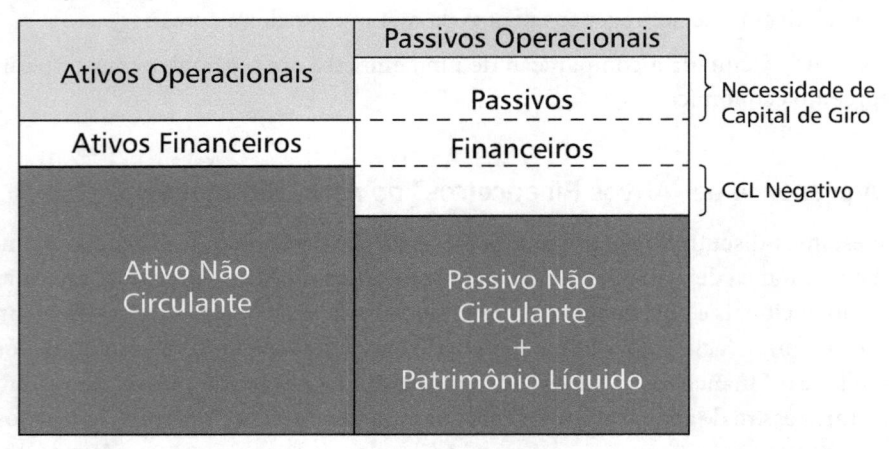

FIGURA 8.4 Balanço patrimonial das Empresas "A" e "B".

No exemplo, essa empresa A possui Ativos Financeiros enormes, mostrando uma sobra muito grande de liquidez; Ativos esses financiados em pequeníssima parte por Passivos Financeiros, parte pelos Passivos Operacionais e parte ainda pelos Passivos de Longo Prazo. Que tranquilidade financeira! (Não estamos sabendo se essa situação é rentável porque desconhecemos quanto seus Ativos Financeiros rendem, quanto custam seus Passivos Financeiros etc.; só estamos falando de liquidez.)

Já a Empresa **B** possui uma situação completamente diferente: seu CCL é negativo, com Índice de Liquidez Corrente inferior a 1. Mas o pior é que sua Necessidade de Capital de Giro é gigantesca, já que não consegue financiar, com seus Passivos Operacionais, nem a metade dos seus Ativos Operacionais. E está financiando essa diferença com empréstimos a curto prazo (Passivos Financeiros)! Aliás, seus Passivos Financeiros de curto prazo financiam inclusive parte de seu Ativo Não Circulante, o que é de fato preocupante.

Veja-se que essa visão esquemática, ou gráfica, diz muito ao analista, mais mesmo do que meros quocientes! Há muito que se aprender com esse tipo de visão. Aprenda a olhar esses componentes por suas naturezas e, daí, a concluir sobre o estado de liquidez da empresa, e não apenas a calcular de forma automática os n quocientes existentes "na praça". E essa visão gráfica pode ser obtida somente olhando-se atentamente os balanços, no domingo, sentado na poltrona...

8.4   INDICADORES DE PRAZOS MÉDIOS. CUIDADO!!!

Os indicadores de prazos médios, ou do ciclo operacional, como também têm sido chamados, permitem que seja analisado o desempenho operacional da empresa e suas necessidades de investimento em giro (ASSAF NETO, 2023). Considerando os objetivos deste estudo, a análise recairá somente sobre os indicadores de prazos médios de realização de elementos do Ativo Circulante e do Passivo Circulante.

Matarazzo (2010) apresenta os índices: Prazo Médio de Recebimento de Vendas (PMRV); Prazo Médio de Pagamento de Compras (PMPC); e Prazo Médio de Renovação de Estoques (PMRE). Assaf Neto (2023) apresenta os seguintes: Prazo Médio de Estoques (PME); Prazo Médio de Fabricação (PMF); Prazo Médio de Venda (PMV); Prazo Médio de Cobrança (PMC) e Prazo Médio de Desconto (PMDD); e Prazo Médio de Pagamento a Fornecedores (PMPF). Percebe-se que os três índices sugeridos por Matarazzo (2010) estão entre aqueles apresentados na obra de Assaf Neto (2023) com pequenas modificações de nomenclatura.

Acesse o vídeo sobre Índices de Atividade, do Prof. Gilberto Miranda, por meio do QR Code.

uqr.to/1zuw2

No Quadro 8.16 são apresentados os indicadores, suas fórmulas e as indicações de cada um deles.

QUADRO 8.16   Prazos médios.

ÍNDICE	FÓRMULA		INDICA
PME	$\dfrac{\text{Estoque Médio de Matéria-Prima}}{\text{Consumo Anual}}$	× 365	Tempo médio desde a aquisição do material até sua requisição para produção.
PMF	$\dfrac{\text{Estoque Médio de Produtos em Elaboração}}{\text{Custo de Produção}}$	× 365	Tempo médio que a empresa gasta para fabricar o produto.
PMV	$\dfrac{\text{Estoque Médio de Produtos Acabados}}{\text{Custo dos Produtos Vendidos}}$	× 365	Tempo de estocagem dos produtos acabados.
PMC	$\dfrac{\text{Duplicatas a Receber (Média)}}{\text{Vendas a Prazo}}$	× 365	Tempo médio de recebimento dos produtos vendidos.
PMPF	$\dfrac{\text{Fornecedores a Pagar (Média)}}{\text{Compras a Prazo}}$	× 365	Tempo médio para pagamento das compras.

Fonte: Adaptado de Assaf Neto (2023).

Esses indicadores, muitas vezes trazidos da literatura estrangeira e não adaptados à realidade brasileira, apresentam vários problemas **se não forem analisados criticamente**. Vejamos alguns deles. (Primeiro, por que se usam 360 dias nas fórmulas, e não os 365 dias efetivos dos anos não bissextos? Um dia entenderemos...) Nos cálculos realizados na sequência, as fórmulas contemplarão 365 dias.

8.4.1   Prazos de rotação de estoques

Tomemos, inicialmente, o PMV, que representa o tempo de estocagem de produtos acabados. De acordo com a fórmula apresentada no Quadro 8.16, o PMV significa quantas vezes o estoque se transformou em CMV. Por exemplo, se o estoque médio é de $ 1.000.000 numa empresa comercial, e o CMV é de $ 6.000.000, dividindo-se $ 1.000.000 por $ 6.000.000 e multiplicando-se por 365 tem-se que o estoque gira, em média, a cada 61 dias. Poderíamos fazer diferente: inverter numerador com denominador e dividir $ 6.000.000 por $ 1.000.000, dando 6, o que significa que o estoque médio vira CMV 6 vezes por ano, ou seja, uma **rotação** de 6 vezes no ano; o que significa o **prazo médio** dos mesmos 2 meses antes calculados para o estoque virar CMV, ou seja, ser vendido. (Veja-se que rotação e prazo médio querem dizer a mesma coisa, apesar de calculados e com números diferentes.) O importante é entender a lógica, e não decorar a fórmula, por favor!

Quais os problemas existentes nesse indicador?

Numa empresa industrial existem várias contas de estoques: matéria-prima, embalagens, materiais de uso e consumo, produtos em elaboração, produtos acabados... são contas com prazos de rotação diferentes. Se tomarmos o total dos estoques para o cálculo, não estamos calculando o prazo médio de rotação genuinamente dos produtos acabados, estamos trabalhando com uma média de todos os estoques da empresa. **Para o cálculo correto da rotação de estoques, devem-se tomar as contas separadamente**, conforme destacado no Quadro 8.16.

É lógico que, dentro da empresa, o mais correto não é trabalhar com o cálculo da rotação ou do prazo médio com base nos valores contábeis, mas sim com base nas quantidades físicas: quantidades vendidas comparadas com quantidades médias mantidas durante o período. Isso será sempre mais correto porque eliminará o problema da variação dos preços (custos, no caso dos estoques) na aquisição desses estoques. Aliás, todos os cálculos para análise de balanços feitos com informações dentro da empresa são obviamente muito mais informativos porque mais próximos da realidade.

8.4.2   Prazos de recebimento das vendas – atenção!

Examinemos mais detidamente o PMC, prazo médio de recebimento de clientes. De acordo com a fórmula apresentada no Quadro 8.16, o PMC significa quantos dias de vendas temos na conta Duplicatas a Receber. Poderíamos seguir a lógica do cálculo de outra forma: se dividirmos Vendas por 365 dias, temos a venda diária; dividindo o saldo médio das contas a receber derivadas das vendas (Duplicatas a Receber, na fórmula) por essa venda diária, temos após quantos dias em média as Contas a Receber são recebidas. Tudo tem que dar o mesmo número de dias, é óbvio. De novo, o importante é a lógica, e não a decoração da fórmula.

Muito bem, mas quais os problemas existentes nesse indicador? Vamos lá!

a)   Quais vendas entram nesse cálculo? Se tivermos condições de separar somente as vendas a prazo, estaremos calculando o prazo médio das vendas a prazo. Mas se não tivermos condições de fazer essa separação, o que é comum, pois as empresas geralmente não disponibilizam essa informação, estaremos, na verdade, calculando o prazo médio ponderado entre as vendas à vista e as vendas a prazo.

b)   Quais as vendas que compõem o cálculo? Vendas brutas ou vendas líquidas? Vendas líquidas... esse é o erro mais comum! Pois a conta Clientes computa o valor total das vendas, **incluídos todos os impostos** sobre a venda (ICMS, IPI, ISS, PIS, COFINS e outros de setores específicos). Assim, o valor de Clientes (no numerador) considera os impostos, enquanto as Vendas (no denominador) estão líquidas... tem-se, obviamente, um número furado! Imaginem o peso dos impostos nas vendas de empresas de bebidas e cigarros... A diferença será brutal! Portanto, devem-se utilizar as vendas brutas (inclusive com IPI) descontadas de devoluções, abatimentos etc., pois esses valores compõem o contas a receber.

Mas, poderá haver problemas, pois, de acordo com as normas internacionais de contabilidade, as demonstrações do resultado começam pela receita líquida. Ainda bem que nossa Lei exige começar pelas receitas brutas. E, para conciliar essas posições, os Pronunciamentos Técnicos do CPC exigem conciliação entre vendas brutas e líquidas nas notas explicativas. Logo, pode ser que o cálculo do prazo médio de recebimento precise do uso de valores que não estão na demonstração do resultado e sim nas notas às demonstrações contábeis.

Nota: aqui uma pequena digressão contábil – as normas internacionais apresentam outras diferenças em relação à apuração da receita líquida no Brasil. Para ilustrar, vejamos o seguinte exemplo. Suponha que a Cia. Modelo adquira uma mercadoria por $ 1.000, sendo $ 200 o valor dos impostos recuperáveis (ICMS e outros). Posteriormente, vende essa mercadoria por $ 1.500, com impostos incidentes recuperáveis de $ 300. A Demonstração do Resultado é costumeiramente apresentada no Brasil assim:

QUADRO 8.17   DRE da Cia. Modelo – I.

Demonstração do Resultado do Exercício	
Receita Bruta	1.500
(–) Impostos sobre Vendas	(300)
Receita Líquida	1.200
(–) CMV	(800)
Lucro Bruto	**400**

Note que, embora a empresa tenha uma receita líquida de $ 1.200, o fluxo de caixa apresentará $ 1.400, pois só haverá recolhimento efetivo de $ 100 de tributos aos cofres públicos ($ 300 de impostos sobre vendas diminuídos de $ 200 de impostos nas compras). Isso ocorre porque a lógica do recolhimento de impostos sobre vendas no Brasil não é feita sobre o valor adicionado. No entanto, as normas internacionais determinam que seja. Vejam como ficaria a Demonstração dos Resultados se fosse cumprida a norma do IASB literalmente:

QUADRO 8.18   DRE da Cia. Modelo – II.

Demonstração do Resultado do Exercício	
Receita Bruta	1.500
(–) Impostos s/ valor adicionado	(100)
Receita Líquida	1.400
(–) CMV	(1.000)
Lucro Bruto	**400**

Veja que este modelo representa com mais propriedade a realidade: o valor efetivo dos impostos a serem recolhidos é $ 100, e não como pode dar a entender o modelo atualmente utilizado por nós; o valor sobre o qual a empresa tem domínio é $ 1.400 = $ 1.500 diminuído dos $ 100 que tem que recolher ao governo; o valor real a ser desembolsado relativo ao custo da mercadoria é $ 1.000 (tanto que esse é o valor que aparece na sua conta de

Fornecedores no balanço). Ou seja, o que nosso modelo apresenta como sendo lucro bruto está corretamente medido, mas o que ele apresenta como sendo receita líquida e custo do produto vendido não está. É como se o custo da mercadoria estivesse dividido em duas contas: Estoques ($ 800) + Impostos a Recuperar ($ 200). A impressão que passa, com os $ 300 diminuídos das Vendas, é de que as empresas recolhem muito mais impostos do que efetivamente o fazem. A Demonstração do Valor Adicionado corrige essa falha que ainda mantemos na Demonstração do Resultado.

8.4.3 Prazo médio dos pagamentos a fornecedores na empresa comercial

Vejamos, finalmente, o prazo médio de pagamento de fornecedores (PMPF). De acordo com a fórmula apresentada no Quadro 8.16, o PMPF significa quantos dias de pagamentos a empresa tem na conta Fornecedores. Veja que esse índice trabalha com dois elementos: fornecedores e compras.

a) O primeiro item, fornecedores, está no balanço, no entanto é necessário conhecer a composição dessa conta. Cuidado: **muitas empresas lançam qualquer tipo de compra a prazo em Fornecedores**: Imobilizados, serviços, materiais de consumo, matéria-prima etc., o que pode comprometer consideravelmente o cálculo para o analista fora da empresa.

b) O segundo item da fórmula são as compras. Não está nas demonstrações, mas pode ser calculado. **Numa empresa comercial** pode-se utilizar a clássica formulazinha:

$$CMV = E_i + C - E_f$$

Equação 4 – Custo das mercadorias vendidas

Em que:

CMV = Custo das Mercadorias Vendidas;

Ei = Estoque inicial de mercadorias;

C = Compras de mercadorias no período;

Ef = Estoque final de mercadoria.

Como todos esses elementos estão líquidos de impostos, o valor apurado das compras também estará. Mas... a conta Fornecedores estará computada pelo seu valor bruto, **inclusos todos os impostos**! Portanto, a distorção do cálculo dependerá do volume de impostos recuperáveis da empresa. Se for na ordem de 30%, por exemplo, o indicador estará comprometido nessa magnitude... Para solucionar o problema, temos duas alternativas: somam-se os impostos incidentes às compras ou retiram-se os impostos incidentes na conta Fornecedores. Informações difíceis de serem obtidas por quem está fora da empresa. Moral da história: se não conhecemos o conjunto de tributos incidentes sobre as compras da empresa, o número obtido é um número muito pouco confiável, talvez o mais crítico dentre os indicadores vistos!

Outra forma de se encontrar as compras brutas seria diretamente na DVA, pois ela diz o valor exato das compras. Mas tem um probleminha: isso só é possível se a DVA estiver aberta, detalhando as diversas modalidades de compra, inclusive as compras de mercadorias para venda. Caso não haja esse detalhamento, resta assumir a hipótese de que o grosso das compras seja de mercadorias para venda, mas para isso o analista deve ter conhecimento do setor, da empresa e do negócio; sem esse pressuposto a hipótese não é válida.

Outro aspecto a ser analisado diz respeito às empresas que têm muitos clientes e fornecedores que trabalham com moeda estrangeira. Observe que as variações cambiais vão direto para resultado em forma de receitas e despesas financeiras. Se esses saldos forem significativos, complicam a análise.

Note que essas críticas não são para destruir os índices existentes, mas para chamar a atenção para as hipóteses e as simplificações subjacentes a eles. O importante é conhecer as críticas e saber usá-las dentro do limite de validade que não venha comprometer a análise. Se você tem a DVA detalhada, ótimo!!! Se você tem DVA, mas ela não está aberta, ainda assim é possível usar, mas considerando a hipótese de que o grosso das compras de materiais de terceiros é mercadoria!!! Se você não tem a DVA, resta fazer uso da Equação 4 do CMV, compreendendo que você está usando as mesmas alíquotas incidentes sobre as vendas e as compras. Então, se você não conhece essa hipótese, tampouco o negócio, infelizmente...

8.4.4 Prazo médio dos pagamentos a fornecedores na empresa industrial, o mais difícil de ser conseguido na prática

Na **empresa industrial**, a situação pode ficar muito mais complicada, e costuma ficar mesmo: em primeiro lugar, muito cuidado, e repetimos: **muitas empresas lançam qualquer tipo de compra a prazo em fornecedores, não só matérias-primas e materiais de consumo industrial**: às vezes lançam aí compras a prazo de veículos, equipamentos, ferramentas, materiais de construção etc. etc. Logo, se não há certeza do que essa conta contém, talvez seja melhor não tentar o cálculo (inclusive pelo que se verá abaixo).

Mas o problema maior é que, mesmo que a conta Fornecedores esteja sendo utilizada apenas para compra das matérias-primas e materiais de consumo industrial, **o uso do Custo dos Produtos Vendidos nessa fórmula para calcular Compras é incorreto**! No CPV há mão de obra e encargos sociais cuja contrapartida não é a conta de Fornecedores; há também depreciações, energia, água, aluguéis, arrendamentos operacionais etc. cuja contrapartida também não é a conta de Fornecedores. **Assim, quando se utiliza CPV para calcular as Compras cuja contrapartida está em Fornecedores, comete-se um erro enorme.**

Logo, se não há disponibilização da composição do custo dos produtos vendidos, não há como se calcular o prazo médio de pagamento a Fornecedores. Imagine-se que num setor industrial o CPV seja formado basicamente (90%, por exemplo) com o custo de embalagens, matérias-primas e materiais de consumo (como na indústria de cosméticos, por exemplo); nesse caso, usar-se a fórmula como foi feito no item anterior para a empresa comercial dá pouco erro. Mas se o CPV for formado, por exemplo, em 60% por mão de obra (fábrica de chicotes para veículos, por exemplo), o cálculo fica totalmente errado.

Ainda bem que, a partir de 2010, passou a haver a abertura da caixa-preta do custo do produto vendido no Brasil. São detalhados os valores referentes a matéria-prima, energia, embalagens etc. Tais informações poderão auxiliar no cálculo desses prazos médios. Vale mencionar que a maior parte dos países europeus sempre teve essa informação; no Brasil (e nos EUA) ela nunca havia sido divulgada.

Outro cuidado enorme: **no CPV** não há, no Brasil, impostos recuperáveis, mas em Fornecedores todos os impostos dessa natureza estão incluídos. Se **se utilizar Compras calculadas a partir do CPV, o resultado será uma bobagem por causa desses impostos!** Logo, vê-se como muitas vezes é difícil, senão impossível, o cálculo do prazo médio de pagamentos a Fornecedores em setores industriais diversos. A não ser que, dentro de um mesmo setor, com composições de custos razoavelmente semelhantes, queira-se calcular os prazos de cada empresa para efeito de comparação. Ou, para a mesma empresa, comparar sua evolução ao longo do tempo, mas mesmo assim é necessário muito cuidado, porque as situações e circunstâncias, como composição dos custos, por exemplo, podem mudar.

Em suma, os índices obtidos vão ser sempre aproximados, nunca exatos! Isso não significa que não sejam úteis, significa que devem ser usados com bastante cautela e com consciência de suas limitações. Existem situações em que o uso é menos problemático, como a comparabilidade entre empresas semelhantes ou a comparabilidade entre diferentes períodos de uma mesma empresa.

8.4.5   O problema dos saldos médios

Várias das formulações apresentadas falam em saldos médios (clientes, estoques, fornecedores etc.). Alguns raros autores não gostam dos saldos médios e preferem trabalhar com saldos finais, o que nos parece totalmente incorreto. Por exemplo, o Custo das Mercadorias Vendidas foi formado durante o ano pela baixa dos estoques vendidos numa empresa comercial. Dividir esse CMV pelo estoque final obviamente não dará o número de rotação mais próximo da realidade durante o período. Quando os custos desses estoques não mudam, nem seus volumes, dá tudo na mesma. Caso contrário, o melhor, para cálculo dos estoques médios, inclusive por causa de eventuais problemas sazonais, é trabalhar-se com a média aritmética dos 12 meses do ano mais o do balanço inicial, com 13 informações, por exemplo.

Se não houver acesso aos balancetes mensais, ou se estes não forem feitos com os mesmos rigores que os balanços de final de exercício (inclusive de competência), então a situação fica complicada, porque só resta como alternativa saldo médio entre balanços inicial e final.

No caso de sazonalidade, o cálculo fica totalmente furado. Imagine-se o saldo de estoque em 31 de dezembro em empresa que vende muito no Natal! Para essa mesma empresa, no cálculo de prazos de recebimento, imagine-se o efeito da conta de Clientes; esse balanço não representa, em absoluto, o saldo médio do ano!

Para o caso das companhias abertas e algumas outras empresas trabalha-se com os saldos dos trimestres, logo, com 5 informações, o que já minora bastante o problema.

De qualquer modo, trabalhar com média entre saldos inicial e final é ainda muito melhor do que só com base no saldo final.

O mesmo vale para o caso de prazos de recebimento e de pagamento, como visto, e de outros indicadores de rotação. Só para exemplificar, façamos uma simulação, considerando um exemplo em que a Cia. ZYK utiliza o custo médio ponderado para avaliação do estoque, e um ano em que a movimentação tenha sido a mostrada a seguir. Note que essas são informações gerenciais, das quais normalmente só são apresentados nas demonstrações contábeis para fins externos os valores em negrito: estoque inicial ($ 5.059,13), estoque final ($ 6.669,44) e Custo das Mercadorias Vendidas ($ 25.792,35). (A partir dessas informações calculamos, do lado de fora da empresa, que as Compras foram de $ 27.402,65, como aliás está na ficha abaixo, se quisermos calcular prazo médio de pagamento a Fornecedores.)

QUADRO 8.19 Ficha de controle de estoques da Cia. ZYK.

Mês	Compras			Baixas		Estoque		
	Quant.	Custo Unit.	Total	Quant.	CMV	Quant.	Custo Unit.	Total
Saldo inicial						50	R$ 101,18	**R$ 5.059,13**
1	16	R$ 103,04	R$ 1.648,60	15	R$ 1.524,49	51	R$ 101,63	R$ 5.183,25
2	17	R$ 103,55	R$ 1.760,40	16	R$ 1.633,80	52	R$ 102,11	R$ 5.309,85
3	18	R$ 104,07	R$ 1.873,27	17	R$ 1.744,47	53	R$ 102,62	R$ 5.438,65
4	19	R$ 104,59	R$ 1.987,23	18	R$ 1.856,47	54	R$ 103,14	R$ 5.569,41
5	20	R$ 105,11	R$ 2.102,28	19	R$ 1.969,76	55	R$ 103,67	R$ 5.701,93
6	21	R$ 105,64	R$ 2.218,43	20	R$ 2.084,31	56	R$ 104,22	R$ 5.836,06
7	22	R$ 106,17	R$ 2.335,69	21	R$ 2.200,09	57	R$ 104,77	R$ 5.971,66
8	23	R$ 106,70	R$ 2.454,07	22	R$ 2.317,08	58	R$ 105,32	R$ 6.108,65
9	24	R$ 107,23	R$ 2.573,57	23	R$ 2.435,26	59	R$ 105,88	R$ 6.246,97
10	25	R$ 107,77	R$ 2.694,21	24	R$ 2.554,62	60	R$ 106,44	R$ 6.386,55
11	26	R$ 108,31	R$ 2.815,98	25	R$ 2.675,16	61	R$ 107,01	R$ 6.527,38
12	27	R$ 108,85	R$ 2.938,91	26	R$ 2.796,86	62	R$ 107,57	**R$ 6.669,44**
	258		R$ 27.402,65	246	**R$ 25.792,35**			

Note-se que é bastante uniforme a movimentação do período, com quantidades crescentes, porém mais crescentes que as quantidades vendidas, ou seja, o estoque é crescente, mas tudo bastante homogeneamente. E também os custos de compra são crescentes. Não há nenhuma variação anômala tanto de quantidades compradas quanto vendidas e estocadas e nem de custos, tudo para evitar interferências especiais.

Como a rotação dos estoques, em número de dias, é dada pela fórmula Estoque Médio/ CMV × 365, podemos fazer várias hipóteses de estoque médio com todas essas informações. Se conhecermos todos os balancetes mensais da empresa, temos as informações dos estoques na última coluna:

- somando os 13 valores e calculando a média, temos R$ 5.846,84 de estoque médio;
- se soubéssemos apenas das informações trimestrais (março, junho e setembro, além dos dois dezembros), teríamos estoque médio de R$ 5.850,05;
- se fossem apenas os valores inicial e final, estoque médio de R$ 5.864,28.

Com o Custo da Mercadoria Vendida de R$ 25.792,35, temos as seguintes hipóteses de cálculo de prazo médio de estocagem, adicionando ainda a alternativa de cálculo também só com base no estoque final de R$ 6.669,44:

QUADRO 8.20   Prazo médio de estoques da Cia. ZYK.

Estoque Médio à base de	Prazo médio	
13 meses	82,7	dias
5 fins de trimestres	82,8	dias
Início e fim do ano	83,0	dias
Estoque final	94,4	dias

Visivelmente o número mais defasado é o calculado com base no estoque final. Mas como comprovar qual o número efetivamente mais correto? Como já dissemos, o prazo médio mais corretamente obtenível é a partir das quantidades físicas, no qual o efeito da variação de custo fica eliminado. A partir da penúltima coluna podemos ver que, desde o final de dezembro de um ano ao final de dezembro do ano seguinte, a quantidade física variou de 50 a 62 unidades; dessas 13 quantidades extrai-se a média de 56 dias para estoque médio. Como foram vendidas 246 unidades, dividindo-se 56 por 246 e multiplicando-se por 365 tem-se o prazo médio de permanência dos estoques em **83,1** dias. Logo, como era de se esperar, mostra-se que a pior alternativa é o uso do estoque final.

Atenção para o seguinte: cuidado para não se admitir que o estoque médio com base nos balanços inicial e final sempre vá fazer o prazo de rotação se aproximar mais do físico do que as outras médias. Nesse caso, isso ocorre porque tudo é crescente no período, como vimos:

quantidades compradas, quantidades vendidas e custo. Em outras situações, essa base não dá o resultado mais próximo da rotação física. Já o estoque final é o que tende a ser sempre a pior alternativa.

Incentivamos, principalmente, os estudantes a criarem suas próprias simulações.

Não vamos aqui gastar tempo, mas afirmamos que simulações semelhantes vão sempre mostrar que os saldos médios de Fornecedores e de Clientes também são melhores para cálculo dos prazos médios de pagamento e recebimento do que o saldo final.

EXERCÍCIOS

1.   **Estudo Dirigido: Análise de Indicadores Contábeis em Empresas de Capital Aberto — Parte I**
     Escolha uma empresa de capital aberto e colete suas demonstrações contábeis referentes aos anos de 20X1, 20X2 e 20X3. Utilize fontes confiáveis para a obtenção dos dados, como os sites da B3, CVM e plataformas financeiras especializadas. Siga a estrutura de entregas a seguir, apresentando análises embasadas e bem justificadas.

     a)   **Apresentação da empresa e do setor:** elabore um texto de duas páginas contendo:
          *   Histórico da empresa: principais fatos relevantes desde sua fundação, evolução de mercado, produtos e serviços oferecidos.
          *   Caracterização do setor: identifique o setor, subsetor e segmento conforme a classificação da B3.
          *   Análise PESTAL: discuta como os seguintes cenários podem impactar a empresa:
               ♦   Político: políticas governamentais, mudanças regulatórias, impactos de eleições e políticas públicas no setor;
               ♦   Econômico: influência das taxas de juros, câmbio, inflação e outros fatores macroeconômicos;
               ♦   Social: tendências de consumo, mudanças demográficas e impacto do comportamento do consumidor;
               ♦   Tecnológico: inovações no setor, avanços tecnológicos que possam representar oportunidades ou ameaças;
               ♦   Ambiental: impacto das regulamentações ambientais e práticas sustentáveis na operação da empresa;
               ♦   Legal: legislações e normatizações que afetam diretamente o setor da empresa.

     b)   **Análise Horizontal e Vertical (AHV):** realize as análises horizontal e vertical do Balanço Patrimonial e da Demonstração do Resultado do Exercício (DRE) para os 3 anos analisados, atentando-se para os seguintes aspectos:
          *   destaque as contas com maiores variações entre os períodos, justificando os principais fatores que podem ter contribuído para essas oscilações;
          *   identifique contas que apresentam maior representatividade nas demonstrações financeiras e explique sua relevância para o desempenho da empresa.

c) **Índices de liquidez:** calcule e analise os seguintes índices de liquidez da empresa:
- liquidez corrente;
- liquidez seca;
- liquidez imediata;
- liquidez geral.

Após os cálculos, elabore uma análise interpretativa, considerando:
- a evolução dos índices ao longo do tempo;
- a comparação com médias do setor (consulte bases como Instituto Assaf, Exame, Fundamentus, Oceans14, entre outras);
- identifique quais contas mais impactaram os índices.

d) **Gestão do Capital de Giro:** calcule e analise os seguintes índices:
- Capital Circulante Líquido (CCL);
- Necessidade de Capital de Giro (NCG);
- Saldo de Tesouraria (ST).

Com base nos resultados, elabore uma conclusão sobre a eficiência da gestão do capital de giro da empresa ao longo dos três períodos analisados.

e) **Prazos médios e ciclos financeiros:** calcule e analise os seguintes indicadores de atividade da empresa:
- Prazo médio de recebimento (PMR);
- Prazo médio de pagamento (PMP);
- Prazo médio de estocagem (PME);
- Ciclo operacional e ciclo de caixa.

Após os cálculos, responda:
- Como os prazos médios impactam a liquidez e o capital de giro da empresa?
- Houve mudanças nos ciclos operacional e de caixa ao longo dos anos? Se sim, o que pode ter causado essas alterações?
- Como esses prazos se comparam com os padrões do setor?

Ao final do próximo capítulo, será apresentada a segunda parte deste exercício.

9

ANÁLISE CRÍTICA DOS INSTRUMENTOS CLÁSSICOS DE ANÁLISE DAS DEMONSTRAÇÕES CONTÁBEIS – PARTE II

Objetivo do capítulo

Este capítulo tem o objetivo de apresentar, também de maneira sucinta e crítica, mais alguns instrumentos utilizados nas análises de demonstrações contábeis no cotidiano dos analistas. São eles: índices de estrutura patrimonial, índices de rentabilidade, alavancagens operacional, financeira e total, avaliação de desempenho empresarial (EBITDA e EVA), indicadores de previsão de insolvência e uma análise de como se usa a alíquota efetiva do imposto de renda. Uma abordagem didática desses instrumentos pode ser encontrada em Martins, Miranda e Diniz (2024).

9.1 ÍNDICES DE ESTRUTURA PATRIMONIAL

Para análise da estrutura patrimonial, são apresentados alguns indicadores na literatura brasileira. Matarazzo (2010) propõe os quatro indicadores apresentados no Quadro 9.1. Os indicadores de estrutura patrimonial apresentados, tanto por Iudícibus (2017), quanto por Assaf Neto (2023), apresentam pequenas variações.

QUADRO 9.1   Índices de estrutura patrimonial.

ÍNDICE	FÓRMULA	INDICA
Endividamento	$\dfrac{\text{Capital de Terceiros}}{\text{Patrimônio Líquido}}$	Quanto a empresa tomou de capitais de terceiros para cada $ 1,00 de capital próprio.
Composição do Endividamento	$\dfrac{\text{Passivo Circulante}}{\text{Capitais de Terceiros}}$	Qual o percentual de obrigações a curto prazo em relação às obrigações totais.
Imobilização do PL	$\dfrac{\text{Ativo Permanente}}{\text{Patrimônio Líquido}}$	Quanto a empresa aplicou no Ativo Permanente para cada $ 1,00 de PL.
Imobilização dos Recursos não Correntes	$\dfrac{\text{Ativo Permanente}}{\text{PL + Exigível a Longo Prazo}}$	Percentual de recursos não correntes destinados ao Ativo Permanente.

Fonte: Adaptado de Matarazzo (2010).

Obs.: a expressão "Ativo Permanente" não existe mais na legislação contábil brasileira, mas a mantemos aqui para aglutinar os **Ativos Imobilizados, os Investimentos e os Ativos Intangíveis, que são os três grupos de ativos menos líquidos, normalmente de mais longo prazo de permanência no balanço, daí a importância de se comparar com suas fontes de financiamento, principalmente com o Patrimônio Líquido e com o Patrimônio Líquido somado às dívidas de longo prazo.**

Acesse o vídeo sobre Índices de Estrutura Patrimonial, do Prof. Gilberto Miranda, por meio do QR Code.

uqr.to/1zuw3

Os dados constantes nas demonstrações da Cia. Ilustra serão utilizados para apresentar a aplicação das fórmulas apresentadas.

QUADRO 9.2   Balanço patrimonial da Cia. Ilustra.

Balanço Patrimonial			
ATIVO	X0	X1	X2
Ativo Circulante	90.000	95.000	103.000
Ativo Não Circulante			
Imobilizado	45.000	48.000	46.000
Total do Ativo	**135.000**	**143.000**	**149.000**
PASSIVO			
Passivo Circulante	60.000	70.000	67.000
Passivo Não Circulante	20.000	17.000	25.000
PATRIMÔNIO LÍQUIDO	55.000	56.000	57.000
Total do Passivo + PL	**135.000**	**143.000**	**149.000**

QUADRO 9.3   Demonstração do Resultado do Exercício da Cia. Ilustra.

Demonstração do Resultado do Exercício			
Itens	X0	X1	X2
Receitas	112.000	123.000	130.000
CMV	(71.000)	(74.500)	(79.500)
Lucro Bruto	**41.000**	**48.500**	**50.500**
Despesas Operacionais	(32.500)	(34.500)	(35.000)
Despesas Financeiras	(1.500)	(3.500)	(3.200)
Resultado Antes do IR	**7.000**	**10.500**	**12.300**
Provisão IR	(2.800)	(3.000)	(3.400)
Resultado Líquido	**4.200**	**7.500**	**8.900**

Após a aplicação dos índices da estrutura patrimonial nas demonstrações contábeis da Cia. Ilustra, obtém-se:

QUADRO 9.4   Índices da estrutura patrimonial da Cia. Ilustra.

ÍNDICE	X0		X1		X2	
Endividamento	$\dfrac{80.000}{55.000}$	= 1,45	$\dfrac{87.000}{56.000}$	= 1,55	$\dfrac{92.000}{57.000}$	= 1,61
Composição do Endividamento	$\dfrac{60.000}{80.000}$	= 0,75	$\dfrac{70.000}{87.000}$	= 0,80	$\dfrac{67.000}{92.000}$	= 0,73
Imobilização do PL	$\dfrac{45.000}{55.000}$	= 0,82	$\dfrac{48.000}{56.000}$	= 0,86	$\dfrac{46.000}{57.000}$	= 0,81
Imobilização dos Rec. não Correntes	$\dfrac{45.000}{75.000}$	= 0,60	$\dfrac{48.000}{73.000}$	= 0,66	$\dfrac{46.000}{82.000}$	= 0,56

Percebam que, embora esses indicadores sejam relevantes na análise das demonstrações, é necessário cuidado, muito cuidado, aliás, pois esses elementos não têm correção monetária, notadamente o grupo Imobilizado. Pode haver aquisições recentes ou antigas. Se o Imobilizado está defasado, consequentemente o PL também estará.

Assim, ao se comparar a soma do Imobilizado, Investimentos (em outras sociedades principalmente) e Intangíveis com a soma do Patrimônio Líquido com o Passivo Não Circulante (exigível a longo prazo), pode-se ter no numerador um valor defasado, enquanto o Passivo Não Circulante está praticamente todo em moeda da data do balanço (a única exceção é a conta de Tributos Diferidos, que não pode ser ajustada a valor presente e, portanto, está a valor nominal em moeda futura dificilmente determinável).

Lembre-se do seguinte: uma inflação anual média de 5% parece pouco, mas para um imóvel comprado há 10 anos, isso corresponderia a uma defasagem de 63%! Logo, comparar $ 1.000.000 desse imóvel a custo histórico com uma dívida de longo prazo contabilizada também por $ 1.000.000 (valor original mais encargos financeiros até agora) é algo muito fora da realidade.

Dessa forma, se você não tem ideia de quão atualizados ou desatualizados estão os valores desses ativos em discussão, tenha muito cuidado para não tirar conclusões que poderão estar muito incorretas. Imagine comparar esses índices de uma empresa muito velha, contendo grandes Imobilizados, com uma empresa nova, com Imobilizado que, mesmo que também seja grande, tenha sido formado recentemente.

Poxa, parece que análise de balanços é uma mistura de técnica, de arte, de bom-senso, de precaução, tudo isso aliado a conhecimentos de contabilidade e do negócio que está sendo analisado! Pois é isso mesmo.

9.2   ÍNDICES DE COBERTURA

É comum e útil utilizar-se de comparação entre o lucro antes de algum item e esse item, para se ver a capacidade de suportar a obrigação relativa a esse item. Por exemplo:

Lucro antes das despesas financeiras/despesas financeiras

Se o lucro antes das despesas com juros é de $ 10.000.000 e os juros são $ 8.000.000 ou $ 1.000.000, vê-se a diferença de risco com a capacidade da empresa de geração de resultado (caixa, lembra-se?) para pagamento dos juros.

Qual a crítica? Não é bem crítica, e sim um alerta: quando a empresa está construindo ativos durante um certo tempo, os encargos financeiros dos empréstimos que financiam esses ativos são ativados e, consequentemente, não aparecem na Demonstração do Resultado; virarão depreciação no futuro. Assim, é obrigatório procurar-se nas **notas explicativas** quais os valores desses encargos financeiros ativados para somá-los aos dos resultados antes dessa análise.

Como a depreciação não é caixa desembolsado no mesmo período em que é reconhecida (como regra geral), é interessante fazer, para cálculo desse índice de cobertura (Icob):

$$Icob = \frac{\text{(Lucro antes das despesas financeiras + Depreciações e Amortizações)}}{\text{Despesas financeiras}}$$

Equação 5 – Índice de cobertura

Mas cuidado: lembre-se de que as depreciações indicam perda de valor de Imobilizados que provavelmente precisarão de reposição. Se o recurso retido por conta da depreciação for utilizado para pagar juros...

Se for possível verificar os valores principais das dívidas pagas durante o período (ver a demonstração dos fluxos de caixa), podem-se adicionar esses valores aos encargos financeiros para ver a capacidade gerada *versus* pagamento de principal mais juros.

Outros índices de cobertura podem ser utilizados, como comparar lucro bruto com despesas operacionais. Cada analista deve verificar quais são os realmente relevantes que podem ajudá-lo.

É importante notar que um bom índice de cobertura das despesas financeiras é dado pela relação entre o EBITDA e essas despesas. Como o EBITDA significa o valor da geração de caixa antes das despesas financeiras, é um bom indicador. Aliás, um dos raros casos em que o EBITDA é muito bem utilizado na prática.

9.3 ÍNDICES DE RENTABILIDADE

Para análise da rentabilidade, Matarazzo (2010) propõe os quatro indicadores apresentados no Quadro 9.5. Os indicadores de rentabilidade apresentados, tanto por Iudícibus (2017), quanto por Assaf Neto (2023), também apresentam pequenas variações. Isso ocorre, de maneira geral, não só na literatura brasileira, como também na de tantos outros países.

Apenas um alerta: o índice Giro do Ativo está aqui entre os de rentabilidade quando, na verdade, ele é um indicador de giro, de rotação, de atividade; mas isso ocorre porque ele é utilizado para calcular índices de rentabilidade; ou seja, ele, em si, não deveria estar aqui.

QUADRO 9.5   Índices de rentabilidade.

ÍNDICE	FÓRMULA	INDICA
Giro do Ativo	$\dfrac{\text{Vendas Líquidas}}{\text{Ativo}}$	Quanto a empresa vendeu para cada $ 1,00 de investimento total.
Margem Líquida	$\dfrac{\text{Lucro Líquido}}{\text{Vendas Líquidas}}$	Quanto a empresa obtém de lucro para cada $ 1,00 vendido.
Rentabilidade do Ativo	$\dfrac{\text{Lucro Líquido}}{\text{Ativo}}$	Quanto a empresa obtém de lucro para cada $ 1,00 de investimento total.
Rentabilidade do PL	$\dfrac{\text{Lucro Líquido}}{\text{PL Médio}}$	Quanto a empresa obtém de lucro para cada $ 1,00 de capital próprio investido, em média, no exercício.

Fonte: Adaptado de Matarazzo (2010).

Inicialmente, vamos deixar claro que preferimos outras formas de ver esses cálculos. Neste tópico, vamos analisar e criticar esses que costumam ser apresentados como os índices tradicionais de rentabilidade, porque consideramos que eles estão entre os mais importantes na análise de balanços, embora sejam muito falhos como normalmente apresentados; assim, queremos dar um destaque todo especial e crítico a eles.

Acesse o vídeo sobre Índices de Retorno ROE, ROI, Giro e Margem, do Prof. Gilberto Miranda, por meio do QR Code.

uqr.to/1zuw4

Ao aplicar os índices de rentabilidade nas demonstrações contábeis da Cia. Ilustra (constantes nos Quadros 9.2 e 9.3), obtém-se pela maioria dos autores:

QUADRO 9.6   Índices de rentabilidade da Cia. Ilustra.

ÍNDICE	X0	X1	X2
Giro do Ativo	$\dfrac{112.000}{132.000(*)} = 0,85$	$\dfrac{123.000}{139.000} = 0,88$	$\dfrac{130.000}{146.000} = 0,89$
Margem Líquida	$\dfrac{4.200}{112.000} = 0,04$	$\dfrac{7.500}{123.000} = 0,06$	$\dfrac{8.900}{130.000} = 0,07$
Rentabilidade do Ativo	$\dfrac{4.200}{132.000(*)} = 0,03$	$\dfrac{7.500}{139.000} = 0,05$	$\dfrac{8.900}{146.000} = 0,06$
Rentabilidade do PL	$\dfrac{4.200}{54.500(*)} = 0,08$	$\dfrac{7.500}{55.500} = 0,14$	$\dfrac{8.900}{56.500} = 0,16$

(*)   Como não foram informados o Ativo e o PL iniciais, utilizamos valores estimados para Ativo e PL médios para X0.

9.3.1   Rentabilidade do Ativo – Ah! Quanta bobagem se comete!

A Rentabilidade do Ativo, dada como Lucro Líquido/Ativo Médio, é costumeiramente desmembrada em Giro e Margem: Vendas/Ativo Médio × LL/Vendas (conhecida como Fórmula DuPont). Isso é muito interessante mesmo, porque de fato a variação entre certos ramos econômicos nessa composição é enorme!

Por exemplo, uma transmissora de energia elétrica às vezes vende o equivalente, num ano, a 50% do seu Ativo, mas obtém uma margem de 30% sobre suas vendas, o que acaba dando um lucro de 15% sobre o Ativo.

Já um supermercado pode girar o equivalente a 5 vezes (500%) seu Ativo, mas ganhar apenas 3% sobre suas vendas, o que dá o mesmo lucro de 15% sobre o Ativo no ano. (Instamos o leitor a comparar diversos setores e se surpreender com essas variações.)

Só que analisar a **Rentabilidade do Ativo** é comparar Ativo com a rentabilidade que ele produz. Mas... **Ativo produz Lucro Líquido? Não.** O Ativo produz o lucro que costumamos chamar de operacional, derivado das atividades operacionais ativas da entidade, e esse lucro, para ser bem analisado, não pode conter o efeito da forma como o Ativo é financiado. E o Lucro Líquido contém o efeito das despesas financeiras que são provocadas pelo Passivo de financiamento. **O indicador LL/Ativo é, pois, um índice pobre, muito pobre, porque mistura dois conceitos importantes que devem ser tratados à parte.** Para certas análises evolutivas, tal índice pode até ajudar, mas conceitualmente é uma informação muito pobre.

Vamos ao ano X1 da Cia. PQR para mostrar mais detalhadamente como consideramos mais correto trabalhar.

QUADRO 9.7   DRE da Cia. PQR.

Demonstração do Resultado do Exercício	
Itens	**X1**
Receitas	123.000
CMV	(74.500)
Lucro Bruto	**48.500**
Despesas Operacionais	(34.500)
Despesas Financeiras	(3.500)
Resultado Antes do IR	**10.500**
Provisão IR	(3.000)
Resultado Líquido	**7.500**

Olhando a formação do resultado desse período, vemos que o Ativo produziu não o lucro líquido de $ 7.500, mas o lucro bruto de $ 48.500 (lucro bruto) diminuído de $ 34.500 (despesas operacionais), ou seja, $ 14.000. Esse é o retorno do Ativo, já que as despesas financeiras vieram por conta do Passivo. Só que esse retorno de $ 14.000 é bruto, antes do Imposto de Renda e da Contribuição Social (aqui chamados no seu conjunto de IR). Assim, precisamos calcular quanto de IR existiria caso não existissem as despesas financeiras.

Note-se que o IR de $ 3.000 está correspondendo a 28,6% do resultado antes do IR. Suponha-se que a alíquota do IR vigente seja de 30% e que, no caso, deu um pouco menos por causa de algum incentivo fiscal. Ora, se a alíquota normal é de 30%, pelo fato de existirem despesas financeiras de $ 3.500, e supondo que todas dedutíveis fiscalmente, temos que se economizou IR de $ 1.050 por conta dessas despesas financeiras (30% × $ 3.500). Assim, o IR total que existiria na ausência dessas despesas é de $ 4.050. Podemos assim reformular a DRE:

QUADRO 9.8   DRE Reformulada da Cia. PQR.

Demonstração do Resultado do Exercício	
Itens	**X1**
Receitas	123.000
CMV	(74.500)
Lucro Bruto	48.500
Despesas Operacionais	(34.500)
Lucro Bruto Operacional do Ativo	**14.000**
IR sobre o Lucro Bruto Op. Ativo	(4.050)

(*Continua*)

(*Continuação*)

Lucro Líquido Operac. do Ativo	**9.950**
Despesas Financeiras	(3.500)
IR economizado sobre Desp. Financ.	**1.050**
Desp. Financeiras Líquidas do IR	**(2.450)**
Resultado Líquido	**7.500**

Veja-se que o lucro do Ativo é o lucro antes dos encargos financeiros (lucro operacional) diminuído do IR que teríamos que pagar caso não tivéssemos os encargos sobre o Passivo, ou seja, o NOPAT (*Net Operating Profit After Taxes*). No caso, $ 9.950. O Lucro Líquido foi para $ 7.500 porque as despesas financeiras, já líquidas do IR economizado, totalizaram $ 2.450.

Assim, os cálculos de retorno do Ativo devem ficar:

Giro do ativo médio = $ 123.000/$ 139.000 = 0,88 vezes por ano

Margem líquida operacional sobre as vendas = $ 9.950/$ 123.000 = 0,08 = 8%

Rentabilidade operacional do ativo = $ 9.950/$ 139.000
$$= 0,88 \times 0,08 = 0,07 = 7\%$$

Ou seja, o Ativo está produzindo 7% de rentabilidade operacional, líquida dos efeitos tributários.

Esse é um percentual que diz muito melhor do que a simples comparação Lucro Líquido *versus* Ativo, tão mal utilizada na prática.

Mais à frente discutiremos essa taxa com relação ao custo do Passivo, como já fizemos no item 7.8.

O investimento é representado pelo patrimônio líquido somado aos passivos financeiros (onerosos), que podem ser obtidos deduzindo-se dos ativos os passivos operacionais. Essa técnica é muito interessante: diminui-se do ativo o valor dos passivos que não representam empréstimos e financiamentos, e que devem ser de origem operacional (fornecedores, salários e encargos a pagar e semelhantes). Afinal, os ativos financiados com esses passivos não representam, efetivamente, investimento da própria empresa, e sim da parte desses credores. Dessa forma, o retorno operacional é sobre o investimento produzido pela soma do patrimônio líquido com os passivos onerosos efetivamente tomados de terceiros.

Qual Ativo utilizar? Como sabe-se, o Ativo tem oscilações muito significativas durante o período. Teoricamente, o ideal seria utilizar cada Ativo pelo tempo que ficou à disposição da empresa. Mas, na prática, isso é muito complexo. Para o analista que está fora da empresa é mesmo impossível. Assim, acabamos utilizando o Ativo Médio. Afinal de contas, *quem não tem cão... caça como (ou com?) gato!* Mas... é importante ter consciência do que seria teoricamente correto e dessas aproximações no momento da tomada de decisões. Valem aqui as mesmas observações no item de prazos médios: quanto mais informação para o cálculo do Ativo Médio, menos se reduz o problema de eventuais sazonalidades (13 balanços e balancetes, só os trimestrais etc.).

Também podemos analisar a **anatomia do retorno do Ativo**. Podemos dividir esse indicador em três outros:

a) podemos dividir a equivalência patrimonial pelos investimentos e avaliar a taxa de retorno dos investimentos em outras empresas;
b) podemos dividir as receitas financeiras líquidas de seus tributos pelos ativos financeiros e obter a taxa de retorno dos investimentos financeiros;
c) podemos, finalmente, dividir o Lucro Operacional Líquido dos tributos pelos ativos operacionais e avaliar a taxa de retorno da atividade operacional propriamente dita. Já mostramos isso no Capítulo 7.

É importante ter em mente que o **Ativo em construção** não deve entrar na conta, pois não está produzindo nada ainda. Além disso, o custo do dinheiro utilizado nesse Ativo deve estar sendo incorporado ao custo do próprio Ativo, não faz parte das despesas financeiras, ou seja, não está sendo levado ao resultado. Só que se se retirar um Ativo em construção do total do Ativo há que se tirar idêntico valor do lado do Passivo para certas análises (se houver Passivo vinculado a esse Ativo; caso contrário, há que simplesmente se arbitrar se não houver informação suficiente).

O último ponto a ser destacado é lembrar que quando se trabalha com taxas de retorno, é necessário saber que trabalhamos com números sujeitos a aproximações, com falta de correção monetária de certos ativos, sujeitos a critérios contábeis alternativos, a diferentes modelos contábeis etc., antes de interpretar todos os quocientes que obtemos.

9.3.2 Rentabilidade do Patrimônio Líquido – o mais importante dos indicadores

Por que o mais importante? Porque demonstra a capacidade da empresa de remunerar o capital que foi investido pelos sócios! Só isso. Quem remunera bem esse capital cumpriu seu grande dever para com os que a criaram e nela investiram. Nesse caso não há dúvida, o relevante é mesmo o Lucro Líquido, líquido de todos os encargos relativos a capitais de terceiros. É o que sobra para os sócios.

A segunda grande dúvida que surge ao calcular a **Rentabilidade do PL** é saber qual o PL utilizar: o inicial, final ou PL médio? Quando falamos de Retorno sobre o PL, estamos querendo saber, na verdade, qual o retorno sobre o investimento próprio. Qual o retorno sobre o que o sócio colocou na empresa. PL final é a pior das alternativas, pois o denominador já contém o próprio resultado do período, ou pelo menos parte dele, na quase totalidade das vezes. PL médio, em princípio, também contém parte dos próprios lucros do período na composição do denominador, ou seja, também não oferece a taxa de investimento correta.

Nesse sentido, o ideal seria utilizar o PL inicial mais as variações ocorridas durante o período em análise, ajustadas proporcionalmente ao tempo que estiveram à disposição da empresa. Mas isso nem sempre é possível quando não se têm as datas em que ocorreram modificações do tipo distribuição de lucros, aumento de capital com recursos novos etc.

Por isso, na prática costuma-se trabalhar com o PL médio quando há alterações no PL por conta de transações de capital com os sócios (aumento ou redução de capital, distribuição de lucros, compra de ações ou quotas em tesouraria são os exemplos tradicionais). Mas isso é conceitualmente errado. Imagine calcular o retorno de uma aplicação financeira dividindo-se o juro ganho pelo saldo médio da aplicação financeira avaliada pelo Regime de Competência ao longo do ano? A taxa correta é a divisão do juro ganho pelo capital inicial investido! Por isso, quando não havia oscilações muito violentas no PL por conta dessas transações de capital com os sócios, costumava-se utilizar o PL inicial sabendo-se que, como regra, errava-se menos dessa forma. Só que agora há esse aspecto importante a ser observado na composição do PL, que se refere aos dividendos distribuídos.

No Brasil, todos os dividendos propostos ficavam já segregados, no balanço final, reconhecidos no Passivo, os obrigatórios e os adicionais a eles. Mas, agora, estamos adotando, dentro das normas internacionais, o reconhecimento no Passivo, já tirando do PL somente o dividendo mínimo obrigatório, que genuinamente é uma obrigação, ficando o dividendo proposto adicional dentro do próprio PL, em conta destacada.

Na Europa, ao contrário do que ocorre no Brasil, à exceção da Grécia, todos os países **não** têm dividendos obrigatórios. Portanto, se compararmos o PL de uma empresa brasileira com o de uma empresa europeia, haverá essa diferença, o PL da última contém os dividendos que serão distribuídos conforme determinação em assembleia a ocorrer. Somente após a votação na assembleia, quando os dividendos adicionais se transformarem em obrigatórios é que deverão ser levados ao Passivo, enquanto, no Brasil, o dividendo obrigatório estará no Passivo Circulante.

Portanto, na análise, essas configurações deverão ser observadas e as contas reclassificadas. O importante é que o analista decida como quer tratar e, se for o caso, que reclassifique como achar melhor. Aliás, lembre-se sempre: **o analista é sempre livre para as reclassificações que julgar importantes.**

Alerta especial: lembrar também que o PL tende a estar defasado em termos de moeda, já que ele é a diferença entre o Ativo e o Passivo, e como no Ativo sempre há algum item que deveria estar corrigido monetariamente, mas não está, o valor desse diferencial interfere diretamente, em termos absolutos, mas líquidos dos efeitos tributários, no PL.

Se você sabe que, dentro de um Ativo total de $ 50 milhões, há um Imobilizado por $ 30 milhões que, se corrigido, estaria por $ 45 milhões, isso significa que o Ativo total deveria estar por $ 65 milhões, e o PL também deveria estar ajustado, inicialmente, pelos mesmos $ 15 milhões. Todavia, lembre-se, se esse Ativo for vendido, haverá imposto sobre os $ 15 milhões; ou, se for depreciado, a depreciação sobre os $ 15 milhões não será dedutível. Assim, se for refeito o balanço para efeito de análise, lembrar que os sócios só se aproveitam dos $ 15 milhões líquidos dos efeitos tributários sobre ele. Com isso, **ao se ajustar, para fins de análise, o Ativo, a contrapartida** dos $ 15 milhões deverá ser dupla: **parte no Passivo (alíquota de IR e CS sobre esse acréscimo) e parte no PL**.

E mais, há que se fazer isso no balanço inicial e no final. E a diferença entre os dois saldos desses tributos futuros reconhecidos no Passivo precisa ser considerada um ajuste do lucro do período. E haveria também que se ajustar as depreciações sobre esse Ativo... Logo, trabalho enorme quando se quer fazer tudo bem direitinho.

9.3.3 Mas há um alerta também sobre a rentabilidade do PL: ela não é necessariamente a rentabilidade dos sócios atuais!

Imagine quem investiu numa empresa, criando-a e nela investindo $ 100 milhões de reais de capital próprio, e que obtenha $ 30 milhões de Lucro Líquido no final do primeiro ano. Sendo que a empresa está sujeita a um **risco** normal, e numa baixíssima inflação, em princípio, é um fantástico retorno. Admitamos também que tenha sido contratado um gestor para administrá-la e ele está também se sentindo bem, produzindo 30% de retorno para o proprietário. Ambos, investidor e gestor, entendem 30% como a taxa de retorno do investimento feito por um e administrado pelo outro. E admitamos que todo o lucro seja distribuído.

Tão bom retorno que o proprietário consegue vender todas as suas ações ou quotas do capital dessa empresa por $ 200 milhões. Na verdade, agora para ele o retorno não é mais de 30%, e sim de 130%! Levou $ 30 milhões em lucro distribuído e mais $ 100 milhões acima do que investira.

No ano seguinte, a empresa volta a começar com o mesmo PL de $ 100 milhões originais, o mesmo gestor nela trabalha e consegue novamente $ 30 milhões de Lucro Líquido. Diz ele: "veja como sou bom, novamente produzi 30% de retorno".

Só que o novo proprietário não concordará, porque ele investiu $ 200 milhões no negócio, e o retorno então para ele foi de 15%. Pode estar até satisfeito por o lucro ser o que previra, mas não entenderá que seu ganho terá sido de 30%, caso a empresa continue valendo os mesmos $ 200 milhões investidos. Mas o gestor continuará afirmando que ele recebeu $ 100 milhões do sócio original, aplicou esse montante e deu um retorno de $ 30 milhões, logo...

Imagine que poderia o primeiro investidor nem ter vendido a empresa. Ao perceber que seu negócio passou a valer $ 200 milhões no final do primeiro ano, já terá a sensação de um lucro de $ 130 milhões no primeiro ano, 130% de retorno. E, no final do segundo ano, comparará os $ 30 milhões do novo lucro não mais com o investimento original, mas sim com o quanto poderia ter obtido se tivesse vendido a empresa no início desse segundo ano.

Moral da história: **rentabilidade sobre o PL indica o retorno sobre o capital que foi aplicado pelos sócios que investiram na empresa, não representando, comumente, o retorno sobre o valor da empresa no final do período em análise. É taxa de retorno sobre o capital aplicado na empresa, e não o retorno do valor aplicado pelos sócios que entraram para a sociedade posteriormente. Se forem os mesmos sócios iniciais, o retorno obtido não foi calculado sobre o que eles consideram como valor do seu investimento no final do período.**

É lógico que, ao longo da vida da empresa, o total dos lucros de todos os sócios será igual ao total do lucro que a empresa produzir, nem mais nem menos. Mas, durante a vida da empresa, a distribuição dos lucros entre os sócios dependerá das negociações entre os sócios, e a distribuição temporal também é diferente. Pode ocorrer inclusive de, ao longo da vida da empresa, alguns sócios ganharem mais do que a empresa produziu, porque podem ter vendido potencial de lucro futuro para outros sócios, e se esse potencial não tiver se materializado, os sócios compradores poderão ter tido prejuízo.

Logo, o fato de a nossa empresa em exemplo ter dado 8% de retorno sobre o PL no ano X1 não significa que seus sócios ganharam isso. Dependendo de serem sócios novos, podem ter ganho muito mais ou muito menos em função do quanto pagaram pelo seu investimento aos investidores anteriores. Sendo os mesmos investidores desde o início, poderá ser dito, sim, que a empresa ganhou 8% sobre o capital por eles investido; mas, se esse capital próprio valia, no início desse ano, muito mais ou muito menos do que o valor contábil, a sensação desses mesmos sócios, nesse ano, poderá ser bastante diferente dos 8%.

Por favor, para discutir sobre qual taxa de retorno é adequada, veja o item sobre Custo de Oportunidade, Capítulo 11.

Lembrar que, quando se fala do capital aplicado na empresa, isso corresponde a todo seu Patrimônio Líquido, se bem medido pela correção monetária a ser aplicada sobre os ativos que dela necessitam. Isso porque os lucros retidos e demais reservas correspondem a valores que poderiam ter saído e retornado à empresa, logo, representam investimentos dos sócios.

9.3.4 GVA – Geração de Valor ao Acionista – este sim um indicador "quase" perfeito

A partir da análise efetuada no item anterior, verifica-se que, do ponto de vista do investidor (aqui chamado de acionista, mas vale para o sócio de uma empresa limitada também), o seu lucro corresponde ao que ele recebe de distribuição de lucros durante um período mais a valorização do seu investimento durante esse mesmo período:

$$GVA = Dividendos + (Valor\ de\ mercado\ do\ PL_{Final} - PL_{Inicial})$$

Equação 6 – Geração de Valor ao Acionista

E esse GVA, dividido pelo valor de mercado do Patrimônio Líquido, é que está muito mais próximo do ideal à sua taxa de rentabilidade percebida. (Há aqui que se considerar que deveria ser o Patrimônio Líquido inicial ajustado por suas variações proporcionais ao tempo também.)

Mas, como nem tudo é perfeito, falta considerar nessa formulação os efeitos da inflação e o custo de oportunidade durante o período. Parece que não acaba nunca...

9.3.5 Mas qual lucro utilizar?

As normas internacionais (e as brasileiras) apresentam dois tipos de lucro: o **Resultado do Exercício** e o **Resultado Abrangente do Exercício**. Este é composto do primeiro mais **Outros Resultados Abrangentes**. Estes são determinados por normas específicas que fazem com que:

a) certas receitas e despesas vão diretamente para o patrimônio líquido, só vindo a transitar pelo Resultado do exercício mais à frente; e b) certas receitas e despesas vão diretamente para o PL, mas nunca vão transitar pelo Resultado.

Quando uma empresa investe em outra no exterior, ou que tenha uma moeda funcional diferente, a variação por conta do câmbio sobre o patrimônio líquido da investida não é computada no resultado até que se baixe o investimento societário. Por exemplo, você investe R$ 6.000.000, transformados em US$ 1.000.000, e investe numa empresa no exterior. Mesmo que essa empresa não faça nada, pode ser que o câmbio mude e agora o milhão de dólares pode valer R$ 6.300.000 ou R$ 5.700.000. Essa diferença de valor da equivalência patrimonial, apenas por causa do câmbio vai para a conta de Outros Resultados Abrangentes (às vezes denominada "Ajustes de Avaliação Patrimonial") e só será descarregada para o Resultado do Exercício quando da baixa do investimento. A lógica é que se trata de ganhos ou perdas que não derivam da atividade da investida, mas sim de um fator incontrolável pela empresa, o câmbio.

Já as variações de uma provisão para benefícios pós-emprego decorrentes de fatores atuariais, como taxa de mortalidade, variação na taxa de desconto e outros, vão também diretamente para Outros Resultados Abrangentes e nunca mais afetarão o Resultado do Exercício! (Nem farão parte do dividendo obrigatório, para o bem ou para o mal!)

Há variações de valor justo de certos instrumentos financeiros que vão para o resultado, e há variações que, conforme o modelo de negócios da empresa, vão diretamente para o PL; algumas reciclam para o Resultado e outras não.

Aqui, temos tratado sempre da figura do Resultado do Exercício, do Lucro ou Prejuízo Líquidos, mas é necessário que o analista tenha sempre o cuidado de analisar também a Demonstração dos Resultados Abrangentes para verificar o que está ocorrendo com o PL da empresa. O analista é livre para escolher qual resultado utilizar: o do Exercício ou o Abrangente; na maioria das vezes, trabalha-se com o primeiro, mas é fundamental ter sempre os olhos voltados para os dois. Em certas circunstâncias, pode valer a pena inclusive utilizar os dois números para calcular diferentes rentabilidades.

Além disso, nas demonstrações consolidadas temos também dois outros tipos de lucros ou prejuízos líquidos: o dos **sócios da controladora consolidadora** e o dos **sócios não controladores que participam nas controladas**; e há também dois componentes do patrimônio líquido da empresa: o dos sócios da controladora e o dos não controladores que participam do patrimônio líquido das controladas.

O lucro líquido da última linha da DRE é a soma dos dois, e o PL também. Assim, é importante utilizá-los para cálculo da rentabilidade do PL consolidado, mas é também relevante fazer dois outros cálculos: o lucro líquido dos controladores *versus* o PL dos controladores, e o lucro líquido dos não controladores *versus* o PL dos não controladores.

Veja-se, por exemplo, o balanço da COSAN e analise-se esse ponto; há uma rentabilidade global da empresa consolidada. Mas costuma ser muito diferente a rentabilidade dos sócios da COSAN quando comparada com os sócios que participam nas controladas da COSAN. Já no caso da RENNER, tudo é igual, já que suas controladas são praticamente 100% controladas por ela.

9.4 GRAU DE ALAVANCAGEM FINANCEIRA

A fim de compatibilizar a taxa de retorno líquida operacional do Ativo com a do Patrimônio Líquido, pode-se trabalhar com o conceito Grau de Alavancagem Financeira. Tomemos os balanços inicial e final de X_1 e o resultado desse período, da Cia. PQR e suponha-se que aproximadamente 40% do Passivo Circulante seja Passivo de Financiamento (com encargos financeiros explícitos); veja-se como mudou a apresentação dos balanços.

QUADRO 9.9   Balanço patrimonial da Cia. PQR.

Balanço Patrimonial		
ATIVO	**X0**	**X1**
Ativo Circulante	90.000	95.000
Ativo Não Circulante		
Imobilizado	45.000	48.000
Total do Ativo	**135.000**	**143.000**
PASSIVO		
Passivo Circulante Operacional	24.000	28.000
Passivo Circulante Financiamento	36.000	42.000
Passivo Não Circulante	20.000	17.000
PATRIMÔNIO LÍQUIDO	55.000	56.000
Total do Passivo + PL	**135.000**	**143.000**

Agora, lembremo-nos do conceito de Necessidade de Capital de Giro, assumindo que todo o Circulante seja operacional, transferindo o Passivo Circulante de Funcionamento (ou Operacional) como redutor do Ativo Circulante; calculemos os valores médios:

QUADRO 9.10   Balanço patrimonial da Cia. PQR – reelaborado.

Balanço Patrimonial			
ATIVO	**X0**	**X1**	**Médios**
Ativo Circulante	90.000	95.000	92.500
(–) Passivo Circulante Operacional	–24.000	–28.000	–26.000
Capital Circulante Líquido Operac.	66.000	67.000	66.500
Ativo Não Circulante			

(*Continua*)

(*Continuação*)

Imobilizado	45.000	48.000	46.500
Total do Ativo	**111.000**	**115.000**	**113.000**
PASSIVO			
Passivo Circulante Financiamento	36.000	42.000	39.000
Passivo Não Circulante	20.000	17.000	18.500
Passivo de Financiamento Total	**56.000**	**59.000**	**57.500**
PATRIMÔNIO LÍQUIDO	**55.000**	**56.000**	**55.500**
Total do Passivo + PL	**111.000**	**115.000**	**113.000**

O que significa isso? Que, do total de ativos anterior de $ 135.000 em X0, parte era financiada por passivos operacionais, não apresentando ônus na forma de despesas financeiras explícitas. Assim, o investimento total em ativos que precisou de dinheiro dos sócios e dinheiro na forma de empréstimos e financiamentos foi, nessa data, de $ 111.000 apenas.

Trazendo para cá novamente a Demonstração de Resultados da Cia. PQR, também reelaborada, temos:

QUADRO 9.11   DRE da Cia. PQR – reelaborada.

Demonstração do Resultado do Exercício	
Itens	**X1**
Receitas	123.000
CMV	(74.500)
Lucro Bruto	48.500
Despesas Operacionais	(34.500)
Lucro Bruto Operacional do Ativo	**14.000**
IR sobre o Lucro Bruto Operac. Ativo	(4.050)
Lucro Líquido Operacional do Ativo	**9.950**
Despesas Financeiras	(3.500)
IR economizado sobre Despesas Financeiras	1.050
Desp. Financeiras Líquidas do IR	(2.450)
Resultado Líquido	**7.500**

Se recalcularmos o retorno líquido operacional do Ativo agora remensurado pelo que precisou de recursos dos sócios e de instituições financeiras, tem-se:

Retorno operacional líquido dos Ativos médios: $ 9.950/$ 113.000 = 8,8%.

Como explicar com a taxa de retorno sobre o PL médio (para poder ser compatível com ativos médios) de: $ 7.500/$ 55.500 = 13,5%?

Basta verificar agora que o **custo líquido da dívida** foi de: $ 2.450/$ 57.500 = 4,2%. ($ 57.500 é o Passivo de Financiamento total médio do período.)

Ora, isso é coisa mesmo de exemplo teórico, e não de situação brasileira: os juros, descontado o benefício fiscal que é o tributo que eles economizam, representaram apenas 4,2% ao ano.

Logo, os sócios aplicaram seu PL médio de $ 55.500, ganhando 8,8% e ainda pegaram dinheiro dos outros, no montante médio de $ 57.500, ganhando também 8,8%, mas custando apenas 4,2%. Portanto, ficaram com o diferencial que engordou sua rentabilidade!

QUADRO 9.12   Detalhe do Lucro Líquido da Cia. PQR.

Lucro líquido produzido pelo capital próprio:		
$ 55.500 × 8,8% =		4.887
Lucro líquido produzido pelo uso do capital de terceiros, ou seja, ganho na dívida:		
$ 57.500 × 8,8%	5.063	
(–) $ 57.500 × 4,2%	(2.450)	2.613
Lucro Líquido Total dos Sócios:		7.500

Veja-se que o Lucro Operacional Líquido do Ativo, de $ 9.950, está dividido em duas partes: a produzida pelo capital próprio ($ 4.887) e a produzida pelo capital de terceiros ($ 5.063). Como o capital de terceiros custou $ 2.450, produziu o valor líquido de $ 2.613.

Que maneira interessante de ver a importância (nesse caso para o bem!) do capital de terceiros!!!

Pode-se analisar, com base em outra fórmula, com fundamento no seguinte raciocínio: os capitais próprios produziram 8,8% de retorno, e os de terceiros produziram o percentual líquido de 4,6% (trabalhando-se com mais casas decimais, 4,54% na realidade). Só que, como esses 4,6% são verdadeiros sobre o valor do capital de terceiros, mas essa sobra verte para o PL, é só proporcionalizar a relação entre capital de terceiros e próprio. Afinal, ao ganhar 4,6% sobre capital de terceiros, mas se estes representarem apenas 5% do capital próprio, o efeito será mínimo. No caso, os capitais de terceiros são praticamente iguais aos capitais próprios. Isso fornece a anatomia do retorno sobre o Patrimônio Líquido.

Podemos agora comparar o retorno sobre o Patrimônio Líquido pelo retorno do Ativo, dividindo um pelo outro, quando então o quociente, se superior a 1, indicará grau de alavancagem favorável pelo uso de capital de terceiros; caso contrário, desfavorável (quando o custo do Passivo suplanta o retorno do Ativo).

Dentro dessa lógica, tem-se a fórmula:

$$GAF = \frac{RSA + (RSA - CD) \times P/PL}{RSA}$$

Equação 7 – Grau de Alavancagem Financeira

Em que:

GAF = Grau de Alavancagem Financeira;

RSA = Retorno Operacional Líquido dos Ativos;

CD = Custo Líquido do Passivo Oneroso;

P = Passivo de Financiamento (Oneroso);

PL = Patrimônio Líquido.

No nosso exemplo, temos:

$$GAF = \frac{8,8\% + (8,8\% - 4,2\%) \times 57.500/55.500}{8,8\%}$$

$$GAF = \frac{8,8\% + 4,6\% \times 1,04}{8,8\%}$$

$$GAF = \frac{8,8\% + 4,8\%}{8,8\%}$$

$$GAF = \frac{13,6\%}{8,8\%}$$

$$GAF = 1,54$$

Isso mostra que os sócios estão ganhando 53% a mais em sua taxa de retorno em comparação ao que os ativos conseguem produzir. Ou seja, grande parte do lucro dos sócios está centrada na qualidade da dívida!!![1]

9.5 EBITDA

O EBITDA (*Earnings Before Interest, Taxes, Depreciation and Amortization*), que traduzido literalmente significa Lucros Antes de Juros, Impostos, Depreciação e Amortização (LAJIDA), tem ganhado espaço entre os analistas de demonstrações contábeis nos últimos anos. Na verdade, ele virou um Deus no mundo das avaliações, ou melhor, num certo mundo das avaliações. Tanto que muitas empresas calculam o EBITDA para divulgar, uma vez que o mercado valoriza essa informação, mas não o utilizam internamente no processo decisório.

---

[1] Sugerimos visitar o item 12.9 – Demonstração dos Fluxos de Caixa. Pontos importantes e críticos normalmente não comentados nos livros-texto estão lá discutidos.

QUADRO 9.13   EBITDA da Cia. Ilustra.

Demonstração do Resultado do Exercício			
	X1	**X2**	**X3**
Receitas	112.000	123.000	130.000
CMV	(71.000)	(74.500)	(79.500)
Lucro Bruto	**41.000**	**48.500**	**50.500**
Despesas Operacionais	(29.500)	(31.000)	(31.700)
EBITDA	**11.500**	**17.500**	**18.800**
Despesas de Depreciação	(3.000)	(3.500)	(3.300)
Resultado Operacional antes do IR = EBIT	**8.500**	**14.000**	**15.500**
Despesas Financeiras	(1.500)	(3.500)	(3.200)
Resultado Antes do IR	**7.000**	**10.500**	**12.300**
Provisão IR	(2.800)	(3.000)	(3.400)
Resultado Líquido	**4.200**	**7.500**	**8.900**

Notem que o indicador é obtido da seguinte maneira: lucro bruto menos as despesas operacionais, excluindo-se destas a depreciação, os juros e as amortizações do período. Dessa forma, é possível avaliar o lucro referente apenas ao negócio, descontando qualquer ganho financeiro (derivativos, aluguéis ou outras rendas que a empresa possa ter gerado no período). Além disso, no cálculo do EBITDA são retirados os juros dos empréstimos contratados para alavancar as operações; sendo assim, é importante ter em conta que o EBITDA pode dar uma falsa perspectiva sobre a efetiva liquidez da empresa. Ou seja, o EBITDA é número tendente a mostrar o potencial de geração bruta de caixa, não o próprio caixa realizado, pois ele toma como ponto de partida o lucro e, como se sabe, muitas transações não se convertem em dinheiro em tão curto prazo. Ele é o caixa antes dos encargos financeiros, depreciação e impostos, isto é, uma geração bruta de caixa. Mas também nada diz sobre a qualidade dos lucros. Veja alguns exemplos ilustrativos:

- *Uma geradora de energia elétrica*: o cálculo do EBITDA envolve o lucro e a depreciação de toda a estrutura de geração de energia, os encargos financeiros e os impostos. Assim, o EBITDA é o caixa bruto potencialmente produzido pelas operações antes dos juros e impostos. Esse caixa vai servir para pagar juros, impostos e o que sobra desse caixa é para pagar o Lucro Líquido e a recuperação da depreciação (é parte do caixa usado para recuperar o valor do Ativo que um dia foi investido, lembra-se?). Percebam que esse caixa é realmente livre para a empresa, pois a gestão não guardará esse dinheiro para construir outra usina daqui a 70 anos.

- *Um banco*: nesse caso os Imobilizados mais significativos são constituídos pelo parque computacional monstruoso com uma vida útil curtíssima e com depreciações também enormes. O potencial do caixa antes da depreciação, juros e impostos é tão livre quanto na empresa de geração de energia? Não... pois parte daquele dinheiro deverá ser utilizado para reinvestir na substituição constante dos equipamentos.

Vejam que calcular o EBITDA para essas duas distintas situações resulta em informações que não são comparáveis. Pois uma indústria pode ter característica de altíssima tecnologia, cujos equipamentos precisarão ser substituídos rapidamente, portanto demandando desembolso de parte do EBITDA no curto prazo, enquanto na outra os Imobilizados são de longa vida útil, com desembolsos previstos para o longo prazo. Não dá para usar o EBITDA para equalizar esses lucros... Assim, o EBITDA conceitualmente só tem significado para empresas com características fortemente relacionadas.

A explicação para o grande uso do EBITDA na prática reside no fato de que ele é fácil de ser obtido e porque passa a impressão de ser caixa. Mas não é caixa livre, pois não são consideradas as necessidades de reinvestimentos.

Como o cálculo do EBITDA não era regulamentado, as empresas acabavam tendo liberdade para fazer manobras. Algumas despesas que não são recorrentes são retiradas, pois o EBITDA é o lucro antes das despesas não recorrentes. Cada empresa define o que é considerado despesas não recorrentes... A SEC (*Security Exchange Commission* – a comissão de valores mobiliários americana) estabeleceu algumas regras para limitar o uso do EBITDA.

Aqui no Brasil, a CVM aprovou, inicialmente, a Instrução no 527, de 4 de outubro de 2012, visando ao aperfeiçoamento no nível de entendimento dessas informações e torná-las comparáveis entre as companhias abertas. Posteriormente, em 2022, aprovou a Instrução 156, tratando da divulgação voluntária do EBITDA ou EBIT.

A norma estabeleceu que o cálculo do EBITDA e EBIT deve ter como base os números apresentados nas demonstrações contábeis de propósito geral, conforme previsto no Pronunciamento Técnico CPC 26 (R1) – Apresentação das Demonstrações Contábeis. Não podem ser incluídos no cálculo desses indicadores valores que não constem das demonstrações contábeis, especialmente da demonstração dos resultados. Além disso, a divulgação do cálculo deve ser acompanhada da conciliação dos valores constantes das demonstrações contábeis.

O cálculo do EBITDA e do EBIT não pode excluir itens não recorrentes, não operacionais ou relacionados a operações descontinuadas. Entretanto, a companhia pode optar por divulgar, de forma adicional, o "EBITDA Ajustado", que pode excluir resultados líquidos vinculados às operações descontinuadas, conforme especificado no Pronunciamento Técnico CPC 31 – Ativo Não Circulante Mantido para Venda e Operação Descontinuada, além de ser ajustado por outros itens que contribuam para evidenciar o potencial de geração bruta de caixa.

Toda a divulgação referente ao EBITDA e ao EBIT deve ser consistente e comparável com períodos anteriores e, caso haja mudanças, é necessário apresentar uma justificativa detalhada, junto à descrição completa das alterações realizadas. A norma também determina que os valores do EBITDA e do EBIT sejam divulgados fora do conjunto completo de demonstrações contábeis e que a verificação do cálculo seja realizada por um auditor independente da companhia, cuja responsabilidade se limita a verificar se os ajustes têm origem nos registros contábeis, sem a necessidade de validar os julgamentos feitos pela administração.

No tocante à comparabilidade, o EBITDA pode ter seu uso maximizado se o valor obtido for dividido pelas receitas líquidas. Assim, tem-se o EBITDA por dias de venda. Essa medida relativa permite que se possa estabelecer comparações entre empresas de diferentes portes.

O maior uso do EBITDA tem sido para fins de tentativa de avaliação de empresas, associando-se seu valor a um multiplicador. Só que, como visto nos exemplos extremos da geradora de energia elétrica e no banco, em hipótese alguma pode-se utilizar o mesmo multiplicador para um e outro. Assim, o uso do EBITDA tem muito de semelhante com a avaliação de empresas com base num multiplicador de faturamento (padarias, farmácias etc.), ou quantidades físicas de vendas (postos de gasolina etc.) e outros.

9.6 EVA® – *ECONOMIC VALUE ADDED*

O EVA é um dos indicadores correlacionados ao Resultado Econômico Residual, nada mais do que o lucro operacional obtido após pagamento de impostos menos o encargo sobre o capital, apropriado tanto para endividamento quanto para o capital acionário. Em palavras mais simples, o EVA parte do Lucro Líquido, deduzindo dele o custo do capital próprio (retorno mínimo exigido pelos sócios, considerando o nível de risco do negócio) para apuração do resultado econômico, o qual será ganho ou perda do empreendimento após remuneração de todo o capital aplicado (o lucro líquido contábil só considera o custo do capital de terceiros).

Esse resultado é um indicador da *performance* econômica da empresa e sinaliza se a empresa é capaz de arcar com todas as suas despesas, remunerar o capital próprio e gerar ou não resultados positivos. Pode ser apurado mediante a seguinte equação:

$$EVA = NOPAT - (C\% \times CT)$$

Equação 8 – *Economic Value Added* (EVA)

Em que:

NOPAT = Resultado Operacional Líquido Depois dos Impostos (*Net Operating Profit After Taxes* – Retorno Operacional sobre os Ativos);

C% = Custo Percentual do Capital Total (Próprio e de Terceiros); e

CT = Capital Total Investido.

Tendo em vista que a legislação societária brasileira já inclui o custo do capital de terceiros (despesas financeiras), Lopo et al. (2001, p. 246) propõem uma alteração na equação anterior para a seguinte forma:

$$EVA = LOLAI - (CCP\% \times PL)$$

Equação 9 – *Economic Value Added* – adaptado ao Brasil

Em que:

LOLAI = Lucro Operacional Líquido após os Impostos;

CCP% = Custo do Capital Próprio (em Percentagem); e

PL = Patrimônio Líquido.

De acordo com essa análise, a essência do EVA não é uma novidade, mas algo relativamente simples e importante que vinha sendo esquecido ao longo do tempo. Discutindo a importância dessa abordagem, Lopo et al. (2001, p. 247) colocam que o EVA: "Não deixa de ter sido, todavia, talvez a maior das 'redescobertas' dos últimos tempos em termos de avaliação de desempenho." Ele, de certa forma, representa o conserto de um velho erro contábil, não considerar como despesa o custo do capital dos sócios. Essa noção é intuitiva, mas muito esquecida, principalmente quando se fazem análises gerenciais sobre resultado de um produto, de uma divisão, de uma filial etc.

Se algum analista quiser mudar seus cálculos porque não concorda com algumas práticas contábeis, pode fazê-lo tanto quanto pode para análise do resultado tradicional. Os criadores do EVA[2] fizeram isso!

Mas é importante lembrar que, além de depender dos critérios contábeis e, portanto, carregar os mesmos problemas de normas, de modelos contábeis, da falta de correção monetária e outros, não leva em conta o valor de mercado do Patrimônio Líquido para seu cálculo. Essa é, talvez, a maior falha cometida na sua aplicação, porque, ao ser calculado sobre os valores contábeis, está também calculando o valor adicionado (ou "destruído", como é o jargão para EVA negativo) com relação ao capital aplicado na empresa, e não representa, com isso, o valor econômico adicionado para o investidor atual. Vejam-se comentários sobre isso no item 9.3.

9.7 ÍNDICES BASEADOS EM AÇÕES

Os índices baseados em ações misturam informações de mercado com informações contábeis. Portanto, carregam todas as limitações inerentes às informações contábeis, além de outras próprias do mercado. Mas são bastante utilizados na prática, por isso vale a pena discutir suas principais limitações.

Acesse o vídeo sobre Índices Baseados em Ações, do Prof. Bruno Salotti, por meio do QR Code.

uqr.to/1zuw5

---

[2] EVA® é uma marca registrada pela empresa Stern Stewart & Co.

É importante destacar que o Lucro por Ação (LPA), também conhecido como *Earnings per share*, mede o ganho, mas não o financeiramente realizado, uma vez que o lucro do exercício normalmente não é totalmente distribuído. Também é relevante destacar que resultados não recorrentes, como ganhos ou perdas extraordinários, podem inflar ou reduzir o LPA, tornando-o menos representativo do desempenho operacional real da empresa. No caso de operações descontinuadas, há que se apresentar dois LPAs, um para o resultado das operações continuadas e outro para o lucro líquido.

QUADRO 9.14   Índices Baseados em Ações.

Índice	Fórmula	Indica
Lucro por ação	$\dfrac{\text{Resultado Líquido}}{\text{Quantidade de ações em circulação}}$	Parcela do lucro que corresponde a cada ação em circulação
Preço sobre lucro	$\dfrac{\text{Valor de mercado da ação}}{\text{Lucro por ação}}$	A relação entre o preço da ação e o lucro por ação
Valor de mercado sobre PL	$\dfrac{\text{Valor de mercado}}{\text{Patrimônio Líquido}}$	A relação entre o valor de mercado e o valor do Patrimônio Líquido
Dividendos por ação	$\dfrac{\text{Dividendos}}{\text{Quantidade de ações}}$	Quanto a empresa está pagando de dividendos por cada ação
Rendimento de dividendos	$\dfrac{\text{Dividendo por ação}}{\text{Cotação da ação}}$	Retorno proporcionado pelos dividendos com relação ao preço das ações
Dividendo distribuído	$\dfrac{\text{Dividendo do período}}{\text{Lucro líquido}}$	Proporção do lucro distribuído aos investidores

Também é importante destacar que há a chance de os LPAs variarem conforme sejam as ações ordinárias ou preferenciais, notadamente no Brasil, e ainda pode haver subdivisões delas e terem participação diferenciada.

Há obrigação de informar também do efeito da diluição de ações potenciais, como opções de ações, bônus conversíveis ou outros instrumentos financeiros que podem afetar significativamente o resultado final para os acionistas. Por fim, alterações no número de ações em circulação, por emissão ou recompra, afetam diretamente o LPA, o que pode mascarar o desempenho real da empresa. Assim, o número de ações a ser utilizado na fórmula não é o do final do exercício, e sim o ponderado durante o período. A esse respeito, sugerimos a leitura atenta do CPC 41 – Resultado Por Ação.

Sobre o indicador Preço sobre Lucro (P/L) ou *Price Earnings*, cabe destacar que esse indicador é bastante suscetível às oscilações no preço de mercado da ação. Do ponto de vista da contabilidade, itens extraordinários, como ganhos ou perdas não recorrentes, também podem distorcer o lucro e, consequentemente, o P/L.

Sobre o indicador Valor de Mercado sobre PL, ou *Market to Book* (MTB), é importante destacar que o valor contábil reflete a posição histórica da empresa, enquanto o valor de mercado incorpora expectativas futuras. Essa desconexão pode revelar outras fragilidades do indicador: a) o valor contábil não capta adequadamente ativos intangíveis, como marcas, patentes e capital humano, que são relevantes em muitos setores; b) ativos não monetários de longa duração, como imobilizados e intangíveis, podem apresentar valor contábil diferente do valor real; c) o valor de mercado é sensível a fatores externos, como ciclos econômicos, especulação ou tendências setoriais; d) a recompra de ações reduz o patrimônio líquido contábil, elevando o MTB artificialmente, mesmo sem melhorias no desempenho fundamental da empresa.

O indicador Dividendos por Ação (DPA) também tem limitações a serem consideradas. Empresas que reinvestem lucros em crescimento geralmente pagam menos dividendos. O DPA baixo pode levar à falsa percepção de que essas empresas são menos atrativas, apesar do potencial de valorização. Outro aspecto importante é que o DPA não considera a erosão do poder de compra dos dividendos ao longo do tempo (efeitos inflacionários), nem o impacto das taxas de juros na atratividade dos pagamentos.

Já o indicador Rendimento de Dividendos ou *Dividend Yield* (DY) tem a ver com os dividendos distribuídos e o preço da ação. O DY pode aumentar artificialmente quando o preço da ação cai, sem que isso reflita uma melhora na atratividade dos dividendos. Dividendos pagos devido a eventos extraordinários, como a venda de ativos, podem inflar o DY de forma temporária e não recorrente. Além disso, é importante avaliar o contexto setorial, o histórico da empresa e as condições econômicas para evitar interpretações equivocadas.

Por fim, o Dividendo Distribuído ou *Dividend Payout* é um indicador baseado no lucro contábil, que pode ser influenciado por práticas contábeis ou eventos extraordinários, sem necessariamente refletir o desempenho operacional ou o fluxo de caixa disponível. Salientamos que, no Brasil, as sociedades por ações têm a figura do dividendo obrigatório estabelecido conforme determinarem seus estatutos (na ausência, a Lei determina como calcular); dividendo esse que pode ser afetado por criação das Reservas Legal, de Contingências, de Lucros a Realizar e Especial, conforme os ditames legais. Veja-se a Lei nº 6.404/76, das S/A.

9.8 INDICADORES DE PREVISÃO DE INSOLVÊNCIA

Esses indicadores se destinam exclusivamente à concessão de crédito para investimentos, crédito para curto prazo, crédito para longo prazo etc. Existem bibliografias específicas para análise de crédito, como, por exemplo, as publicações da SERASA.

A linha de pesquisa sobre insolvência tem como objeto a identificação de fatores presentes em situações acontecidas de falências e de concordatas. São vários os trabalhos publicados em congressos, revistas etc. que buscam identificar esses fatores por meio de correlações.

Nesse sentido, a análise discriminante é uma "ferramenta" estatística utilizada para classificar determinado elemento "E" em dado grupo (nesse caso, empresas solventes e empresas insolventes) entre os grupos existentes π_1 e π_2. Para isso, é necessário que o elemento "E" a ser classificado pertença realmente a um dos i grupos, e que sejam conhecidas as características dos elementos dos dois grupos, de modo a permitir a comparação entre as características do elemento que desejamos classificar com as características dos elementos dos diversos grupos. Essas características são especificadas a partir de um conjunto de n variáveis aleatórias $(X_1, X_2, ..., X_n)$. No processo de classificação consideram-se os custos decorrentes de eventuais erros de classificação, bem como probabilidades *a priori* de que o elemento pertença a cada um dos grupos.

A função discriminante de Fisher é tida como a primeira solução específica para o problema da discriminação. Para as situações de discriminação entre duas populações normais de mesma covariância, essa função apresenta ótimas propriedades. Para empresas e índices financeiros, pode-se dizer que a função discriminante é uma combinação linear dos índices de endividamento (X_1) e de retorno (X_2), isto é:

$$Z = aX_1 bX_2$$

Equação 10 – Função discriminante

Em que: a *e* b *são determinantes de forma a maximizar o quociente entre a diferença ao quadrado entre os valores de Z calculados para as médias das amostras* $(\pi_1$ e $\pi_2)$ *e a variância de Z estimada dentro das amostras.*

O modelo de Altman também é baseado em análise discriminante. O modelo Z-Score, que teve como evolução o Modelo Zeta, gera uma espécie de índice com um valor crítico, ou seja, a partir de certo patamar se prediz que uma determinada empresa apresenta tendência à falência. Dentre as variáveis relevantes têm-se retorno sobre Ativo, estabilidade no lucro, despesas financeiras, reservas de lucro, liquidez e capitalização da empresa.

Stephen Charles Kanitz desenvolveu o que foi o primeiro modelo brasileiro divulgado de análise para determinar previamente, com satisfatória margem de segurança, o grau de insolvência das empresas. Ele criou uma espécie de termômetro financeiro baseado na conjugação de alguns indicadores de liquidez, de endividamento e de rentabilidade. É uma composição de índices financeiros que determina a situação ou saúde financeira das empresas. Essa ferramenta atualmente tem seu valor histórico, inclusive para pesquisa, mas não pode ser aplicada à realidade atual porque utiliza alguns coeficientes que guardavam relação com a realidade da época em foi desenvolvido, não necessariamente existente hoje em dia.

Muitos bancos utilizam modelos dessa natureza para análises preliminares, pois eles têm um nível de validade bastante razoável. Mas, no fundo, os resultados obtidos nas pesquisas só valem, de fato, para aquela amostra. Quando muda o período de análise ou os sujeitos da pesquisa, em geral, os resultados tendem a ser diferentes. Além disso, as alterações ocorridas nos grupos patrimoniais em função da adoção das IFRS devem ser consideradas na aplicação de modelos baseados nas estruturas contábeis anteriores.

O que ocorre na prática é que muitos usuários utilizam os chamados modelos heterodoxos. Por exemplo: o maior ágio pago numa financiadora de automóveis até hoje foi quando a BBA comprou a financiadora do antigo Mappin. Porque essa era a maior financiadora do Brasil e também a mais rentável. As vendas do Mappin representavam não mais que 10 ou

12% das operações de financiamentos dela. Mas o que caracterizava a fantástica rentabilidade dessa empresa era o processo de análise de crédito que desenvolvia frente aos empréstimos às pessoas físicas. Era um modelo absolutamente heterodoxo. Por exemplo, questionava-se: "– a pessoa tem telefone?" "– Sim", "– Então liga lá e confirma se é da casa", porque naquela época telefone era artigo de luxo. Eram questões relativamente simples e pessoais, mas que permitiam ao analista fazer uma previsão bastante acertada.

Posteriormente, muitos analistas começaram a utilizar questões dessa natureza para pessoas jurídicas. Por exemplo: qual o comportamento dos gestores das empresas? São analisados os perfis psicológicos dos costumes dos sujeitos e traçadas tendências relacionadas à solvência ou não do empreendimento. Ou seja, avaliam-se as influências culturais nas gestões das empresas. Tratam-se de estudos de natureza comportamental.

9.9 O CÁLCULO DA ALÍQUOTA EFETIVA DE IMPOSTO DE RENDA

Já vimos que a análise da taxa efetiva de retorno do ativo obriga ao cálculo dos resultados derivados do ativo e dos tributos que seriam pagos sobre esse resultado caso não existissem as despesas financeiras. Ou seja, procuramos o retorno sobre os ativos líquidos dos tributos que se pagaria sobre eles caso não existissem as despesas financeiras. Uma análise mais refinada se processa nas circunstâncias em que há mais de uma atividade gerada pelos ativos; uma empresa comercial pode ter seu resultado derivado em parte dessa atividade, em parte por investimento em Propriedades para Investimento, em parte por investimento em controladas e coligadas, por investimento em ativos financeiros etc. Ou pode, mais analiticamente ainda, ter o resultado da atividade comercial subdividido por segmentos econômicos. Assim, interessa-nos calcular a taxa de retorno líquida dos tributos de cada um desses ativos ou atividades ou segmentos econômicos etc.

Aliás, as companhias abertas são obrigadas a evidenciar seus resultados por Segmentos Econômicos em nota explicativa à parte. Pode ser por negócios diferentes (comércio e financiamento a clientes, por exemplo; ou atacado e varejo; ou eletrônicos, móveis, roupas e outros, por exemplo) ou por regiões geográficas etc.

Vejamos um exemplo simples, da Cia. Constelação, para mostrar como se deve fazer essa análise mais "íntima" da empresa, e não só a que se tem na análise do desempenho da empresa como um todo.

Suponhamos os seguintes balanços e demonstração do resultado da Cia. Constelação:

QUADRO 9.15   Balanço da Cia. Constelação.

	31.12.x1	31.12.x2
Caixa e Equiv. Caixa	R$ 3.000	R$ 4.000
Aplic. Financeiras	R$ 25.000	R$ 30.000
Dupl. a Receber (líq.)	R$ 50.000	R$ 51.000

(*Continua*)

(*Continuação*)

Estoques	R$ 45.000	R$ 50.000
IR Diferido	R$ 340	R$ 510
Investimentos	R$ 30.000	R$ 32.000
Imobilizado	R$ 80.000	R$ 88.000
Deprec. Acumulada	(R$ 16.000)	(R$ 24.4000)
Ativo	**R$ 217.340**	**R$ 231.110**
Fornecedores	R$ 30.000	R$ 31.000
Imp. Renda a Pagar	R$ 2.000	R$ 4.454
Contas a Pagar	R$ 15.000	R$ 12.000
Empréstimos	R$ 40.000	R$ 41.000
Capital	R$ 40.000	R$ 40.000
Reservas de Lucros	R$ 90.340	R$ 102.656
Passivo+PL	**R$ 217.340**	**R$ 231.110**

QUADRO 9.16   Demonstração dos Resultados da Cia. Constelação.

	20x2
Vendas	R$ 125.000
Custo das Vendas	(R$ 72.500)
Lucro Bruto	R$ 52.500
Equivalência Patrimonial	R$ 4.500
Despesas Pessoal	(R$ 10.000)
Outras Desp. Administrativas	(R$ 4.000)
Depreciação	(R$ 8.400)
Desp. Devedores Duvidosos	(R$ 1.500)
Receitas Financeiras	R$ 2.500
Despesas Financeiras	(R$ 6.000)
Lucro Antes Imp. Renda	R$ 29.600
Imposto Renda + CSLL	(R$ 4.284)
Lucro Líquido	**R$ 25.316**

Logo de cara ficamos intrigados: o lucro antes dos tributos é R$ 29.600, mas os tributos são só de R$ 4.284, ou seja, 14,4% de alíquota efetiva! Certamente, há uma explicação para isso, se a alíquota do IR + CSLL no Brasil, para quem é tributado pelo lucro real, é de 34%. Será que podemos dizer que o lucro operacional líquido derivado só dos ativos é o que aparece na Demonstração dos Resultados diminuído dessa alíquota efetiva geral de 14,4%? E que a economia provocada pelas despesas financeiras é desse percentual sobre R$ 6.000? Não, não façamos essa bobagem. Vamos raciocinar.

Verificamos que há pelo menos três tipos de ativos gerando resultados no nosso exemplo: o ativo operacional das atividades comerciais, o ativo financeiro gerando receitas financeiras e o ativo investimento societário gerando receita de equivalência patrimonial. Assim, o lucro antes dos tributos sobre o lucro (vamos aqui sempre falar em Imposto de Renda, mas abrange a Contribuição Social Sobre o Lucro Líquido) de R$ 29.600 pode ser desmembrado nessas origens para fins de análise. E, do lado do passivo, as despesas financeiras da fonte de recurso empréstimos gerando a despesa financeira líquida e o lucro líquido dos sócios.

Mas antes, pensemos no seguinte: os ativos operacionais são financiados parcialmente por passivos operacionais sem pagamento de juros; vamos admitir que não haja juros com as dívidas com os fornecedores, então não há juros sobre eles e sobre imposto de renda e contas a pagar no nosso exemplo (podemos sofisticar se fornecedores são ajustados a valor presente e tivermos as despesas financeiras desse passivo). Dessa forma, os ativos financiados com ônus são, então, os denominados "Ativos Operacionais Líquidos", ou seja, os operacionais diminuídos desses passivos operacionais. E vamos agora segregar esses ativos operacionais líquidos dos investimentos societários e aplicações financeiras. E, finalmente, vamos colocar ao lado desses ativos e passivos o quanto, em reais, renderam ou custaram.

QUADRO 9.17 Preparando a análise.

	31.12.x1	31.12.x2	Retorno Bruto
Ativos Operacionais Circ. e Não Circ.	R$ 162.340	R$ 168.940	
(−) Passivos Operacionais	(R$ 47.000)	(R$ 47.284)	
Ativo Operacional Líquido	R$ 115.340	R$ 121.656	R$ 28.600
Aplicações Financeiras	R$ 25.000	R$ 30.000	R$ 2.500
Investimentos	R$ 30.000	R$ 32.000	R$ 4.500
Ativo Total Financiado	R$ 170.340	R$ 183.656	R$ 35.600
Empréstimos	R$ 40.000	R$ 41.000	(R$ 6.000)
Patrimônio Líquido	R$ 130.340	R$ 142.656	R$ 25.316
Passivos Onerosos + PL	R$ 170.340	R$ 183.656	**E o IR?**

Os ativos operacionais incluem tanto os circulantes, exceto aplicações financeiras, quanto os ativos não circulantes operacionais, neste caso o imobilizado líquido. (Aliás, esse formato já foi muito usado pelos ingleses na hora de apresentar as demonstrações contábeis, diga-se de passagem.) Veja que a soma do Ativo Total Financiado é o Ativo Total do balanço diminuído do passivo operacional. Consequentemente, "do outro lado" temos o passivo oneroso Empréstimos mais o Patrimônio Líquido. Temos, dessa forma, um jeito diferente de mostrar o patrimônio, preocupados com vincular a eles os devidos retornos e custos.

Na última coluna, vinculamos o resultado operacional bruto (lucro bruto menos despesas de pessoal, depreciação, devedores duvidosos e outras operacionais), no valor de R$ 28.600, como derivado do Ativo Operacional Líquido. Vinculamos as receitas financeiras às aplicações financeiras e a equivalência patrimonial aos investimentos. Vinculamos os juros ao passivo oneroso, e o lucro líquido ao patrimônio líquido, mas essa coluna não está correta, porque faltou a figura do imposto de renda!

Para podermos fazer a análise, é necessário distribuirmos o total de imposto de R$ 4.284 da demonstração do resultado a cada uma dessas linhas da coluna de Retorno Bruto, para chegarmos ao Resultado Líquido para valer. No entanto, sabemos que a equivalência não é tributada, e outros fatores afetam o cálculo dos tributos sobre o lucro, como despesas não dedutíveis, juros sobre o capital próprio, receitas não tributáveis, incentivos fiscais etc. Para isso, precisamos, para uma alocação correta, conhecer exatamente como se chegou ao tributo sobre o lucro de R$ 4.284. Para isso, precisamos consultar a nota explicativa obrigatória que mostra tudo isso. Suponhamos que nela encontremos:

QUADRO 9.18   Notas Explicativas da Cia. Constelação.

Nota Explicativa Cálculo IR	
Lucro Antes do IR	**R$ 29.600**
Tributos a 34%: Imposto se tudo dedutível e tributável	**–R$ 10.064**
Efeito Equivalência Patrimonial, não tributada, economiza imposto	R$ 1.530
Juros sobre o Capital Próprio (R$ 13.000), dedutível, economiza imposto	R$ 4.420
Despesas não dedutíveis nunca (R$ 500), aumentam imposto	–R$ 170
Tributos Totais por Competência	**–R$ 4.284**
Devedores duvidosos não dedutíveis ainda (R$ 1.500), IR Diferido	– R$ 510
Devedores duvidosos dedutíveis agora (R$ 1.000), IR Diferido	R$ 340
Tributos Correntes a Pagar	**– R$ 4.454**

Ou seja, se o lucro antes do IR fosse totalmente tributável pela alíquota legal de 34%, o tributo seria R$ 10.064, mas porque no resultado aparece R$ 4.284 e no passivo a pagar (nada pago durante o período por conta do tributo desse exercício) aparece R$ 4.454? As explicações estão na nota: a equivalência não é tributada, logo se economiza 34% × R$ 4.500 = R$ 1.530. Juros sobre o capital próprio de R$ 13.000 foram pagos, e como esse valor é dedutível, mesmo não sendo contabilmente uma despesa, economiza-se 34% dele, R$ 4.420. Só que há despesas não dedutíveis nunca de R$ 500, o que aumenta o tributo em R$ 170. Com isso, chegamos aos tributos sobre o lucro de R$ 4.284 relativos ao lucro do exercício, e essa é a despesa na demonstração do resultado.

Entretanto, há despesas dedutíveis agora que já afetaram resultados do passado, perdas por devedores incobráveis de R$ 1.500, que geram dedutibilidade de imposto agora de R$ 510. Por outro lado, despesas contabilizadas dessa natureza neste exercício por R$ 1.000, não são dedutíveis agora e só o serão no futuro. Por isso, a baixa do I.R. Diferido Ativo anterior e o surgimento do novo. E, incluindo esses últimos ajustes, o tributo total a pagar é de R$ 4.454, no passivo.

Com isso, podemos agora refazer o quadro já visto, distribuindo essas informações do Quadro 9.19, considerando que os efeitos dos juros sobre o capital próprio e as despesas não dedutíveis afetam os tributos sobre o lucro operacional, já que as receitas financeiras são tributáveis pelos 34%, as despesas financeiras geram dedutibilidade de 34% e a equivalência patrimonial não é tributada. (Há um caso especial de despesa financeira não dedutível no caso de empresa estrangeira com excesso de endividamento.) Assim, o efeito tributário do juro sobre o capital próprio e o das despesas indedutíveis sempre acaba recaindo sobre o lucro operacional. Dessa forma, podemos reconstruir o Quadro 9.17, com os seguintes detalhes: vamos calcular o resultado líquido operacional, a equivalência líquida, a receita e a despesa financeira líquidas também. E vamos comparar esses valores líquidos com os ativos e passivos médios do exercício, para termos as taxas de retorno sobre esses saldos médios do ano.

QUADRO 9.19 Análise das Taxas de Retorno e de Custo do Passivo Oneroso.

	31.12.x1	31.12.x2	Val. Médios	Retorno Bruto	Tributos s/ Lucro	Alíquota Efetiva	Retorno Líq. em R$	Taxa de Retorno (%)
Ativos Op. Circ. e Não Circ.	R$ 162.340	R$ 169.110						
Passivos Operacionais	(R$ 47.000)	(R$ 47.454)						
Ativo Operac. Líquido	R$ 115.340	R$ 121.656	R$ 118.498	R$ 28.600	(R$ 5.474)	−19,1%	R$ 23.126	**19,5%**
Aplicações Financ.	R$ 25.000	R$ 30.000	R$ 27.500	R$ 2.500	(R$ 850)	−34,0%	R$ 1.650	**6,0%**
Investimentos	R$ 30.000	R$ 32.000	R$ 31.000	R$ 4.500	R$ 0	0,0%	R$ 4.500	**14,5%**
Ativo Total Financiado	R$ 170.340	R$ 183.656	R$ 176.998	R$ 35.600	(R$ 6.324)	−17,8%	R$ 29.276	**16,5%**
Empréstimos	R$ 40.000	R$ 41.000	R$ 40.500	(R$ 6.000)	R$ 2.040	−34,0%	−R$ 3.960	**−9,8%**
Pat. Líquido	R$ 130.340	R$ 142.656	R$ 136.498	R$ 29.600	**(R$ 4.284)**	−14,5%	R$ 25.316	**18,5%**
Passivo Oneroso + Pat. Líq.	R$ 170.340	R$ 183.656	R$ 176.998					

Na coluna de Tributos s/ Lucro, o valor de R$ 5.474 de tributos incidentes sobre o lucro operacional nasce simplesmente por diferença. Após alocar o que é líquido e certo para aplicações financeiras, investimentos e empréstimos, o que sobra é para ele. Se não existissem essas contas de aplicações financeiras, investimentos e empréstimos, os tributos sobre o lucro seriam desses R$ 5.474. E esses R$ 5.474 mostram que a alíquota efetiva de tributos sobre o lucro operacional é de 19,1%; e sabemos que os 14,5% de tributos sobre o lucro total antes do imposto de renda é então fruto de uma ponderação entre os percentuais e os retornos e custo brutos.

Temos, então, na coluna Retorno Líquido em R$, qual o resultado operacional líquido dos tributos, de R$ 23.126, o que dá uma taxa de retorno sobre o ativo operacional médio de 19,5%. As aplicações financeiras dão meros 6% de taxa de retorno líquido. Os investimentos societários, 14,5%. O ativo financiado total dá 16,5%, média ponderada das anteriores. E, ainda bem, o custo do passivo, líquido dos tributos, é de 9,8%, inferior ao retorno do ativo. Apenas a receita financeira produz uma taxa inferior ao que custa o capital de terceiros (seria de se perguntar: está boa a política da empresa em ter tanto dinheiro aplicado tão mal, tendo custo semelhante ao do empréstimo?).

O último ponto a mostrar é que essa taxa de retorno sobre o patrimônio líquido médio não é a melhor maneira de medir o retorno dos sócios, já que o melhor seria comparar o lucro líquido com o patrimônio líquido inicial (19,4%); mas, para haver a coerência entre os números, e para se calcular o Grau de Alavancagem Financeira, procedemos dessa forma e, além disso, houve uma redução do patrimônio líquido com a distribuição dos juros sobre o capital próprio. Se tiver sido feita no final do ano, o retorno sobre o patrimônio inicial continua a melhor medida. Mas se houver sido distribuído durante o ano, já não é tão verdade isso. O ideal, em termos matemáticos, seria sobre a média ponderada do patrimônio líquido ao longo do ano (12 meses), excluindo sempre o lucro do próprio exercício. Mas há tantas subjetividades, tantas aproximações nos balanços e nos resultados que não vale a pena exagerar nas filigranas.

Poderíamos aqui calcular o Grau e a Alavancagem Financeira utilizando essa análise, inclusive com mais detalhes, mas achamos que o básico já está dado.

Só falta adicionar um outro aspecto. A alíquota efetiva de 19,1% sobre o resultado operacional está vinculada a esse nível de resultado operacional (R$ 28.600, no exemplo). Mas, e se houver um aumento do retorno bruto do ativo operacional? Essa alíquota vai se manter? Não, não vai, porque os efeitos que alteram a alíquota final Receita de Equivalência Patrimonial e Juros Sobre o Capital Próprio são valores fixos, que não mudam com o resultado operacional. E, se esse aumentar, o acréscimo será tributado totalmente pelos 34%! Assim, se tivermos um aumento de R$ 10.000 no exemplo, esse excedente será tributado normalmente pelos 34%, ou seja, haverá um aumento nesse valor a ser acrescentado ao tributo que já existe de R$ 5.474. Assim, o tributo sobre o resultado bruto operacional passará para R$ 8.874; com isso, a alíquota efetiva sobre o resultado bruto operacional novo de R$ 38.600 será de 23%!

Logo, há que se considerar essa variação para o caso de mudança no lucro operacional ou para projeções; além disso, é preciso verificar que há outras alterações no cálculo do lucro real que podem interferir e trazer necessidade de novas análises, como é o caso de incentivo à exportação e outros benefícios fiscais.

Com isso, mostramos como se calcula a taxa efetiva de retorno do ativo operacional, passando pela análise da taxa efetiva de tributação dos lucros que ele produz.

EXERCÍCIOS

1. **Estudo Dirigido: Análise de Indicadores Contábeis em Empresas de Capital Aberto – Parte II**

Ao final do capítulo anterior, foram realizadas as análises iniciais das demonstrações contábeis de uma empresa real. Propõe-se que seja dada continuidade ao mesmo caso, agora com os indicadores de estrutura patrimonial e rentabilidade a fim de consolidar a análise.

a) **Apresentação dos índices de estrutura patrimonial** — calcule os seguintes indicadores de estrutura patrimonial da empresa:
- participação de capital de terceiros;
- composição do endividamento;
- imobilização do patrimônio líquido;
- imobilização dos recursos não correntes.

Após os cálculos, elabore uma conclusão sobre a estrutura patrimonial, considerando: a evolução dos índices ao longo dos 3 anos; a comparação com médias do setor; e a identificação das contas que mais impactaram esses índices.

b) **Apresentação dos índices de rentabilidade** — calcule os seguintes indicadores de rentabilidade:
- Retorno sobre o Ativo (ROA);
- Retorno sobre o Patrimônio Líquido (ROE);
- margem líquida;
- Giro do Ativo;
- EBITDA/Receita Líquida.

Após os cálculos, elabore uma conclusão sobre a rentabilidade, considerando a evolução dos índices ao longo dos 3 anos; a comparação com médias do setor; a identificação das contas que mais impactaram esses índices.

c) **Apresentação do trabalho completo** — elabore um relatório executivo completo sobre a situação econômico-financeira da empresa, seguindo o modelo apresentado no Capítulo 11 do livro *Análise Didática das Demonstrações Contábeis*, de Eliseu Martins, Gilberto José Miranda e Josedilton Alves Diniz.

OBJETIVOS DO EXERCÍCIO

a) Desenvolver a capacidade analítica dos estudantes na interpretação das demonstrações contábeis de uma empresa real.

b) Aplicar conceitos de análise financeira e compreender a relação entre eles.

10

OS EFEITOS INFLACIONÁRIOS NA ANÁLISE DAS DEMONSTRAÇÕES FINANCEIRAS

Objetivo do capítulo

Este capítulo tem o objetivo de evidenciar os efeitos causados pela ausência da consideração dos efeitos inflacionários na publicação das demonstrações financeiras; apresentar alguns aspectos políticos e sociais que permearam a curta vida da correção monetária integral na sociedade brasileira; e a entrada em cena dos Juros sobre o Capital Próprio. Por fim, são tecidas algumas reflexões sobre os efeitos inflacionários em análises longitudinais.

Atualmente, como se sabe, a correção monetária não é permitida pela lei brasileira nem pelas normas internacionais de contabilidade, a não ser que em determinado período haja hiperinflação. As regras internacionais determinam que hiperinflação existe quando a inflação acumulada em três anos consecutivos ficar ao redor de 100% (a definição oficial não é essa, mas esse parâmetro é o que vem sendo utilizado na prática; alertamos que o IASB está, neste momento que escrevemos, reestudando esses indicadores).

A ausência da correção dificulta a comparabilidade entre demonstrações de empresas que tiveram seus patrimônios constituídos em diferentes épocas. Imagine, por exemplo, o balanço de um banco inglês constituído há 200 anos e que nunca sofreu o processo de correção monetária. Se ele não tiver Imobilizado algum, apenas caixa e operações financeiras no seu Ativo, como seu Passivo também deverá estar atualizado, ter-se-á como consequência que seu Patrimônio Líquido estará bem medido na moeda de capacidade aquisitiva da data desse balanço, apesar da idade do banco. Já se for o balanço de uma fazenda, com as terras compradas há 200 anos e mantidas pelo valor das libras nelas investidas à época... Para se chegar a qualquer conclusão, é necessário conhecer a composição de seus ativos e passivos.

Fonte: Yossakorn Kaewwannarat | iStockphoto

FIGURA 10.1   Inflação: perda de poder aquisitivo.

Nessa direção, Akerlof e Shiller (2009)[1] nos propõem uma visão onde sobressai o impacto de cinco "*animal spirits*" – a confiança, a equidade, a corrupção e má-fé, a ilusão monetária e as "histórias" – no comportamento humano e, por essa via, no devir econômico. É com base nessa visão e nos comportamentos "irracionais" que lhe estão subjacentes que se explica a ocorrência de crises econômicas na história do capitalismo.

Especificamente sobre a ilusão monetária, os autores esclarecem:

> [...] uma das suposições mais importantes da macroeconomia moderna é que as pessoas enxergam através do véu da inflação. Também parece totalmente implausível, dada a natureza dos contratos salariais, da fixação de preços, dos contratos de títulos e da contabilidade. Esses contratos poderiam facilmente deixar de lado o véu da inflação por meio da indexação. No entanto, na maioria dos casos, as partes dos contratos optam por não fazê-lo. E essas são apenas algumas indicações da ilusão monetária.

---

[1]   Prêmio Nobel de Economia em 2001.

Veremos que levar em conta a ilusão monetária nos dá uma macroeconomia diferente – uma que chega a conclusões políticas consideravelmente diferentes[2] (AKERLOF; SHILLER, 2009, p. 50, tradução nossa).

Partindo da relevância da correção monetária no contexto empresarial, discutiremos a lógica do modelo utilizado no Brasil até 1995 na próxima seção.

10.1 A LÓGICA DO MODELO ORIGINAL DE CORREÇÃO MONETÁRIA

A sistemática de correção monetária dos balanços no Brasil, prevalecente para fins societários e para fins fiscais desde a edição da Lei das Sociedades por Ações (Lei nº 6.404/76), vigorou de 1978 até o final do ano de 1995. O grande objetivo era a mensuração de um resultado contábil em termos reais, isto é, isento de quaisquer efeitos inflacionários.

O modelo introduzido pelo art. 185 da Lei das Sociedades por Ações era relativamente simples de ser executado, mas não muito fácil de ser entendido em termos de seu alcance econômico e financeiro. Ele simplesmente cotejava a correção monetária do Ativo Permanente (Imobilizado + Investimentos + Diferido à época) com a do Patrimônio Líquido e considerava o saldo líquido dessas atualizações como parte componente do Resultado do Exercício, quer para fins societários (inclusive dividendos), quer para fins de tributação. A correção do Ativo Permanente funcionava como se fosse uma "receita", enquanto a do Patrimônio Líquido assumia a característica de uma "despesa".

A origem da correção monetária na lei brasileira é derivada de um modelo inglês. Nascido logo após a Segunda Guerra Mundial, sofreu algumas adaptações quando trazido por Manoel Ribeiro da Cruz Filho para ser implantado no Brasil à época da elaboração da Lei das Sociedades por Ações. Foram exatamente essas adaptações que, a nosso ver, dificultaram o entendimento do saldo entre "receita" e "despesa" de correção monetária. Essa lógica estava centrada no seguinte raciocínio:

a) o resultado contábil nominal de uma empresa possui valores de lucro bruto que não consideram a inflação entre a aquisição e a venda do produto vendido; logo, parte do lucro bruto não é efetivamente acréscimo patrimonial;

b) o resultado contábil nominal inclui receitas financeiras que têm, como parte delas, o efeito da inflação; logo, parte das receitas financeiras não é efetivamente acréscimo patrimonial;

c) o resultado contábil nominal inclui, igualmente, despesas financeiras que carregam o efeito da inflação; assim, parte delas também não é efetiva redução patrimonial;

---

[2] [...] *one of the most important assumptions of modern macroeconomics is that people see through the veil of inflation. It also seems totally implausible given the nature of wage contracts, of price setting, of bond contracts, and of accounting. These contracts could easily throw aside the veil of inflation through indexation. Yet the parties to the contracts in most cases choose not to. And these are but a few indications of money illusion. We shall see that taking money illusion into account gives us a different macroeconomics – one that arrives at considerably different policy conclusions.*

d) como os Ativos Permanentes são os que ficam mais tempo desatualizados, se se considerar sua correção monetária também como se fosse lucro, estar-se-á atualizando o Ativo e dando a esse acréscimo nominal o mesmo tratamento dado ao lucro bruto e às receitas financeiras: sua consideração como se fizesse parte do lucro nominal;

e) esses acréscimos patrimoniais todos, positivos (derivados do Ativo) e negativos (derivados do Passivo), computados no Resultado do Exercício, incluindo a correção do Imobilizado, provocam, como consequência, o valor do **aumento nominal do Patrimônio Líquido**;

f) para calcular o **aumento real do Patrimônio Líquido**, basta deduzir desse aumento nominal a correção monetária do Patrimônio Líquido inicial; chega-se assim ao lucro efetivo.

Em outras palavras, os acréscimos nominais de Ativo e de Passivo Exigível são computados como parte do lucro nominal, a ele se adicionando todas as atualizações, quer de ativos financeiros, quer de ativos não monetários (Ativo Permanente, principalmente). Desse acréscimo nominal líquido de Patrimônio Líquido diminui-se o necessário à manutenção do Patrimônio Líquido inicial (sua correção monetária), chegando-se, então, ao lucro efetivo.

Esse modelo produzia números que, no momento da utilização do índice inflacionário adequado, reproduziam bem a efetiva evolução patrimonial dentro dos princípios contábeis, tanto do ponto de vista econômico quanto financeiro. Portanto, é totalmente válida sua utilização contábil; utilização tanto fiscal quanto para fins do direito societário (divulgação, valor patrimonial, dividendos etc.). O problema de entendimento desse modelo passou a ocorrer quando a nossa Lei Societária decidiu juntar a correção monetária do Ativo Permanente com a do Patrimônio Líquido e assim mostrar um único valor para ambos. Perdeu-se, nesse momento, a visão do que de fato se queria com o modelo adotado.

Mas vamos entender melhor essas frases todas mediante um exemplo.

10.2   EXEMPLO DA LÓGICA INSPIRADORA DA CORREÇÃO MONETÁRIA BRASILEIRA, SEM USO DE IMOBILIZADO

Com a finalidade de compreender melhor esse modelo e analisar o impacto da inflação na análise de balanços, tomaremos o exemplo a seguir apresentado, da Cia. Arquétipo. Um caso bastante simples, não tem Imobilizado, para que se possa visualizar com bastante clareza os efeitos inflacionários.

Admitindo-se os seguintes balanços inicial e final de um período e também o resultado, supondo que tenha havido inflação de 5% nesse período, qual seria o retorno alcançado pelos acionistas?

QUADRO 10.1   Balanço patrimonial da Cia. Arquétipo – I.

Balanço Patrimonial		
	Inicial	Final
Caixa	1.000	800
Operações de Crédito	50.000	55.000
Total do Ativo	**51.000**	**55.800**
Empréstimos	46.000	50.100
Total do Passivo	**46.000**	**50.100**
Capital	5.000	5.000
Reservas de Lucros	–	700
Total do Passivo + PL	**51.000**	**55.800**

QUADRO 10.2   DRE da Cia. Arquétipo (sem correção monetária).

Demonstração do Resultado do Exercício		
Receitas Financeiras	10.000	100%
Despesas Financeiras	(7.000)	–70%
Despesas Operacionais	(2.000)	–20%
Lucro antes do IR	1.000	10%
Imposto de Renda	(300)	–3%
Lucro Líquido	**700**	**7%**

O primeiro impulso que surge é simplesmente dividir o lucro líquido pelo capital inicial, desconsiderando olimpicamente os efeitos inflacionários. Nesse caso o retorno seria:

$$Rentabilidade\ do\ PL\ =\ \frac{LL}{PL}\ =\ \frac{700}{5.000}\ =\ 14\%$$

No entanto, como sabemos, esse não é o retorno real.

Observe que o balanço inicial, na época em que foi feito, representava "fielmente" o patrimônio da empresa em moeda corrente, mas daquela época. O caixa valia $ 1.000, as operações de crédito, na época, eram $ 50.000 e a dívida era, de fato, $ 46.000. Portanto, pela diferença, o PL também era $ 5.000 em moeda daquela época (inicial).

Uma forma de analisar os efeitos inflacionários é verificar a consistência entre as contas do balanço, ou seja, constatar se todos seus componentes estão em moeda de mesmo poder aquisitivo. Isto é, se o caixa final representa efetivamente os $ 800, em moeda final, se as operações de crédito também representam $ 55.000 em moeda final e se os empréstimos, por sua vez, são $ 50.100 em moeda final. Se assim for, os $ 5.700 (PL final) são a diferença entre o Ativo e Passivo em moeda final. Para saber qual o efeito da inflação, basta lembrar que os dois balanços não são comparáveis. Eles mostram um "lucro" de $ 700, que é o aumento de PL, só que os dois balanços estão em moedas cada um de sua época. Isso não pode dar certo!

Veja que se iniciou com um capital de $ 5.000 (em moeda de início) e tem-se agora um PL com $ 5.700 (em moeda de fim) após 5% de inflação; então, basta diminuir do crescimento nominal de $ 700 os 5% de correção do capital inicial para se saber o que de fato ocorreu. Ou seja, se para manter o mesmo PL inicial precisaria ele ter crescido nominalmente em $ 250, e se o crescimento foi de $ 700, então os primeiros $ 250 não foram lucro, e sim o necessário para manter a mesma riqueza inicial. Só a diferença, ou seja, $ 450, pode ser considerada como aumento real, efetivo, lucro. E a rentabilidade deve ser o acréscimo real sobre o capital inicial devidamente atualizado:

$$Rentabilidade\ do\ PL\ =\ \frac{(\$\ 700 - (\$\ 5.000 \times 5\%))}{(\$\ 5.000 \times (1 + 5\%))}$$

$$Rentabilidade\ do\ PL\ =\ \frac{\$\ 450}{\$\ 5.250}\ =\ 8,6\%$$

Esse é o resultado efetivo considerando o modelo inglês trazido e implantado no Brasil: corrigiam-se as contas do PL inicial (logo, o capital no balanço final é atualizado para $ 5.250, e não $ 5.000) e a contrapartida era uma redução do lucro.

A apresentação da Demonstração do Resultado no modelo inglês, nesse exemplo, é exatamente igual ao modelo que no Brasil se aplicou às demonstrações contábeis:

QUADRO 10.3   DRE da Cia. Arquétipo (correção adotada no Brasil).

Demonstração do Resultado do Exercício		
Receitas Financeiras	10.000	100%
Despesas Financeiras	– 7.000	– 70%
Despesas Operacionais	– 2.000	– 20%
Correção do PL inicial	**– 250**	– 2,5%
Lucro antes do IR	750	7,5%
Imposto de Renda	– 300	– 3,0%
Lucro Líquido	**450**	**4,5%**

(Não vamos mudar o IR no pressuposto de que estaríamos apenas refazendo para análise as demonstrações, sem capacidade de mudar a lei tributária.)

10.3 O INÍCIO DA CORREÇÃO INTEGRAL – UMA ANÁLISE DA ANATOMIA DO LUCRO

Mas essas informações dentro da Demonstração ainda não nos permitem visualizar adequadamente os efeitos inflacionários nas contas das demonstrações contábeis.

Percebam que essa empresa só possuía um Ativo além da conta Caixa, as operações de crédito. Portanto, essa é a fonte de suas receitas financeiras. De acordo com o modelo inglês, todo o rendimento das aplicações é considerado como receita financeira. Mas está incorreto, pois é necessário considerar o efeito inflacionário incidente sobre as operações de crédito nesse período, ou seja, 5% de inflação. Somente o valor restante são receitas financeiras genuínas. Vejam o cálculo:

Receitas Financeiras Genuínas = Receitas Financeiras Nominais –
Inflação 5% sobre as Aplicações que geraram essas Receitas

Receitas Financeiras Genuínas = $ 10.000 – ($ 50.000 × 5%)

Receitas Financeiras Genuínas = $ 7.500 (em moeda final)

Vê-se, dessa forma, que as receitas financeiras contêm também $ 2.500 de correção monetária do valor aplicado, o que não é genuíno lucro. Porém, o modelo inglês desconsidera essa análise anatômica e se atém mais ao bolo como um todo. As receitas financeiras são receitas nominais, elas aumentam nominalmente o Patrimônio Líquido.

De forma semelhante, as despesas financeiras também estão consideradas nominalmente, não foram excluídos os efeitos inflacionários. Dentro dos $ 7.000 está uma parcela que representa a atualização monetária do empréstimo. Vejam:

Despesas Financeiras Genuínas = Despesas Financeiras Nominais –
Inflação 5% sobre o Passivo que gerou essas Despesas

Despesas Financeiras Genuínas = $ 7.000 – ($ 46.000 × 5%)

Despesas Financeiras Genuínas = $ 4.700 (em moeda final)

A análise anatômica da conta nos permite visualizar que despesas genuínas são somente $ 4.700, pois $ 2.300 são, simplesmente, correção monetária da dívida, e não crescimento real da dívida, e, portanto, esse acréscimo nominal não representa redução do Patrimônio Líquido de quem tem dívida.

Outro ponto: as Despesas Operacionais de $ 2.000 apresentam poder aquisitivo médio do período? Se fosse assim, precisaríamos colocá-las em moeda com poder aquisitivo do final do período, adicionando mais ou menos 2,5% de inflação. Mas, vamos supor, por simplificação, que tenham sido pagas só no fim. Então já estão com poder aquisitivo do final do período.

O mesmo para a despesa com o Imposto de Renda.

Finalmente, se o Caixa ficou parado durante o período, sofreu perda na sua capacidade de compra. Se os $ 1.000 tivessem ficado parados o tempo todo, teria havido uma perda de $ 50 na sua capacidade aquisitiva (deveria ter sido produzido esse valor para manter sua capacidade aquisitiva, mas não foi feito isso). (Tudo pela simplificação: admitamos as outras mudanças no Caixa também só no final.) Temos, então, uma rubrica nova nessa nova análise de resultado: a Perda no Caixa por causa da inflação, coisa que todos sabemos que existe, mas parece que nos esquecemos na hora de calcular o lucro das empresas:

$$Perda\ no\ saldo\ inicial\ do\ Caixa = \$\ 1.000 \times 5\%$$

$$\textbf{Perda no Caixa durante o período} = (\$\ 50)$$

A essa forma de análise anatômica e detalhada de verificação dos efeitos da inflação linha a linha no resultado se dá o nome de **Correção Integral**.[3]

Usando-se essas informações, monta-se a Demonstração do Resultado em Correção Integral:

QUADRO 10.4   DRE da Cia. Arquétipo (correção integral).

Demonstração do Resultado do Exercício em Correção Integral		
Receitas Financeiras Reais	7.500	100%
Despesas Financeiras Reais	– 4.700	– 63%
Despesas Operacionais	– 2.000	– 27%
Perda no Caixa	**–50**	– 0,7%
Lucro antes do IR	750	10,0%
Imposto de Renda	– 300	– 4,0%
Lucro Líquido	**450**	**6,0%**

Não é por coincidência que a redução na receita para trazê-la a seus valores reais, mais o mesmo nas despesas financeiras e a perda no Caixa, dão exatamente – $ 250, que é o saldo da conta de correção monetária no modelo inglês. Mas não vamos nos aprofundar nisso.

Reparou que na correção integral não há a conta de Correção Monetária do Balanço?

10.4   ALGUMAS CONSIDERAÇÕES ADICIONAIS

Notem que, de acordo com o modelo inglês, as despesas e receitas são apresentadas na Demonstração de Resultado por seus valores nominais (correção monetária embutida) e não

---

[3]   Implantada no Brasil para todas as companhias abertas, e usada voluntariamente por muitas outras, pela Instrução CVM nº 64/86, quando Diretor da CVM o Prof. Eliseu Martins.

há menção às perdas efetivas no Caixa. Mas deu o mesmo resultado que a análise detalhada da Correção Monetária!

Não está no escopo desta obra entrar no detalhamento de como se faz Correção Monetária Integral, recomendamos que o leitor que se interesse pelo tema consulte as obras sugeridas ao fim deste capítulo que abordam o assunto.

A fantástica vantagem do modelo determinado pela legislação brasileira era a simplicidade nos cálculos. Pode-se dizer que a um cenário de taxas de inflação modestas o modelo atendia bem. No entanto, é importante destacar que mesmo com uma inflação de 5%, esse modelo simplificado pode trazer prejuízos em termos informacionais, pois os números individualmente são enganosos, muito embora o resultado final seja o mesmo, pois uns compensam os outros. Por exemplo, as receitas financeiras de $ 10.000 nominais são, descontada a inflação, 25% menores! As despesas financeiras de $ 7.000 nominais são 33% menores, se computadas em termos reais! Incrível, não?

Outro ponto: se uma empresa aplica $ 100 milhões querendo ganhar em termos reais 6% a. a., e não há inflação, mostrará, se conseguir, uma receita nominal igual à real de **$ 6** milhões; se quiser ganhar os mesmos 6% reais numa inflação de 5%, precisará produzir receita nominal de $ 100 milhões × $(1,06 × 1,05 - 1) =$ **$ 11,3** milhões. Se isso acontecer com um banco, todo mundo dirá que é uma loucura o que ele ganhou a mais do que no ano anterior. Na verdade, estará ganhando exatamente a mesma coisa nos dois períodos. Calcule e compare: ($ 11,3 milhões – $ 5 milhões de perda = $ 6,3 milhões; dividindo-se $ 6,3 milhões pelo capital corrigido de $ 105 milhões, exatamente 6%!).

Se for uma empresa comercial que faturasse **$ 6** milhões num ano e quisesse acompanhar a inflação, precisaria aumentar seus preços em 5%, ou seja, chegaria a **$ 6,3** milhões de faturamento, e não a $ 11,3 milhões. **Que loucura o mundo da inflação, mesmo que apenas de 5%!!!**

Analista, você tem consciência desses problemas quando analisa as empresas?

Pior ainda é dizer que a empresa, no exemplo trabalhado, ganhou 14%, mas, infelizmente, é assim que os nossos balanços e no resto do mundo, também, são publicados. Parte-se do pressuposto de que a moeda é a mesma no início, meio e fim do período. Mas o lucro de $ 700, na realidade, é $ 450 nesse caso. Vejam que apenas 5% de inflação fez com que o lucro se deteriorasse em 35,7%. Mas concordamos que é um exemplo extremado, sem Ativo Imobilizado algum.

10.5 EXEMPLO DA LÓGICA INSPIRADORA DA CORREÇÃO MONETÁRIA BRASILEIRA CONSIDERANDO A EXISTÊNCIA DE IMOBILIZADOS

Nesse segundo exemplo – Cia. Parâmetro –, adicionamos um novo elemento: o Imobilizado, neste caso na forma de terrenos. Os sócios investiram $ 20.000, inicialmente. Além disso, a empresa obteve receitas (de aluguel) e incorreu em despesas de juros, ocasionando um prejuízo de $ 1.000. Semelhante ao caso anterior, a taxa de inflação no período foi de 5%.

QUADRO 10.5 Balanço patrimonial da Cia. Parâmetro – I.

Balanço Patrimonial		
	Inicial	Final
Caixa	–	11.000
Terrenos	50.000	50.000
Total do Ativo	**50.000**	**61.000**
Empréstimos a LP	30.000	42.000
Total do Passivo	**30.000**	**42.000**
Capital	20.000	20.000
Prejuízos Acumulados	–	(1.000)
Total do Passivo + PL	**50.000**	**61.000**

QUADRO 10.6 DRE da Cia. Parâmetro – I.

Demonstração do Resultado do Exercício		
Receitas Operacionais	40.000	100%
Despesas Operacionais	(29.000)	– 73%
Despesas Financeiras	(12.000)	– 30%
Lucro antes do IR	(1.000)	– 3%
Imposto de Renda	–	0%
Lucro Líquido	**(1.000)**	**– 3%**

Supondo-se que a empresa tenha iniciado suas atividades no período inicial, podemos afirmar que as contas do balanço inicial possuem o mesmo poder aquisitivo, nessa data. Representam assim, efetivamente, o patrimônio da empresa naquele momento.

No final do ano, entretanto, isso não ocorre. Pois o caixa e os empréstimos estarão representados em moeda da data (final), mas o Imobilizado não. O valor de $ 50.000 representa o custo de aquisição, mas na moeda da data dessa sua aquisição. Mas, como sabemos, esse valor ficou exposto a uma taxa de 5% de inflação. Portanto, o ativo contém valores com diferentes capacidades aquisitivas... Consequentemente, o valor do Patrimônio Líquido é inconsistente, apesar de "fechar".

Para resolver esse problema, temos que corrigir o valor do terreno. Parece estranho fazer correção monetária e jogar o resultado como receita, como fazem o modelo inglês e a correção que o Brasil usou durante tantos anos. Mas a correção monetária da aplicação financeira também foi chamada de receita, como vimos. Assim, somando algebricamente os crescimentos nominais dos ativos financeiros, os crescimentos nominais pelos lucros brutos nominais obtidos, os crescimentos dos Imobilizados e os decréscimos nominais das despesas financeiras, tem-se o **crescimento nominal do PL**.

Portanto, **se fizermos a correção monetária do terreno para $ 52.500 e chamarmos os $ 2.500 de lucro, a soma é o crescimento nominal do PL. Basta então diminuir a correção monetária do PL inicial desse crescimento nominal do PL para termos seu crescimento real.** Veja como fica a DRE:

QUADRO 10.7   DRE da Cia. Parâmetro – II.

Demonstração do Resultado do Exercício	
Receitas Operacionais	40.000
Despesas Operacionais	(29.000)
Despesas Financeiras	(12.000)
Lucro Operacional	(1.000)
Correção Monetária do Imobilizado	**2.500**
Lucro Nominal antes do IR	1.500
Correção Monetária do PL	**(1.000)**
Lucro Antes do Imposto de Renda	500
Imposto de Renda	–
Lucro Líquido	**500**

Percebam que os $ 2.500 da correção do Imobilizado vão aumentar o valor nominal do PL. Diminuindo desse crescimento nominal a correção monetária do próprio PL inicial, tem-se o crescimento efetivo do PL no período, que nesse caso foi positivo no valor de $ 500.

A lei brasileira errou quando juntou as contas relativas à correção do Ativo Permanente e a correção do Patrimônio Líquido numa só conta. Nesse momento foi perdida a visão do que era o modelo original. A consequência desse erro é que o modelo nasceu, viveu, morreu e ninguém entendeu sua lógica.

Veja como fica o balanço patrimonial corrigido:

QUADRO 10.8   Balanço patrimonial da Cia. Parâmetro – II.

Balanço Patrimonial		
	Inicial, sem correção	Final
Caixa	–	11.000
Terrenos	50.000	52.500
Total do Ativo	**50.000**	**63.500**
Empréstimos a LP	30.000	42.000
Total do Passivo	**30.000**	**42.000**
Capital	20.000	21.000
Prejuízos Acumulados	–	500
Total do Passivo + PL	**50.000**	**63.500**

Lembre-se de que corrigir um ativo não significa atribuir novo valor a ele. Significa a manutenção da capacidade aquisitiva do valor original. Se aqueles $ 50.000 representavam o dinheiro investido na compra do terreno, os $ 52.500 continuam significando o dinheiro investido na aquisição do terreno em moeda de agora, ou seja, o custo histórico trazido à capacidade de poder aquisitivo de agora. A correção de qualquer item patrimonial é a manutenção de sua base de valor (de compra ou venda), não acréscimo genuíno de valor e nem atribuição de novo valor.

O correto, na verdade, é colocar o balanço inicial corrigido pelos 5% para ser comparável com o balanço final. E isso vai nos mostrar algo de muito, muito interessante:

QUADRO 10.9   Balanço patrimonial da Cia. Parâmetro – III.

Balanço Patrimonial com ambas as colunas numa só moeda		
	Inicial, corrigido	Final
Caixa	–	11.000
Terrenos	52.500	52.500
Total do Ativo	**52.500**	**63.500**
Empréstimos a LP	31.500	42.000
Total do Passivo	**31.500**	**42.000**
Capital	21.000	21.000
Lucros Acumulados	–	500
Total do Passivo + PL	**52.500**	**63.500**

10.6 ANALISANDO E COMPARANDO COM A CORREÇÃO INTEGRAL

Olhando bem esse balanço, vemos que os Terrenos estão pelo mesmo valor. Logo, não há de fato nenhuma receita decorrente de uma valoração deles nessa base comparativa.

O Caixa cresceu $ 11.000 reais em moeda de fim.

A dívida cresceu $ 10.500 em termos reais, e não $ 12.000, como parecia na comparação com valores de moedas distintas.

Ora, se o Caixa cresceu $ 11.000 e a dívida cresceu $ 10.500, primeiro, é lógico que assim o PL cresceu $ 500 (afinal, Ativo cresceu mais do que o Passivo). Outra coisa, se tirarmos do Caixa que cresceu o necessário para voltar a ter a dívida no mesmo tamanho real que antes, ainda sobram $ 500 no caixa, que é o lucro. **Logo, parece que o lucro está no Caixa mesmo.**

Comentamos isso porque, analisando a demonstração pelo modelo brasileiro, teríamos, juntando a correção do Imobilizado, $ 2.500 com a correção do PL de – $ 1.000, o saldo positivo de $ 1.500:

QUADRO 10.10   DRE da Cia. Parâmetro – III.

Demonstração do Resultado do Exercício	
Receitas Operacionais	40.000
Despesas Operacionais	– 29.000
Despesas Financeiras	– 12.000
Lucro Operacional	– 1.000
Correção Monetária do Balanço	**1.500**
Lucro Antes do Imposto de Renda	500
Imposto de Renda	–
Lucro Líquido	**500**

Era extremamente comum dizer que havia lucro mas era "inflacionário" e sem a contrapartida no caixa, o que era o mais clamoroso chavão dos que não entendiam o modelo (infelizmente, talvez a maioria das pessoas). Mas temos que convir que o modelo leva mesmo a essa conclusão errônea. Afinal, o "lucro operacional", na verdade, prejuízo, virava lucro a partir de uma conta esquisita de correção de ativos e Patrimônio Líquido. Coisa de ficção científico-contábil.

Mas o interessante é que, comparando os dois balanços na mesma moeda como fizemos logo atrás, parece estar provado que há caixa. Existem $ 11.000 no caixa final que não existiam antes e, se deduzirmos dele o que precisaria ser pago para voltar a dívida ao mesmo patamar real que antes, ou seja, pagar $ 10.500, sobrariam $ 500 no caixa.

A correção integral prova isso definitivamente. Veja-se o seguinte: supondo-se que, para simplificação, as receitas operacionais e as despesas operacionais tenham sido recebidas e pagas no final do período, poderíamos dizer que seus valores estão em moeda final. (Supor diferente faz mudar as linhas do resultado, mas não o valor; se supusermos que elas foram formadas durante o período e, portanto, imputarmos-lhes uma correção média, por exemplo, de 2,5%, precisaremos admitir que o Caixa também cresceu durante o período e imputar a perda no Caixa de 2,5% exatamente sobre o acréscimo que é esse diferencial entre as receitas e as despesas operacionais. Assim, nada mudará no lucro. Teste você.)

Já as despesas financeiras de $ 12.000 estão superavaliadas. Coloque-se no lugar do credor: se você emprestou $ 30.000 para essa empresa, e tem direito, no final, a receber $ 42.000, terá mesmo tido um lucro (receita financeira) de $ 12.000? É lógico que você, para calcular o lucro correto, irá querer deduzir dos $ 12.000 nominais o necessário para manter seu Ativo original de $ 30.000 em termos reais. Assim, considerará a necessidade de diminuir $ 1.500 dos $ 12.000 para chegar à receita financeira real de $ 10.500. Só que o mesmo raciocínio existe do lado do devedor. Se a despesa financeira nominal é de $ 12.000, a real é só a que excede a inflação, ou seja, a **despesa financeira real é de $ 10.500**.

Nesse caso, se considerarmos, como dissemos, as receitas e despesas ocorrendo no final do período, vemos que não houve caixa parado durante o período e assim **não há perda no caixa por causa da inflação**.

Com base nisso podemos montar a Demonstração do Resultado com a anatomia de seus componentes, pela Correção Integral, tudo em moeda de poder aquisitivo do final do período:

QUADRO 10.11   DRE da Cia. Parâmetro – IV.

Demonstração do Resultado do Exercício – Correção Integral	
Receitas Operacionais	40.000
Despesas Operacionais	– 29.000
Despesas Financeiras	**– 10.500**
Lucro Antes do Imposto de Renda	500
Imposto de Renda	–
Lucro Líquido	500

Ora, analisemos: as receitas e as despesas operacionais deram uma sobra real de $ 11.000 em moeda final (a que está no caixa, por sinal), e a despesa financeira real é de $ 10.500. **Logo, o lucro, que está no caixa (sim senhor[a], está lá!!!), é de $ 500**.

10.7   FIM DA CORREÇÃO MONETÁRIA NO BRASIL: UMA DECISÃO POLÍTICA

Em meados de 1995 o Plano Real completava um ano de existência. O país vivia um momento de euforia econômica causado pela estabilização da moeda a partir do controle da inflação. O movimento sindical nessa época era bastante forte e atuante nas decisões políticas do Brasil. Os sindicalistas estavam preocupados com a política salarial adotada naquele momento e reivindicavam a correção automática dos salários pela taxa de inflação incorrida no período, como todos estavam acostumados até a implantação desse Plano em meados de 1994. Os embates no Congresso Nacional eram ferrenhos, tendo como protagonistas principais o Partido dos Trabalhadores e demais partidos de oposição ao Governo Federal de um lado, e do outro, a base governista.

Em certo dia, movidos por um discurso feito por um deputado federal acerca da política de correção salarial, gerou-se uma grande polêmica, tanto na base governista como também na base de oposição ao governo. O deputado tentou sensibilizar seus pares levantando, em tom de discurso, o seguinte argumento: "Este governo extingue a correção dos salários, mas mantém a correção do balanço que é a correção dos donos do capital." Argumentava, ainda: "O capital das empresas está sendo corrigido e os salários dos trabalhadores não está." Esta retórica gerou uma comoção tão grande que o Presidente Fernando Henrique Cardoso não viu outra saída senão determinar à Receita Federal a extinção da correção monetária dos balanços.

Fonte: Agdekon Media Visuals | iStockphoto

FIGURA 10.2   O fim da correção monetária no Brasil.

Apelos e argumentos técnicos foram levantados no sentido de esclarecer que não tinha nada a ver a correção do balanço com a correção dos salários, e que isso era um argumento fortemente emocional. Ocorre que isso não foi suficiente para convencer o presidente a rever a posição política adotada naquele momento. Do ponto de vista técnico, eram improcedentes as alegações, mas sob a ótica política era uma situação totalmente insustentável para o momento em que vivia o país.

A Receita Federal era contra a extinção da correção monetária dos balanços porque sabia que iria tributar sobre os lucros nominais que, em média, estariam acima dos lucros reais. Então, a primeira medida tomada foi a redução da alíquota do Imposto de Renda e Contribuição Social para compensar essa distorção. A alíquota, com os adicionais, que à época era aproximadamente 44%, foi reduzida para cerca de 33%.

Além disso, com o fim da correção monetária, a Receita Federal se deparou com um problema de iniquidade fiscal, devido à não correção monetária do Patrimônio Líquido. Pois, de um lado estavam as empresas que tinham grande parte de seus ativos financiados por capital de terceiros, cujos efeitos da inflação eram refletidos diretamente na mensuração do lucro em forma de despesas financeiras nominais. E, de outro lado, estavam as empresas que tinham uma maior parcela de capital próprio; com a extinção da inflação, não seriam mais reconhecidos os efeitos da inflação sobre ele em seus resultados. Assim, quanto maior a participação do capital próprio nas fontes de financiamento dos ativos, maiores seriam as distorções nos lucros, tendo em vista a inexistência da correção do capital próprio. Consequentemente, as empresas que tinham mais capital próprio apresentariam maiores lucros (fictícios) e pagariam mais impostos quando comparadas àquelas que tinham uma parcela maior de capital de terceiros no negócio.

10.8 O NASCIMENTO DOS JUROS SOBRE O CAPITAL PRÓPRIO NA LEI FISCAL

Ao tomar consciência de tal iniquidade, mas não podendo permitir qualquer forma de indexação, a Receita Federal, aparentemente por influência da Abrasca – Associação Brasileira das Companhias Abertas, produziu uma alternativa brilhante. Primeiro, a Receita tinha consciência de algo pouco visível inclusive à maioria dos estudiosos. Quando se corrige um Imobilizado hoje, tem-se, no modelo brasileiro e inglês, uma "receita", mas esse Imobilizado será baixado amanhã por depreciação ou por venda, ou seja, transformar-se-á em uma despesa. Logo, a correção do Imobilizado ajusta os lucros de cada exercício, mas, no longo prazo, se anula.

O mesmo ocorre, talvez numa forma mais simples, quando se corrige um estoque. Suponha-se que uma empresa comece assim:

Estoques	R$ 1.000.000	Capital	R$ 1.000.000

Depois de 10% de inflação, faz-se um balanço com correção monetária pelo modelo brasileiro. Nesse modelo, não se corrigiam os estoques na grande maioria dos casos porque os estoques rodam muito. Então, corrige-se apenas o PL. Como não houve venda, a correção do PL, nesse caso, virava prejuízo do período:

Correção Monetária do Balanço	R$ (100.000)

O balanço agora ficava assim:

Estoques	R$ 1.000.000	Capital	R$ 1.100.000
		Prej. Ac.	(100.000)

No final do período seguinte, o estoque era vendido por $ 1.300.000 e, para simplificar, admitamos não existência de inflação nesse segundo período. O resultado ficaria:

Venda	R$ 1.300.000
CMV	(1.000.000)
LL	300.000

Lembrando que há prejuízo anterior de (–) $ 100.000, o balanço final mostra o lucro acumulado de $ 200.000:

Caixa	R$ 1.300.000	Capital	R$ 1.100.000
		Lucro Ac.	200.000

Note-se que o resultado do primeiro período, prejuízo, não faz sentido, porque a empresa tinha estoque, item não monetário, que não fora corrigido, não era caixa que inevitavelmente perde na inflação. E o lucro apurado no segundo período está incorreto, porque está comparando receita em moeda de final do segundo período com o custo do estoque que está em moeda do início do primeiro período. Mas o lucro acumulado está correto! Quem investiu $ 1.000.000, e depois de 10% de inflação tem caixa com $ 1.300.000, tem mesmo, em moeda final, um lucro real de $ 200.000!

Como ficaria essa sequência de demonstrações se tivesse sido corrigido o estoque no final do primeiro período? Ficariam assim o balanço final e o lucro desse primeiro período:

Estoques	R$ 1.100.000	Capital	R$ 1.100.000

Correção Monetária do Balanço	R$--

Como a correção do estoque contrabalançaria a do PL, a conta de correção e o resultado seriam nulos, e não haveria prejuízo acumulado como aconteceu na versão anterior.

No segundo período:

Venda	R$ 1.300.000
CMV	(1.100.000)
LL	200.000

Caixa	R$ 1.300.000	Capital	R$ 1.100.000
		Lucro Ac.	200.000

O lucro no segundo período confrontaria a receita em moeda final com o estoque também na moeda final, com lucro correto de $ 200.000. Mas o balanço final é exatamente igual ao anterior, com o lucro acumulado correto.

Ou seja, mesmo não corrigindo os estoques, o lucro acumulado, com o tempo, vai ficando correto, **desde que se corrija o Capital Próprio**! Voltando ao Imobilizado, é a mesma coisa: sua correção não altera o resultado de cada período, mas, se houver a correção do PL, o lucro com o tempo e no acumulado vai ficando correto. Aliás, o mesmo ocorre quando se aplica ajuste a valor presente nos recebíveis e exigíveis, por exemplo. Com o decorrer do tempo, o ajuste de um período é contrabalançado com o de outro.

Sabendo que o importante era a correção monetária do Patrimônio Líquido e que as empresas com Patrimônio Líquido maior estariam sendo muito prejudicadas com a mudança da legislação, a Receita Federal, em 1995, decidiu aplicar então uma taxa de juro nominal sobre o Patrimônio Líquido das empresas para deduzir de seu lucro tributável. Uma taxa de juro nominal possui, é claro, dois componentes: a taxa de inflação e o juro real.

Assim, ao deduzir do lucro uma taxa de juro nominal, estaria deduzindo mais do que a correção monetária do Patrimônio Líquido. Para compensar, instituiu-se a figura de um Imposto de Renda (por uma alíquota inferior, é claro, no caso de 15%) sobre esse montante. **E assim nasceu o Juro Sobre o Capital Próprio (JSCP)**.

E as empresas passaram a poder, para cálculo do lucro tributável, diminuir uma "despesa" com esse nome de JSCP, aplicando uma taxa de juros dada sobre o Patrimônio Líquido.

Ou seja, essa figura nasceu não como uma benesse, um incentivo, mas para reduzir a iniquidade que a inflação traz quando não se tem correção monetária do balanço: as empresas com maiores PLs são as mais prejudicadas, e as com PLs menores, menos prejudicadas. Assim, essa figura veio para reduzir um pouco o grande mal que foi a extinção da correção monetária do balanço para fins fiscais.

Veja que a Receita trabalhou no sentido de evitar o pagamento do Imposto de Renda sobre um lucro fictício por causa da inflação, causado pela não correção do Patrimônio Líquido.

É verdade que a Receita Federal impôs limites à utilização desse mecanismo, mas antes isso do que nada. É claro que a CVM não concordou com a contabilização desses JSCP como despesa no balanço para informações, pois os JSCP não são obrigatórios, não medem o efeito real da inflação sobre o patrimônio, e não há a perda da correção do Imobilizado, do intangível etc. Com isso, a contabilização dos JSCP só pode ser feita para fins tributários.

Assim, as regras fizeram com que para efeitos fiscais o JSCP fosse uma despesa dedutível do lucro, mas para efeito de apresentação de balanço o JSCP não aparecesse como despesa; quando pago aos sócios, esse valor, para fins contábeis, é considerado como dividendos. Observe que, como não se reconhece essa despesa na contabilidade, os lucros voltam a ser lucros sem nenhum efeito da inflação contabilizada. Mas há, de qualquer forma, a possibilidade de a empresa ter esse efeito para cálculo dos tributos.

Tudo isso porque o governo não conseguiu convencer a oposição sobre os aspectos técnicos da correção monetária...

Quem não conhece a origem dos JSCPs dificilmente compreende a razão de sua existência. Para muitas pessoas, eles significam "renúncia fiscal",[4] pois quem os recebe paga 15% de Imposto de Renda na fonte, mesmo se o valor superar a faixa mais alta de tributação do Imposto de Renda – 27,5%. Assim, muitos defendem o fim do mecanismo dos JSCPs como uma das medidas para inverter a lógica do sistema tributário brasileiro.

10.9 BOM, MAS COMO FAZER PARA ANALISAR OS BALANÇOS DE AGORA?

Se você entendeu bem o conceito da correção monetária e a validade do modelo antigo brasileiro de correção do "Permanente" e correção do Patrimônio Líquido, então vamos contar um segredo: como se analisam os balanços de hoje, que não contêm esses ajustamentos monetários, mas que estão expostos aos efeitos da inflação.

10.9.1 Introdução

Em primeiro lugar, teremos sempre o problema da falta total de precisão se não tivermos acesso às informações sobre datas de formação dos ativos que estão há muito tempo no balanço, principalmente Imobilizado e Intangível. Depois falaremos dos Investimentos societários.

Assim, para termos os valores corrigidos desses ativos nos balanços nas nossas mãos, somente se trabalharmos com hipóteses. Por exemplo, olhando-se as contas de depreciações acumuladas e amortizações acumuladas e os prazos de vidas úteis informados pelas empresas, podemos, muitas vezes, ter uma ideia sobre a vida média desses ativos, e assim corrigi-los por essa vida média. O melhor, para isso, é dispor das informações por grupos de ativos. É claro que o que corrigirmos no ativo terá que ser, em contrapartida, jogado como acréscimo do PL.

Há também modelos que se pode fazer nessas simulações a partir do nascimento da empresa ou a partir de 31/12/1995, última data corrigida, ou a partir de quando se fez,

---

4   Disponível em: http://www2.unafisco.org.br/noticias/boletins/2005/abril/anexo_1854_jb.htm.

eventualmente, a reavaliação do Imobilizado no passado, desde que se tenham todos os balanços até agora; ou, ainda, a partir da aplicação do *deemed cost* quando da aplicação inicial das normas internacionais de contabilidade; para isso verificam-se as variações nesses ativos ano a ano, corrigindo-se o saldo inicial pela inflação toda do período e as variações normalmente pela inflação de meio ano.

De qualquer forma, vê-se que é mesmo muito difícil recompor-se os valores dos Imobilizados e, consequentemente, do Patrimônio Líquido. Repetimos: no caso das empresas que, na adoção inicial dos CPCs e IFRSs, adotarem o *deemed cost* (custo atribuído), tomam-se esses valores como se fossem o custo atualizado nessa data e "estamos bem na fita"!

Se não for possível corrigir o balanço, resta pelo menos uma boa notícia: é **bem mais fácil perceber qual o efeito da inflação sobre o resultado**. Basta aplicar a inflação do período sobre os Imobilizados, intangíveis e eventuais outros itens corrigíveis iniciais, bem como sobre o Patrimônio Líquido inicial. Se as variações nesses bens durante o período forem significativas, aplica-se sobre elas uma correção no pressuposto de que formadas durante o ano, se não tivermos informações melhores como nas informações trimestrais das companhias abertas. Ou seja, **simulamos o saldo da conta de Correção Monetária do Balanço** do modelo de correção societária brasileira antigo.

Ora, pode-se imaginar que isso pode não fazer sentido porque não se tem, por exemplo, o Imobilizado corrigido. Mas se estivesse corrigido, a contrapartida estaria também no PL e no Passivo Não Circulante. Logo, ao corrigir a diferença entre o PL e o Imobilizado somado ao Intangível do balanço, corrigimos a mesma diferença que existiria caso esses valores estivessem corrigidos.

Por exemplo, numa inflação do período de 5%, se o Imobilizado, único item que merece ser atualizado, está por $ 100 milhões no balanço inicial, e o Patrimônio Líquido por $ 170 milhões, e o Lucro Líquido do ano for de $ 18 milhões, basta fazer:

Efeito da conta de correção monetária do balanço:

$$5\% \times (\$\ 100\ milhões - \$\ 170\ milhões) = (\$\ 3,5\ milhões)$$

Logo, o efeito da inflação, se considerado, faria com que o lucro caísse de $ 18 para $ 14,5 milhões.

Se descobríssemos que esse Imobilizado, se corrigido, teria $ 80 milhões a mais no balanço inicial, verificamos que a conta deveria ser da mesma forma:

$$5\% \times (\$\ 180\ milhões - \$\ 250\ milhões) = (\$\ 3,5\ milhões)$$

Claro que, dispondo da atualização do Imobilizado, muito melhor. Aliás, só assim para calcular o retorno sobre o PL de maneira mais adequada, correto? Sair dos aparentes 11% para mais realistas 6%.

Pelo menos esse efeito no resultado é bem mais fácil de ser estimado.

Mas falta ainda um outro pormenor, às vezes não tão menor: **as depreciações e amortizações do período estão a valores históricos**, logo, seria necessário ajustá-las pela sua defasagem com a correção monetária. Se tivermos a informação do que falta de atualização monetária no Imobilizado, mais fácil para podermos ajustar essas depreciações e amortizações, caso contrário...

Ah! Íamos nos esquecendo: e quando os Investimentos são valores significativos, mesmo nos balanços consolidados? Para sabermos o quanto estão defasados precisamos dos balanços das investidas e esse é outro problema. Porque, se os investimentos são em empresas que não têm Imobilizados e intangíveis, os Investimentos na investidora estão atualizados também pela aplicação da equivalência patrimonial. Mas se nas investidas existirem muitos Imobilizados, por exemplo, e antigos, a equivalência precisaria refletir o ajuste desses valores nos patrimônios líquidos das investidas. Assim, não há uma correção automática para os Investimentos avaliados pela equivalência patrimonial como há para Imobilizados e intangíveis.

Em suma: numa boa análise de balanços, é importante ter-se em conta que os Imobilizados, intangíveis e investimentos societários da empresa estão provavelmente sem correção monetária e, por consequência, também seus patrimônios líquidos. E o seu resultado líquido do período também está sem os efeitos da inflação.

Nos balanços, os ajustes são mais difíceis. Mas, no resultado, no mínimo podemos calcular o efeito da inflação sobre a diferença entre os ativos que deveriam ser corrigidos e o Patrimônio Líquido inicial. Se possível, ajustar também as depreciações.

Sentimos não poder oferecer bola de cristal para solução desses problemas. Talvez seja mais fácil algum gênio acabar com a inflação...

Para quem é bem do ramo contábil: se se quiser sofisticar, **todos os ajustes por inflação precisariam considerar o efeito dos Tributos Diferidos**.

10.10 PRIMEIRO EXEMPLO

Vamos utilizar diversos exemplos para mostrar alguns dos principais efeitos das estruturas patrimoniais e composição dos resultados, bem como do volume dos resultados na análise de balanços quando se consideram os efeitos da inflação.

Vamos tomar as seguintes informações básicas para um exemplo hipotético:

Inflação anual = 5%
Imobilizado adquirido em 31/12/X0
Depreciação anual = 10%

Primeiro, vamos analisar o caso em que o Imobilizado é proporcionalmente pequeno no Ativo e o grosso do financiamento é com capital próprio.

10.10.1 Balanços e lucro nominais

QUADRO 10.12 Primeiro exemplo – balanço patrimonial sem correção monetária.

Balanço Patrimonial		
	31/12/X3	**31/12/X4**
Estoques	200	220
Outros Ativos Circulantes	300	450
Imobilizado	300	300
Depreciação Acumulada	(90)	(120)
Total do Ativo	**710**	**850**
Passivos	200	200
Patrimônio Líquido	510	650
Total do Passivo + PL	**710**	**850**

QUADRO 10.13 Primeiro exemplo – DRE sem correção monetária.

Demonstração do Resultado do Exercício		
	20X4	
Vendas	1.000	100%
CMV	(700)	– 70%
Lucro Bruto	**300**	30%
Despesas	(100)	– 10%
Depreciação	(30)	– 3%
Despesas Financeiras	(30)	– 3%
Lucro Líquido	**140**	14%
LL/PL		**27,5%**

Sem computar qualquer efeito da inflação, a empresa tem baixo investimento em Imobilizado, a depreciação pesa 3% sobre as vendas, o giro do Ativo é pequeno, mas a margem é alta (14%), e o retorno sobre o Patrimônio Líquido parece ser muitíssimo bom, 27,5%.

10.10.2 Aplicando a correção monetária simplificada

Importante: a mutação do Patrimônio Líquido (a olho nu) mostra que o lucro é a única diferença entre PLs inicial e final, logo, não houve dividendos, aumento de capital ou outras mutações.

Em primeiro lugar, aplicando o que discutimos acima, temos dois pontos a considerar na apuração do resultado quando temos inflação (ou seja, sempre):

a) estimar o saldo da conta de correção monetária pela diferença entre a correção do Imobilizado e do Patrimônio Líquido iniciais; e

b) estimar o efeito sobre a depreciação do período.

Já vimos que podemos tomar, para cálculo da primeira opção, os valores nominais. Assim, calculamos:

$$CM = 5\% \times (\$\,300 - \$\,90 - \$\,510)$$
$$CM = -\,\$\,15$$

Ou seja, o lucro estaria, com a correção monetária, $ 15 menor do que o declarado nominalmente.

Neste caso, como sabemos a idade do Imobilizado, e considerando que desde 31/12/X0 há, até o final de X4, inflação acumulada de $(1 + 0,05)^4 - 1 = 21,55\%$, temos que a depreciação corrigida seria de $ 36, o que significa que o lucro também é ajustado por – $ 6.

Logo, lucro ajustado pela inflação = $ 140 – $ 15 – $ 6 = $ 119.

Se tudo estiver certo, o lucro é, portanto, $ 21 menor do que os $ 140 reportados, ou seja, 15% menor. Nada desprezível, hein? Apesar de que não é o fim do mundo.

E a taxa de retorno? Bem, o correto é comparar os $ 119 de lucro ajustado com o Patrimônio Líquido inicial também ajustado, mas esse valor não temos ainda. Mas seguramente é inferior aos 27,5% nominais apresentados por dois motivos: o lucro diminuiu e o PL seguramente vai aumentar.

Se quisermos remontar os balanços e o resultado, podemos fazer porque temos as informações:

QUADRO 10.14 Primeiro exemplo – balanço patrimonial corrigido para moeda de 31/12/X4.

Balanço Patrimonial	31/12/X3	31/12/X4
Estoques	210	220
Outros Ativos Circulantes	315	450
Imobilizado	365	365
Depreciação Acumulada	(110)	(146)
Total do Ativo	**780**	**889**
Passivos	210	200
Patrimônio Líquido	570	689
Total do Passivo + PL	**780**	**889**

Os estoques, os outros ativos circulantes e os passivos iniciais simplesmente foram corrigidos pelos 5%, e não efetuamos quaisquer ajustes adicionais nos estoques nos balanços por simplificação e por supor que a correção entre a data de sua aquisição e o balanço é razoavelmente pequena. Além disso, as diferenças entre corrigir e não corrigir os estoques não costumam, salvo raras exceções de estoques com baixíssimo giro, alterar significativamente os resultados. Também, por simplificação, não ajustamos a valor presente quaisquer recebíveis da empresa, pelas mesmas razões.

O Imobilizado foi corrigido desde sua aquisição, bem como sua depreciação acumulada. E o PL foi obtido por diferença. Por aqui vemos que a diferença entre os PLs caiu para.... $ 119. Aleluia!!!

Logo, nosso modelinho funcionou, e provocaria a seguinte Demonstração do Resultado no modelo da Lei Societária brasileira antiga:

QUADRO 10.15   Primeiro exemplo – DRE com correção monetária
societária e fiscal brasileira antiga.

Demonstração do Resultado do Exercício		
	20X4	
Vendas	1.000	100%
CMV	(700)	– 70%
Lucro Bruto	**300**	30%
Despesas	(100)	– 10%
Depreciação	**(36)**	– 4%
Despesas Financeiras	(30)	– 3%
Correção Monetária	**(15)**	– 2%
Lucro Líquido	**119**	12%

Só mudamos, obviamente, a depreciação e introduzimos a conta de correção monetária do balanço, e o LL caiu para 12% das Vendas. Nesse modelo continua um problema que não é muito sério nas baixas inflações, que é o de não considerarmos os efeitos inflacionários linha a linha. Mostraremos isso à frente.

Agora, sim, podemos calcular melhor o retorno do Patrimônio Líquido, comparando os $ 119 de lucro com o Patrimônio Líquido inicial corrigido, ambos em moeda de 31/12/X4:

$$RSPL = \$ \, 119/\$ \, 570 = 20,9\%$$

Esse percentual é razoavelmente inferior ao nominal, de 27,5%!

(Se alguém pegar algum balanço de quando existia a correção monetária societária e fiscal, só avisamos que, na legislação daquela época o balanço inicial publicado junto com o balanço de agora era publicado pelos valores divulgados no ano anterior, e não corrigidos para comparação adequada, como fizemos atrás. Isso atrapalhava muito a análise, mas não mudava nada no resultado. Na mutação do Patrimônio Líquido é que se colocava o valor do PL inicial, conforme publicado à época, e sua correção para chegar à moeda final, e só aí apareceria o PL inicial corrigido que, no exemplo, é de $ 570.)

10.10.3 Aplicando a correção integral

Se aplicássemos a correção integral, os balanços seriam os mesmos que mostramos atrás, corrigidos, desde que admitíssemos as mesmas simplificações, só que o resultado seria assim demonstrado:

QUADRO 10.16   Primeiro exemplo – DRE com correção monetária integral.

Demonstração do Resultado do Exercício		
	20X4	
Vendas	1.025	100%
CMV	(728)	–71%
Lucro Bruto	**297**	29%
Despesas	(103)	–10%
Depreciação	(36)	–4%
Despesas Financeiras	(20)	–2%
Perdas no Ativo Circulante	(19)	–2%
Lucro Líquido	**119**	12%

Sem perder muito tempo: as vendas e as despesas operacionais foram corrigidas pela inflação "média", supondo como formadas homogeneamente no período, bem como inflação também bem distribuída: $(1 + 0,5\%)^{1/2} = 2,47\%$.

No CMV, o estoque inicial nominal de $ 200 foi ajustado pelo valor corrigido para $ 210, as compras nominais calculadas de $ 720 foram ajustadas pelos 2,47% e o estoque final foi mantido, gerando-se então o CMV corrigido para moeda final de $ 728. A despesa financeira nominal de $ 30 foi tomada como paga no final do ano; assim, foi ajustada no pressuposto de que durante o ano todo a dívida de $ 200 ficou exposta à inflação, o que faz com que tenhamos que tirar $ 10 dessa despesa financeira nominal para chegar à despesa financeira real; afinal, só é juro o crescimento real da dívida; logo, a despesa financeira legítima é $ 20 (no fundo, dos $ 30 de despesas financeiras nominais, $ 10 são amortização efetiva da dívida que deveria estar em $ 210 no final para estar do mesmo tamanho real que no início). Finalmente, o Ativo Circulante inicial nominal de $ 300 perde por inflação anual de 5% o montante de $ 15 durante o ano. Mas houve ainda um acréscimo nominal de $ 150 no saldo final dessa conta, após um pagamento dos juros nominais de $ 30 que ocorreu só no final; logo, o valor que cresceu normalmente durante o período foi $ 180, que perdeu 2,47%, ou seja, $ 4, totalizando a perda no Ativo Circulante de $ 19. Na verdade, a parte derivada da perda no Caixa deveria ficar especificada como Perda no Caixa, a parte perdida sobre recebíveis deveria ser diminuída das Vendas, já que as Perdas em Clientes são o efeito da inflação sobre esses créditos dados etc.

Se compararmos com os valores nominais do resultado, notaremos que as vendas e as despesas são 2,5% maiores, o CMV é 4% maior, o lucro bruto é 1% menor, e os percentuais desses itens com relação às vendas não mudam muito, mas mudam. Mesmo a depreciação, que nominalmente era 3% das vendas, passou apenas para 4%; o número que mais mudou foram as despesas financeiras: caíram de $ 30 para $ 20, ou seja, queda de 33%. Como já afirmamos, os efeitos da inflação mais relevantes no resultado em termos de percentual de diferença entre seus valores nominais e corrigidos são as receitas e as despesas financeiras.

Dá para perceber a diferença entre analisar com e sem efeitos da inflação?

Mas vamos a outro exemplo mais contundente.

10.11 SEGUNDO EXEMPLO – SÓ MUDANDO AS VENDAS PARA BAIXO E O EFEITO FICA ENORME

Mantendo tudo igual aos dados anteriores, mas supondo que as vendas tenham sido de apenas $ 900, e não de $ 1.000 no período, o lucro cairia para $ 40 (você já notou que estamos trabalhando sem Imposto de Renda, por simplificação, é claro). Repare que a conta de Correção Monetária e a de Depreciação não mudam, logo o lucro corrigido deve cair os mesmos $ 21 de antes. Vejamos os 3 resultados para comparação:

QUADRO 10.17   Segundo exemplo – DRE comparada.

	Resultado Sem Correção Monetária		Correção Legal Antiga		Correção Integral	
	20X4		20X4		20X4	
Vendas	R$ 900	100%	R$ 900	100%	R$ 922	100%
CMV	R$ (700)	– 78%	R$ (700)	– 78%	R$ (728)	– 79%
Lucro Bruto	R$ 200	22%	R$ 200	22%	R$ 194	21%
Despesas	R$ (100)	– 11%	R$ (100)	– 11%	R$ (102)	– 11%
Depreciação	R$ (30)	– 3%	R$ (36)	– 4%	R$ (36)	– 4%
Desp. Financ.	R$ (30)	– 3%	R$ (30)	– 3%	R$ (20)	– 2%
CM ou Perdas			R$ (15)	– 2%	R$ (16)	
LL	R$ 40	4%	R$ 19	2%	R$ 19	2%
LL/PL	7,8%		3,4%		3,4%	

O lucro, de $ 40, caiu para $ 19. Assustador, não? **Caiu 52% numa inflação de 5%.**

A explicação dessa alteração descomunal é simples: **dada a estrutura patrimonial inicial, e dada a inflação, o efeito inflacionário é um custo fixo**.

Como vimos, e fica bem visível na coluna da correção antiga, a diferença está em duas contas: Correção Monetária do Balanço e Depreciação. A primeira é um valor, no caso, de = (−) $ 15, correspondente a 5% da diferença entre o Imobilizado líquido inicial e o Patrimônio Líquido inicial; e a diferença na depreciação é (−) $ 6. Quer a empresa venda mais ou menos no período seguinte, esse número de (−) $ 21 não muda para uma dada inflação.

Assim, o efeito da inflação de = (−) $ 21 é o mesmo em 20X4 em termos absolutos. Só que essa soma, que correspondia a 15% do lucro anterior de $ 140, quando as vendas eram de $ 1.000, passou a corresponder a 54% do lucro atual de $ 40, daí seu estonteante efeito no resultado de agora.

Mas isso tudo comparando a diferença nos lucros sem correção e com correção, mas tomada essa diferença em termos absolutos. No exemplo, a rentabilidade de 7,8% nominal caiu para reais 3,4%. Se as vendas fossem de $ 870, o lucro nominal seria de $ 10, e com a correção passaríamos a um prejuízo de (−) $ 11.

Assim, quando os lucros são, proporcionalmente ao Patrimônio Líquido, muito grandes, os efeitos da inflação pequena sobre o resultado líquido tendem a ser também pequenos. Mas quando os lucros são, sobre o Patrimônio Líquido, pequenos, os efeitos da inflação, mesmo que pequena, tendem a ser muito grandes.

Muito importante manter essas regras na cabeça:

a) a diferença entre o Ativo não monetário de longo prazo que deveria ser corrigido (Imobilizado, Intangível, Investimento e outros poucos) e o Patrimônio Líquido multiplicada pela inflação do período produz efeito direto no resultado quando de qualquer taxa de inflação;

b) as depreciações e amortizações produzem efeito no resultado pelo impacto causado pela inflação acumulada desde a formação dos ativos que as produzem;

c) o efeito conjunto de (a) e (b) é um valor fixo no período; assim, como qualquer despesa fixa, seu efeito sobre o resultado é, proporcionalmente, maior quanto menor for o resultado do período.

10.12 TERCEIRO EXEMPLO – O LUCRO CRESCE

Admitindo basicamente os mesmos dados de inflação (5%) e taxa de depreciação (10%) anuais, bem como data de formação do Imobilizado (31/12/X0), mas agora com enorme Imobilizado financiado totalmente por dívida:

10.12.1 Sem correção monetária

QUADRO 10.18   Terceiro exemplo – balanço patrimonial sem correção monetária.

Balanço Patrimonial		
	31/12/X3	**31/12/X4**
Estoques	200	220
Outros Ativos Circulantes	300	430
Imobilizado	1.000	1.000
Depreciação Acumulada	(300)	(400)
Total do Ativo	**1.200**	**1.250**
Passivos	1.000	1.000
Patrimônio Líquido	200	250
Total do Passivo + PL	**1.200**	**1.250**

QUADRO 10.19   Terceiro exemplo – DRE sem correção monetária.

Demonstração do Resultado do Exercício		
	20X4	
Vendas	1.100	100%
CMV	(700)	–64%
Lucro Bruto	**400**	36%
Despesas	(100)	–9%
Depreciação	(100)	–9%
Despesas Financeiras	(150)	–14%
Lucro Líquido	**50**	5%
LL/PL		**25%**

Veja-se que o Imobilizado líquido ainda é relevantíssimo no Ativo, e que o Patrimônio Líquido é pequeno, mas rentável à beça. A depreciação está representando 9% das vendas e chega a ser o dobro do próprio Lucro Líquido.

10.12.2 Com correção simplificada

Aplicando a análise que aprendemos, esse resultado deve mudar pelo saldo da correção monetária do balanço e pelo ajuste da depreciação. Só que o saldo da correção agora é credor, já que o Imobilizado é muito maior que o PL:

$$CM = 5\% \times (\$\ 1.000 - \$\ 300 - \$\ 200)$$
$$CM = +\$\ 25$$

Logo, o lucro deve crescer nesse montante por efeito desse ajuste. Todavia, o ajuste da depreciação deve diminuí-lo: $ 100 × 1,05 × 4 – $ 100 = (–) **$ 22**

Logo, lucro ajustado pela inflação = +$ 3

QUADRO 10.20   Terceiro exemplo – Balanço patrimonial corrigido para moeda de 31/12/X4.

Balanço Patrimonial		
	31/12/X3	**31/12/X4**
Estoques	210	220
Outros Ativos Circulantes	315	430
Imobilizado	1.216	1.216
Depreciação Acumulada	(365)	(486)
Total do Ativo	**1.376**	**1.379**
Passivos	1.050	1.000
Patrimônio Líquido	326	379
Total do Passivo + PL	**1.376**	**1.379**

O lucro, ao invés de $ 50, ajustado pela inflação cresce; pouco, mas cresce, para $ 53. Só que a taxa de retorno cai, porque o ajuste no PL é muito grande. E a diferença dos PLs mostra exatamente... $ 53. Aleluia novamente!!! E viva Händel!

Logo, nosso modelinho funcionou, e provocaria a seguinte demonstração do resultado no modelo da Lei Societária brasileira antiga:

QUADRO 10.21   Terceiro exemplo – DRE com correção monetária antiga.

Demonstração do Resultado do Exercício		
	20X4	
Vendas	1.100	100%
CMV	(700)	– 64%
Lucro Bruto	**400**	36%
Despesas	(100)	– 9%
Depreciação	(122)	– 11%
Despesas Financeiras	(150)	– 14%
Correção Monetária	25	2%
Lucro Líquido	**53**	5%
LL/PL	**16,4%**	

Apesar de o valor absoluto do lucro ser maior, a taxa de retorno é inferior ao resultado sem correção, que era de 25%! Veja como a defasagem do Patrimônio Líquido é significativa. O valor corrigido do PL inicial é 63% superior ao PL inicial nominal. Tudo por conta do Imobilizado líquido mantido sem atualização monetária.

10.12.3 Aplicando a correção integral

Para ter certeza de que não há milagre no lucro ter subido de $ 50 para $ 53, vejamos o resultado pela correção integral. Lembrar que a correção integral é como se a contabilidade fosse mantida numa moeda de capacidade aquisitiva constante.

QUADRO 10.22   Terceiro exemplo – DRE com correção monetária integral.

Demonstração do Resultado do Exercício		
	20X4	
Vendas	1.127	100%
CMV	(728)	– 65%
Lucro Bruto	**399**	35%
Despesas	(102)	– 9%
Depreciação	(122)	– 11%
Despesas Financeiras	(100)	– 9%
Correção Monetária	(22)	– 2%
Lucro Líquido	**53**	5%

Dispensamos os comentários sobre os ajustes porque são iguais aos do item 10.10.3.

Se compararmos com os valores nominais do resultado, vemos que as modificações mais relevantes foram a depreciação, que cresceu 22% e passou de 9% para 11% das vendas. Já as despesas financeiras caíram de 14% para 9% das vendas; como sempre, a enorme diferença.

Dá para perceber mais uma vez a diferença entre analisar com e sem efeitos da inflação?

10.13 EFEITOS INFLACIONÁRIOS EM ANÁLISES LONGITUDINAIS

Lembramos que ao trabalhar com análise de demonstrações financeiras de vários anos (2, 3, 4 ou mais) de uma mesma empresa, a correção pela inflação precisa ser abordada de forma que considere os efeitos cumulativos da inflação ao longo do período analisado. Isso é essencial para obter uma visão realista das tendências financeiras da empresa, pois os efeitos da inflação não se limitam a um único ano, mas podem acumular-se e distorcer a percepção sobre o desempenho financeiro de longo prazo.

O uso de índices de preços (como o IPCA ou índices setoriais) para ajustar os valores das demonstrações financeiras de cada ano é fundamental. Para uma análise de 3 ou 4 anos, você deve aplicar os índices de preços acumulados para ajustar todos os valores financeiros a um ano base ou ao último ano da análise. Uma prática comum é corrigir todos os valores das demonstrações financeiras para o último ano do período analisado, ou seja, o ano mais recente. Esse ano serve como o "ponto de referência", e todos os valores dos anos anteriores são ajustados para refletir o valor real em termos de poder de compra desse ano base.

Para ajustar as demonstrações financeiras de 2, 3 ou 4 anos, você deve calcular o índice acumulado de preços para cada ano no período analisado, de modo que todos os valores sejam convertidos para valores correntes do ano base, mas há especificidades, como veremos a seguir.

Por exemplo, se a inflação foi de 10% ao ano durante 3 anos, o índice acumulado de inflação ao longo desse período seria $(1 + 0,10)^3 - 1 \approx 0,331$ (ou 33,1% de inflação). Isso significa que o valor de um ativo ou passivo de 3 anos atrás precisa ser multiplicado por esse índice para trazer seu valor para o nível de preços do ano mais recente.

Vejamos outro exemplo: se a empresa tinha um caixa de R$ 10.000.000 em dezembro de 2020, e de R$ R$ 11.500.000 em dezembro de 2023, quanto ele cresceu? É lógico que a resposta de crescimento nominal é 15%. Mas se considerarmos que houve inflação de 10,06% em 2021, 5,79% em 2022 e 4,62% em 2023, a inflação acumulada será de $(1+0,106)*(1+0,0579)*(1+0,0462) - 1 = 21,81\%$! Logo, o caixa estará quase 6% menor do que estava em final de 2020!

$$R\$ \ 10.000.000 \ x \ 1,2181 = R\$ \ 12.181.000$$
$$- \ (R\$ \ 12.181.000 - R\$ \ 11.500.000)/R\$12.181.000 = -5,59\%$$

O mesmo raciocínio vale para os estoques. Mas não tão perfeito, porque os estoques provavelmente estarão no balanço pelo seu valor original (de custo), formado antes do balanço. Ou seja, a correção não alcançará a data de aquisição. Assim, haverá uma lacuna entre a data de aquisição e a data do balanço. Em geral, essa lacuna tende a ser irrelevante, mas poderá haver casos em que ela seja importante, por exemplo, suponha que os estoques sejam de imóveis para venda comprados há 20 anos!

O mesmo raciocínio do caixa e dos estoques tende a valer para as contas de Clientes, Fornecedores, Aplicações Financeiras, Empréstimos etc. (essas duas últimas com certeza estarão ajustadas para a data do balanço, mas as duas primeiras só se tiverem sido ajustadas a valor presente).

Agora, se o imobilizado era R$ 10.000.000 e agora, três anos depois, é de R$ 11.500.000, nenhum desses cálculos representará muita coisa em termos reais. Afinal, aquele imobilizado anterior estava na moeda da data de sua formação, que poderia ter sido cinco anos atrás, por exemplo, e ainda terá sofrido depreciação adicional durante os três anos. Assim, é óbvio que terá havido novas adições, mas só vendo as depreciações para saber o quanto; e cada aquisição estará sendo registrada e continuará registrada pela moeda da data de sua formação. Se a nota explicativa de movimentação do imobilizado estiver bem-feita, até que dará para fazer uma estimativa razoável, mas com correção mesmo só a empresa poderia fazer. Ou seja, essa correção por índices não alcança o período anterior à data do balanço.

Quanto ao lucro, pior ainda. O lucro **pela correção integral** estará obrigatoriamente na moeda de final de 2020 e poderá ser comparado com o de 2023 que estará na moeda de final de 2023, considerando a inflação acumulada desse triênio. Mas as demonstrações do resultado que vemos na prática (exceto na Argentina, na Venezuela, na Turquia e em outros países hiperinflacionários que praticam obrigatoriamente a correção monetária dos balanços) não são assim, são uma confusão de moedas: as receitas estão nas moedas das vendas, os estoques baixados estão nas moedas das datas das aquisições desses estoques, as depreciações estão nas moedas das datas de aquisição de cada imobilizado etc.

Logo, o resultado, na verdade, estará numa salada de moedas. Assim, corrigir o lucro contábil de 2020 com o de 2023 pela inflação acumulada de quase 22% é um exercício que comumente fazemos, mas só para saber se o lucro nominal cresceu mais ou menos do que a inflação. No entanto, isso não nos permite, de forma alguma, dizer que o cálculo assim feito fornece o crescimento real do lucro. Difícil, não? É de fato complicado gerenciar, analisar e decidir com base em valores nominais. E arriscado também. A ilusão monetária infelizmente afeta os negócios e nossa contabilidade é cega para isso nos países de baixa ou média inflação. Logo, consolo bobo: estamos na companhia de norte-americanos, europeus ricos e não tão ricos etc.

Continuando: se trabalhamos com valores nominais, eles podem estar se referindo a um período, a um ano por exemplo. Se falarmos em receita líquida nominal de um ano, e se não houver a aplicação da correção integral, essa receita estará na moeda média desse ano. No ano seguinte, teremos a receita líquida nominal na moeda média desse segundo ano; assim, para uma comparação mais adequada, deveríamos comparar a receita líquida média do ano anterior corrigida pela variação de preços média de um ano contra a do outro.

Exemplo Prático:

Se a receita líquida nominal de 2023 foi R$ 1.000.000 e a de 2022 foi de R$ 1.060.000, isso significará crescimento nominal de **6%**. Mas qual terá sido o crescimento real? A inflação brasileira do ano de 2022 foi de 5,79%, e a de 2023 foi de 4,62%. De maneira simplificada, mas não muito correta, poderíamos atualizar a receita nominal de 2022 pela inflação de 2023, e obteríamos: R$ 1.000.000 × (1 + 0,046) = R$ 1.046.000. Assim, diríamos que o crescimento real terá sido de R$ 1.060.000/R$ 1.046.200 − 1 = **1,32%**! Cresceu a receita, em termos reais, 1,3%, e não 6%.

Mas podemos sofisticar mais ainda o cálculo, se for o caso: a receita líquida de 2022, R$ 1.000.000, está na moeda média desse ano, e a de R$ 1.060.000 de 2023 nessa outra moeda **média** nas demonstrações oficiais. Supondo que as duas inflações tenham ocorrido de forma homogênea durante esses 2 anos, teríamos os seguintes índices de preços:

Início de 2022 = 100,00

Média de 2022 = 102,85

Final de 2022 = 105,79

Média de 2023 = 108,21

Final de 2023 = 110,68

O índice médio de 2022 foi assim calculado: índice do início do ano multiplicado por (1+média geométrica da inflação de 5,8% desse ano) = $100,0 \times (1+0,0579)^{\hat{}0,5}) = 102,85$; o mesmo com o médio de 2023. O índice final de 2023 é a "soma" das duas inflações = $100 \times (1,0579) \times (1,0462) = 110,68$. Assim, a inflação acumulada de 5,8% com 4,6% dá 10,7% nos dois anos. Mas não é esse o número que nos interessa; o que nos interessa é: da média dos preços de 2022 até a média dos preços de 2023, já que as receitas estão nessas moedas médias. O mais correto é compararmos as duas receitas, mas pela média dos preços de 2023 com a média de 2022:

(108,21/102,85) – 1 = 1,052, ou seja,
da média de um ano à média do outro, a inflação foi de 5,2%.

Dessa forma, um cálculo mais sofisticado nos dá o seguinte: corrigindo o faturamento de R$ 1.000.000 de 2022 por esses 5,21%, temos faturamento corrigido para os preços médios de 2023 de R$ 1.052.115. Logo, o crescimento real de 2022 para 2023 será agora: R$ 1.060.000/1.052.115 – 1 = **0,75%**. Esse terá sido um crescimento real mais corretamente medido, e não os ilusórios 6% e não o simplistamente calculado acima de 1,3%. (Se bem que é melhor trabalhar com o número muito mais próximo da realidade do que com o totalmente enganoso nominal!)

Poderíamos ter feito de outra forma mais sofisticada ainda: aplicando a correção integral para a receita de 2022, e supondo esses índices de preços médios, teríamos a receita de 2022 em moeda de final do ano de 2022 = R$ 1.000.000 x (1,0579/1,0285) = R$ 1.028.585. Mas agora precisaríamos corrigir esse valor, que está na moeda de final de 2022, para a de final de 2023: R$ 1.028.585/1,0579 × 1,1068 = R$ 1.076.130. Só que a receita de 2023 também precisa ser corrigida para moeda de final de 2023: R$ 1.060000/108,21 × 110,68 = R$ 1.084.196.

Assim, em vez de compararmos R$ 1.000.000 com R$ 1.060.000, comparamos R$ 1.076.130 de receita de 2022 em moeda de final de 2023 com R$ 1.084.196 de receita de 2023 corrigida para moeda de 2023. Dessa forma, o crescimento real da receita terá sido: R$ 1.084.192/ R$ 1.076.130 – 1 = **0,75%**! Esse percentual é tecnicamente mais verdadeiro do que o de 1,32% calculado inicialmente, e ele mostra a correção da outra fórmula que também deu os mesmos 0,75%. Na prática, para sermos mais precisos, teríamos o que fazer com todos os ajustes feitos mês a mês, e considerando as inflações mensais, porque nem a inflação ocorre tão homogeneamente durante o ano como supusemos aqui, nem as receitas também ocorrem igualmente distribuídas durante o período.

Esses ajustes permitem que você compare as receitas de diferentes anos em termos de poder de compra constante, permitindo uma análise mais precisa da tendência de crescimento real, em vez de uma simples análise nominal.

Plataformas de análise financeira como a Economática, a Bloomberg, a Thomson Reuters Eikon (Refinitiv) e outras automatizam grande parte do processo de ajuste pela inflação, especialmente ao utilizar índices de preços gerais, como o IPCA, para corrigir as demonstrações financeiras e os indicadores financeiros ao longo do tempo. Mas somente a correção mais simples, ou seja, trazer todos os balanços para uma mesma data! Isso facilita a análise de tendências e resultados de longo prazo, tornando a comparação entre períodos de diferentes níveis de inflação mais precisa.

É importante destacar que, se a correção (esta mais simples) for feita para todos os elementos das demonstrações contábeis, o impacto em alguns índices será nulo em termos de relatividade, porque a relação entre numerador e denominador do índice se mantém a mesma. Por exemplo, o índice de liquidez corrente não se modificará se ativo e passivo circulantes tiverem o mesmo índice de correção, pois a relação entre eles se mantém. Isso ocorre porque nesse ajuste inflacionário, aplicado a todos os elementos das demonstrações contábeis, o prazo é o mesmo. Ou seja, se os ativos circulantes aumentam devido à inflação, os passivos circulantes também aumentam proporcionalmente (desde que sejam ajustados de forma consistente para refletir o mesmo período base).

Entretanto, há algumas nuances e situações em que a correção pode ter efeitos adicionais ou gerar **impactos indiretos**. Quando falamos de índices de rentabilidade ou outros indicadores financeiros que envolvem dados de múltiplos períodos, como prazo médio de recebimento (PMR), prazo médio de pagamento (PMP) e prazo médio de estocagem (PME), o impacto da inflação pode ser mais pronunciado devido às diferenças de inflação entre os períodos analisados. Isso ocorre porque a taxa de inflação pode variar significativamente de um ano para o outro, e os ajustes para inflação precisam ser feitos considerando essas flutuações anuais.

Portanto, ao ajustar as demonstrações contábeis para um período base ou corrigir pelos índices de preços adequados, você poderá ter indicadores de desempenho mais precisos e comparáveis, mas não para todos os indicadores e contas, já que há os ativos imobilizados, intangíveis, propriedades para investimento e outros que podem estar até exageradamente defasados por serem históricos.

10.14 MAS, AFINAL, QUAL É O ÍNDICE DE INFLAÇÃO A UTILIZAR?

Primeiramente, cada pessoa tem um índice de inflação próprio, considerando a variação dos preços dos produtos e serviços que costuma utilizar. Se mudar seu padrão, a variação na capacidade de compra não será por causa da inflação, mas pela mudança do padrão. Cada família tem, no seu conjunto, um índice de inflação próprio provavelmente diferente do de cada um dos membros da família; estaremos trabalhando, na família, com uma média.

Na cidade, a inflação média também é específica para a cidade (a FIPE calcula o da cidade de São Paulo, por exemplo, e outras entidades o fazem para muitas regiões no Brasil – e no mundo). E, no extremo, quando calculamos para o Brasil, chegamos a uma média de capacidade de aquisição da moeda em termos genéricos para nossa moeda nacional, o Real. ESSE É O ÍNDICE EFETIVO DE INFLAÇÃO a ser utilizado nas demonstrações contábeis: o que mede a mudança na capacidade de aquisição dos consumidores pessoas físicas finais. Esse é o conceito da ONU, inclusive.[5]

No Brasil, esse índice, até chamado de oficial, é o Índice de Preços ao Consumidor Amplo (IPCA), calculado pelo IBGE; é o que o Banco Central tem como base para sua política monetária, o que a Receita Federal usa para acompanhar e divulgar as arrecadações, o Ministério da Fazenda também utiliza para sua política orçamentária etc. (Cuidado com um índice infelizmente muito utilizado para corrigir aluguéis, o IGPM, que é específico porque considera 60% dos preços por atacado, 30% do custo de vida e 10% da construção civil; o que tem isso a ver com os aluguéis permanece para nós um mistério...) Nunca o utilize para falar de inflação!

Cada empresa ou pessoa pode construir seu índice próprio e, para certos fins, isso é válido, como para ajudar na fixação de preços de venda quando essa possibilidade existe. Ou para acompanhar a evolução dos custos e das despesas. Mas os índices específicos de empresa ou outros não servem para medir o desempenho da empresa em geral. Mesmo os ainda tão utilizados que não fixam valores, e sim índices físicos.

Para termos um exemplo bem típico: muitos fazendeiros medem seu patrimônio em arrobas de boi ou sacas de café. Ou seja, utilizam esses preços específicos para acompanhar suas receitas, suas despesas, seu patrimônio. Mas imagine o seguinte: um fazendeiro perto da Amazônia mede seu gado todo em quantidade de arrobas de boi. Ele tinha, no começo do ano, o equivalente a 1 milhão de arrobas, e ao final tem 1,1 milhão. Em termos de arroba de boi, seu patrimônio cresceu, mesmo, 10%. Mas, e se a arroba de boi estava a R$ 400 reais no início do ano, e ao final está em R$ 350? Seu patrimônio, medido em reais, era de R$ 400 milhões, e agora é de R$ 385 milhões! Cresceu? Para ele, especificamente, e só para seu próprio uso, pode acreditar nas arrobas de boi. Mas, se formos avaliar seu desempenho econômico/ financeiro, utilizaríamos essa medida física ou o Real? Veja-se que, para acompanhar empresas num mercado, é impossível trabalhar-se com "moedas e índices específicos".

Logo, no Brasil, utilize o IPCA para medir desempenho de empresas e terceiros e o seu próprio, e utilize sacas de café (ou arrobas de boi), como seu índice próprio de inflação se quiser, mas só para sua análise própria (mas nunca deixando de comparar com o IPCA!).

---

[5]   Vejam-se:
SOUZA, J. A. Para Entender os Índices de Preços – Uma Visão Moderna. *Revista de Economia Mackenzie*, ano 2, n. 2, 2004.
DELFIM Netto, A. IBGE – Aumento da Qualidade. *Valor Econômico*, 5/04/05, p. A2.
DELFIM Netto, A. Progresso no Combate à Inflação. *Folha de S. Paulo*, 6/04/05, p. A2.

Acesse o vídeo:
O que é inflação?
IBGE explica IPCA e
INPC, por meio do
QR Code.

uqr.to/1zuw6

EXERCÍCIOS

1. A empresa Capela S.A. atua no setor de manufatura e apresenta as seguintes demonstrações contábeis simplificadas dos anos de 20X1 e 20X6. O Brasil passou por um período de inflação significativa nesses anos, o que pode ter impactado a qualidade das informações financeiras divulgadas.

Os dados disponíveis são:

Balanço Patrimonial – Cia. Capela S.A.
(valores históricos em milhares de R$)

Conta	20X1	20X6
Caixa e Equivalentes	50	120
Contas a Receber	200	500
Estoques	300	800
Ativo Circulante	**550**	**1.420**
Imobilizado (líquido)	1.500	1.500
Ativo Total	**2.050**	**2.920**
Passivo Circulante	400	1.000
Empréstimos de LP	500	700
Patrimônio Líquido	**1.150**	**1.220**

Conta	20X1	20X6
Receita Líquida	1.000	2.800
(–) Custo dos Produtos Vendidos (CPV)	(600)	(1.900)
Lucro Bruto	**400**	**900**
(–) Despesas Operacionais	(200)	(500)
Lucro Operacional	**200**	**400**
(–) Despesas Financeiras	(50)	(180)

Lucro Antes dos Tributos	150	220
(–) IR/CSLL (30%)	(45)	(66)
Lucro Líquido	105	154

Observações:

- O imobilizado é constituído de terrenos para estacionamento da empresa. Foi adquirido há 15 anos, quando se formou a empresa, e mantém o mesmo valor contábil desde então.
- A inflação acumulada nos 15 anos foi de 100%.

Perguntas para discussão

a) Impacto da inflação sobre o imobilizado: o que acontece com a análise patrimonial quando o imobilizado não é atualizado pelo efeito da inflação? Se corrigido para valores de 20X6, qual seria o impacto sobre o patrimônio líquido?

b) Análise da liquidez: compare os índices de liquidez corrente de 20X1 e 20X6. O que isso indica sobre a capacidade de pagamento da empresa? Os valores monetários são diretamente comparáveis entre os dois períodos?

c) Análise da estrutura de resultados: como a inflação pode afetar a comparação da Receita Líquida e do CPV entre 20X1 e 20X6? O Lucro Bruto de 20X6 parece maior do que o de 20X1. Isso representa um crescimento real da empresa ou pode ser um efeito inflacionário?

d) Comparabilidade dos resultados financeiros: se a empresa calcular o Retorno sobre Ativos (ROA) baseado nesses dados, como a ausência de correção do imobilizado pode distorcer a análise? Como a inflação pode afetar a comparabilidade entre períodos distintos?

e) Alternativas para mitigação dos efeitos inflacionários: quais alternativas contábeis podem ser utilizadas para minimizar os problemas da inflação na análise financeira? O que a norma contábil internacional (IAS 29 – Contabilidade em Economia Hiperinflacionária) recomenda para lidar com esse problema?

f) Tente colocar os dois balanços e as duas demonstrações do resultado em moeda de capacidade aquisitiva de final de 20X6, considerando os seguintes índices de preços:

- Na formação da empresa = 100,00
- Médio 20X1 = 182,50
- Final 20X1 = 193,30
- Médio 20X6 = 243,00
- Final 20X6 = 250,00

OBJETIVOS DO EXERCÍCIO

a) Estimular a reflexão sobre os desafios da inflação na análise contábil, incentivando os estudantes a considerar alternativas técnicas para melhorar a qualidade da informação financeira.

b) Incentivar a utilização da correção integral.

11

CUSTO DE OPORTUNIDADE

Objetivo do capítulo

Este capítulo tem o objetivo de discutir o conceito e o registro do custo de oportunidade nas demonstrações contábeis e apresentar algumas possibilidades.

O conceito de custo de oportunidade é algo extremamente banal e corriqueiro, faz parte das escolhas que fazemos a todos os instantes. Vamos visualizar, por exemplo, a figura de um cão comendo um osso... Ao passar um gato, o cão imediatamente avalia a possibilidade de correr atrás do gato, e, com isso, largar por um tempo o osso. Pode valer a pena para ele num certo momento; noutro momento, havendo outro cão por perto que possa lhe roubar o osso, pode tomar decisão diferente. Ou seja, o preço pago (custo de oportunidade) para correr atrás do gato é postergar o prazer de roer o osso num caso e também o risco de perder o osso no outro.

O custo de oportunidade é o benefício perdido por causa da melhor alternativa abandonada quando se toma qualquer decisão. Esse conceito é fundamental para a análise de investimentos, pois ajuda a avaliar se uma decisão está trazendo o melhor retorno possível. Só que as alternativas precisam estar alinhadas quanto ao risco para poder haver a comparação.

Acesse o vídeo:
O que é custo de
oportunidade?, por
meio do QR Code.

uqr.to/1zuw7

Por exemplo, se o Sr. Manoel compra uma padaria, investindo dinheiro que antes ele dava como empréstimo a amigos que eram donos de outras padarias, terá, como custo de oportunidade do seu investimento, o quanto ganhava nas suas operações de empréstimo a seus amigos, mas desde que esteja convencido de que o grau de risco das duas alternativas é aproximadamente o mesmo. Assim sendo, o conceito de lucro econômico dele no investimento na sua padaria será aquele que obtiver depois de ganhar o quanto ganharia na operação de empréstimo. Se ganhar dinheiro no seu investimento, mas menos do que ganhava antes, terá a sensação de prejuízo; se ganhar a mesma coisa, ambos no mesmo nível de risco, dirá que tanto faz..., enquanto, se ganhar mais do que na atividade anterior, só o acréscimo será entendido por ele como lucro adicional pela sua decisão.

Fonte: artisticco | iStockphoto

FIGURA 11.1 Padaria do Manoel.

Note-se que esse conceito é o que fundamenta a ideia de EVA já vista no item 9.6.

Custo de oportunidade é algo fantástico, não só válido no mundo econômico e não privativo do ser humano (veja o caso do cachorro...), mas sim característica de todo ser que toma decisão. É totalmente intuitivo, banal até, e tão relevante!

O custo de oportunidade é formado, na verdade, de dois componentes (ou três, se em termos nominais). Primeiramente, a figura efetiva do **juro**, que representa a remuneração decorrente exclusivamente do fator tempo, na inexistência de inflação e de risco – na verdade não existe risco nulo, por isso sempre consideramos risco "zero" o de menor risco possível na economia; se um governo é muito confiável, tende a ser esse seu juro o que denominamos de risco "zero". Se houver acesso a outros países, passa a ser o juro pago pelo Tesouro da nação com menor risco, mas descontada a taxa de inflação sempre.

Em segundo lugar, existe a figura do fator **risco**; esse é um delta que se adiciona ao fator juro por conta da aplicação em qualquer alternativa que não seja aquela do risco zero.

Esse é o conceito puro de custo de oportunidade em termos reais. Quando se fala em termos nominais, há que se adicionar o terceiro fator, a **inflação**.

Suponha-se que o Tesouro Nacional esteja pagando 8,5% a. a. livres de tributos numa inflação de 5% por ano, e que alguém queira aplicar seu dinheiro junto a seus amigos donos de padarias. Talvez por causa do risco incremental, conclua que precisa ganhar pelo menos 3 vezes o que de fato, em termos reais, ganharia aplicando no Tesouro.

Em primeiro lugar, o Tesouro está pagando, na verdade, um juro real de $1,085/1,05 - 1 = 0,0333 = 3,33\%$ de juro real ao ano. Esse é o fator juro real, essa é a remuneração exclusiva do fator tempo, já que isento da inflação e com risco denominado de zero!

Se o nosso amigo quer ganhar pelo menos o triplo, quer ganhar 10% de juros reais ($3 \times 3,33\%$) para poder pelo menos igualar a situação, porque agora coloca ambas as alternativas no mesmo patamar. Logo, os 6,67% adicionados são o fator risco.

Mas como precisa aplicar uma taxa nominal porque é uma aplicação financeira, precisa cobrar esses 10% e mais a inflação. Ou combina correção mais juros, ou já trabalha com a taxa composta de $1,10 \times 1,05$ (de inflação estimada, suponha-se) $- 1 = 15,5\%$ ao ano.

Logo, o custo de oportunidade nominal para nosso aplicador é esse. Só terá genuíno ganho econômico se cobrar mais do que isso. Se ficar nesse patamar, ao receber os 15,5% e separar em caixinhas, terá: parte para repor o capital aplicado, parte para o juro real e parte para remunerar o risco, tudo bem. Mas, lucro adicional, nenhum!

É diferente se o nosso amigo quer aplicar o dinheiro numa padaria diretamente. Se ele partir do pressuposto de que a padaria tem seu valor variando aproximadamente com a inflação, então seu capital está a salvo do efeito inflacionário e não há que se querer remuneração adicional por causa disso. Assim, basta ver o risco; se aplicar na padaria, e tiver risco igual ao de emprestar aos amigos, então bastaria ganhar 10% de lucro efetivo na padaria. (Lembrar que esse lucro, para ser efetivo, necessário se faz aplicar a técnica da correção monetária na apuração do balanço e do resultado.)

Custo de oportunidade é coisa antiquíssima. Johnson e Kaplan (1987) mencionam um relatório, há séculos, de um contador de uma mina na Inglaterra explicando ao proprietário quanto teria ganho de diferente do que a mina produzira se tivesse deixado o dinheiro no banco (parece não ter comparado os riscos, mas é já um bom indício de algo escrito sobre o conceito, mesmo que imperfeito).

Voltando à contabilidade... O balanço patrimonial e a Demonstração de Resultado do Exercício, apesar da idade, continuam fortes do ponto de vista conceitual. O grande problema é o não reconhecimento do custo do capital próprio. O capital próprio investido em qualquer empreendimento tem um custo, o seu custo de oportunidade, o quanto estaria ganhando se aplicado na melhor alternativa abandonada, desde que de igual risco. Se houver diferença de riscos, há que se ajustar a taxa de ganho pelo diferencial de risco.

Só que o custo de oportunidade do capital próprio (inadequadamente chamado de juro sobre o capital próprio, porque isso dá a impressão de que o custo de oportunidade é sempre o ganho no mercado financeiro, e isso não é necessariamente correto) existe em toda e qualquer empresa, e é grande, só que não temos, ainda, coragem e condições de evidenciá-lo na contabilidade.

Todo analista sabe disso, que o lucro apresentado pela contabilidade é falho porque ele desconsidera totalmente o custo do capital próprio. E sabemos que há, pelo menos, dois custos de capital próprio na mensuração do resultado de uma empresa em cada período analisado: o da empresa propriamente dita e o dos sócios da empresa. Como já vimos, uma coisa é o custo do capital próprio do capital que foi aplicado na empresa, outra coisa é o custo do capital próprio do dono dessa empresa que pode ter adquirido sua participação de terceiros, logo nada tendo a ver com o que foi investido pelo criador da entidade; ou, mesmo que seja ainda o próprio criador o atual proprietário, ele tenderá a raciocinar que poderia ter vendido essa participação a outros no início do período, o que o faz pensar com base no quanto ganharia se tivesse feito a venda e aplicado o dinheiro na outra alternativa (de mesmo risco, é claro). Veja a discussão no item 9.3.4.

Agora, por que a contabilidade não registra, em lugar nenhum do mundo, para medir o lucro da empresa, o custo de oportunidade pelo menos do capital nela efetivamente investido?

Existem pouquíssimas exceções dessa contabilização, como veremos a seguir.

11.1 REGISTRO DO CUSTO DE OPORTUNIDADE NA FASE PRÉ-OPERACIONAL

A contabilidade brasileira, copiando alguns modelos de outros países, reconhecia e registrava essas operações. A Lei das Sociedade Anônimas, na sua versão original, estatuía que no Ativo diferido deveriam ficar todas as despesas que ajudaram na formação do resultado de mais de um exercício social futuro, bem como os **juros pagos ou creditados aos acionistas** antes das operações sociais das empresas. A lei permitia que a empresa pagasse juros a acionistas durante a fase pré-operacional. Essa determinação gerou muitos problemas de aplicação porque não era tão simples definir quanto da empresa estava em operação ou em fase de pré-operação. Por exemplo, imagine que uma fábrica esteja já em operação e a empresa esteja construindo outra fábrica, ou seja, são duas atividades separadas.

A lei estipulava que o reconhecimento do custo de oportunidade seria apenas na fase pré-operacional, o que significava que cessaria imediatamente após a entrada em operação.

Na prática, ninguém fazia uso dessa regra a não ser as empresas de energia elétrica, telefonia e saneamento. Isso ocorria porque a tarifa era fixada com base na cobertura do pagamento das despesas operacionais, recuperação do investimento e na obtenção de uma margem de lucro. A tarifa era definida de forma a cobrir todas as despesas, inclusive a depreciação (recuperação do capital investido), e remunerar os sócios na proporção do investimento feito.

Imagine duas situações distintas de investimento e financiamento: uma empresa foi constituída usando exclusivamente capital próprio e demorou cerca de três a quatro anos para seu efetivo funcionamento. Já outra empresa foi constituída utilizando integralmente capital de terceiros. A empresa que só utilizou capital de terceiros irá agregar todas as despesas financeiras como custo da obra, por isso terá um investimento maior que resulta em uma depreciação maior, logo terá uma tarifa maior. Já a empresa que fez investimento com capital próprio teria tarifa menor porque não tem juros a capitalizar?

No Brasil existia uma legislação contábil definida especificamente para esse setor, que autorizava a empresa, durante a fase de construção, a contabilizar a parte feita com recursos próprios como juros ou custo de oportunidade do capital dos sócios. A referida lei não permitia o pagamento em dinheiro, apenas a contabilização do crédito a ser pago com emissão de novas ações.

Assim, a empresa construía um Imobilizado agregando o custo de capital de terceiros a ele. Já o custo do capital próprio, que era fixado em 10% (empresas de energia) e 12% (empresas de telefonia) do capital investido, era ativado em contrapartida de uma conta de reserva de capital que posteriormente poderia ser distribuída em forma de ações aos investidores que financiaram esse Imobilizado. Dessa forma, tinha-se um Imobilizado que continha tanto o custo do capital próprio como de capital de terceiros, ou seja, o resultado incorporava a depreciação que refletia esses dois tipos de despesas.

(Curiosidade: a hidrelétrica de Itaipu, diferente das demais empresas no mundo, define suas tarifas diferentemente desse modelo, ou seja, sua tarifa não é definida com base nos ativos e sim com base nos passivos. As tarifas são definidas para cobrir suas despesas de operação, antes da depreciação, mais os juros a pagar dos passivos, como também a remuneração do capital próprio. Esse modelo foi definido em uma lei específica.)

Observe que esses são casos bem atípicos na consideração do custo de oportunidade. As empresas concessionárias de serviços públicos não mais utilizam esses modelos. Mas, caro leitor, note como é importante conhecer os modelos contábeis "de plantão", ou seja, os que foram utilizados quando as demonstrações que você for analisar tiverem sido preparadas!

Já a figura dos juros sobre capital próprio do modelo fiscal brasileiro seria considerada custo de oportunidade se fossem contabilizados da seguinte maneira: debitando o resultado e creditando o Patrimônio Líquido, diminuindo do lucro o custo de oportunidade, mas desde que fosse obrigatório para todos e cada empresa pudesse considerar como custo do capital próprio aquele derivado do seu risco específico. Como isso é muito subjetivo e impossível de ser aceito fiscalmente, e talvez com baixa credibilidade para ser aceito pelos usuários das demonstrações contábeis, não é utilizado ainda como procedimento contábil nem aqui nem em qualquer lugar do mundo. E por isso os JSCPs são tratados, numa contabilidade adequada, como pagamento de dividendos, conforme visto na seção anterior.

11.2 REGISTRO DO CUSTO DE OPORTUNIDADE: *STOCK OPTIONS*

Passamos, ultimamente, a usar bastante a figura das *stock options* – como é que elas funcionam? Imagine que uma empresa chame seus diretores para uma reunião e diga que suas ações estão valendo $ 10,00 e se eles conseguirem que o valor de mercado em três anos passe para $ 20, eles terão direito a subscrever um determinado número de ações pelo valor histórico de $ 10,00. Bem, chegou o final dos três anos, eles conseguiram fazer com que o valor de mercado das ações chegasse a $ 25. Então, os diretores compram 1.000 a $ 10. Qual é o procedimento contábil normal a ser adotado nesse caso pela empresa? Simplesmente registrar o aumento de capital:

D – Caixa

C – Capital............................$ 10.000

Observe que ocorreu uma remuneração adicional aos diretores não registrada na empresa, já que as ações que eles receberam valem $ 25.000. Nesse caso, é uma despesa da empresa? Sai algum dinheiro da empresa? Notem que a empresa deixou de receber dinheiro, e isso é que caracteriza o custo de oportunidade. Supondo que se a empresa tivesse vendido essas ações no mercado, ela teria faturado $ 25.000, mas como a empresa está entregando as ações por $ 10 cada uma a seus diretores, então o custo de oportunidade é $ 15 por ação. Mas esses $ 15 são despesas da empresa? Saiu ou vai sair algum dinheiro do caixa? Não. Então como podemos contabilizar esses valores como despesas? De fato, quem está pagando a conta? Claro que são os acionistas anteriores, pois eles tinham 100% da empresa e agora não têm mais. Então a grande discussão conceitual é se essa operação é uma despesa da empresa ou dos acionistas?

Durante muitos anos jamais se efetuaram tais contabilizações, pois não havia interesse por parte das empresas nesse sentido e nem suporte teórico. Contudo, ficava faltando informação ao mercado de quanto, de fato, os administradores estavam ganhando. Então se resolveu divulgar essa informação, pois essa operação gera custo de oportunidade para a empresa. Se a empresa resolvesse contabilizar os $ 15.000 (custo de oportunidade na data em que as ações são finalmente subscritas e integralizadas), como seria esse lançamento contábil? Lançar como despesas e a contrapartida seria o quê? O raciocínio é o seguinte: se a empresa tivesse vendido por $ 25, então seu patrimônio aumentaria em $ 25.000. Ao receber apenas $ 10.000, no fundo é como se a empresa estivesse recebendo $ 25.000 e pagando $ 15.000 do caixa como despesa de gratificação aos diretores. Só que, de fato, não existem esses dois fluxos, e sim apenas o recebimento de $ 10.000 como aumento de capital.

Assim, essa operação poderia ser registrada da seguinte forma: debita-se no resultado uma despesa e credita-se uma conta de reserva de capital. Essa conta de reserva de capital funcionaria como representativa do aumento do Patrimônio Líquido caso houvesse aumentado o capital por $ 25.000.

Pelo pagamento dos diretores:

D – Caixa...10.000

C – Capital..10.000

D – Resultado (despesa).......................15.000

C – Reserva de capital...........................15.000

Observe que não há mudança no Patrimônio Líquido. O FASB editou uma minuta dessa norma na década de 1990 e ensejou muitos embates acirrados nos Estados Unidos. Pois os gestores não queriam aceitar essa alternativa, visto que esse procedimento era claramente a abertura total da informação acerca das remunerações que eles recebiam via plano de opção de ações.

As discussões foram de tal ordem que eles foram ao congresso norte-americano. O congresso votou uma moção, muito embora ela não tivesse efeito legal, mas indicava uma intenção: "Se vocês, FASB, transformarem essa minuta em uma norma nós vamos entendê-la como ilegal." Até então não existia nenhuma lei de contabilidade nos USA, se o Congresso resolvesse intervir, essa seria a primeira lei contábil norte-americana. O FASB emitiu a norma, porém... flexibilizando aos que não quisessem contabilizar para apenas divulgar tais valores mediante nota explicativa evidenciando quanto seria esse valor...

Por causa dessa nota explicativa surgiu um argumento forte dizendo que esse custo de oportunidade estava correto, porque ele tem seus efeitos futuros. Só que o primeiro custo de oportunidade que aparece é no lançamento do plano. Quando a empresa assina com os diretores, é dito a eles que as ações hoje valem $ 10,00, então contratualmente para eles é uma opção, ou seja, a empresa está fazendo um lançamento de uma opção. O custo de oportunidade que aparece nesse momento seria o valor de mercado dessa opção se a empresa, ao invés de dar gratuitamente a eles, vendesse no mercado.

Então, o custo de oportunidade primeiro que aparece é a diferença entre o valor de mercado dessa opção e o que a empresa recebe por dar o direito de opção, que normalmente é zero. Então, qual seria o valor de mercado dessa opção? Em primeiro lugar, deve-se examinar se existe mercado para essas opções. Alguém vai comprar opções pelo fato de que outros vão gerir a empresa? É complicado, ou mesmo impossível. Portanto, é difícil calcular esse valor, pois não há mercado, além do mais, essas opções são intransferíveis.

Nesse ínterim surgiu o modelo *Black-Scholes* para precificação das opções efetivamente negociadas no mercado, e a seguir os modelos binomiais que também tentam calcular teoricamente quais seriam os valores dessas opções se existisse um mercado ativo para elas.

Suponha que no nosso exemplo o valor teórico de mercado segundo alguns desses modelos fosse $ 13,00. Então, por essa ótica, o custo de oportunidade a ser contabilizado nesse momento seria $ 3,00, e não os $ 15,00. O correto, no nosso entender, seria que começasse o registro com a distribuição, para cada mês do contrato, da despesa, se é para ser registrada, com base nos $ 3,00, mas que esse valor fosse sendo recalculado com o tempo, com os registros atualizados, de forma que, no total, no final do contrato, os $ 15,00 estivessem reconhecidos contabilmente. Mas não é isso que se faz.

Na hora da emissão da norma que obrigou à contabilização, preferiu-se um caminho, pelo menos por enquanto, mais palatável pelas empresas e seus gestores. Resolveu-se contabilizar o custo de oportunidade no lançamento das opções, distribuído pelo tempo do contrato e... só.

Repare que, nesse caso, está prevalecendo nas normas contábeis um ajeitamento dessa situação. Para tornar a coisa mais aceitável, fez-se todo um conjunto de argumentações para que as empresas utilizassem, nos seus demonstrativos, a apropriação apenas dos $ 3,00 do custo de oportunidade no lançamento da opção, distribuída pela vida do contrato.

Por volta de 2001, em meio à crise e escândalos da época, o FASB aproveitou as circunstâncias e tornou a norma obrigatória, mas com base nesse critério fraco. Da mesma forma, o IASB aproveita também e cria a norma em 2007. No Brasil, tais procedimentos se tornaram obrigatórios a partir de 2008.

Assim, os valores que estão sendo contabilizados como despesas de opções não representam o que efetivamente os sócios estão ganhando. Os diretores irão realmente levar os $ 3,00 calculados pelo modelo de mercado? Não se sabe. Pode acontecer que os valores das ações não alcancem o valor pactuado ($ 20,00). Veja que esse modelo está ainda muito mal acertado. Está sendo contabilizado como despesa da empresa, quando há fortes argumentos para que sejam despesas dos acionistas. O modelo está firmado no custo de oportunidade, mas arbitrariamente escolhe-se como custo de oportunidade o da data do lançamento da opção, ou seja, o valor de mercado da opção, calculado com modelos econométricos. O mais correto seria tomar esse custo de oportunidade na data do lançamento ($ 3,00), distribuído pelo período do contrato, mas também reconhecer, ao longo do período contratual, os efeitos das variações do custo de oportunidade.

As normas contábeis estão permeadas de aspectos políticos e negociais. Essa forma de contabilização foi fruto de uma negociação ou ajeitamento e ainda está numa fase de desenvolvimento com sérios problemas técnicos, principalmente a parte relativa ao cálculo do custo de oportunidade.

11.3 COMENTÁRIOS FINAIS SOBRE O CUSTO DE OPORTUNIDADE

Consideramos que esse conceito seja fundamental na vida de qualquer pessoa envolvida no mundo econômico (não privativa dele, mas sem possibilidade de sobrevivência sem seu uso).

Todavia, seu uso é totalmente restrito, quase inexistente, na contabilidade. Os resultados todos não o consideram no que diz respeito ao custo do capital próprio. Nas análises gerenciais, que não são foco deste trabalho, é comum deixar de ser considerado no desempenho de cada divisão, de cada produto ou família de produtos, de cada departamento, de cada conjunto de atividades etc.

O analista precisa, é claro, tentar observá-lo, mas sabidamente isso é muito difícil, porque cada negócio, e cada empresa no mesmo ramo de negócio, têm seu risco próprio; mas não é impossível. Dentro da empresa pode também haver riscos diferentes nas várias atividades que desenvolve. Se a empresa for de um único proprietário, ele, provavelmente melhor do que ninguém, sabe o custo de oportunidade da empresa. Que tal perguntar a ele?

Se forem dois sócios, já complica. Quando se chega ao extremo de *n* sócios, sem nenhum deles no controle, como nas companhias abertas com capital totalmente pulverizado, aí volta a ser relativamente fácil detectar esse custo, por meio de análises econométricas, como CAPM, APT etc. Nesse meio-termo é que fica difícil. Mas alguma aproximação sempre existe.

É fundamental considerar os diferentes riscos nas análises de desempenho das empresas. O risco de um proprietário de um supermercado único não tem nada a ver com o de uma rede de supermercados; se o dono do único supermercado de uma localidade vir a construção de mais uma unidade da rede em frente ao seu... Ou, então, risco de investimento em transmissão de energia elétrica, em que o investidor é obrigado a colocar essa rede à disposição para a transmissão que é efetuada por terceiros, e tem a total garantia do governo de ser devidamente remunerado por colocá-la à disposição, não tem nada a ver com o risco da rede de supermercados, e assim por diante.

O escalonamento dos riscos, todavia, depende diretamente do que cansamos de repetir desde o início: é preciso entender da empresa, do ramo de negócio, de seus potenciais, de suas oportunidades, do tipo de seus riscos (inclusive de gestão, das suas pessoas-chaves etc.).

O Ke (Custo do Capital Próprio) do setor, instrumento importante na análise financeira para investimentos em geral (tanto internos quanto externos) é uma opção para definir o custo de oportunidade em investimentos em ações ou cotas, especialmente quando se está avaliando empresas de um setor específico. O Ke representa a taxa de retorno exigida pelos acionistas para investirem em uma empresa, considerando o risco envolvido. Geralmente, ele é calculado com base em modelos como o CAPM (*Capital Asset Pricing Model*), que considera o beta do setor para ajustar o risco de mercado. Não vamos aqui adentrar na análise do CAPM, tão conhecida na literatura financeira. Mas é importante dizer que há outros instrumentos também utilizados, como o APT (*Arbitrage Pricing Theory*).

Ao utilizar o Ke do setor como taxa de custo de oportunidade, você alinha o risco ao perfil do setor, pois o Ke reflete as particularidades e o risco médio do setor, o que é útil se as alternativas de investimento também estão dentro desse mesmo contexto, já que as empresas de um mesmo setor enfrentam condições de mercado semelhantes.

Considerando as exigências do mercado: o Ke reflete o retorno mínimo que os investidores esperam ao alocar capital em empresas do setor. Ao usá-lo como custo de oportunidade, garante-se que o investimento atenda ao menos às expectativas de retorno consideradas adequadas pelo mercado para aquele tipo de risco. No entanto, vale lembrar que o cálculo do Ke exige que você tenha uma estimativa confiável do beta do setor e das condições do mercado (como a taxa livre de risco e o prêmio de risco de mercado). Esse método funciona melhor para investidores que buscam uma análise de setores específicos ou uma comparação direta entre empresas de um mesmo setor.

O Instituto Assaf publica periodicamente o Ke setorial. Você pode acessá-lo por meio do QR Code a seguir.

Acesse o Ke setorial, do Instituto Assaf, por meio do QR Code.

uqr.to/1zuw8

No entanto, é importante ressaltar que todos os instrumentos de procura do custo de oportunidade do capital próprio, o Ke, existentes no mercado, são, é lógico, montados no pressuposto de um banco de dados disponível. Ora, esse banco só existe para as companhias abertas. E quanto às fechadas e limitadas? Ou utiliza-se por aproximação, se essa fechada tiver uma congênere aberta de tamanho comparável, ou esse instrumento não é passível de utilização.

No entanto, mesmo para as companhias abertas, cuidado, porque imagine-se o cálculo do Ke de uma companhia que tenha apenas 15% do seu capital social negociado em bolsas. Pior ainda, se o movimento dessas ações no mercado for pífio, vai-se acreditar nesse Ke? Representará ele alguma coisa, por exemplo, considerando-se o Ke que os sócios controladores utilizam para seus investimentos?

No caso de companhias fechadas, por exemplo, o melhor método para definir o custo do capital próprio é perguntar diretamente aos seus sócios (ou aos que pretendem ser sócios ou adquirentes)! Eles tendem a ter melhor consciência de qual a taxa mínima a partir da qual não têm interesse mais em continuar no negócio, ou da taxa máxima que utilizariam para adquirir uma concorrente ou investir numa expansão, por exemplo.

Na prática, o que é comum é o analista olhar o lucro, comparar com o investimento efetuado, ver quanto está dando, comparar esse percentual com o de outras alternativas de risco semelhante e, finalmente, "fecha os olhos" e verifica se esse retorno é compatível com o que ele considera deveria ser o mínimo levando em conta essas características todas. Aí é que começa o processo genuíno de avaliação para dar crédito a curto prazo, ou a longo prazo (são sempre análises diferentes), ou para investir, ou para pedir emprego, ou para fornecer produtos, ou para dessa entidade comprar ou apenas para satisfazer sua curiosidade.

EXERCÍCIOS

1. Os estudantes devem se organizar em grupos de três a cinco integrantes. Cada grupo deve criar ou adaptar uma história que envolva o conceito de custo de oportunidade aplicado ao contexto da análise das demonstrações contábeis. A história pode ser baseada em situações empresariais reais ou fictícias, como decisões de investimento, escolha entre projetos, alocação de capital ou uso de recursos escassos.

   Os grupos podem utilizar ferramentas de IA para gerar ideias, criar roteiros ou até mesmo elaborar vídeos que ilustrem suas histórias.

Apresentação: cada grupo apresentará sua história em um dos seguintes formatos:
- narração oral com apoio visual (*slides*, imagens, gráficos);
- dramatização em sala de aula;
- vídeo curto (gravado previamente).

Discussão e reflexão: após as apresentações, os estudantes devem refletir e responder:
- Como o custo de oportunidade impactou a tomada de decisão na história criada?
- Como esse conceito pode ser aplicado à análise de relatórios financeiros no mundo real?
- Quais desafios surgiram ao tentar representar esse conceito de forma criativa?

Critérios de avaliação:
- clareza e criatividade na narrativa;
- coerência na aplicação do conceito de custo de oportunidade;
- capacidade de relacionar a história à análise financeira;
- qualidade da apresentação (organização, engajamento e clareza).

OBJETIVO DO EXERCÍCIO

Explorar o conceito de custo de oportunidade na análise de relatórios financeiros por meio da criação de histórias, incentivando a aprendizagem ativa, o pensamento crítico e o uso de metodologias inovadoras.

12

ALGUNS DOS ASPECTOS RELEVANTES A SEREM OBSERVADOS NAS DEMONSTRAÇÕES CONTÁBEIS

Objetivo do capítulo

Diferentemente de outras obras, não pretendemos abordar cada grupo constituinte das demonstrações financeiras. Pretende-se enfocar exclusivamente os grupos ou demonstrações que demandam mais atenção em virtude de suas particularidades ou modificações recentes nas normas.

Há dois conjuntos de normas emitidas pelo IASB e pelo CPC: as "IFRSs plenas" e as relativas às **médias empresas** – MEs **(ainda contém a palavra "pequenas", mas, para estas, vide à frente)**. Vamos ver os principais casos.

As demonstrações obrigatórias são:

- Balanço Patrimonial.
- Demonstração do Resultado Abrangente.
- Demonstração do Resultado.
- Demonstração dos Fluxos de Caixa.
- Demonstração das Mutações do Patrimônio Líquido (dos Lucros ou Prejuízos Acumulados para alguns casos de pequenas empresas).
- Demonstração do Valor Adicionado (companhias abertas).
- Notas explicativas (exceto microentidades).

Todo esse processo normativo novo tem uma filosofia marcante, qual seja a **Prevalência da Essência Sobre a Forma**. E o documento básico para se entender todas as normas é a

Estrutura Conceitual Básica, cuja leitura recomendamos (Pronunciamento Conceitual Básico – Estrutura Conceitual); pequeno sumário no item 12.6.

A grande dificuldade da aplicação dessa filosofia, da essência prevalecendo sobre a forma quando esta não representa aquela, é difícil, porque é uma questão de postura do contador, do gestor, do auditor e do usuário. Assim, analista, não imagine que ela já estará sendo aplicada integralmente por todos em todas as situações desde o início. Alguns a aplicarão em determinadas situações, mas terão dificuldades de aplicá-la em outras; alguns talvez até exagerem na aplicação etc.

Uma coisa é fato: a maior dificuldade nessa adaptação não são as empresas e nem os órgãos reguladores, são os auditores independentes. Pela sua natureza, sua responsabilidade, medo de serem processados etc., demonstram, no mundo todo, e isso é totalmente visível também no Brasil, enorme resistência em deixar de seguir à risca todas as regrinhas.

12.1   O CASO DO BANCO CENTRAL

Essa autarquia não aprovou todos os Pronunciamentos Técnicos do CPC porque tem poderes especiais legais e não se obriga a seguir a Lei das Sociedades por Ações. Como já abordado neste trabalho, é muito interessante essa posição do Banco Central, porque **foi o próprio BACEN a primeira instituição brasileira a emitir suas próprias demonstrações contábeis com base nas IFRSs.**

Muito cuidado com as demonstrações dos bancos e demais entidades reguladas por aquela autarquia principalmente até 2024, porque não estão obedecendo às normas internacionais, a não ser na seguinte situação: o Banco Central obrigou as instituições financeiras que sejam abertas ou que estejam obrigadas a ter Comitê de Auditoria a divulgar suas demonstrações **consolidadas** de acordo com as IFRSs.

Só que, a partir de 2025, as demonstrações individuais passarão a seguir as IFRSs com muito poucas diferenças (a serem localizadas nas notas explicativas de cada instituição).

12.2   O CASO DAS SEGURADORAS

A Superintendência de Seguros Privados (SUSEP) vinha fazendo com que as demonstrações individuais ficassem próximas às normas do CPC, até a entrada em vigor do CPC 50 – Contratos de Seguros, que, apesar de já estar em vigor, só é seguido nas demonstrações consolidadas no caso das companhias abertas, ou então em demonstrações individuais que as empresas assim decidam divulgar.

12.3   O CASO DAS COMPANHIAS ABERTAS

Nem seria necessária a abertura deste tópico, porque é sabido que a CVM também aprovou todos os pronunciamentos do CPC, o que obrigou a obedecê-los, nesse caso, não só os contadores e auditores das companhias abertas, mas também as suas administrações, que são legalmente responsabilizáveis também por quaisquer desvios. No caso das companhias abertas, a adoção é total: normas integrais das IFRSs tanto nas demonstrações individuais quanto nas consolidadas.

Lembramos que, por lei, apenas as companhias abertas estão obrigadas à apresentação da DVA – Demonstração do Valor Agregado, a não ser que algum órgão regulador específico a exija.

12.4   O CASO DA ANEEL

Como já dito alhures, a Agência Nacional de Energia Elétrica (ANEEL) vem, desde a introdução das normas internacionais de Contabilidade no Brasil, exigindo que as empresas que estão sob sua regulação utilizem plenamente, tanto nas demonstrações individuais quanto nas consolidadas, o CPC (as normas internacionais, portanto).

Mas, como ela precisa de demonstrações sob outros critérios, faz com que essas empresas entreguem outras demonstrações, denominadas "regulatórias", exclusivamente para a Agência.

Sempre aplaudimos essa iniciativa da ANEEL: demonstrações societárias são para a sociedade; demonstrações regulatórias são para o órgão regulador.

12.5   O CASO DAS COMPANHIAS FECHADAS, DAS LIMITADAS E OUTRAS E O CONCEITO DE MICROENTIDADES, PEQUENAS E MÉDIAS EMPRESAS

Em primeiro lugar, desde julho de 2010, o CFC tem poderes legais para a emissão de normas e até para anular o registro profissional de um contabilista que não as cumpra. E o CFC obriga, a partir de 2010, tanto à aplicação das novas normas nas demonstrações individuais quanto nas **consolidadas**. Mas, se algum órgão regulador em particular tiver poder legal de emitir normas contábeis para suas entidades reguladas, estas prevalecem.

Ou seja, a CVM regula as companhias abertas. Logo, estas têm que seguir todas as normas que o órgão emite, e ele segue literalmente todas as normas do CPC denominadas *"full* IFRS", ou seja, os Pronunciamentos, Interpretações e Orientações emanados do CPC que atinjam as companhias abertas.

Já comentamos o caso de outros órgãos reguladores, como o BACEN, a SUSEP, a ANS etc.

Todas as demais sociedades comerciais que não estejam subordinadas a algum desses órgãos reguladores com poder legal de emitir normas contábeis têm sua contabilidade regrada pelas normas emitidas pelo CFC. O CFC também regula a contabilidade de entidades sem fins lucrativos, como cooperativas, clubes esportivos, condomínios etc.

E é bom lembrar que as sociedades de grande porte, conforme definidas pela Lei nº 11.638/07, ou seja, com faturamento acima de R$ 300 milhões ou ativo superior a R$ 240 milhões, são obrigadas a seguir a Lei das S/A e serem auditadas por auditor registrado na CVM. Praticamente estão sujeitas também às *"full* IFRS" emitidas pelo CFC.

Com relação ainda ao CFC, é importante lembrar que o CPC emitiu e o CFC aprovou outro conjunto, bem menor do que o total das *"full* IFRSs", especialmente dirigido às **médias empresas – MEs**. São assim consideradas aquelas entidades que não sejam as sociedades de grande porte, que não tenham obrigação de prestação de contas de forma pública e que tenham faturamento entre R$ 78 milhões e R$ 300 milhões. É a norma NBC TG 1000. (A norma ainda é denominada "PME", porque se referia a pequenas e médias; mas agora só se refere a médias, apesar de não ter havido mudança em seu título).

Uma análise mais detalhada das diferenças entre as normas das PMEs e as completas pode ser obtida em várias obras; o *Manual de contabilidade societária,* da Fipecafi, publicado pelo GEN | Atlas, possui um tópico especial sobre esse assunto (item 1.12) e, além disso, ao final de cada capítulo relembra as principais diferenças desse tópico no que diz respeito a essas PMEs. Vamos chamar atenção para alguns aspectos mais relevantes, mas de forma extremamente reduzida:

a) as PMEs não precisam apresentar relatório da administração, cálculo do lucro por ação (as sociedades anônimas fechadas, todavia, têm essa obrigação) e informação por segmento;

b) há diversas simplificações (mas não tantas) no tratamento dos instrumentos financeiros (a maioria das PMEs não possui mesmo instrumentos financeiros complexos, como derivativos, ou operações de *hedge* de fluxo de caixa etc.);

c) o ágio por expectativa de rentabilidade futura (*goodwill*) precisa ser amortizado obrigatoriamente pela sua vida estimada, no máximo em 10 anos;

d) não podem ativar gastos com desenvolvimento de produtos nem encargos financeiros durante a construção;

e) a demonstração das mutações patrimoniais pode ser substituída pela de lucros ou prejuízos acumulados em certas circunstâncias;

f) as divulgações exigidas são aproximadamente 10% das exigidas das não PMEs;

g) podem praticar o custo atribuído para o Imobilizado quando adotam o Pronunciamento pela primeira vez; mas não podem mais simplesmente seguir as regras fiscais de depreciação se a vida útil e/ou o valor residual forem significativamente diferentes do ponto de vista econômico;

h) não precisam avaliar os ativos biológicos a valor justo se isso exigir custo excessivo;

i) podem não fazer transitar pelo resultado ganhos e perdas de investimentos no exterior quando de sua baixa;

j) há procedimentos mais simplificados para benefícios a empregados, pagamentos baseados em ações, conversão de uma para outra moeda;

k) não precisam consolidar controladas em conjunto, aplicar as regras de Ativo Não Circulante destinado à venda, não podem fazer reavaliação (no Brasil ninguém mais pode), aplicar *impairment* obrigatoriamente todo o ano (apenas quando houver evidências de perda).

Na elaboração desta edição está em processo de aprovação no IASB, e também o será no Brasil, uma edição atualizada dessa norma para médias empresas.

O CFC tem ainda, vigente desde 2023, a NBC TG 1001 – Contabilidade para Pequenas Empresas, com faturamento entre R$ 4,8 e R$ 78 milhões. Norma bem mais simplificada:

a) Não há exigência da demonstração de resultado abrangente, nem da de mutações do patrimônio líquido, que pode ser substituída pela demonstração de lucros ou prejuízos acumulados;

b) *Impairment* só quando houver notória perda;

c) Propriedades para investimento, instrumentos financeiros (com exceção de ações cotadas em bolsa) e ativos biológicos somente ao custo, não a valor justo, com exceção dos estoques caracterizados como ativos biológicos que podem ser a valor justo, mas não há obrigatoriedade;

d) Não ativação, na arrendatária, dos contratos de aluguéis, arrendamentos e semelhantes;

e) Notas explicativas bastante simplificadas;

f) *Goodwill* amortizado em até 10 anos;

g) Combinação de negócios simplificada;

h) Despesas financeiras sem ativação;

i) Custos de emissão de instrumentos financeiros como despesas; e outras simplificações.

Finalmente, também em 2023 entrou em vigência a NBC TG 1002 – Contabilidade para Microentidades, também emitida pelo CFC. Além das simplificações da NBC TG 1001, tem-se:

a) única nota explicativa ou anotação obrigatória: que a entidade segue essa norma; nenhuma outra nota explicativa é exigida;

b) só balanço patrimonial, demonstração do resultado e demonstração dos lucros ou prejuízos acumulados;

c) investimentos societários avaliados exclusivamente ao custo, sem equivalência patrimonial;

d) não apresentação de demonstrações consolidadas;

e) depreciação pelo critério fiscal, a não ser quando de distorção material nas demonstrações contábeis; e outras.

É claro que se uma microentidade quiser aplicar a norma de pequenas empresas, ou, no extremo, as "*full* IFRS", pode, mas terá que permanecer pelo menos dois anos na nova modalidade para eventualmente retornar à anterior.

Para o caso de microentidade ou pequena empresa que não venha efetuando contabilidade por não ser tributada pelo lucro real (não permitido isso pelo CFC, mas infelizmente ocorre na prática), a primeira aplicação das novas NBC TG 1001 e 1002 pode ser feita por documentação existente ou até pelo método "*fresh start*", o que significa inventário geral para recomeçar a vida contábil.

Essas normas de microentidades e pequenas empresas apresentam inclusive sugestão de modelos de planos de contas e de demonstrações.

Neste livro estamos tratando quase sempre das demonstrações em "*full* IFRS" ou então das médias empresas.

12.6 A ESTRUTURA CONCEITUAL BÁSICA DA CONTABILIDADE

O Pronunciamento Conceitual Básico aprovado pelo Comitê de Procedimentos Contábeis estabelece conceitos relevantes no âmbito da prática contábil, sendo alguns deles particularmente importantes na análise das demonstrações contábeis. Em seguida, são reproduzidos tais conceitos, na forma de excertos do documento citado.

- **Objetivo das demonstrações contábeis:** fornecer informações sobre a posição patrimonial e financeira, o desempenho e as mudanças na posição financeira da entidade, que sejam úteis a um grande número de usuários em suas avaliações e tomadas de decisão econômica, principalmente investidores atuais e em potencial, credores por empréstimos e outros credores. Demonstrações contábeis também objetivam apresentar os resultados da atuação da Administração na gestão da entidade e sua capacitação na prestação de contas quanto aos recursos que lhe foram confiados.

- **Regime de competência:** as demonstrações contábeis são preparadas conforme o Regime Contábil de Competência. Segundo esse regime, os efeitos das transações e outros eventos são reconhecidos quando ocorrem (e não quando caixa ou outros recursos financeiros são recebidos ou pagos) e são lançados nos registros contábeis e reportados nas demonstrações contábeis dos períodos a que se referem. As demonstrações contábeis preparadas pelo regime de competência informam aos usuários não somente sobre transações passadas envolvendo o pagamento e o recebimento de caixa ou outros recursos financeiros, mas também sobre obrigações de pagamento no futuro e sobre recursos que serão recebidos no futuro, desde que pagamentos e recebimentos derivados de fatos já ocorridos. Dessa forma, apresentam informações sobre transações passadas e outros eventos que sejam as mais úteis aos usuários na tomada de decisões econômicas. O regime de competência pressupõe a confrontação entre receitas e despesas.

- **Continuidade:** as demonstrações contábeis são normalmente preparadas no pressuposto de que a entidade continuará em operação no futuro previsível. Dessa forma, presume-se que a entidade não tem a intenção nem a necessidade de entrar em liquidação, nem reduzir materialmente a escala das suas operações; se tal intenção ou necessidade existir, as demonstrações contábeis terão que ser preparadas numa base diferente e, nesse caso, tal base deverá ser divulgada.

- **Relevância:** para serem úteis, as informações devem ser relevantes às necessidades dos usuários na tomada de decisões. As informações são relevantes quando podem influenciar as decisões econômicas dos usuários, ajudando-os a avaliar o impacto de eventos passados, presentes ou futuros ou confirmando ou corrigindo as suas avaliações anteriores. Informações sobre a posição patrimonial e financeira e o desempenho passado são frequentemente utilizadas como base para projetar a posição e o desempenho futuros, assim como outros assuntos nos quais os usuários estejam diretamente interessados, tais como pagamento de dividendos e salários, alterações no preço das ações e a capacidade que a entidade tenha de atender seus compromissos à medida que se tornem devidos. Para terem valor como previsão, as informações não precisam estar em forma de projeção explícita. A capacidade de fazer previsões com base nas demonstrações contábeis pode ser ampliada, entretanto, pela forma como as informações sobre transações e eventos anteriores são apresentadas.

- **Representação fidedigna:** para ser confiável, a informação deve representar com fidedignidade as transações e outros eventos que ela diz representar. A maioria das informações contábeis está sujeita a algum risco de ser menos do que uma representação fiel daquilo que se propõe a retratar. Isso pode decorrer de dificuldades inerentes à identificação das transações, ou outros eventos a serem avaliados, ou à identificação e aplicação de técnicas de mensuração e apresentação que possam transmitir, adequadamente, informações que correspondam a tais transações e eventos. Em certos casos, a mensuração dos efeitos financeiros dos itens pode ser tão incerta que não é apropriado o seu reconhecimento nas demonstrações contábeis; por exemplo, embora muitas entidades gerem, internamente, ágio decorrente de expectativa de rentabilidade futura ao longo do tempo (*goodwill*), é usualmente difícil identificar ou mensurar esse ágio com confiabilidade. Em outros casos, entretanto, pode ser relevante reconhecer itens e divulgar o risco de erro envolvendo o seu reconhecimento e mensuração. Para uma representação fidedigna a informação precisa ser completa, neutra e livre de erro.

- **Primazia da essência sobre a forma:** para que a informação represente fidedignamente as transações e outros eventos que ela se propõe a representar, é necessário que essas transações e eventos sejam contabilizados e apresentados de acordo com a sua substância e realidade econômica, e não meramente sua forma legal. A essência das transações ou outros eventos nem sempre é consistente com o que aparenta ser com base na sua forma legal ou artificialmente produzida. Por exemplo, uma entidade pode vender um ativo a um terceiro de tal maneira que a documentação indique a transferência legal da propriedade a esse terceiro; entretanto, poderão existir acordos que assegurem que a entidade continuará a usufruir os futuros benefícios econômicos gerados pelo Ativo e o recomprará depois de um certo tempo por um montante que se aproxima do valor original de venda acrescido de juros de mercado durante esse período. Em tais circunstâncias, reportar a venda não representaria adequadamente a transação formalizada.[1]

- **Comparabilidade:** os usuários devem poder comparar as demonstrações contábeis de uma entidade ao longo do tempo, a fim de identificar tendências na sua posição patrimonial e financeira e no seu desempenho. Consequentemente, a mensuração

---

[1] A prevalência da essência sobre a forma é considerada tão fundamental para que possa haver representação fidedigna, que a estrutura conceitual do IASB e do CPC atual nem a mencionam, por achar redundante essa citação. Como não estamos ainda tão habituados a ela no Brasil, preferimos mantê-la, mesmo concordando com a redundância.

e apresentação dos efeitos financeiros de transações semelhantes e outros eventos devem ser feitas de modo consistente pela entidade, ao longo dos diversos períodos, e também por entidades diferentes. Uma importante implicação da característica qualitativa da comparabilidade é que os usuários devem ser informados das práticas contábeis seguidas na elaboração das demonstrações contábeis, de quaisquer mudanças nessas práticas e também do efeito de tais mudanças. Tendo em vista que os usuários desejam comparar a posição patrimonial e financeira, o desempenho e as mutações na posição financeira ao longo do tempo, é importante que as demonstrações contábeis apresentem as correspondentes informações de períodos anteriores.

- **Compreensibilidade:** uma qualidade essencial das informações apresentadas nas demonstrações contábeis é que elas sejam prontamente entendidas pelos usuários. Para esse fim, presume-se que os usuários tenham um conhecimento razoável dos negócios, atividades econômicas e contabilidade e a disposição de estudar as informações com razoável diligência. Todavia, informações sobre assuntos complexos que devam ser incluídas nas demonstrações contábeis por causa da sua relevância para as necessidades de tomada de decisão pelos usuários não devem ser excluídas em nenhuma hipótese, inclusive sob o pretexto de que seria difícil para certos usuários as entenderem.

- **Verificabilidade:** a verificabilidade significa que diferentes observadores, cônscios e independentes, podem chegar a um consenso, embora não cheguem necessariamente a um completo acordo, quanto ao retrato de uma realidade econômica em particular ser uma representação fidedigna. Informação quantificável não necessita ser um único ponto estimado para ser verificável. Uma faixa de possíveis montantes com suas probabilidades respectivas pode também ser verificável.

- **Tempestividade:** significa ter informação disponível para tomadores de decisão a tempo de poder influenciá-los em suas decisões. Em geral, a informação mais antiga é a que tem menos utilidade. Contudo, certa informação pode ter o seu atributo tempestividade prolongado após o encerramento de um período contábil, em decorrência de alguns usuários, por exemplo, necessitarem identificar e avaliar tendências.

- **Ativo:** é um recurso controlado pela entidade como resultado de eventos passados e do qual se espera que resultem futuros benefícios econômicos para a entidade.

- **Passivo:** é uma obrigação presente da entidade, derivada de eventos já ocorridos, cuja liquidação se espera que resulte em saída de recursos capazes de gerar benefícios econômicos.

- **Patrimônio Líquido:** é o valor residual dos ativos da entidade depois de deduzidos todos os seus passivos.

- **Receitas:** são aumentos nos benefícios econômicos durante o período contábil sob a forma de entrada de recursos ou aumento de ativos ou diminuição de passivos, que resultam em aumentos do Patrimônio Líquido e que não sejam provenientes de aporte dos proprietários da entidade.

- **Despesas**: são decréscimos nos benefícios econômicos durante o período contábil sob a forma de saída de recursos ou redução de ativos ou incrementos em passivos, que resultam em decréscimo do Patrimônio Líquido e que não sejam provenientes de distribuição aos proprietários da entidade.

- **Reconhecimento de Ativos:** um Ativo é reconhecido no balanço patrimonial quando for provável que benefícios econômicos futuros dele provenientes fluirão para a entidade e seu custo ou valor puder ser determinado em bases confiáveis. Um ativo não é reconhecido no balanço patrimonial quando desembolsos tiverem sido incorridos ou comprometidos, dos quais seja improvável a geração de benefícios econômicos para a entidade após o período contábil corrente. Ao invés, tal transação é reconhecida como despesa na Demonstração do Resultado.

- **Reconhecimento de Passivos:** um Passivo é reconhecido no balanço patrimonial quando for provável que uma saída de recursos envolvendo benefícios econômicos seja exigida em liquidação de uma obrigação presente e o valor pelo qual essa liquidação se dará possa ser determinado em bases confiáveis. Na prática, as obrigações contratuais ainda não integralmente cumpridas de forma proporcional (por exemplo, obrigações decorrentes de pedidos de compra de produtos e mercadorias, mas ainda não recebidos) não são geralmente reconhecidas como passivos nas demonstrações contábeis. Contudo, tais obrigações podem enquadrar-se na definição de passivos e, desde que sejam atendidos os critérios de reconhecimento nas circunstâncias específicas, poderão qualificar-se para reconhecimento. Nesses casos, o reconhecimento do Passivo exige o reconhecimento dos correspondentes Ativo ou Despesa.

- **Reconhecimento de receitas:** a receita é reconhecida na Demonstração do Resultado quando resulta em um aumento, que possa ser determinado em bases confiáveis, nos benefícios econômicos futuros provenientes do aumento de um ativo ou da diminuição de um passivo. Isso significa, de fato, que o reconhecimento da receita ocorre simultaneamente com o reconhecimento de aumento de Ativo ou de diminuição de Passivo.

- **Reconhecimento de despesas:** as despesas são reconhecidas na Demonstração do Resultado quando surge um decréscimo, que possa ser determinado em bases confiáveis, nos futuros benefícios econômicos provenientes da diminuição de um Ativo ou do aumento de um Passivo. Isso significa, de fato, que o reconhecimento de despesa ocorre simultaneamente com o reconhecimento do aumento do Passivo ou da diminuição do Ativo (por exemplo, a provisão para obrigações trabalhistas ou a depreciação de um equipamento).

As despesas são reconhecidas na Demonstração do Resultado com base na associação direta entre elas e os correspondentes itens de receita. Esse processo, usualmente chamado de confrontação entre despesas e receitas (Regime de Competência), envolve o reconhecimento simultâneo ou combinado das receitas e despesas que resultem diretamente das mesmas transações ou outros eventos; por exemplo, os vários componentes de despesas que integram o custo das mercadorias vendidas devem ser reconhecidos na mesma data em que a receita derivada da venda das mercadorias é reconhecida. Entretanto, a aplicação do conceito de confrontação da receita e despesa de acordo com esta estrutura conceitual não autoriza o reconhecimento de itens no balanço patrimonial que não satisfaçam à definição de ativos ou passivos. Ou seja, se houver um conflito entre regime de competência e ativo ou passivo, fere-se a competência porque prevalece o conceito de ativo ou de passivo.

Quando se espera que os benefícios econômicos sejam gerados ao longo de vários períodos contábeis, e a confrontação com a correspondente receita somente possa ser feita de modo geral e indireto, as despesas são reconhecidas na Demonstração do Resultado com base em procedimentos de alocação sistemática e racional. Muitas vezes, isso é necessário ao reconhecer despesas associadas com o uso ou desgaste de ativos, tais como imobilizado, ágio, marcas e patentes; em tais casos, a despesa é designada como depreciação ou amortização. Esses procedimentos de alocação destinam-se a reconhecer despesas nos períodos contábeis em que os benefícios econômicos associados a tais itens sejam consumidos ou expirem.

Uma despesa é reconhecida imediatamente na Demonstração do Resultado quando um gasto não produz benefícios econômicos futuros ou quando e na extensão em que os benefícios econômicos futuros não se qualificam, ou deixam de se qualificar, para reconhecimento no balanço patrimonial como um Ativo.

Uma despesa é também reconhecida na Demonstração do Resultado quando um passivo é incorrido sem o correspondente reconhecimento de um Ativo, como no caso de um passivo decorrente de garantia de produto.

No tocante às características qualitativas das demonstrações contábeis, Lames (2019), partindo do conceito de contabilidade como representação da realidade, valida, por meio da técnica Delphi, um conjunto de limitações inerentes a cada uma delas, conforme demonstra a Figura 12.1.

Note que não se pode confiar cegamente nos números (demonstrações) apresentados, mesmo que a contabilidade tenha sido feita seguindo as normas em vigor, pois as limitações são inerentes à capacidade de representação a realidade. Portanto, o analista consciente dessas limitações irá se precaver para não cair em possíveis enganos, tornando mais acertadas as decisões tomadas. No trabalho de Lames (2019) há uma discussão detalhada de cada uma dessas limitações.

12.7   O BALANÇO PATRIMONIAL

Os comentários a seguir se aplicam às normas plenas do CPC e, a não ser que comentado especificamente, às MEs também. Vamos, de forma extremamente sucinta, falar de algumas das principais mudanças recentes. Para mais detalhes, veja-se o citado livro *Manual de contabilidade societária*, da Fipecafi, publicado pelo GEN | Atlas. Todos os comentários estão voltados, basicamente, para as empresas comerciais, industriais e de serviços, a não ser quando especificamente dito diferente.

Fonte: Lames (2019).

FIGURA 12.1 Características qualitativas de informações financeiras úteis e suas relações com as limitações da contabilidade.

Para acessar a conceituação geral do balanço, assista aos vídeos por meio dos QR Codes a seguir. Na sequência, discutimos suas especificidades no contexto da análise das demonstrações contábeis.

12.7.1   Estoques

A regra do ajuste a valor presente é obrigatória para o caso dos Ativos e Passivos Circulantes quando isso trouxer efeito relevante; na maioria dos casos, os estoques de matérias-primas, materiais e mercadorias, quando comprados, ainda são registrados com os juros incorporados relativos ao prazo de pagamento; se a vista, zero; se a 30 dias, um certo percentual (nada desprezível no Brasil ainda, não?); se a 90 dias, 10, 12%, mais ou menos conforme as negociações e as práticas de cada setor. Logo, os estoques também começam sua vida dentro da empresa a valores futuros. Depois, esses estoques permanecem com seus valores estáticos e acabam sendo baixados incluindo aqueles juros todos; dependendo do prazo de permanência nos estoques, podem eles então conter juros futuros, ou podem estar relativamente "justos" ou estar defasados porque já foram pagos há meses e nada contêm da inflação desde a data de pagamento.

Os produtos acabados (e em elaboração) contêm também esses efeitos dentro do que eles têm dessas matérias-primas e outros materiais.

É importante salientar que os estoques de produtos industrializados têm que sofrer o rateio dos custos indiretos de fabricação, feito com base no volume denominado de "normal" de produção; assim, o custo de eventual ociosidade não pode ser incorporado aos estoques, precisando ser descarregado diretamente para o resultado.

Os estoques de produtos agrícolas, animais e vegetais obrigatoriamente precisam ser reconhecidos pelo seu valor justo na data de sua obtenção (colheita, como no caso da cana-de-açúcar colhida, soja, café, ou produzida ou industrializada, como no caso do leite, carne etc.). A partir da sua obtenção, esses estoques passam ao custo se passarem a ser matéria-prima de uma fase seguinte, como o leite que continua na mesma entidade para virar requeijão, queijo etc. Ou continuam ao valor justo, oscilando e produzindo mais despesas e receitas, se continuam como *commodities* com mercado, preço, liquidez e outras condições, como a entidade que estoca o café esperando por melhores preços no futuro etc. Atentar para avaliação dos ativos que produzem esses produtos agrícolas, ou seja, os ativos biológicos, no item Imobilizado, seção 12.7.3.

12.7.2   Instrumentos financeiros

Este tópico é, em muitos casos, o mais difícil, e por isso sugere-se leitura complementar em obras que tratam com mais detalhes essa matéria. O citado *Manual da Fipecafi* continua indicado para esse fim também.

Existem, basicamente, dois grupos de instrumentos financeiros, a serem classificados de acordo com o modelo de negócios da entidade. Se a entidade tem uma carteira de recebíveis por vendas a prazo que normalmente mantém, como parte do seu modelo de negócio, até recebimento final, fica pelo custo amortizado e pronto, não podendo ser ajustada a valor justo. Se, por outro lado, tem como modelo vender essa carteira ou pelo menos uma parte substancial dela, essa parte terá que ser avaliada ao valor justo, com as oscilações no resultado; desaparece o grupo disponível para venda contra o Patrimônio Líquido, a não ser em casos extremamente raros.

Só para informar: a grande disputa entre o IASB e o FASB nesse campo é que o FASB quer todos os instrumentos financeiros, todos eles, a valor justo.

Os instrumentos financeiros com a característica de proteção de riscos, conhecidos como de *hedge,* riscos esses de ativos e passivos existentes, devem ser registrados de forma a se preservar o Regime de Competência, se formalmente caracterizados como voltados para esse fim desde o início de sua contratação. Assim, uma operação de *swap* de taxa de juros, que faz com que um empréstimo, por exemplo, em dólar, seja, na essência, convertido em variável pelo IPCA, precisa ser feita de forma que a variação do passivo em dólar seja confrontada com a variação do dólar do instrumento ativo e com o registro do custo da variação do IPCA, tudo dentro do mesmo período.

No caso de instrumentos de proteção que, para apropriação por Regime de Competência pela essência da operação, precisem da *hedge accounting,* precisam se cercar de características adicionais para assim serem registrados, com o teste de eficácia. Dessa forma, se uma exportadora quer contratar instrumentos financeiros para garantir a realização de suas exportações do próximo trimestre a uma dada taxa cambial, só poderá diferir no Patrimônio Líquido os efeitos de ganhos e perdas desses instrumentos para apropriação quando das exportações se provar a boa eficácia desses instrumentos.

Repetimos: vejam-se na literatura disponível os detalhes desse grupo de ativos e passivos que não raro têm liquidado empresas...

Deve-se atentar para a exigência das normas, e muito especialmente da CVM para as companhias abertas, do denominado Quadro de Sensibilidade, em que a entidade é obrigada a dizer qual o efeito se houver a ocorrência do risco que origina determinado derivativo. Por exemplo, o que ocorre com o resultado se o dólar subir para R$ 7,00, ou para R$ 8,00 etc. Muitíssimo útil, e às vezes vital, essa análise.

12.7.3 Imobilizado

O grande drama do Imobilizado continua sendo sua defasagem com relação à inflação. Como sabemos, até final de 1995 todos os componentes seus eram atualizados monetariamente. A partir daí, não. Então, se uma empresa possui Imobilizados novíssimos, formados nos últimos dois anos apenas, pouca distorção existe sobre eles (assim mesmo, 10% é pouca distorção?). Mas, e se a maior parte desses Imobilizados é composta de terrenos e construções de alguns anos atrás? Como pode perceber, as defasagens com relação à inflação no Imobilizado ocasionam reflexos diretamente no Patrimônio Líquido, conforme visto no Capítulo 10.

A grande diferença reside em as normas precisarem ser, obrigatoriamente, aplicadas com base no conceito correto contábil de depreciação: tem que ser estimada a partir do custo original, diminuído da parcela esperada de recuperação pela venda do próprio ativo após sua vida estimada dentro da empresa (valor residual) e distribuído (não obrigatoriamente na forma linear – se houver critério que reflita melhor, deve ser utilizado) ao longo dessa vida útil estimada para a empresa. Isso pode dar grandes modificações em muitas empresas que vinham utilizando apenas as taxas fiscais quando essas taxas nada tinham de realidade econômica.

Ativos Imobilizados (aliás, todos os demais também) são obrigatoriamente expostos ao teste de recuperabilidade de seu valor contábil (*impairment*). No caso do Imobilizado, o valor não recuperável pela venda ou pelos fluxos de caixa esperados precisa ser considerado como perda no resultado. Se houver recuperação dessa perda no valor, a provisão é revertida como ganho no resultado.

Os encargos financeiros concomitantes ao processo de construção de um ativo fazem parte do custo desse ativo, exceto nas PMEs.

12.7.4 Bens de Uso

Os ativos tomados sob arrendamento ou alugados precisam ser tratados como Bens de Uso (controlados obviamente à parte) sofrer depreciações normais etc. A contrapartida da imobilização é o reconhecimento do Passivo respectivo (a valor presente, é claro), a gerar despesas financeiras com o decorrer do tempo (conforme visto no Capítulo 5).

12.7.5 Propriedade para investimento

Esse Ativo, agora especificamente tratado e separado pelas novas normas, é constituído por imóveis que tenham como objetivo produzir aluguéis ou ganhos por sua especulação comercial, e não servir como ativos de uso pela entidade.

É um caso muito específico, mas veja-se o balanço da BRMalls, que investe em prédios de *shopping centers* destinados a aluguéis. Como mudou seu Patrimônio Líquido e como mudou seu resultado! Esses ativos devem, em princípio, ser avaliados ao valor justo, com suas oscilações também no resultado. Mas podem ainda ficar ao custo também – logo, leitor, veja bem o que você tem em mãos para analisar; quando avaliados esses ativos ao custo, a empresa precisa, em nota explicativa, informar o valor justo. Veja o balanço da Multiplan.

12.7.6 Investimentos societários

Agora é importante destacar que coligada é a entidade sobre a qual se tem influência (logo, só valem participações em ações ou quotas com direito a voto), presumindo-se essa influência se a participação for de pelo menos 20% sobre o capital votante. Assim, sobre as controladas, controladas em conjunto com outro(s) controlador(es) e sobre coligadas, aplica-se o método da equivalência patrimonial no Brasil. No entanto, as normas internacionais permitem alternativa, como o uso do valor justo.

Pelo IASB, o balanço individual é aquele que precisa refletir a situação individual da entidade, independentemente de suas entidades investidas. Assim, não se pode trazer para dentro da investidora a contabilidade das investidas. Fica como investimento na investidora o quanto ela investiu (método do custo, com reconhecimento dos lucros só quando de recebimento de lucro distribuído, ou de prejuízo quando por *impairment*), ou se avaliam esses investimentos por quanto eles valem se forem negociados, ou seja, por seu valor justo. Essa é a única diferença entre a contabilidade brasileira segundo nossas normas e a contabilidade internacional para os balanços individuais.

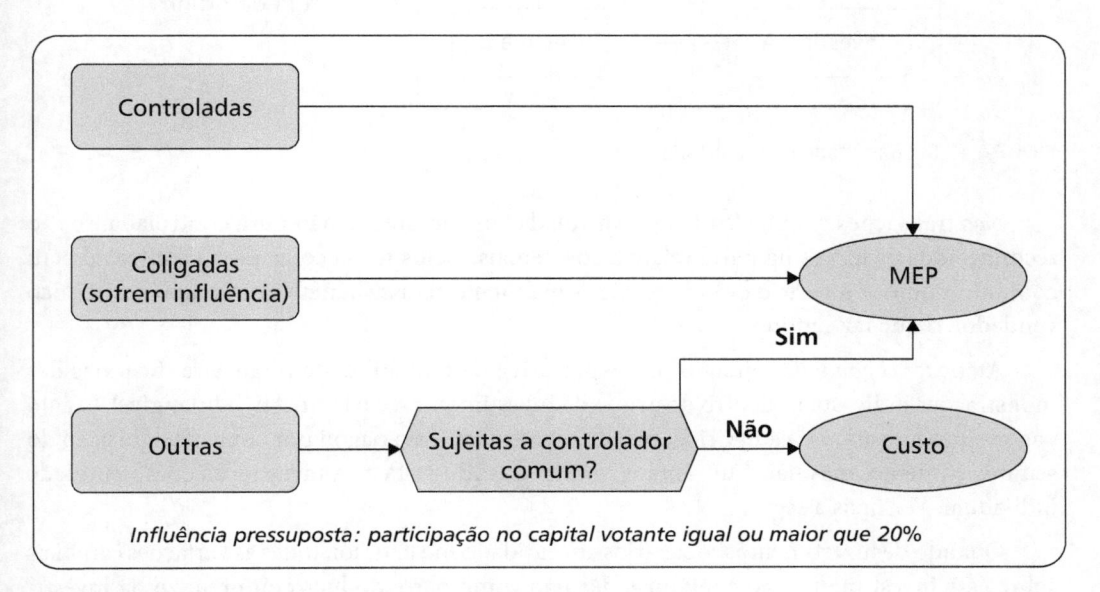

FIGURA 12.2   Aplicação do método da equivalência patrimonial.

Por isso, nosso Lucro Líquido e nosso Patrimônio Líquido individuais têm que procurar ser iguais aos consolidados, e nas normas internacionais definitivamente não. Porém, como nossa legislação societária tem diversos conceitos totalmente calcados no balanço individual, como dividendo mínimo obrigatório e valor patrimonial da ação, precisamos manter essa prática. Quando eliminarmos a obrigatoriedade da divulgação do balanço individual, ficando só com o consolidado quando existir controlada, tudo melhorará.

Atenção a essas demonstrações com os investimentos avaliados ao custo ou ao valor justo: o IASB inclusive dá um nome diferente: **demonstrações separadas**. Aliás, é com seus investimentos avaliados a valor justo, e não com demonstrações consolidadas, que empresas que vivem de participações, mas por investimento, por especulação, e não por fazerem do conjunto investidora e investidas um efetivo ente econômico à parte, que certas *holdings* deveriam publicar seus balanços, como o BNDESPar, a Bradespar, talvez a Itausa etc.

É importante ressaltar que, quando uma controladora vende ativos para sua controlada e esta não os vende para terceiros, contabiliza-se o lucro e, em seguida, o registra como redução do seu investimento (trazer dinheiro da investida por vender ativo para ela é como se se produzisse desinvestimento nessa investida) ou como Passivo Não Circulante (espécie de "lucro diferido"). Assim, lucros e patrimônios líquidos individuais ficam os mesmos no individual e no consolidado.

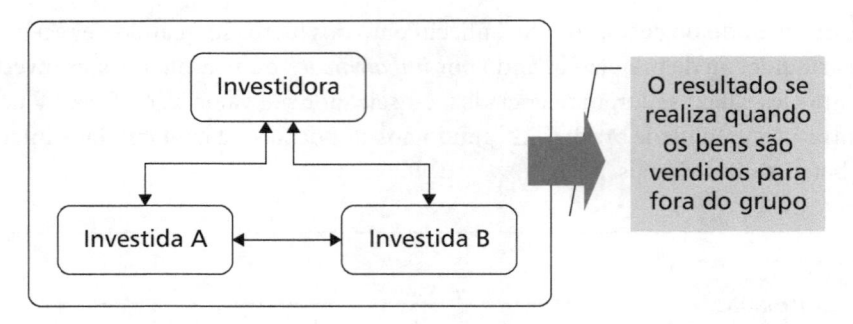

FIGURA 12.3   Resultado não realizado.

Nas transações com coligada ou controlada em conjunto, e não pura controlada, só são reconhecidos os lucros na parte relativa aos demais sócios nessa coligada ou controlada em conjunto, como se a parte da venda para eles realmente gerasse benefício ao grupo econômico vendedor, o que faz sentido.

Atenção: o *goodwill*, ou ágio por expectativa de rentabilidade financeira, fica, nas demonstrações individuais, dentro do grupo de Investimentos, e não no Ativo Intangível. O ágio pago representa ativo da adquirida, não da investidora. Esta pagou por conta da aquisição do seu investimento, mas não é um intangível seu quando vista essa investidora como entidade individual. Ver mais a seguir.

Quando de investimentos societários em entidades no exterior, todas as variações cambiais sobre esse investimento são contabilizadas não como parte do lucro ou prejuízo da investidora, mas sim diretamente no seu Patrimônio Líquido, à espera de ir para o resultado apenas quando da baixa desse investimento. Afinal, sendo variações de moeda forte para moeda forte, e tratando-se de investimento de longo prazo, não faz muito sentido reconhecer lucro ou prejuízo daquilo que só terá efeito no caixa no caso de desinvestimento definitivo.

12.7.7   Intangível – o caso específico do *goodwill*

Gasto com pesquisa de produto novo ou qualquer outra inovação não pode ser ativado, é despesa quando incorrido. Só é ativado o gasto com **desenvolvimento** de um produto, portanto depois da fase de pesquisa, se ficar comprovada tecnicamente a viabilidade, se houver mercado para o produto e se existirem condições financeiras de a entidade de fato vir a fazer tudo o que precisa ser feito para conseguir recuperar esse valor; caso contrário, deverá ser lançado em despesa também.

Softwares que têm vida própria podem ser comprados ou podem ser vendidos individualmente, são ativos intangíveis. Se inseridos numa máquina, por exemplo, e não têm comercialização possível individual, são parte do Imobilizado.

Intangíveis produzidos pela própria entidade, como patentes, marcas, bancos de dados sobre clientes etc., só são ativados se houver, de forma muitíssimo clara e transparente, condição objetiva de segregação dos custos envolvidos desde o início do processo, o que normalmente não ocorre; logo, são todos esses gastos que deverão ser tratados, na maioria dos casos, como despesas. Já os gastos com *goodwill*, derivados de bom relacionamento com a clientela, processos de treinamento de pessoal, desenvolvimento de tecnologia, localização, capacidade de criar novos produtos e ideias etc., jamais podem ser ativados quando gerados internamente.

Todavia, quando uma empresa adquire parte ou a totalidade de outra, é obrigada a verificar quanto está pagando por conta de todos os ativos (e passivos) sendo adquiridos, mensurados a seu valor justo, com a **inclusão de todos os intangíveis**. Os intangíveis que tenham vida própria, como certas patentes e marcas, bancos de dados de clientes, projetos em desenvolvimento e outros que possam ser vendidos separadamente sem a destruição da essência econômica da empresa, precisam, no caso dessa combinação de negócios, ser avaliados individualmente, além dos ativos já contabilizados na adquirida. À diferença entre o saldo líquido de todos esses ativos (intangíveis ou tangíveis, registrados anteriormente ou não) e passivos é que se dá o nome de ágio por expectativa de rentabilidade futura, **ou de *goodwill*,** ou de fundo de comércio (acepção contábil). Logo, ele só sai residualmente, depois de todas as tentativas de mensuração objetiva de tudo o mais que está sendo adquirido.

Todos os valores pagos pela investidora que forem diferença entre o valor justo e o valor contábil de ativos e passivos da investida precisam, no balanço individual, ser baixados conforme forem baixados na investida por venda, depreciação, consumo, perda de valor etc. No individual, todo esse valor consta como parte do Investimento que vai sendo baixado. No consolidado, já se mostram agregados nos seus devidos lugares, "consertando" o valor dos Imobilizados, por exemplo, e são igualmente baixados.

Os valores pagos por itens que não estavam sendo contabilizados na adquirida ficam também como Investimento no balanço individual, e são amortizados pela sua vida útil esperada para a investidora. Idem no consolidado.

A parte do *goodwill* fica também no Investimento no balanço da investidora, e não pode ser amortizada (a não ser nas Pequenas e nas Médias empresas onde isso é obrigatório – *sic!*), só sendo baixada por *impairment*. A investidora é obrigada, no mínimo em cada balanço de fim de exercício social, a fazer o teste de recuperabilidade analisando a capacidade de geração de lucros futuros por conta dos ativos que geraram esse ágio. Notar que, na aquisição, é obrigatória a investigação sobre os ativos que constituem cada unidade geradora de caixa da investida, para alocação a eles de cada parte do *goodwill*. Conforme declinar a capacidade de geração de Caixa de uma unidade geradora de Caixa que tenha originado o pagamento desse ágio, precisa o *goodwill* ser também baixado.

Óbvio que no balanço consolidado se tem o reflexo total disso tudo, com a diferença de que o *goodwill* fica, no consolidado, no Intangível, já que o investimento desaparece pelo próprio processo da consolidação. Aliás, todos esses intangíveis ficam no grupo do Ativo Intangível no balanço consolidado. No balanço individual só fica no Intangível aquele que tenha sido produzido pela própria entidade (exceto o *goodwill* interno, que nunca pode ser ativado) ou que tenha sido por ela adquirido diretamente, sem a aquisição indireta via a compra de parte ou totalidade das ações ou quotas da adquirida.

12.7.8 Passivos – os casos especiais das debêntures e das ações resgatáveis

Além do que concerne aos critérios de avaliação dos passivos financeiros (ver Instrumentos Financeiros, seção 12.7.2), cabem aqui alguns comentários: as debêntures e as ações preferenciais resgatáveis mudam, em certas situações, completamente de lugar no balanço. Como o que interessa sempre, nas IFRSs, é a essência econômica, e não a forma jurídica se esta não retratar substancialmente a realidade de forma convincente, no caso (raro, é certo) de debêntures que sejam perpétuas, jamais podendo ser exigidas pelo seu detentor, e com participação no resultado como se fossem ações, elas terão que ser classificadas não como Passivo, e sim no... Patrimônio Líquido (veja o balanço da TecToy).

Por outro lado, no caso (mais comum) de ações resgatáveis sob condições já estabelecidas, elas não são mais Patrimônio Líquido, e sim Passivo, Circulante ou Não Circulante, conforme o caso, e sua remuneração é despesa financeira no resultado.

Que mudança, hein?

Para lembrar, é sempre assim que a IFRS é bem aplicada: tudo pela substância econômica.

12.7.9 Encargos financeiros, custos de emissão de títulos e de valores mobiliários

É importante lembrar que **gastos com emissão de ações não podem ser registrados como despesas**, e sim como redução do Patrimônio Líquido, do capital obtido. Os acionistas de hoje não devem sofrer com o que se gastou, por exemplo, para angariar novos acionistas. E gastos com emissão de títulos não são também despesas operacionais diretamente registráveis no resultado. São distribuídos ao longo do tempo como uma espécie da taxa efetiva de juros. Assim, os enormes gastos com emissão de certas dívidas, como debêntures, com consultores, advogados, bancos, auditores, viagens etc. são considerados como despesas financeiras ao longo do tempo.

Por exemplo (números fictícios, só para mostrar a ideia), se a empresa A toma dinheiro diretamente no banco com taxa de 15% a. a., empréstimo de $ 100 milhões a ser pago numa só vez após 5 anos, com juros pagos todo o ano, apropriaria praticamente nada de despesa com a captação dessa dívida no início, porque efetivamente esse gasto é normalmente pequeno. E haveria R$ 15 milhões de juros em cada um dos cinco anos, totalizando $ 75 milhões, totalmente caracterizados como despesas financeiras. *E dizia na nota explicativa que sua taxa de juros era de 15% a. a.*

Já a empresa B, que captava o mesmo valor junto com um banco de investimento, gastava $ 5 milhões com o projeto e conseguia taxa de 14% a. a., mostrava despesas de $ 19 milhões no primeiro ano, mas só $ 14 milhões como despesas financeiras e $ 14 milhões nos 4 seguintes, totalizando os mesmos $ 75 milhões, dos quais $ 70 milhões como despesas financeiras. *E dizia na nota explicativa que sua taxa de juros era de 14% a. a.*

Já a empresa C, que conseguia emissão de debêntures com taxa de "apenas" 12% a. a., mas gastava $ 15 milhões com o custoso processo de emissão, registrava despesa de $ 27 milhões no primeiro ano e $ 12 milhões nos 4 seguintes, mas só $ 60 milhões como despesas financeiras. *E dizia na nota explicativa que sua taxa de juros era de 12% a. a.*

Agora todas mostrariam a mesma despesa de $ 15 milhões em todos os cinco anos. Por exemplo, a empresa C contabiliza agora, quando recebe $ 100 milhões do banco, no Passivo, esse montante, mas contabiliza os $ 15 milhões do gasto com a emissão das debêntures como redução desse mesmo Passivo, para que este mostre, inicialmente, o valor líquido recebido de $ 85.000.000, o valor genuinamente líquido recebido. Recalcula agora, com base no valor líquido recebido e nos pagamentos a fazer, que sua taxa efetiva de juros é de 16,65% a. a.!!! Aplicará essa taxa sobre os $ 85 milhões, o que dará uma despesa financeira de $ 14.153.256, que, agregada ao saldo original e diminuída do pagamento de $ 12 milhões, dará o novo valor da dívida de $ 87.153.257 e assim sucessivamente. O total dos encargos, dessa forma, nas três empresas será de $ 75 milhões, mas tudo chamado de despesa financeira. É claro que os valores das despesas financeiras ficarão diferentes em cada ano, porque, na realidade, elas têm fluxos de caixa diferenciados e a distribuição no tempo é primordial na matemática financeira.

Por isso, as três mostrarão, no total, o mesmo valor da despesa financeira de $ 75 milhões, *mas cada uma dará uma taxa diferente para sua dívida: 15,00% a. a. para a A, 15,51% para a B e 16,65% para a C!!! E antes mostravam nas notas exatamente o oposto, taxa menor para a C.* Afinal, o fluxo financeiro demonstrava que a mais beneficiada nesse exemplo foi a primeira, porque mais postergou valores em seus pagamentos, as outras anteciparam com relação a ela.

12.7.10 Impostos diferidos

Quando se tem uma diferença temporária entre receita ou despesa contábil *versus* despesa ou receita fiscal, se o registro do imposto de renda e da CSLL na contabilidade seguirem os valores apurados só quando reconhecidos fiscalmente, haverá distorção no resultado da empresa. Por exemplo, um ativo é avaliado a valor justo e afeta o resultado contábil do período, mas esse ajuste será tributado ou deduzido fiscalmente quando de sua efetiva realização. É então necessário reconhecer-se a despesa contábil relativa a esses tributos junto ao reconhecimento contábil da receita ou despesa pela variação do valor justo. Assim, criam-se, em contrapartida a esses registros no resultado, ativos ou passivos fiscais diferidos. É necessário que se registre, quando do ganho contábil, o efeito que isso provocará tributariamente, porque só pode aparecer como resultado na contabilidade o efetivo valor que aproveitará aos sócios. Assim, a empresa registra a despesa do tributo, mesmo que não exigível ainda legalmente pelo Estado, a crédito do Passivo numa conta de Tributos Diferidos ou semelhante.

No caso de prejuízo contábil, descontável dos lucros futuros, registra-se o crédito no Ativo contra uma "receita" no resultado, já que o fato de a empresa pagar menos imposto no futuro se deverá a esse prejuízo de agora; logo, o prejuízo efetivo é menor do que o valor bruto apresentado. No caso de prejuízos tributáveis, também se reconhece como Ativo o Tributo Diferido pela possibilidade de pagamento de menos impostos quando houver lucro futuro.

Logo, as contas de Tributos no Ativo precisam ser olhadas sempre com mais cuidado porque representam potencial de pagamento menor de impostos, não impostos a serem recebidos em dinheiro. Se não existirem lucros futuros suficientes, pode ser que esse Ativo ou parte dele tenha que ser baixado (*impairment*). Ou, às vezes, o imposto diferido ativo não poderá sequer ser reconhecido. E, conforme já alertamos alhures, todos os tributos dessa natureza, no Ativo e no Passivo, infelizmente não podem ser ajustados a valor presente. Assim, cuidado ainda maior na análise quando de ativos significativos dessa natureza.

12.7.11 Alguns pontos especiais sobre a consolidação e o Patrimônio Líquido

Como sabemos, as demonstrações consolidadas são a representação de como seriam as demonstrações contábeis se, em vez de uma controladora e várias controladas, existisse apenas uma única pessoa jurídica. Logo, não há representação formal ou jurídica nas peças consolidadas; não há "CNPJ" para uma empresa consolidada. Mas elas representam o conjunto econômico sob controle comum.

Quando uma investidora possui, por exemplo, 70% de uma controlada, a controladora inclui em suas demonstrações 100% dos ativos da controlada, dos seus passivos, de suas receitas e despesas, e não 70%. Elimina, é claro, as transações entre elas e os saldos também entre elas, quer na direção *upstream*, quer na *downstream*, quer na lateral (entre controladas). O fundamental não é serem elementos patrimoniais juridicamente pertencentes à Petrobras propriamente dita, por exemplo, mas sim sob seu **controle**. Os ativos que pertencem juridicamente às suas controladas também aparecem no balanço da Petrobras mãe. Este é o conceito mágico na consolidação: controle.

Só que, quando se trazem todos os ativos e passivos, traz-se para dentro da empresa consolidadora mais do que é de propriedade dos sócios desta, ou seja, no exemplo, mais do que pertence aos sócios da Petrobras, já que há sócios que são proprietários dos 30% (por exemplo) da sua controlada que nada têm, ou podem nada ter a ver com os sócios da Petrobras mãe. Assim, no consolidado é necessário segregar a parte que não pertence aos sócios da consolidadora, mas apenas aos sócios nas controladas. É a denominada participação da minoria ou, mais tecnicamente, participação dos sócios não controladores. E isso acontece tanto no balanço quanto na Demonstração do Resultado.

Essa participação dos não controladores no balanço fica dentro do Patrimônio Líquido como um todo, segregadamente porque não é pertencente aos sócios da empresa mãe, mas dentro do PL. O resultado final também engloba o todo, e à parte, no fim da demonstração, por exemplo, é que se segregam o quanto pertence aos sócios da controladora e quanto pertence aos sócios não controladores nas controladas.

Uma consequência especialmente importante nessa conceituação do que seja Patrimônio Líquido no consolidado é o seguinte: **quando uma empresa, mesmo sem qualquer controlada, compra ações ou quotas de seus próprios acionistas de volta, contabiliza o total pago como redutor de seu PL, normalmente sob o título de ações ou quotas em tesouraria. Não discrimina se há ágio, mais-valia etc. no preço pago**; tudo é custo de aquisição dessas ações ou quotas e fica numa única rubrica diminutiva do PL.

Ora, se uma empresa possui controlada e o PL consolidado engloba os acionistas das controladas que são os não controladores, se a empresa mãe (Petrobras, por exemplo) comprar mais um lote de ações dos minoritários da controlada, estará, de certa forma, comprando ações de detentores que fazem parte da entidade consolidada como um todo. **Assim, a aquisição desses lotes adicionais de quem já não é controlador nas controladas é tratada não como acréscimo de investimento na controlada, no ativo individual da controladora adquirente desses lotes, mas sim como aquisição de ações ou quotas em tesouraria, ou seja, como redução do PL.** Assim, também não se calculam mais-valia de ativos, valor dos intangíveis adquiridos e ágio por expectativa de rentabilidade futura como se faz numa combinação de negócios. Todo o valor pago é considerado pura e simplesmente numa rubrica própria, redutora do PL, tanto no individual quanto no consolidado.

Para mais detalhes, vejam-se o Pronunciamento Técnico CPC 18 e a Interpretação Técnica ICPC 09.

12.8   MOEDA FUNCIONAL

Raras empresas podem estar trabalhando e tendo, como genuína moeda funcional, outra que não o real. É o caso, por exemplo, da EMBRAER, que considera o dólar sua efetiva moeda. É com base nele que ela comercializa seus produtos, inclusive quando vendidos no Brasil, que compra a maioria de seus insumos na forma de materiais para fabricação, como motores, peças, equipamentos, matérias-primas etc. É com base nele que fixa parte pelo menos de sua folha de pagamentos, toma empréstimos, inclusive captação de recursos por novas emissões. E é com base no dólar que ela se gerencia: faz seus orçamentos e suas previsões, tudo em dólar, e depois acompanha o que ocorre também em dólar e compara realizado *versus* orçado com base nas quantidades de dólares.

Nesse caso, as normas contábeis dizem que as demonstrações contábeis devem ser elaboradas como se a contabilidade fosse integralmente registrada em dólar. Essa é a sua moeda funcional. Se a apresentação precisar ser feita em reais, convertem-se essas demonstrações de dólar para real para fins de inserção nos livros oficiais da empresa, aprovação pela assembleia etc. É assim que a EMBRAER faz.

Para ter uma ideia então de como se devem ler as demonstrações de uma empresa que tem moeda funcional diferente da moeda de reporte, imagine-se um exemplo muito simples:

A empresa, no Brasil:

- Recebe US$ 100 milhões de sócios que investem pensando em dólares, querendo ganhar raciocinando em dólares. Os sócios brasileiros entregam US$ 30 milhões em reais, a R$ 5,70 por dólar, e os outros acionistas entregam seus US$ 70 milhões em dólar mesmo.
- Uso dos US$ 70 milhões, ainda à mesma taxa, para comprar componentes para o ativo sendo construído nessa mesma taxa.
- A seguir a empresa obtém mais US$ 100 milhões de empréstimos, à mesma taxa de US$ 5,70, e mantém essa disponibilidade em dólares e os usa para comprar no exterior mais componentes para o ativo que constrói, só que quando faz essa compra o dólar está em R$ 5,75.
- Ela usa os R$ 171 milhões recebidos em reais para completar esse mesmo ativo, comprando materiais, mão de obra e outros insumos em reais, no Brasil, quando a taxa está em R$ 5,75 por dólar.
- Quando o dólar está a R$ 5,80, é feita a venda do ativo por US$ 1.450 milhões.
- Tributos brasileiros à base de 30% do lucro em reais, sobre a contabilidade feita em R$.

12.8.1 Contabilidade em reais

Numa **contabilidade totalmente em reais**, teríamos:

a)   Movimentação da Disponibilidade em **R$**

QUADRO 12.1   Moeda funcional: movimentação da disponibilidade (em reais).

Disponibilidades mensuradas em R$ milhões:	
Capital recebido em R$	R$ 171,00
Capital recebido em US$, US$ 70 milhões a R$ 5,70	R$ 399,00
Recebimento de empréstimo, US$ 100 milhões a R$ 5,70	R$ 570,00
Gastos dos US$ 70 milhões na construção do Ativo, a R$ 5,70	R$ (399,00)
Variação do dólar para R$ 5,75 sobre US$ 100 milhões	R$ 5,00
Gasto dos US$ 100 milhões na construção do Ativo, a R$ 5,75	R$ (575,00)
Gasto dos reais na construção do Ativo	R$ (171,00)
Saldo das disponibilidades no balanço	R$ ---

b)   Contabilização do custo de construção em R$:

QUADRO 12.2   Moeda funcional: ativo em construção (em reais).

Ativo em construção, mensurado em R$ milhões:	
US$ 70 milhões × R$ 5,70 =	R$ 399,00
US$ 100 milhões × R$ 5,75 =	R$ 575,00
R$ 171 milhões	R$ 171,00
Saldo no 1º balanço e, posteriormente, no CPV	R$ 1.145,00

c)   Contabilização da dívida e sua variação, em R$:

QUADRO 12.3   Moeda funcional: dívida (em reais).

Dívida mensurada em R$ milhões:	
US$ 100 milhões a R$ 5,70	R$ 570,00
Variação do dólar para R$ 5,75 sobre US$ 100 milhões	R$ 5,00
Variação do dólar para R$ 5,80 sobre US$ 100 milhões	R$ 5,00
Saldo no balanço	R$ 580,00

d)   Demonstração do resultado, em R$ milhões:

QUADRO 12.4   Moeda funcional: DRE (em reais).

Demonstração do Resultado do Exercício (em R$ milhões)	
Venda do ativo, US$ 250 milhões a R$ 5,80 por dólar	R$ 1.450,00
Custo do Produto Vendido	R$ (1.145,00)
Lucro Bruto	**R$ 305,00**
Variação do dólar na disponibilidade	R$ 5,00
Variação do dólar na dívida	R$ (10,00)
Lucro antes do IR	**R$ 300,00**
IR, à base de 30%	R$ (90,00)
Lucro Líquido	**R$ 210,00**

e)   Finalmente, o balanço em R$ milhões

QUADRO 12.5   Moeda funcional: balanço patrimonial (em reais).

Balanço Patrimonial (em milhões R$)	
Disponibilidades	R$ 1.450,00
Ativos	**R$ 1.450,00**
Imposto de Renda a Pagar	R$ 90,00
Empréstimos	R$ 580,00
Capital	R$ 570,00
Reservas de Lucros	R$ 210,00
Passivos + PL	**R$ 1.450,00**

12.8.2   Contabilidade em moeda funcional, no caso o dólar

Para quem raciocina em dólar, todavia, a movimentação é diferente. O fato de manter, por exemplo, reais e dólares em caixa, para quem pensa em reais, leva a um ganho se o dólar subir, mas para quem pensa em dólares, o problema é ter reais quando o dólar sobe, porque isso traz prejuízo, perda de dólares. Veja-se a movimentação do disponível numa contabilidade em dólar:

a)   Movimentação da Disponibilidade em **US$**

QUADRO 12.6   Moeda funcional: movimentação da disponibilidade em dólares.

Disponibilidades mensuradas em US$ milhões:	
Capital recebido em R$, R$ 171 milhões, a R$ 5,70	US$ 30,00
Capital recebido em US$, US$ 70 milhões	US$ 70,00
Recebimento de empréstimo, US$ 100 milhões	US$ 100,00
Gastos dos US$ 70 milhões na construção do ativo	US$ (70,00)
Variação de R$ 171 milhões de R$ 5,70 para R$ 5,75	US$ (0,26)
Gasto dos US$ 100 milhões na construção do ativo	US$ (100,00)
Gasto dos reais na construção do ativo	US$ (29,74)
Saldo	**US$ 0,00**

Na contabilidade em R$, há ganho com o dólar subindo nos valores mantidos em dólares; na contabilidade em US$, há perda com o dólar subindo nos valores mantidos em reais.

b)   No Custo da Construção em US$, mudam os valores:

QUADRO 12.7   Moeda funcional: ativo em construção (em dólares).

Ativo em construção, mensurado em US$ milhões:	
US$ 70 milhões, em dólares	US$ 70,00
US$ 100 milhões, em dólares	US$ 100,00
R$ 171 milhões/R$ 5,75	US$ 29,74
Saldo no 1º balanço e, posteriormente, no CPV	US$ 199,74

Note-se que, se convertermos os US$ 199,74 milhões em reais, a US$ 5,80 na data do balanço, temos estoques de R$ 1.158,49 milhões, e não US$ 1.145 milhões, como na contabilidade em R$.

c)   Na dívida em US$ nada muda, tudo continua com os mesmos US$ 100 milhões
d)   Demonstração do Resultado em US$ milhões, numa contabilidade feita em dólares:

QUADRO 12.8   Moeda funcional: DRE (em dólares).

Demonstração do Resultado do Exercício (em US$ milhões)	
Venda do ativo	US$ 250,00
Custo do Produto Vendido	US$ (199,74)
Lucro Bruto	**US$ 50,26**
Variação dos reais na disponibilidade	US$ (0,26)
Lucro antes do IR	**US$ 50,00**
IR, à base de 30% do lucro em R$, e não em US$	US$ (16,67)
Lucro Líquido	US$ 33,33

Veja-se que, em R$, havia um ganho de R$ 5 milhões na disponibilidade que havia de dólares no caixa, e uma perda igual na dívida. Mas, em US$, há um prejuízo de US$ 0,26 milhão por haver reais em caixa e o dólar ter subido, e nenhuma variação da dívida por ser em dólar.

e) Balanço em US$ milhões, numa contabilidade feita em dólar:

QUADRO 12.9 Moeda funcional: balanço patrimonial (em dólares).

Balanço Patrimonial (em US$ milhões)	
Disponibilidades	US$ 250,00
Ativos	**US$ 250,00**
Imposto de Renda a Pagar	US$ 16,67
Empréstimos	US$ 100,00
Capital	US$ 100,00
Reservas de Lucros	US$ 33,33
Passivos + PL	**US$ 250,00**

12.8.3 Convertendo o balanço elaborado em dólar para apresentação em reais

Como o balanço de uma empresa brasileira cuja moeda funcional seja o dólar não pode ser apresentado em dólar, suas demonstrações precisam ser convertidas para reais a fim de serem formalmente declaradas como demonstrações de acordo com a legislação e a normatização contábeis brasileiras.

Essa conversão é feita, primeiramente, com os números do balanço, ativos e passivos, convertidos pela taxa da data do balanço. Veja-se que, se fizéssemos a conversão do primeiro balanço da empresa, só com a formação do seu capital, teríamos exatamente o mesmo balanço que em reais: Caixa e Capital de R$ 570 milhões.

No balanço final, como há somente disponibilidade, o valor do Ativo será, obrigatoriamente, o mesmo que o da contabilidade em reais, afinal os US$ 250 milhões a R$ 5,80 são mesmo R$ 1.450 milhões. Mas veja-se que isso já seria diferente se o estoque não tivesse sido vendido. Em dólares, o estoque de US$ 199,74 milhões viraria, num balanço de uma contabilidade em dólar vertido para reais, como já vimos, R$ 1.155 milhões, e não R$ 1.145 milhões, como na contabilidade feita diretamente em reais. Logo, os lucros e patrimônios líquidos seriam diferentes.

Mas, se tivéssemos convertido aquele primeiro balanço para reais, apresentaríamos Capital de R$ 570 milhões, e esse seria o capital registrado dessa empresa no Brasil. Agora, convertendo os dados do balanço em dólar para reais, os US$ 100 milhões poderiam dar R$ 580 milhões, com o novo câmbio? Legalmente, a empresa continua com os R$ 570 milhões de capital, e outro não pode ser o seu valor.

Essa variação cambial, que na prática é do Patrimônio Líquido inicial todo, é considerada numa conta à parte do próprio Patrimônio Líquido, de ganhos ou perdas de conversão.

Assim, o balanço feito em dólar convertido para reais fica:

QUADRO 12.10   Moeda funcional: balanço patrimonial (dólares convertidos para reais).

Balanço Patrimonial (em R$ milhões)	
Disponibilidades: US$ 250 milhões × 5,80	R$ 1.450,00
	R$ 1.450,00
Imposto de Renda a Pagar: US$ 16,67 milhões × 5,80	R$ 96,99
Empréstimos: R$ 100 milhões × 5,80	R$ 580,00
Capital – valor original em R$	R$ 570,00
Ganho/Perda Conversão: US$ 100 milhões × (5,80 – 5,70)	R$ 10,00
Lucros acumulados: saldo anterior + US$ 33,33 milhões × R$ 5,80	R$ 193,31
	R$ 1.450,00

A conversão da Demonstração do Resultado, na prática, costuma ser feita pela conversão de todas as receitas e de todas as despesas pela taxa média do período, quando se pressupõe que elas aconteceram razoavelmente de maneira uniforme durante o período. A diferença entre o Lucro Líquido convertido também pela taxa média e seu valor dividido pela taxa final também é colocada na conta de Ganho/Perda na Conversão.

Quando há variações específicas significativas, cada receita e despesa deve ser convertida pela taxa de câmbio específica de quando é registrada por competência. Neste exemplo, por pura simplificação, se mantivermos a conversão pelo câmbio final, o lucro será mesmo R$ 193,31 milhões, e não é necessário recalcularmos ganhos e perdas de conversão nem ajustarmos o balanço feito anteriormente.

O essencial é entender o seguinte: para quem raciocina em reais, se houve investimento de R$ 570 milhões, e hoje o caixa é de R$ 1.450 milhões, depois de pagos o tributo e o empréstimo, de R$ 96,99 e R$ 580 milhões, respectivamente, transforma-se em um caixa líquido de R$ 773,01 milhões, é porque o lucro foi de R$ 193,31 milhões, e isso está bem espelhado na Demonstração do Resultado.

Todavia, para quem analisa pensando em dólar, raciocina assim: investiu US$ 100 milhões e hoje no caixa existem US$ 250 milhões. Tirando o imposto a pagar de US$ 16,67 e a dívida de US$ 100 milhões, há uma sobra de caixa de US$ 133,33 milhões. Logo, o excedente a seu investimento é US$ 33,33 milhões. Se o dólar está a R$ 5,80, o que exprime esse lucro em reais é US$ 33,33 milhões × R$ 5,80 por dólar, o que dá R$ 193,31 milhões, e não R$ 210 milhões. Interessante, não?

Veja-se que a diferença está no seguinte: se houver a conversão dos reais que estão no caixa para dólares, para o investidor que pensa em dólar ele precisa receber US$ 100 milhões que investiu, e isso consome US$ 180 milhões. Logo, a diferença entre os dois lucros está nesse raciocínio: para quem pensa em R$, qualquer aumento no caixa em R$ é lucro e pronto.

Para quem raciocina em dólar, só é lucro o que ele recebe a mais em dólar. Nesse caso, R$ 10 milhões do caixa são o necessário para completar o capital investido de US$ 100 milhões, já que o dólar passou de R$ 5,70 para R$ 5,80.

Complementando, para quem raciocina em dólar, o custo do Ativo vendido é a quantidade de dólar gasta quando feito o Ativo, e esse total foi mesmo de US$ 199,74 milhões, correspondentes a US$ 170 milhões em dólares e R$ 171 milhões gastos quando o dólar estava a R$ 5,75, o que dá mais US$ 29,74 milhões. Logo, o custo total é mesmo US$ 199,74, que dão o lucro bruto de US$ 50,26 milhões. Após o ajuste da perda dos reais de US$ 0,26 milhão e do imposto brasileiro de US$ 16,67, sobram de fato os mesmos US$ 33,33 milhões de lucro líquido.

Se você, leitor, não está acostumado a pensar em outra moeda, analise muito bem esse exemplo, crie suas próprias simulações. Esse assunto não é mesmo muito fácil.

Há outros problemas a serem discutidos nessas contabilizações em moeda funcional diferente da moeda de reporte e na conversão das demonstrações de uma moeda para outra, mas já é bastante o que aqui se viu para entender-se o mínimo para analisar o balanço da EMBRAER e de outras poucas empresas que têm como moeda funcional uma moeda estrangeira.

> Acesse o vídeo
> sobre Mudanças nas
> Taxas de Câmbio
> e Conversão das
> Demonstrações
> Contábeis, por meio
> do QR Code.
>
> uqr.to/1zuwb

12.9 DEMONSTRAÇÃO DO RESULTADO (ATÉ 2026) E DEMONSTRAÇÃO DO RESULTADO ABRANGENTE

A conceituação geral sobre a Demonstração dos Resultados e a Demonstração dos Resultados Abrangentes pode ser vista nos vídeos, por meio dos QR Codes a seguir. Na sequência, discutimos as especificidades desses demonstrativos no contexto da análise de balanços.

> Demonstração
> do Resultado do
> Exercício (DRE) –
> Conceitos Básicos
> (Prof. Bruno Salloti)
>
> uqr.to/1zuwc

Demonstração do Resultado Abrangente (Prof. Bruno Salloti)

uqr.to/1zuwd

A **Demonstração do Resultado** começa pelas receitas líquidas genuinamente de uso da empresa, com a exclusão dos impostos e outros valores recolhidos no faturamento, mas que são devidos a terceiros. A Receita precisa ser a compensação dos bens e serviços vendidos pela entidade, as receitas dos juros ganhos com seu capital, as receitas com seus aluguéis etc. De acordo com as normas internacionais, devem ser excluídos os impostos cobrados sobre as receitas e sobre o valor adicionado. Veja-se o item 8.4.2.

Todavia, a lei determina, no Brasil, a evidenciação da receita bruta. Assim, está-se, como regra, começando a demonstração do resultado pela receita líquida, com uma conciliação em nota explicativa entre ela e a receita bruta. No Brasil, e por força da Lei das S/A, a demonstração do resultado é elaborada à base da **função** das contas. Por isso, o custo dos produtos vendidos de uma indústria aparece numa linha só, depois temos despesas com vendas, despesas administrativas e, às vezes, as famigeradas "despesas gerais"; todas mostrando que as despesas foram incorridas para essa função de vender, administrar etc.

Dentro das IFRSs atuais, esse é um dos modos de se montar a demonstração do resultado. A outra é, por natureza, onde o custo dos produtos vendidos é detalhado pela natureza do custo incorrido, como matéria-prima, mão de obra, energia elétrica, depreciação etc. Na verdade, nem precisa aparecer a figura do custo dos produtos vendidos. Todos os custos de produção transformados em despesas são juntados às demais despesas, como as de venda e administrativas, e tudo discriminado apenas por sua natureza. Ou pode ser utilizado um modelo misto. Tudo, até 2026, à opção de cada empresa.

No Brasil, até 2026, esse modelo por natureza só é mostrado em nota explicativa, não podendo ser apresentada a demonstração do resultado dessa forma. Aliás, o IASB é que exige que, se apresentada a demonstração por função, exista a natureza para evidenciar as contas por natureza. Mas veja o tópico seguinte.

É vedado chamar qualquer item no resultado de não operacional ou de item extraordinário. A única evidenciação em separado é dos **resultados das atividades descontinuadas.** As receitas e despesas de uma fábrica que tenha sido ou esteja determinada a ser fechada devem ficar segregadas das demais para que o leitor veja o que não continuará a existir no futuro. No mais, tudo é receita ou despesa operacional normal. O mau uso dessa segregação de itens não operacionais e não recorrentes vinha causando enormes deformações em muitas empresas no mundo todo, tendo em vista a falta de uniformidade no seu tratamento.

Já a **Demonstração do Resultado Abrangente (DRA)** fornece uma visão mais ampla do desempenho financeiro da empresa, além do resultado líquido tradicional. A DRA abriga todas as mutações do Patrimônio Líquido que não sejam transações de capital com os sócios e que não componham o resultado. Assim, fazem parte dela as variações a mercado dos instrumentos financeiros disponíveis para venda (ver Instrumentos Financeiros, seção 12.7.6), os ajustes de conversão de balanços de outra moeda (ver Moeda Funcional, seção 12.8), reavaliação de ativos quando permitida etc. Em algumas situações, o que existe são as denominadas reclassificações, que são transferências de valores de Resultado Abrangente para o Resultado do Período, como as realizações das reservas de reavaliação, transferidas para Lucros Acumulados, ou como as transferências de ganhos ou perdas acumulados de conversão para o resultado etc.

O CPC 26 menciona que outros resultados abrangentes incluem: a) variações na reserva de reavaliação quando permitidas legalmente; b) ganhos e perdas atuariais em planos de pensão com benefício definido; c) ganhos e perdas derivados de conversão de demonstrações contábeis de operações no exterior; d) ajuste de avaliação patrimonial relativo aos ganhos e perdas na remuneração de ativos financeiros disponíveis para venda; e e) ajuste de avaliação patrimonial relativo à efetiva parcela de ganhos ou perdas de instrumentos de *hedge* em *hedge* de fluxo de caixa.

Perceba que alguns resultados abrangentes, no futuro, transitam pelo resultado (como o da variação cambial do investimento no exterior), mas outros nunca fazem isso, como a variação nos benefícios pós-emprego por fatores atuariais e algumas das variações de valor justo de determinados instrumentos financeiros.

Note também que a consideração do resultado abrangente muda o que era considerado resultado e também o que era considerado investimento, quando se observa as demonstrações contábeis. Ou seja, esses resultados ainda não totalmente realizados afetam (ou não!) o cálculo dos indicadores de retorno do capital próprio e também do retorno do investimento, pois, matematicamente, os numeradores e denominadores das equações já não são os mesmos.

Nesse sentido, cabe refletir sobre se o resultado utilizado no numerador do ROE será apenas o resultado líquido ou os outros resultados abrangentes também devem compor o valor a ser considerado. No denominador da fórmula, os resultados abrangentes devem ser considerados, ou devem ser expurgados do PL? É correto utilizar como retorno o resultado do exercício, e não admitir o resultado abrangente de uma variação cambial sobre um investimento no exterior, ou de uma variação de determinado instrumento financeiro, mas manter esse investimento no exterior pelo valor atualizado e o instrumento financeiro pelo seu valor justo novo como parte do valor do total do ativo e, consequentemente, do patrimônio líquido? Não parece incoerente isso?

Algumas poucas pesquisas sobre o tema, como Soutes e Schvirck (2006), Resende, Pinheiro e Maia (2011) e Curcino, Lemes e Botinha (2014) têm demonstrado que as diferenças estatísticas, por vezes, não são relevantes, mas quando se consideram casos isolados, as diferenças podem ser importantes sim!

12.10 DEMONSTRAÇÃO DO RESULTADO A PARTIR DE 2027 – A IFRS 18

Em 2024, o IASB emitiu a IFRS 18 com vigência a partir de 2027. O Brasil vai emitir seu CPC correspondente a essa norma e a seguirá. Por isso, a partir desse ano teremos algumas novidades, aqui colocadas apenas para menção. Sua discussão detalhada virá em edições seguintes.

Principais novidades na demonstração do resultado:

a) O uso do modelo por função ou por natureza deixa de ser optativo. A empresa terá que avaliar e justificar qual deles representa melhor seu desempenho, e terá que utilizar essa forma (nossa Lei terá que ser modificada, é claro) na elaboração da sua demonstração do resultado.

b) Haverá três grandes grupos no resultado: o operacional, o derivado de investimentos e o de financiamentos.

c) O de financiamento mostrará uma subdivisão: despesas financeiras por conta de empréstimos e de passivos de arrendamento, de um lado, e despesas financeiras por conta de atualização de passivos que não sejam dessa natureza, como atualização de dívidas tributárias, de provisões diversas etc., do outro. Isso facilitará o cálculo efetivo dos custos do endividamento financeiro, o que muitas vezes é difícil ou até impossível hoje, antes dessa norma nova.

d) O grupo de investimentos mostrará as receitas derivadas de investimentos específicos que não sejam o "*core*", o coração da empresa, o objetivo pelo qual ela basicamente existe; por exemplo, receitas financeiras de aplicações financeiras de dinheiro excedente, receitas ou despesas de variação de valor justo de propriedades para investimento e todas as receitas ou despesas de investimentos avaliados pela equivalência patrimonial.

e) O resultado operacional evidenciará o desempenho da empresa em suas operações "*core*", como vendas de produtos, ou de serviços, as despesas a elas relacionadas e as do esforço de venda, de administração. Mas essa classificação continuará para as empresas nas quais o modelo de resultado por função for provado como o que melhor informa sobre o desempenho. Caso contrário, todas essas despesas aparecerão diretamente por natureza na demonstração do resultado.

f) Muitas vezes o desempenho da empresa se dá pela exploração de mais de uma forma: por exemplo, a empresa vende e financia seus clientes. Nesse caso, as receitas financeiras derivadas do financiamento aparecerão como parte do resultado operacional; e se a empresa toma dinheiro emprestado para financiar esses clientes, essas despesas financeiras também aparecerão no resultado operacional.

g) Obviamente as receitas e despesas financeiras dos bancos continuarão como operacionais.

h) Toda vez em que não ficar claro onde deverá ficar a receita ou a despesa, ela terá que ser classificada fora de investimentos e de financiamentos, ou seja, afetará o resultado operacional!

i) Todas as baixas por venda ou outro motivo de ativos de uso nas operações irão para o resultado operacional, como os ganhos e as perdas na venda de máquinas de uso, de frota de veículos de uso, bem como os *impairments* e sua reversão.

j) "O acessório acompanha o principal": com essa filosofia será necessário "casar" certas receitas e despesas. Por exemplo, as variações cambiais da conta de Clientes por vendas em moeda estrangeira estarão acompanhando o resultado dessas vendas, ou seja, dentro do resultado operacional; se alguém fizer *hedge* sobre o preço da matéria-prima, os resultados dessa operação acompanharão a variação da conta de Fornecedores dessa matéria-prima, ou seja, tudo no operacional.

É bom irmos nos acostumando com o que será um novo padrão mundial para a demonstração do resultado segundo o modelo do IASB. Haverá trabalho adicional se for necessária a comparação dos resultados de 2027 com os de 2025 ou antes; os de 2026 terão que ser reelaborados para acompanhar 2027.

12.11 OUTRAS ALTERAÇÕES POR CONTA DA IFRS 18

Outros pontos muito relevantes que a IFRS 18 está trazendo:

a) Regras mais rígidas e claras para a agregação e a desagregação de contas para fins de elaboração do balanço, da DRE, dos resultados abrangentes, das mutações patrimoniais e do fluxo de caixa.

b) Revogação do atual CPC 26 – Apresentação das Demonstrações Contábeis, com seu conteúdo redistribuído.

c) Normas também mais rígidas e claras para a elaboração das notas explicativas, praticamente impondo aquilo que no Brasil fizemos com a introdução da OCPC 07 sobre Notas Explicativas (não devem ser apresentadas notas irrelevantes, não transcrever normas, procurar a ordem das notas que seja melhor para o usuário etc.).

d) Desaparecimento das opções atuais de classificação, no fluxo de caixa, de certas entradas e saídas de dinheiro, como despesas e receitas financeiras, dividendos.

e) Fluxo de caixa pelo método indireto começará a partir do lucro ou prejuízo operacional, e não a partir do lucro líquido ou do lucro antes do imposto de renda como hoje; etc.

Essas regras valerão obrigatoriamente para quem aplica as "*full* IFRS".

12.12 DEMONSTRAÇÃO DOS FLUXOS DE CAIXA

A apresentação da Demonstração dos Fluxos de Caixa pode ser vista no vídeo, por meio do QR Code a seguir. Na sequência, discutimos suas particularidades no contexto da análise das demonstrações contábeis.

A **Demonstração dos Fluxos de Caixa (DFC)** é fundamental no processo de análise das demonstrações contábeis porque revela a capacidade de geração de caixa da empresa, sua liquidez e a sustentabilidade de suas operações, investimentos e financiamentos. Diferentemente do resultado do exercício, que é apurado pelo regime de competência, a DFC mostra o efetivo ingresso e saída de recursos financeiros. Isso permite que o analista compreenda como a empresa gera e utiliza seu caixa, identificando riscos e oportunidades de liquidez e solvência.

A partir da DFC, podem ser extraídos diversos indicadores. Braga e Marques (2001) apresentam quatro grupos, são eles: (i) quocientes de cobertura de caixa; (ii) quocientes de qualidade do resultado; (iii) quocientes de dispêndio de capital; e (iv) retornos do fluxo de caixa. Abaixo são detalhadas as composições desses indicadores.

QUADRO 12.11   Índices para Análise da Demonstração dos Fluxos de Caixa.

Quocientes de cobertura de caixa	$\text{Cobertura de juros com caixa} = \dfrac{\text{FCO antes de juros e impostos}}{\text{juros}}$
	$\text{Cobertura de dívidas com caixa} = \dfrac{\text{FCO – dividendo total}}{\text{passivo exigível}}$
	$\text{Cobertura de dividendos com caixa} = \dfrac{\text{FCO}}{\text{dividendos totais}}$
Quocientes de qualidade do resultado	$\text{Qualidade das vendas} = \dfrac{\text{caixa das vendas}}{\text{receitas líquidas}}$
	$\text{Qualidade do resultado} = \dfrac{\text{FCO}}{\text{resultado operacional}}$
Quocientes de dispêndios de capital	$\text{Aquisições de capital} = \dfrac{\text{FCO – dividendo total}}{\text{caixa pago por inv. de capital}}$
	$\text{Investimento/financiamento} = \dfrac{\text{fluxo caixa atividades.investimento}}{\text{fluxo caixa atividades.financiamento}}$

(Continua)

(Continuação)

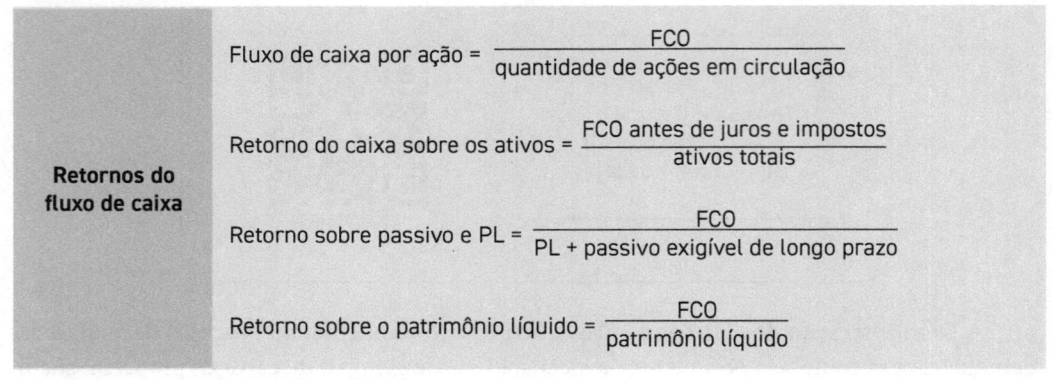

Retornos do fluxo de caixa	$$\text{Fluxo de caixa por ação} = \frac{\text{FCO}}{\text{quantidade de ações em circulação}}$$
	$$\text{Retorno do caixa sobre os ativos} = \frac{\text{FCO antes de juros e impostos}}{\text{ativos totais}}$$
	$$\text{Retorno sobre passivo e PL} = \frac{\text{FCO}}{\text{PL + passivo exigível de longo prazo}}$$
	$$\text{Retorno sobre o patrimônio líquido} = \frac{\text{FCO}}{\text{patrimônio líquido}}$$

Fonte: Adaptado de Braga e Marques (2001).

Os índices de cobertura de caixa medem a capacidade de pagamento de juros, dívidas e dividendos por meio dos fluxos de caixa operacionais. O índice de cobertura de juros com caixa indica "a capacidade relativa do negócio em atender seus compromissos financeiros" (BRAGA; MARQUES, 2001, p. 12). Já o índice de cobertura de dívidas com caixa mede a capacidade da empresa em atender ao pagamento de suas dívidas de curto e longo prazo, descontados os dividendos. Da mesma forma, o índice de cobertura de dividendos com caixa mede a capacidade da empresa em pagar dividendos a seus acionistas (ações preferenciais ou ordinárias), por meio do fluxo de caixa operacional.

O segundo grupo avalia a qualidade do resultado obtido por meio de dois indicadores. O primeiro se refere à qualidade das vendas, que avalia quanto da receita operacional do período (receita operacional bruta, deduzidos os impostos incidentes sobre vendas) foi convertido em dinheiro mediante recebimento de clientes. O segundo indicador avalia a qualidade do resultado, ao dividir o fluxo de caixa operacional pelo resultado operacional do período. Ou seja, evidencia a parte do resultado operacional convertido em caixa. Só lembrar que no resultado do caixa operacional de um ano estão entrando recebimentos e pagamentos por conta de receitas e despesas de período que não o atual.

O terceiro grupo é composto pelos quocientes de dispêndios de capital. O índice aquisições de capital evidencia a capacidade da empresa em atender a suas necessidades de aquisições de ativos fixos com o fluxo de caixa operacional gerado. Enquanto o índice investimento/financiamento compara os fluxos líquidos das atividades de investimento com os fluxos gerados pelas atividades de financiamento. Os autores ainda salientam que "só há sentido em sua interpretação quando entradas de financiamento financiam saídas de investimento" (BRAGA; MARQUES, 2001, p. 21).

Por fim, o quarto grupo é composto pelos índices que medem o retorno obtido por meio dos fluxos de caixa operacionais. O índice fluxo de caixa por ação representa o fluxo de caixa líquido gerado (exceto os dividendos preferenciais) que pode ser atribuível a cada ação ordinária. O retorno do caixa sobre os ativos indica o fluxo de caixa operacional gerado em relação aos investimentos totais. Já o retorno sobre passivo e patrimônio líquido demonstra o potencial de recuperação de caixa para os investidores (credores e acionistas). Enquanto o retorno sobre o patrimônio líquido calcula o valor gerado de caixa para cada real investido na empresa pelos acionistas.

Esses indicadores fornecem uma visão ampla sobre a capacidade de geração de caixa, a estrutura de capital, a solvência e a sustentabilidade do modelo de negócios da empresa. Auxiliam a análise detalhada da saúde financeira para entender a real capacidade de financiamento, expansão e retorno ao acionista, além de avaliar riscos e oportunidades financeiras. No entanto, salientamos que a análise do fluxo de caixa requer alguns cuidados para evitar equívocos. Embora seja uma demonstração extremamente importante na análise financeira de um empreendimento, sozinha ela não é suficiente.

Mas, repetindo o que já dissemos antes, quando se analisa o fluxo de caixa deve-se atentar para os seguintes problemas:

a) Nas empresas comerciais, o conceito de fluxo de caixa das operações está revelando que os pagamentos de estoques são considerados redutores do fluxo de caixa das operações e não investimentos. Esse problema é temporal, no início das atividades ele é bastante evidente, porém no longo prazo, ou no fluxo acumulado, há um ajustamento dessas distorções; ou seja, quando há grandes aquisições de estoques, há péssimos fluxos de caixa das operações (o que não é necessariamente algo ruim do ponto de vista da análise, é claro; às vezes, o contrário). Nos períodos de vendas de estoques pagos há tempos ou a pagar no futuro, há enormes fluxos de caixa das operações. **Logo, não tem nada a ver o fluxo de caixa das operações de cada período individual com a capacidade de geração de lucro. São conceitos totalmente distintos.**

b) Os investimentos em Imobilizado realizados em dinheiro aparecerão como fluxo de investimento (ou de financiamento!), mas jamais aparecerão como despesas nos fluxos de caixa futuros; **os fluxos de caixa das operações mostrarão valores grandes de entrada, e isso não pode ser confundido com lucro!**

c) **Além disso, os investimentos e financiamentos representados no fluxo de caixa não necessariamente representam o que de fato aconteceu. Pois os investimentos pagos diretamente por meio de financiamentos, sem trânsito pelo Caixa, não aparecem no fluxo de caixa. Só aparecerão os desembolsos futuros relativos aos pagamentos dessas dívidas, e no fluxo de caixa de financiamento, não de investimento.** Procurar por essas informações nas notas apensas à DFC.

d) As despesas financeiras incorporadas ao custo de geração de imobilizados, intangíveis e certos estoques (produção superior a um ano) estão incorporadas aos caixas das operações de investimento, e nunca aparecerão como parte do fluxo das operações, é claro; na contabilidade, esses valores são ativados, mas aparecem como redutores do lucro operacional via depreciações ou baixas desses ativos em que foram agregadas.

Caro leitor, caro aluno, caro analista: Por favor, **analise sim a Demonstração dos Fluxos de Caixa, mas aprenda muito bem o que esses fluxos significam, o que eles querem de fato dizer. Suas enormes limitações podem enganar muito mais do que as informações contábeis.**

12.13 DEMONSTRAÇÃO DAS MUTAÇÕES DO PATRIMÔNIO LÍQUIDO

A apresentação da Demonstração das Mutações do Patrimônio Líquido pode ser vista no vídeo, disponível por meio do QR Code a seguir. Na sequência, discutimos o seu uso no contexto da análise das demonstrações contábeis.

Demonstração
das Mutações do
Patrimônio Líquido –
Objetivos e Estrutura
(Prof. Bruno Salloti)

uqr.to/1zuwf

A **Demonstração das Mutações do Patrimônio Líquido (DMPL)** é uma peça fundamental na análise das demonstrações contábeis, pois detalha as variações ocorridas nas contas do patrimônio líquido durante um período. Permite uma compreensão aprofundada sobre a evolução da situação patrimonial da empresa, evidenciando eventos que impactaram diretamente o capital próprio, como:

- Lucros Retidos e Reservas: revela a porção do lucro que é reinvestida na empresa, seja em reservas de lucro, seja como capital de giro. Isso auxilia na avaliação da sustentabilidade financeira e na capacidade de autofinanciamento da empresa.
- Dividendos e Política de Distribuição: indica o valor dos dividendos pagos aos acionistas e evidencia a política de distribuição de lucros da empresa, permitindo avaliar a atratividade do investimento para os acionistas e a disposição da empresa em recompensá-los.
- Aportes de Capital e Emissão de Ações: demonstra as entradas de novos aportes de capital, além de eventuais emissões ou recompras de ações. Isso fornece uma perspectiva sobre a relação entre os financiamentos por capital próprio e por terceiros.
- Ajustes de Avaliação Patrimonial: mudanças no valor justo de determinados ativos ou passivos são detalhadas na DMPL, o que é relevante para avaliar o impacto dessas variações na situação patrimonial da empresa.
- Outras Variações no Patrimônio: outros ajustes, como ganhos e perdas reconhecidos diretamente no patrimônio líquido (por exemplo, ajustes cambiais e reservas de hedge), são evidenciados na DMPL normalmente como outros resultados abrangentes, oferecendo uma visão mais completa da situação patrimonial.
- Aumentos ou diminuições da conta de investimento societário por variação no percentual de participação, como no caso em que uma empresa aumenta o capital de uma investida, mas os demais sócios não o fazem; ou o contrário etc.

Vamos, a seguir, mostrar uma mutação patrimonial, mas colocando apenas os valores relativos a 20X8, faltando a parte de baixo, referente a 20X9, ajustada essa DMPL a partir do exemplo do Pronunciamento Técnico CPC 26 – Apresentação das Demonstrações Contábeis.

QUADRO 12.12   Demonstração das mutações do Patrimônio Líquido.

DMPL	Capital Social Integralizado	Reservas de Capital, Opções Outorgadas e Ações em Tesouraria (1)	Reservas de Lucros (2)	Lucros ou Prejuízos Acumulados	Outros Resultados Abrangentes (3)	Patrimônio Líquido dos Sócios da Controladora	Participação dos Não Controladores no PL das Controladas	Patrimônio Líquido Consolidado
1 Saldos em 31/12/20X7	1.000.000	80.000	300.000	0	120.000	1.500.000	100.000	1.600.000
2 Ajustes Ex. Anteriores (4)				–320.000		–320.000	30.000	–290.000
3 Saldos ajustados 31/12/20X7	1.000.000	80.000	300.000	–320.000	120.000	1.180.000	130.000	1.310.000
4 Ajustes Adoção Inicial dos CPCs e IFRSs (5)	0	0	0	210.000	150.000	360.000	28.000	388.000
5 Saldos Iniciais 01/01/20X8	1.000.000	80.000	300.000	–110.000	270.000	1.540.000	158.000	1.698.000
6 Aumento de Capital	500.000	–50.000	–100.000			350.000	32.000	382.000
7 Gastos com Emissão de Ações		–7.000				–7.000		–7.000
8 Opções Outorgadas Reconhecidas		30.000				30.000		30.000
9 Ações em Tesouraria Adquiridas		–20.000				–20.000		–20.000
10 Ações em Tesouraria Vendidas		60.000				60.000		60.000
11 Dividendos				–162.000		–162.000	–13.200	–175.200
12 Transações de Capital com os Sócios						251.000	18.800	269.800
13 Lucro Líquido do Período				250.000		250.000	22.000	272.000
14 Ajustes Instrumentos Financeiros					–60.000	–60.000		–60.000
15 Tributos s/ Ajustes Instrumentos Financeiros					20.000	20.000		20.000
16 Equiv. Patrim. s/ Ganhos Abrang. de Coligadas					24.000	24.000	6.000	30.000
17 Ajustes de Conversão do Período					260.000	260.000		260.000
18 Tributos s/ Ajustes de Conversão do Período					–90.000	–90.000		–90.000
19 Outros Resultados Abrangentes						154.000	6.000	160.000
20 Reclassific. p/ Resultado – Aj. Instrum. Financ.					10.600	10.600		10.600
21 Resultado Abrangente Total						414.600	28.000	442.600
22 Constituição de Reservas			505.000	–505.000				
23 Realização da Reserva Reavaliação				78.800	–78.800			
24 Tributos sobre a Realização da Reserva de Reavaliação				–26.800	26.800			
25								
26 Saldos Finais 31/12/20X8	1.500.000	93.000	705.000	– 475.000	409.400	2.205.600	204.800	2.410.400

(1) Detalhamento na nota x.

(2) Detalhamento na nota xx.

(3) Detalhamento na nota xxx.

(4) Erros de ajustes anteriores relativos ao resultado de 20X7, anteriormente publicado como lucro de $ 180.000 na controladora e $ 150.000 nas controladas, cujos valores corretos são prejuízo de $ 140.000 na controladora e $ 120.000 nas controladas. V. nota xxxx.

(5) Detalhamento na nota xxxxx.

Veja-se que na linha 1 estão os saldos como originalmente apresentados em 31/12/20X7, só que a linha seguinte já mostra que os resultados, tanto da controladora quanto das controladas, apresentados anteriormente, estavam exageradamente **errados**. Note-se os novos valores remensurados, mesmo com base nos critérios contábeis da época. Não é de assustar? Espera-se que a nota explicativa seja muito convincente, é claro! A controladora apresentara um **lucro** de $ 180 milhões, mas na verdade é um **prejuízo** de $ 140 milhões.

Na linha 4 estão os ajustes causados pela adoção dos novos Pronunciamentos do CPC e das IFRSs, que têm o mesmo efeito no consolidado.

Note-se que na antepenúltima coluna está o PL da controladora sozinha, e na penúltima a parte do PL das controladas que pertencem a outros sócios, com o total do PL consolidado na última coluna. Dos ajustes totais de $ 388.000, parte é nas controladas e parte na controladora. Nesta, o ajuste é parcialmente nas contas que são parte dos outros resultados abrangentes ($ 150.000) e parte nos lucros acumulados ($ 210.000).

Veja-se também que da linha 6 à linha 11, totalizando na 12, estão as mutações patrimoniais entre a sociedade e seus sócios, que nada têm a ver com o desempenho da empresa.

Na linha 13 está o resultado de 20X8 e da linha 14 a 18, totalizando na 19, as mutações do Patrimônio Líquido que não transitaram pelo resultado. São os **outros resultados abrangentes** que, com o Lucro Líquido do período, dão o resultado global, mutação do PL por mérito da própria entidade em suas atividades, conhecido agora por **resultado abrangente ou resultado abrangente total** (voltamos a repetir, igual ao resultado do período mais os outros resultados abrangentes).

Na linha 20 está um ajuste a mercado de instrumentos financeiros que havia sido registrado diretamente no PL e que agora foi transferido para o resultado do período. Como está computado no resultado, aumentando o PL, agora precisa ser diminuído para compensar, já que o total do PL não muda com essa reclassificação.

As demais mutações finais não alteram o PL nem o resultado do período.

De forma simplificada, tem-se que, depois de ajustados os saldos iniciais, o PL de $ 1.698.000 passou para $ 2.410.400 por conta de:

- transações de capital com os sócios no valor de aumento líquido de $ 269.800, com $ 445.000 de aumento de capital (líquido dos gastos com essa emissão) e dividendos de $ 175.200;
- lucro líquido de $ 272.000; e
- outros resultados abrangentes mais reclassificações de $ 442.600.

Aliás, como bons analistas deveríamos simplificar tudo assim, e já incluindo a movimentação de 20X9: (**O refazimento das demonstrações para uma versão mais simplificada é tarefa também essencial do bom analista!**)

QUADRO 12.13 Demonstração das mutações do Patrimônio Líquido simplificada.

DMPL	Patrimônio Líquido dos Sócios da Controladora	Participação dos Não Controladores no PL das Controladas	Patrimônio Líquido Consolidado
Saldos em 31/12/20X7	**1.500.000**	**100.000**	**1.600.000**
Ajustes Exerc. Anteriores (4)	−320.000	30.000	−290.000
Ajustes Adoção Inicial dos CPCs e IFRSs (5)	360.000	28.000	388.000
Saldos Iniciais 01/01/20X8	**1.540.000**	**158.000**	**1.698.000**
Transações de capital ex-dividendos	413.000	32.000	445.000
Dividendos	−162.000	−13.200	−175.200
Lucro Líquido do Período	250.000	22.000	272.000
Outros Resultados Abrangentes + Reclassificações	164.600	6.000	170.600
Saldos Finais 31/12/20X8	**2.205.600**	**204.800**	**2.410.400**
Transações de capital ex-dividendos	236.000	−6.000	230.000
Dividendos	−125.000	−5.000	−130.000
Lucro Líquido do Período	138.000	25.000	163.000
Outros Resultados Abrangentes + Reclassificações	−25.000	−18.000	−43.000
Saldos Finais 31/12/20X9	**2.429.600**	**200.800**	**2.630.400**

(4) Erros de ajustes anteriores relativos ao resultado de 20X7, anteriormente publicado como lucro de $ 180.000 na controladora e $ 150.000 nas controladas, cujos valores corretos são prejuízo de $ 140.000 na controladora e $ 120.000 nas controladas. V. nota xxxx.

(5) Detalhamento na nota xxxxx.

A DMPL é essencial para o analista compreender o comportamento do patrimônio líquido e avaliar a solidez patrimonial da empresa. Ela revela informações sobre a forma como a empresa utiliza seus recursos próprios, permitindo avaliar a política de distribuição de dividendos, a criação e a utilização de reservas e o impacto de ajustes de certos ativos. Esses elementos são relevantes para decisões de investimento, pois refletem a saúde financeira e o compromisso da empresa com a criação de valor ao acionista no longo prazo.

12.14 DEMONSTRAÇÃO DO VALOR ADICIONADO

É de extremo interesse essa demonstração! Você já viu quanto de tributos existe no Valor Adicionado da Petrobras? Ou das companhias de energia elétrica e telefonia? Quanto de tributos no valor adicionado pelo comércio, pela indústria e pelos... bancos? Vale a pena conferir!

Acesse a
Demonstração do
Valor Adicionado
(Prof. Quintino) por
meio do QR Code.

uqr.to/1zuwg

A **Demonstração do Valor Adicionado (DVA)** se concentra na geração e na distribuição da riqueza gerada pela empresa durante um período. Vai além da simples análise de lucro e permite avaliar como a empresa contribui economicamente para a sociedade, incluindo acionistas, colaboradores, governo e fornecedores. A DVA é especialmente útil para analistas que desejam compreender o impacto social e econômico da empresa e sua sustentabilidade a longo prazo.

Para Santos (2007), ao utilizar o valor adicionado como instrumento de análise, a DVA permite que diversas informações sobre a empresa possam ser evidenciadas em relação ao meio no qual está inserida. Oliveira e Coelho (2014), tomando por base os conceitos apresentados por Santos (2018) e Iudícibus et al. (2007), apresentam um conjunto de indicadores relativos à geração e distribuição de riqueza das entidades a partir da análise das informações da DVA (Quadro 12.14).

QUADRO 12.14   Indicadores para Análise da DVA.

Grupo	Indicador	Fórmula
Indicadores de geração de riqueza	Quociente entre valor adicionado e ativo total	$VASAT = \dfrac{VAD}{T}$
	Quociente entre valor adicionado e patrimônio líquido	$VASPL = \dfrac{VAD}{PL}$
	Quociente entre valor adicionado e receita	$VASR = \dfrac{VAD}{R}$
Indicadores de distribuição de riqueza	Quociente entre gastos com pessoal e valor adicionado	$PSVA = \dfrac{GP}{VAD}$
	Quociente entre gastos com impostos e valor adicionado	$ISVA = \dfrac{GI}{VAD}$
	Quociente entre gastos com remuneração de terceiros e valor adicionado	$RTSVA = \dfrac{GRT}{VAD}$
	Quociente entre remuneração de acionistas (dividendos e juros sobre o capital próprio) e valor adicionado	$RASVA = \dfrac{D+JCP}{VAD}$
	Quociente entre lucros retidos e valor adicionado	$LRSVA = \dfrac{LR}{VAD}$

Nota: VAD, Valor Adicionado Total a Distribuir; AT, Ativo Total; PL, Patrimônio Líquido; R, Receita; GP, Gastos com Pessoal; GI, Gastos com Impostos; GRT, Gastos com Remuneração de Capital de Terceiros; D, Dividendos; JCP, Juros sobre Capital Próprio; LR, Lucros Retidos.
Fonte: Oliveira e Coelho (2014).

O primeiro grupo de indicadores evidencia o valor da riqueza gerada – valor adiciona-do –, de forma comparativa com o ativo total da entidade (VASAT), com patrimônio líquido da entidade (VASPL) e com a receita obtida no período em análise (VASR). Estes índices po-derão levar a conclusões importantes sobre a capacidade de gerar riqueza de um empreendi-mento, ao serem comparados com empresas do mesmo setor, por exemplo.

O segundo grupo de indicadores traz importantes informações para a gestão da empresa e para os usuários externos. São informações de cunho social que não são privilegiadas pelas demais demonstrações, cujo foco recai, quase sempre, nos investidores e credores. É possível verificar, por exemplo, a parcela da riqueza gerada que foi distribuída aos colaboradores da empresa. Pode-se verificar assim que alguns setores da economia distribuem parcelas maiores da riqueza gerada na forma de salários e encargos que outros setores. Pode-se notar também que alguns setores, como fumo e tabaco, pagam muito mais impostos que os demais. Aliás, a maior parcela da riqueza desses setores é direcionada para o financiamento do Estado, cerca de 70%, 80%, às vezes 90% do valor adicionado! Além disso, pode-se notar, por exemplo, que muitas empresas do ramo alimentício pagam mais impostos que os bancos...

A DVA mostra também a parcela da riqueza geral direcionada para o pagamento dos seus fornecedores de capital: próprio e de terceiros. Por meio dos indicadores extraídos da DVA, os analistas podem obter informações sobre a sustentabilidade financeira da empresa, sua eficiên-cia operacional, as prioridades de gestão e o nível de comprometimento com seus *stakeholders*.

Por ser uma demonstração relativamente nova, com pouca exigência ao redor do mundo, entendemos que o potencial informativo da DVA ainda não tem sido adequadamente explo-rado e utilizado, tanto na academia, quanto no mercado.

12.15 NOTAS EXPLICATIVAS

As Notas Explicativas desempenham um papel vital no processo de análise das demonstra-ções contábeis, sendo parte integrante destas. Elas ajudam a esclarecer os critérios, estimativas e políticas contábeis adotados pela empresa, além de apresentar informações complementares para uma análise completa e precisa da situação financeira da companhia. Ao considerar as políticas contábeis, os riscos, as estimativas e os eventos extraordinários descritos nas notas explicativas, o analista pode realizar uma análise mais profunda e bem informada sobre a saúde financeira, as operações e os potenciais riscos envolvidos na empresa. É aquilo que chamamos, desde o início, de melhor explicitação do modelo contábil, além de detalhamentos que só con-fundem se colocados nas demonstrações primárias (balanço, resultado, resultado abrangente, DMPL e fluxo de caixa). Acesse um vídeo sobre o tema no QR Code a seguir.

Notas Explicativas
(Prof. Quintino)

uqr.to/1zuwh

A revisão sistemática realizada por Lemos, Marques e Miranda (2023) revelou importantes fragilidades no *disclosure* de elementos textuais das notas explicativas, como: excesso de informações (tamanho), ausência de informações relevantes (falta de conformidade com as normas), dificuldade de leitura (baixa legibilidade) e informações copiadas de normas. Esse contexto propiciou a aprovação da primeira versão da OCPC-07 Evidenciação na Divulgação dos Relatórios Contábil-Financeiros de Propósito Geral, em 2014.

A Orientação OCPC 07 determina, na verdade reproduzindo os Pronunciamentos Técnicos, Interpretações e Orientações no seu conjunto, que só deveriam ser relatadas as informações relevantes, ou seja, que tiverem a capacidade de interferir na decisão de um credor ou de um investidor. Além disso, todas as informações com essa característica devem ser obrigatoriamente evidenciadas. A CVM aprova esse procedimento integralmente.

Outra conclusão do estudo de Lemos, Marques e Miranda (2023) foi de que os processos de orientação, como a OCPC 07, tiveram pouca influência na elaboração das notas explicativas, prevalecendo os problemas de *disclosure* identificados. Assim, em 2023 foi publicada a revisão da referida orientação OCPC 07 (R1).

A principal diferença da norma revisada está na maior clareza e nos detalhes na forma como as informações devem ser apresentadas nas notas explicativas, enfatizando a acessibilidade e a compreensão das normas contábeis pelos usuários. A versão mais recente detalha melhor as obrigações das empresas em relação à evidenciação das informações financeiras, incluindo regras sobre o resumo de normas ou trechos dessas normas, utilizando uma linguagem mais acessível, para que seja compreendida por uma audiência mais ampla, não apenas pelos preparadores das demonstrações contábeis.

Essas modificações visam melhorar a transparência e facilitar a compreensão dos relatórios contábeis, tornando a comunicação mais eficiente para os *stakeholders*. Espera-se, com essa nova orientação, melhoria na transparência das companhias abertas. E como seus princípios básicos agora foram incorporados à IFRS 18, e vindo esta diretamente do IASB, quem sabe as empresas e seus auditores se vejam mais compelidos a transformar as notas explicativas em um ótimo instrumento de comunicação entre a empresa e seus investidores e credores. Aliás, a CVM há tempos vem reclamando da melhoria nessas notas.

Tudo isso é de fundamental interesse para o analista, para saber o que pode encontrar, o que deveria encontrar e o que indagar da empresa que não apresentar o que é exigido legal e normativamente.

Acesse o material complementar (IASB) por meio do QR Code a seguir.

Melhor comunicação nos relatórios financeiros

uqr.to/1zuwi

EXERCÍCIOS

A atividade será desenvolvida em três etapas: pesquisa e fundamentação teórica, análise aplicada e apresentação e discussão dos resultados. Os estudantes deverão iniciar as atividades de modo individual e, posteriormente, serão agrupados.

a) **Pesquisa e fundamentação teórica** – cada estudante deverá:

- revisar o CPC-00 (R2), com foco na identificação das características qualitativas da informação contábil e nas necessidades informacionais de credores e investidores;
- estudar as principais alterações trazidas pela IFRS 18 (Demonstração dos Resultados e Divulgação de Rendimento por Segmento) e seus impactos na comparabilidade e na transparência das informações;
- revisar a estrutura e a finalidade das seguintes demonstrações contábeis:
  - ◆ Balanço Patrimonial;
  - ◆ Demonstração dos Resultados Abrangentes;
  - ◆ Demonstração dos Resultados (com mudanças da IFRS 18);
  - ◆ Demonstração dos Fluxos de Caixa (com mudanças da IFRS 18);
  - ◆ Demonstração das Mutações do Patrimônio Líquido;
  - ◆ Demonstração do Valor Adicionado;
  - ◆ Notas Explicativas.

b) **Análise aplicada** – cada grupo (de três ou quatro estudantes) receberá um conjunto de demonstrações contábeis reais de uma empresa listada na B3 e deverá:

- Analisar a utilidade de cada demonstração para credores e investidores, considerando:
  - ◆ indicadores-chave extraídos de cada uma;
  - ◆ limitações das informações divulgadas;
  - ◆ benefícios da adoção da IFRS 18 na Demonstração do Resultado.
- Explorar as Notas Explicativas, identificando:
  - ◆ como elas complementam a análise numérica;
  - ◆ pontos que poderiam ser melhor detalhados para melhorar a tomada de decisão.
- Construir um parecer sobre a qualidade da informação contábil disponibilizada, destacando:
  - ◆ se as demonstrações atendem plenamente às necessidades de credores e investidores;
  - ◆ possíveis melhorias na estrutura e na divulgação.

c) **Apresentação e discussão** – em um seminário em sala de aula, cada grupo apresentará:

- a análise realizada sobre as demonstrações contábeis;
- as percepções sobre a utilidade da IFRS 18 na Demonstração do Resultado;
- sugestões para melhorar a transparência e a qualidade da informação para credores e investidores.

A turma discutirá os diferentes casos analisados, comparando empresas de setores distintos e identificando boas práticas e desafios comuns.

CRITÉRIOS DE AVALIAÇÃO:
- Uso adequado de conceitos e normas contábeis;
- Qualidade das reflexões e justificativas apresentadas;
- Conexão entre teoria e prática contábil real;
- Participação ativa na construção coletiva do conhecimento.

OBJETIVO DO EXERCÍCIO

Capacitar os alunos de pós-graduação (mestrado e doutorado) a analisar criticamente o potencial informativo das demonstrações contábeis obrigatórias, considerando as necessidades específicas dos credores e investidores conforme o CPC-00 (R2), considerando as inovações de apresentação da IFRS 18.

13

INTRODUÇÃO AOS MODELOS DE AVALIAÇÃO ECONÔMICA DE EMPRESAS (*VALUATION*) E COMO EVITAR ERROS COMUNS

Objetivo do capítulo

Introduzir resumidamente os principais modelos de *valuation* e suas respectivas deficiências, sem detalhar o processo e suas aplicações.

Não é nossa intenção, absolutamente, fazer deste capítulo um tratado sobre avaliação de empresas. Só nos cabe aqui discutir sobre os principais modelos de avaliação encontrados na prática, mas no que se refere a seus cálculos, sem entrar em todo o trabalho que permeia um processo de avaliação. Não vamos tratar aqui sobre a discussão dos objetivos da negociação (retirar concorrente, expandir a empresa, inaugurar um novo foco etc.), fontes para obtenção de dados, análise do segmento econômico, intenção de compradores e vendedores, projeções macroeconômicas, premissas a serem adotadas, técnicas de negociação, fundamentos da teoria dos jogos para as efetivas negociações etc. etc. Isso é próprio de uma obra sobre *valuation*, mas aqui nosso escopo é bem menor. Discutiremos apenas os principais modelos de avaliação mais comuns e, principalmente, mostraremos algumas (incríveis) deficiências recorrentes.

Acesse o vídeo sobre Análise das Demonstrações Contábeis e *Valuation*, por Eliseu Martins, Josedilton Alves Diniz e Gilberto José Miranda, por meio do QR Code.

uqr.to/1zuwj

13.1 INTRODUÇÃO

Inicialmente, do ponto de vista racional econômico, o valor comercial de um negócio está totalmente relacionado à sua capacidade de geração de caixa. E essa geração de caixa pode ser de duas formas:

a) mediante liquidação ordenada do negócio; ou
b) mediante sua continuidade operacional.

E o negócio vale, dos dois montantes, o *maior*.

Por exemplo, se um negócio produz resultados pífios, pode ser melhor descontinuá-lo, vender os ativos e pagar os passivos, e o residual talvez seja o melhor negócio. Nas décadas de 1970 e 1980, muitos casos assim ocorreram nos EUA, porque grandes redes varejistas tinham prédio próprio, mas a crise do petróleo fazia com que não estivessem conseguindo produzir caixa que remunerasse o negócio. Como o mercado acionário só considerava o caixa sendo gerado e não sabia do valor de mercado desses imóveis (contabilizados pelo custo histórico), algumas pessoas descobriram que descontinuando o negócio e vendendo tais imóveis, obtinha-se um valor maior do que valiam as ações no mercado. E os chamados *takeovers* hostis aconteceram, com esses espertos comprando todas as ações com direito a voto no mercado até obter o controle e depois liquidando as empresas. Reações de gestores e acionistas chegaram a produzir mortes e filmes a esse respeito (o filme *Uma Linda Mulher* é exemplo disso; assista ao *trailer* por meio do QR Code a seguir).

Trailer do filme *Uma Linda Mulher*

uqr.to/1zuwk

Essa situação, principalmente em épocas de crise, pode não ser tão anormal assim. Por isso, o Programa de Desestatização brasileiro na década de 1990 exigia, para a venda das empresas estatais, que se fizessem as duas avaliações: sob a hipótese de liquidação ordenada e sob a de continuidade. Qual dos dois fluxos de caixa é maior? O da continuidade ou o da liquidação? Dos dois, o valor da empresa ou do negócio é dado pelo maior.

No cálculo do valor considerando a continuidade do negócio, o fundamental é a capacidade de geração futura de caixa por parte de suas operações (venda de ativos só é incluída se não necessários à operação, ou substituíveis por outros mais baratos ou de maior capacidade produtiva – mas o valor dessa reposição também terá que ser considerado no fluxo previsto). Empresa que produz continuamente muito caixa vale, obviamente, mais, mas também se não for obrigada a reinvestir todo esse caixa para manter sua capacidade produtiva. Logo, o grande drama em um processo de avaliação de empresas é a capacidade de prever esses fluxos de caixa.

No caso de empresas bastante semelhantes e para as quais se têm muitas negociações, a avaliação pode ser muito simplificada com base em determinados múltiplos, como pode ser o caso de bares, restaurantes, farmácias, postos de gasolina, desde que relativamente comparáveis entre si. Ou seja, o mercado acaba, às vezes até por tentativa e erro, por desenvolver alguns indicadores que passam a ser utilizados no mercado, como múltiplos de faturamento, de quantidade de combustíveis vendidos, do famigerado EBITDA etc.

No entanto, iremos desenvolver este capítulo na ordem inversa: vamos discutir primeiro os casos de maior dificuldade para depois voltarmos aos múltiplos falados.

13.2 CUSTO DE OPORTUNIDADE

13.2.1 Relembrando

Já foi discutido no Capítulo 11 esse conceito. Para fins da avaliação de empresas, o que nos interessa é lembrar e resumir da seguinte forma: quando um potencial adquirente analisa a compra de um negócio ou de uma empresa, o que ele pensa é sobre a capacidade de geração de caixa, o risco do negócio e o quanto poderia ganhar numa aplicação alternativa com aproximadamente o mesmo risco. Ou o quanto exigiria como mínimo de rentabilidade sobre seu capital aplicado para se arriscar no negócio. Sumariamente, esse é o custo de oportunidade.

Esse custo de oportunidade representa dois fatores: o tempo e o risco. O tempo considera o juro que se poderia obter com o menor risco no mercado, normalmente o do governo (LTN – Letras do Tesouro Nacional, por exemplo). Se quisermos ser mais perfeccionistas, poderíamos incluir três fatores: o valor do dinheiro no tempo (juro real de menor risco no mercado), a inflação esperada e o risco.

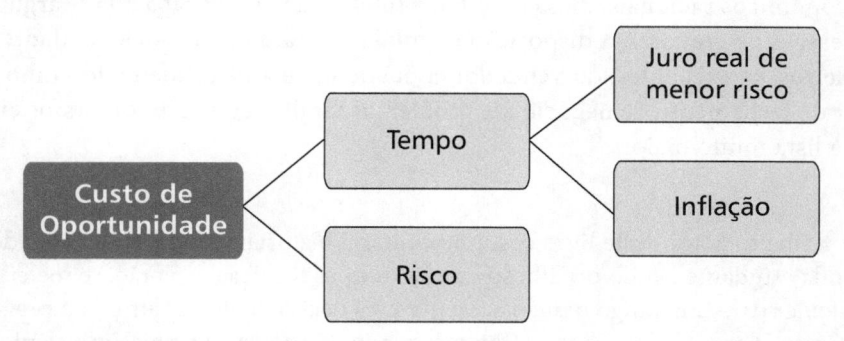

FIGURA 13.1   Custo de oportunidade: fatores componentes.

Assim, de forma simplista, o que o potencial adquirente faz é analisar as expectativas de geração de caixa (podendo fazê-lo, é claro, com diversas faixas de probabilidade), e analisar o risco para verificar se compensa investir no negócio.

Há uma ampla discussão sobre as expectativas inflacionárias, mas isso também discutiremos à frente. As taxas de mercado de juros normalmente embutem uma expectativa inflacionária para o caso das aplicações financeiras. Assim, investimentos em ativos financeiros precisam, obrigatoriamente, considerar esse fator. São as denominadas taxas nominais.

Já o investimento em terrenos para explorar estacionamentos precisa considerar a expectativa inflacionária no custo de oportunidade, ou é de se esperar que a valorização nominal deles irá, no mínimo, ser compatível com a inflação? Nesse caso, bastaria a utilização, como custo de oportunidade, de uma taxa real de retorno, ou seja, só considerando o juro real mais o risco.

Dessa forma, o valor de uma empresa nada mais representa do que quanto um investidor despenderia para conseguir obter, nos fluxos futuros, a taxa de retorno mínimo que considera como seu custo de oportunidade, aí inserida a taxa de risco que sente no investimento.

Assim, a avaliação depende de essencialmente dois fatores: fluxo projetado de caixa e custo de oportunidade (taxa de desconto). O valor presente desses fluxos por essa taxa de oportunidade dá o valor máximo que o investidor pagaria.

13.2.2 Mas é sempre assim?

Precisamos admitir que esse é o racional econômico, mas outros fatores costumam interferir nas decisões finais. Primeiro, que a negociação depende, então, das previsões de fluxos de caixa e das taxas de custo de oportunidade de comprador e de vendedor. E de quanto o vendedor consegue obter de informação sobre como o potencial adquirente pensa, e o comprador, de qual a efetiva capacidade do vendedor de conseguir fluxos de caixa e de qual seu custo de oportunidade.

Assim, a definição do valor de negociação é como a compra de um imóvel: o vendedor sempre achando que vale mais, e o comprador, mesmo achando que vale, oferecendo menos. Dessa forma, as definições se dão, na realidade, tendo como pano de fundo números econômicos racionais, mas como fator final de decisão a capacidade argumentativa, as pressões de credores, a disposição de mudar de ramo de negócio, a idade, a figura dos herdeiros, se existentes, do vendedor, a qualidade e a quantidade do vinho tomado no jantar de fechamento de negócio, de problemas familiares etc.; poderíamos enumerar aqui uma lista muito maior.

O primeiro autor deste livro costuma contar a história que vivenciou quando, ainda estudante e todo orgulhoso de conhecer as técnicas de então, se meteu a calcular para um amigo o quão acertada foi a decisão dele de sair do emprego, comprar um torno e passar a trabalhar por conta própria. Depois dos cálculos, concluiu o ainda estudante que o amigo estaria, com a decisão, perdendo, por exemplo, R$ 500 por mês. E a resposta do novo torneiro foi: "Então foi o melhor negócio do mundo mesmo! Você sabe o quanto vale não ter patrão?". Nesse momento, o estudante descobriu que não lhe haviam ensinado tudo na escola.

O conceito de custo de oportunidade pode incluir fatores não financeiros, mas sim emocionais, de orgulho (há casos famosos em que as compras são economicamente irracionais, mas satisfazem a vontade de ser "Presidente desta empresa", de realizar o sonho de "Ser dono desta empresa" etc.).

Portanto, não nos iludamos. Toda a técnica aqui a ser desenvolvida só trata dos raciocínios lógicos econômicos envolvidos no processo de avaliação, mas não dos psicológicos, sociológicos etc. Não é à toa que há pouco tempo um psicólogo ganhou o Prêmio Nobel de Economia e, depois, Economistas também ganharam porque adentraram nesse estudo comportamental e sua influência na economia.

13.3 INICIAÇÃO AOS FLUXOS DESCONTADOS

Neste item, procuraremos abordar os principais conceitos relativos à avaliação de empresas e negócios com base no fluxo de caixa descontado, partindo de um exemplo extremamente simples: o da perpetuidade. Mais à frente, colocaremos os pés no chão, mais perto do mundo real.

13.3.1 O fluxo de caixa e o fluxo de resultado

O que tratamos até aqui é suficiente para concluir que o valor *racional econômico* da empresa, considerando que na continuidade vale mais do que na liquidação, nada mais é do que o valor presente dos fluxos de caixa projetados, com a taxa de desconto sendo o custo de oportunidade.

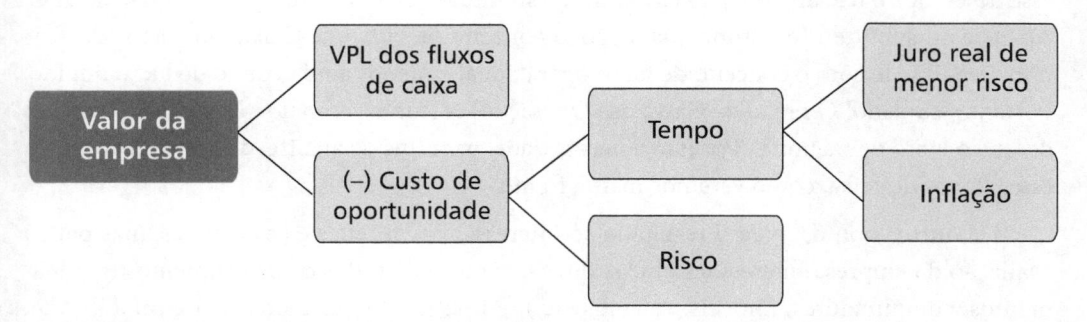

FIGURA 13.2   Valor da empresa pelo método dos fluxos de caixa descontados.

E por que não o fluxo dos lucros? Por que não se utiliza a projeção das Demonstrações do Resultado, em vez da projeção dos Fluxos de Caixa? É muito simples: o Regime de Competência, para esses fins, é incompetente. Por exemplo, a compra de uma máquina, para o fluxo de caixa, interessa quando de seu pagamento; para fins do resultado contábil, o que interessa é a alocação como despesa, ou como custo de um produto, é a sua depreciação ao longo de sua vida. Do ponto de vista do caixa, o que interessa é o recebimento dos clientes, mas para o resultado é o fator gerador da receita, normalmente a entrega do produto ou serviço. Algumas dessas diferenças podem até ser imateriais pela pouca diferença entre reconhecimento contábil e reflexo no caixa, como no último exemplo, mas podem ser muito grandes como no primeiro.

Ativos avaliados a valor justo, como determinados ativos biológicos e propriedades para investimento, produzem reconhecimentos de receitas e despesas em todos os períodos, mas têm reflexos no caixa apenas quando do recebimento por sua venda (o que pode demorar no caso de propriedade de um *shopping center*, por exemplo).

Ao longo do tempo, os valores acumulados de resultado se transformam em caixa (compra da máquina que vira depreciação, provisão que exige desembolso posterior ou é então revertida posteriormente etc.). Só existem diferenças entre lucro e caixa quando normas contábeis permitem que certas receitas ou despesas nunca transitem pelo resultado (exemplos: variação de cálculo atuarial de benefícios a empregados, alguns casos de investimentos financeiros avaliados a valor justo, reavaliações de ativo imobilizado – que, por sinal, não é mais permitido no Brasil). Fora dessas exceções, pode-se afirmar: só é efetivo lucro (ou prejuízo), na demonstração do resultado ou na demonstração do resultado abrangente, se um dia esse valor se materializar no caixa. Mas as diferenças temporais entre receitas e despesas, de um lado, e ingressos e saídas de caixa, do outro, podem ser relevantes a ponto de os cálculos do valor presente poderem ser materialmente enganosos.

Aliás, tudo isso já foi discutido anteriormente (Capítulo 6). Mas é interessante relembrar todos esses fatores e destacar um muito especial, relativo à Demonstração dos Fluxos de Caixa (DFC) das empresas: o fluxo de pagamento pela compra de um imobilizado. Notem que esse desembolso não aparece jamais dentro do subtítulo Fluxo de Caixa Operacional na DFC! Aparece no subtítulo Investimentos. Logo, o conceito de Fluxo de Caixa Operacional, sozinho, jamais bate com o conceito de lucro operacional e menos ainda com o de lucro líquido. Portanto, cuidado! O Fluxo de Caixa das Operações costuma ser maior, às vezes bem maior, do que o lucro operacional. Por isso a necessidade, para fins de análise, de acertos e ajustes a esses fluxos de caixa, como veremos mais à frente.

Há outros pontos: para o resultado só interessam as receitas e as despesas, mas para a avaliação da empresa interessam outros fluxos, como o de todos os investimentos (equipamentos, computadores, imóveis, veículos etc.). Por exemplo: na alienação de imobilizado, para fins contábeis, o resultado dependerá do valor contábil do que foi vendido, mas para o fluxo de caixa interessa somente o total recebido, e quando recebido. Conforme a técnica de avaliação, interessam também os fluxos de caixa de recebimento de possíveis empréstimos e a liquidação dos existentes. Além disso, os juros, computados como despesas, são considerados no fluxo de caixa em certos modelos de DFC, sendo que as normas ainda permitem considerar as despesas e receitas financeiras como parte das operações, mas permitem também que as despesas financeiras fiquem dentro dos fluxos de financiamentos e as receitas financeiras como fluxos de investimentos.

No entanto, para a determinação dos fluxos de caixa, a técnica utilizada normalmente é a seguinte: projetam-se as demonstrações contábeis para, a partir dessas projeções, extrair-se o fluxo de caixa previsto, utilizando-se de dados contábeis do resultado e também de dados do balanço. Interessante!

13.3.2 Exemplo inicial

Partamos de um exemplo exageradamente simples, sem acreditar que ele exista na prática, só para começarmos a nos aproximar dos conceitos básicos.

A primeira coisa para uma análise de avaliação é termos os balanços da empresa de uma forma simplificada. Veja o que vamos fazer: como mostrado no Capítulo 8, **vamos diminuir os denominados passivos operacionais** (fornecedores, salários e encargos a pagar, tributos a pagar e semelhantes) **dos ativos operacionais** (nesse caso, vamos admitir que todos os ativos sejam operacionais), sejam esses ativos os financeiros, os estoques, o imobilizado líquido, o intangível líquido etc.

Vamos imaginar que o balanço atual seja o seguinte:

QUADRO 13.1   Balanço resumido – ano 1.

Balanço Patrimonial	
Ativos Operacionais	R$ 3.000.000
Passivos Operacionais	R$ (1.600.000)
Ativo Operacional Líquido	**R$ 1.400.000**
Empréstimos	R$ 600.000
Patrimônio Líquido	R$ 800.000
Passivo + PL	**R$ 1.400.000**

Note-se que o passivo que aparece é tão somente o passivo oneroso, representado por empréstimos de terceiros; os demais, operacionais, estão contidos negativamente no ativo operacional líquido.

Quanto vale a empresa? Sabemos, desde o Capítulo 1, Caso Abdul, que o balanço não foi feito para medir o valor da empresa. Seus estoques, imobilizados, intangíveis e outros ativos estão mensurados por quanto neles se investiu líquido de depreciações, amortizações, provisões para perdas etc., e não por quanto valem.

Se esses ativos todos, avaliados a valor justo de mercado, diminuídos dos passivos que também estão a valor de mercado, nos derem um saldo líquido de R$ 950.000, teremos o **valor da empresa em caso de liquidação ordenada** (desconsiderando despesas de liquidação); mas o que dissemos é que precisamos comparar esse montante com o valor presente do fluxo de caixa e considerar o maior dos dois.

Antes, para simplificar, admitamos que, na verdade, o saldo líquido dos ativos e passivos a valor de mercado seja o mesmo valor patrimonial contábil: R$ 800.000.

Assim, vamos ao seu fluxo de caixa, mas só temos a demonstração do resultado:

QUADRO 13.2   Demonstração do Resultado do Exercício – ano 1.

Demonstração do Resultado do Exercício	
Receitas Brutas	R$ 2.000.000
Tributos	R$ (400.000)
Receitas Líquidas	R$ 1.600.000
Custo Produtos Vendidos	R$ (1.000.000)
Lucro Bruto	R$ 600.000
Despesas Operacionais	R$ (300.000)
Despesas de Depreciação	R$ (100.000)
Lucro das Operações	R$ 200.000
Despesas Financeiras	R$ (48.000)
Lucro Antes do IR	R$ 152.000
Imposto de Renda	R$ (51.680)
Resultado Líquido	**R$ 100.320**

Vejamos, na sequência, o cálculo do valor da empresa (inclusive do *goodwill*) em três possibilidades: (a) valor presente dos lucros líquidos; (b) valor presente dos dividendos; e (c) valor presente dos fluxos de caixa para os sócios.

13.3.2.1 *Valor presente dos lucros líquidos*

Repetindo: já dissemos que a técnica não é trazer a valor presente os lucros líquidos projetados, mas, sim, o fluxo de caixa projetado. Mas vamos ver que neste caso extremamente simplificado os dois valores convergem.

Primeiro, para facilitação, vamos admitir que a projeção é de que a empresa tenha a capacidade de indefinidamente produzir os mesmos valores de receitas e despesas e, consequentemente, de lucro líquido. Ou seja, vamos inicialmente admitir a **perpetuidade desses lucros.**

Ora, se a expectativa é de a empresa continuar apresentando R$ 100.320 de lucro anualmente, qual seria o investimento máximo que alguém faria para adquiri-la?

Ora, isso dependerá exclusivamente agora de qual o **custo de oportunidade** desse investidor.

Admitamos que esse custo de oportunidade seja de **10% ao ano**. Ou seja, o investidor não adquire por valor que não dê, no mínimo, esse percentual.

Aí ficou tudo fácil: o valor perpétuo de um fluxo de lucro de R$ 100.320 à taxa de desconto de 10% é dado pela fórmula:

Valor da Empresa com Base no Fluxo de Lucros:
R$ 100.320/10% = R$ 1.003.200!

Se for para não ganhar menos do que 10%, ninguém investirá mais do que esse montante. Mas essa é uma boa medida?

Agora um ponto importante: se o patrimônio líquido que foi investido foi R$ 800.000, e se os ativos a valores contábeis valerem individualmente esse mesmo valor, e esse patrimônio líquido com a empresa em marcha vale R$ 1.003.200, isso significará um valor de R$ 203.200 de valor econômico da empresa funcionando acima do valor da empresa em liquidação ordenada.

Ou seja, isso seria seu *goodwill*, o valor do todo acima da soma líquida das partes.

***Goodwill* com base no Valor Presente dos Lucros Líquidos = R$ 203.200**

13.3.2.2 *Valor presente dos dividendos*

A técnica de avaliação da empresa com base nos fluxos de dividendos faz muito sentido, não faz?

Afinal, talvez o pensamento do investidor seja: qual o valor do dinheiro que receberei na forma de dividendos durante um certo prazo mais o valor presente do quanto poderei obter pela empresa ao final desse prazo, correto?

Bem, vamos simplificar aqui e admitir que o investidor pretenda ficar permanentemente com a empresa. Nesse caso, se admitirmos que a empresa vá poder distribuir eternamente seus lucros aos sócios (afinal a ideia é de que permanecerá sempre como está), então teremos o mesmo cálculo:

Valor da Empresa com Base no Fluxo de Dividendos:
R$ 100.320/10% = R$ 1.003.200!

Ou seja, conseguimos provar que, para este caso, o fluxo de lucros líquidos e o de dividendos provêm o mesmo valor para a empresa. E com toda a lógica econômica possível (desde que se acredite mesmo nessa premissa).

Na prática, sabemos que isso não ocorre, ou seja, não há sempre igualdade entre lucros e dividendos no mundo real; ora porque a própria legislação pode impedir a distribuição de todo o lucro, ora porque se pretende reter lucros para expandir a empresa etc. Mas, neste último caso, será que a retenção de lucros impedirá o caixa agora para os sócios, mas não proporcionará dividendos futuros que compensarão essa distribuição? Na verdade, os investimentos são feitos normalmente com a perspectiva de que compensarão. Mas essa discussão fica para daqui a pouco.

Por enquanto, concluamos: na hipótese da continuidade da posição patrimonial e do desempenho, e na de distribuição integral do lucro aos sócios, tudo indica que o valor da empresa é o mesmo que quando medido pelo fluxo de lucros ou pelo fluxo de dividendos.

E o *goodwill* também continua o mesmo:

> *Goodwill* com base no Valor Presente dos Dividendos = R$ 203.200

13.3.2.3 *Valor presente dos fluxos de caixa para os sócios*

Agora, e se formos testar a premissa de que o que vale mesmo é o fluxo de caixa futuro descontado? Vamos ver como isso se comporta no nosso exemplo? Na Demonstração do Resultado (DRE), vemos que o lucro líquido é de R$ 100.320, mas há nele uma despesa de depreciação de R$ 100.000. Assim, o lucro produz um caixa de R$ 200.320!

Podemos então dizer que, por esse método, o valor da empresa é de R$ 2.003.200 (R$ 200.320/10%)? Não parece estranha essa diferença brutal? É claro que sim; só pode alguém acreditar nisso se se esquecer de algo básico: se a empresa tem depreciação, é porque tem ativos imobilizados; se tem ativos imobilizados, precisa periodicamente repô-los. Assim, os R$ 200.320 de caixa não poderão ir para as mãos dos sócios!

Vamos agora assumir outra premissa simplista: admitamos que a empresa precise investir, todo o ano, o mesmo montante que tem de depreciação para ir repondo aos poucos sua capacidade produtiva (como uma frota de táxis iria repondo seus ativos ao longo do tempo), ou seja, o custo histórico dos ativos registrados é igual ao custo de reposição. Nesse caso, vemos que a empresa produz caixa que não fica todo disponível para os sócios.

Mas, antes de continuar, lembremo-nos de que lucro e caixa não são normalmente iguais, não só por causa das depreciações e amortizações, mas também por causa dos *delays* nos pagamentos e nos recebimentos. Conforme a política de prazos de pagamento das compras e de recebimento das receitas, temos essas diferenças, como já visto em capítulos anteriores, principalmente no Capítulo 6.

Todavia, admitamos que, no nosso caso, os prazos de recebimentos e de pagamentos sejam mantidos também perpetuamente. Assim, o que entra de caixa das operações em cada ano corresponde mesmo àquele lucro antes da depreciação de R$ 200.320, mesmo que parte do caixa do período corresponda a receitas do ano anterior e mesmo que neste ano esteja-se pagando despesas do ano anterior. Fora o período inicial, tudo se compensaria daí para frente (a não ser também no encerramento da empresa).

Assim, olhando-se novamente a demonstração do resultado, podemos ver que o ativo produz caixa operacional, consome caixa com as despesas financeiras, mas desembolsa caixa nos novos investimentos. Assim, teríamos o seguinte fluxo de caixa:

QUADRO 13.3   Demonstração dos fluxos de caixa – ano 1.

Demonstração dos Fluxos de Caixa	
Lucro Líquido	R$ 100.320
(+) Depreciação	R$ 100.000
Fluxo de Caixa Bruto Operacional	R$ 200.320
Aquisições de Imobilizado	R$ (100.000)
Fluxo de Caixa de Investimentos	R$ (100.000)
Caixa à Disposição dos Sócios	**R$ 100.320**

Logo, o fluxo de caixa à disposição dos sócios continua sendo os mesmos R$ 100.320 neste exemplo simples. Com isso:

> **Valor da Empresa com Base no Fluxo de Caixa dos Sócios:**
> **R$ 100.320/10% = R$ 1.003.200!**

É lógico que a DFC demonstrada poderia (talvez devesse para fins de análise) ser reportada de forma diferente: começando pelos recebimentos das receitas e pagamentos dos tributos e despesas, excluindo-se apenas a depreciação. Daria, é claro, exatamente o mesmo valor, mas talvez ocupasse mais espaço.

Esse modelo é conhecido por **Fluxo de Caixa dos Acionistas**.

Só para lembrar: os fluxos de caixa para investimentos devem incluir, também, os valores necessários a eventuais aumentos de capital circulante operacional líquido.

E o *goodwill* continua também o mesmo:

> **Goodwill com base no Valor Presente do Fluxo de Caixa dos Acionistas =**
> **R$ 203.200**

13.3.2.4   *Valor presente dos fluxos de caixa da firma – a forma errada de fazer*

Notem que nesse último fluxo de caixa, Quadro 13.3, está sendo utilizado o conceito "legal" de fluxo de caixa operacional, no qual as despesas financeiras estão sendo consideradas como operacionais. Na verdade, as normas sobre DFC não obrigam a isso, mas permitem, o que é seguido pela maioria das empresas (há mudanças a partir de 2027, IFRS 18). Vamos ver como isso não é uma boa ideia.

Poderíamos querer saber quanto de caixa os Ativos produzem, e quanto disso é consumido para o pagamento dos passivos financeiros. Ou seja, queremos saber do verdadeiro Fluxo de Caixa das Operações e quanto do pagamento das despesas financeiras que não têm a ver com o ativo, mas sim com o passivo financeiro.

Com isso procuramos calcular a capacidade de geração de caixa do ativo, independentemente da forma com que ele é financiado. Isso permite avaliações excelentes.

Vamos então remontar a DFC, considerando as despesas financeiras como vinculadas a financiamentos, e não às operações geradas pelo ativo operacional (na verdade, ativo operacional, para nós, significa o ativo líquido, já que os passivos operacionais são deles diminuídos). Mas daí precisamos nos lembrar dos efeitos dos tributos sobre o lucro (imposto de renda e contribuição social no Brasil). Afinal, deveríamos deduzir esses tributos dos caixas produzidos pelos ativos, para apurarmos o valor líquido. Por outro lado, deveríamos deduzir a economia desses tributos com as despesas financeiras, porque elas de fato produzem essa economia.

Tomemos os tributos sobre o lucro no percentual de 34%.

Teremos então:

QUADRO 13.4   Demonstração dos fluxos de caixa "correta".

Demonstração dos Fluxos de Caixa	
Lucro Líquido	R$ 100.320
(+) Depreciação	R$ 100.000
(+) IR e CS	R$ 51.680
(+) Despesas Financeiras	R$ 48.000
Fluxo de Caixa Bruto das Operações	R$ 300.000
Tributos sobre o Fx. Cx. Oper.	R$ (68.000)
Fluxo Líquido de Caixa das Operações	**R$ 232.000**
Aquisições de Imobilizado	R$ (100.000)
Fluxo de Caixa de Investimentos	**R$ (100.000)**
Fluxo de Caixa da Firma	**R$ 132.000**
Despesas Financeiras	R$ (48.000)
Economia de IR e CS	R$ 16.320
Fluxo de Caixa de Financiamentos	**R$ (31.680)**
Caixa à Disposição dos Sócios	**R$ 100.320**

Para melhor compreensão dos impactos das despesas no imposto de renda e seus reflexos no caixa operacional, vamos reconstruir a DRE, desta feita detalhando a dinâmica do efeito tributário sobre os lucros.

Vamos entender melhor. Adicionamos ao lucro líquido a depreciação, como já havíamos feito, e adicionamos as despesas financeiras porque queremos o lucro antes delas. Todavia, adicionamos também os tributos sobre os lucros de R$ 51.680 porque queremos que sejam substituídos pelos tributos que pagaríamos caso não tivéssemos dívidas e suas despesas financeiras.

Assim, chegamos ao Caixa Bruto das Operações de R$ 300.000. Note-se que, se fizéssemos de cima para baixo a partir da demonstração do resultado, esse valor seria o lucro bruto (R$ 600.000) diminuído das despesas operacionais (R$ 300.000).

Agora, precisamos deduzir quais seriam os tributos sobre os lucros na ausência das despesas financeiras. Mas precisamos lembrar que as depreciações são dedutíveis fiscalmente. Assim, os tributos sobre o lucro que seria gerado se tudo fosse financiado por capitais próprios são de 34% × (R$ 300.000 – R$ 100.000) = R$ 68.000.

Deduzimos desse que seria o fluxo de caixa líquido de tributos produzido efetivamente só pelas operações o quanto precisaríamos reter para reinvestir no imobilizado e chegamos ao que é normalmente denominado de **Fluxo de Caixa da Firma** (R$ 132.000, no exemplo), obviamente diferente do Fluxo de Caixa dos Acionistas ou dos Sócios (R$ 100.320, como já visto).

Depois do Fluxo de Caixa da Firma, deduzimos o caixa para pagamento das despesas financeiras, mas líquido do caixa que elas economizam por serem dedutíveis dos tributos sobre os lucros.

Cabe aqui outro alerta: no fluxo de caixa de financiamentos têm que ser considerados também os caixas das amortizações dos empréstimos e as entradas de eventuais novos empréstimos.

Mas o denominado Método do Fluxo de Caixa da Firma trabalha com o valor antes dos fluxos referentes a dívidas, quer principal, quer juros. No nosso caso, corresponde aos já falados R$ 132.000. Só para firmar o conceito: ele corresponde ao genuíno fluxo de caixa das operações, ou seja, produzido pelos Ativos da empresa, líquidos do imposto de renda na hipótese de o investimento total ser apenas patrimônio líquido; daí seria diminuído do fluxo de caixa o necessário aos novos investimentos da empresa (quando ocorrem desinvestimentos, como venda de imobilizados, esse fluxo de caixa entra também nesse grupo).

O Método do Fluxo de Caixa da Firma trabalha com dois fatores: o fluxo de caixa da firma, é óbvio, que é a parte "fácil", mas tem o problema da taxa de desconto. Por qual taxa deveria ser descontado o fluxo de caixa da firma, que é operacional e o relativo ao uso dos ativos, suas renovações e seus incrementos? Se o conceito diz respeito ao lucro e ao fluxo de caixa antes de considerar os efeitos das despesas financeiras e das movimentações do endividamento, não poderia, logicamente, considerar outra taxa de desconto que não apenas a do custo do capital próprio, certo? Por que trazer para essa taxa o custo da dívida se o pressuposto do fluxo de caixa da firma é o isolamento das dívidas e de seu custo?

Pois é, mas não é que o modelo tradicional, tanto na literatura quanto na prática, trabalha. Ele trabalha com uma taxa mista. Apoia-se no conceito de *WACC* – Custo Médio Ponderado do Capital; e se caracteriza por ser uma taxa em que parte é o custo líquido da dívida (depois dos efeitos dos tributos sobre o lucro), e parte é o custo do capital próprio, ponderados cada um pelo peso das dívidas e do capital próprio no financiamento total. É preciso lembrar que o custo do capital próprio é sempre dado como já líquido dos tributos sobre o lucro (o que o investidor quer saber é o resultado líquido, certo?)

É isso mesmo. O conceito em si já é extremamente discutível, mas tem outra coisa muito, mas muito pior mesmo: na teoria e na boa literatura, a ponderação é dada pela relação entre dívida e capital próprio, mas **ambos a valor de mercado**. Mas não é que parte da literatura e, principalmente os métodos práticos, trabalham com os valores contábeis?

Mas aqui também temos outro ponto importante a comentar: se o fluxo de caixa da firma não contém efeitos da dívida, ele não chega diretamente ao valor do patrimônio líquido; é como se estivesse tentando chegar ao Valor Econômico dos Ativos. Assim, precisamos deduzir desse valor o valor de mercado da dívida, para então chegarmos, de fato, ao valor econômico da empresa (do seu patrimônio líquido).

Vamos continuar nosso exemplo. Considerando o WACC calculado dessa forma, que consideramos errônea, teríamos o seguinte:

QUADRO 13.5   Cálculo *errado* do WACC.

Custo nominal da dívida: despesas financeiras/dívida = R$ (48.000)/R$ 600.000 =		800%
Tributos sobre o lucro, dados como 34%		– 2,72%
Custo real da dívida (kd)		**5,28%**
Custo do capital próprio, já dado (ke)		**10,00%**
Dívida (D)	R$ 600.000	**42,857%**
Capital Próprio (PL)	R$ 800.000	**57,143%**
Capital Financiador Total	R$ 1.400.000	100,000%
WACC = kd * D/(D+PL) + ke *PL/(D+PL)		**7,977%**

Ao se trazer então o Fluxo de Caixa da Firma de R$ 132.000 a valor presente por esse WACC *falso*, tem-se:

Valor da Firma com Base no Fluxo de Caixa da Firma: **R$ 132.000/7,977% =**	**R$ 1.654.728**
Menos valor da Dívida =	(R$ 600.000)
Valor Econômico (errôneo, repetimos) do Patrimônio Líquido =	**R$ 1.054.728**

Note-se que nesse exemplo a diferença não é grande, mas não chegamos aos três valores a que já havíamos chegado: R$ 1.003.200. Na prática, podem ser enormes essas diferenças.

> E o *goodwill*, nesta hipótese de cálculo que consideramos errônea, também seria diferente, de **R$ 254.728, e não R$ 203.200,** como nas alternativas anteriores.

Ou seria válido admitir que cálculos elaborados com as mesmas premissas poderiam de fato chegar a valores diferentes? Afinal, fazem sentido essas diferenças? Se fizerem, qual é esse sentido? Qual é essa razão?

13.3.2.5 *Valor presente dos fluxos de caixa da firma – a forma correta de fazer*

O problema do erro mencionado no item anterior está no cálculo do WACC. Desde o início de sua criação e utilização por Modigliani e Miller (1958, 1963), esse conceito sempre considerou os *valores de mercado* da Dívida e do Capital Próprio, jamais seus valores contábeis. Não vamos aqui discutir sua teoria e nem o erro e o conserto praticados nessa teoria, mas sim ao que nos parece importante aqui.

O cálculo do item anterior não saiu correto porque utilizamos o WACC, em que ponderamos a dívida (e a tomamos como sendo igual o valor contábil ao de mercado) com seu custo e o patrimônio líquido, este pelo seu valor contábil. Todavia, não é possível assumir a hipótese de que este seja seu valor de mercado.

Então, chegamos a um impasse: se precisamos do valor de mercado do patrimônio líquido para calcular o WACC, como utilizar o WACC verdadeiro para calcular o valor da empresa? Ou seja, estamos num círculo vicioso bastante conhecido dos bons autores e profissionais, mas sem talvez uma coragem para a resposta certa: IMPOSSÍVEL!

Façamos um teste: vamos agora trabalhar com o WACC verdadeiro e fazer as contas do valor da empresa com base no Fluxo de Caixa da Firma, mas utilizando o Valor da Empresa já conhecido para calcular o verdadeiro WACC:

QUADRO 13.6   Cálculo *correto* do WACC.

Custo nominal da dívida: despesas financeiras/dívida = R$ (48.000)/R$ 600.000 =		8,000%
Tributos sobre o lucro, dados como 34%		– 2,720%
Custo real da dívida (kd)		**5,280%**
Custo do capital próprio, já dado = ke =		**10,00%**
Dívida	R$ 600.000	**37,425%**
Capital Próprio	R$ 1.003.200	**62,575%**
Capital Financiador Total	R$ 1.603.200	100,000%
WACC = kd * D/(D+PL) + ke *PL/(D+PL)		**8,234%**

Veja-se que, obviamente, mudou o valor do capital total financiador (a valores de mercado agora) e mudaram os percentuais que cada um representa do total. E, recalculando-se o WACC com base nos mesmos percentuais de custo da dívida (5,28% líquido dos tributos) e do custo do capital próprio a valores de mercado (10% também líquido), chegamos ao WACC verdadeiro de 8,234%.

Ao se trazer então o Fluxo de Caixa da Firma de R$ 132.000 a valor presente por esse *WACC correto*, tem-se:

Valor da Firma com Base no Fluxo de Caixa dos Sócios: R$ 100.320/8,234% =	**R$ 1.603.200**
Menos valor da Dívida =	(R$ 600.000)
Valor Econômico (agora o certo) do Patrimônio Líquido =	**R$ 1.003.200!!!**

E assim chegamos ao mesmo valor ao qual já havíamos várias vezes chegado antes como o valor econômico da empresa!!! E o mesmo *goodwill* também.

***Goodwill* correto com base no Valor Presente do Fluxo de Caixa dos Acionistas = R$ 203.200**

Por favor, jamais utilizem, para cálculo do valor da empresa, esse modelo errado de cálculo do WACC visto no item anterior. Mas também não é possível calcular o valor da empresa segundo o Valor do Fluxo de Caixa da Firma se não conseguir o WACC antes. A não ser que sigamos outro caminho, e este, sim, vai nos levar a algum lugar, muito novo ainda para muita gente.

13.3.2.6 *Balanço a valores econômicos – 1ª tentativa*

Se quiséssemos ter agora todos os componentes do balanço da empresa a seus valores econômicos, avaliados individualmente a preços de mercado, mas acrescentando o *goodwill* para termos o patrimônio líquido também a valor econômico, poderíamos ser tentados a montar o seguinte:

QUADRO 13.7   Balanço patrimonial a valores econômicos (quase certo).

Balanço Patrimonial			
Valor Contábil dos Ativos Líquidos	R$ 1.400.000	Valor Contábil e de Mercado da Dívida	R$ 600.000
Diferença com o Valor de Mercado desses Ativos (mais-valia)	R$ –	Valor Econômico do Patrimônio Líquido	R$ 1.003.200
Valor dos Ativos Líquidos a Valores de Mercado	R$ 1.400.000		
Valor Econômico do *Goodwill*	**R$ 203.000**		
Aparente Valor Econômico dos Ativos	**R$ 1.603.200**		**R$ 1.603.200**

Até que enfim um balanço não só a valores contábeis, mas a valores de mercado (ativos líquidos) e patrimônio total a valor econômico. Aliás, é assim que uma empresa investidora calcula o *goodwill* quando da aquisição de parte de ou todo o capital de outra. *Goodwill* de R$ 203.200.

Digamos, então, que alguém adquira todas as ações dessa empresa exatamente pelo valor econômico do PL até agora calculado: R$ 1.003.200. Como montaria sua demonstração? Assim ficaria o balanço do investidor, considerando apenas esse ativo:

QUADRO 13.8   Investimento societário.

Balanço Patrimonial			
Equivalência Patrimonial sobre o PL Contábil	R$ 800.000	Capital Social	R$ 1.003.200
Mais-valia de Ativos Líquidos	R$ –		
Goodwill	R$ 203.000		
	R$ 1.003.200		R$ 1.003.200

Estamos chegando próximo da verdade, mas não a atingimos ainda. Continuemos.

13.3.2.7   *Uso correto do valor presente dos fluxos de caixa da firma – cálculo do valor dos ativos e não "da firma"*

13.3.2.7.1   Cálculo genuíno do valor dos ativos

Já comentamos anteriormente que o uso do Fluxo de Caixa da Firma parecia produzir o valor dos Ativos da empresa. Mas não é assim. Faz sentido, mesmo com o modelo correto, dizer que o Valor dos Ativos depende da forma como ele é financiado? No item anterior, calculamos como Valor da Firma o montante de R$ 1.603.200, e daí deduzimos a dívida para chegarmos ao valor econômico do patrimônio líquido. Isso não implicaria dizer que R$ 1.603.200 são o valor econômico do ativo?

Pode parecer, à primeira vista, estranho afirmarmos categoricamente: não é assim. Esse Valor da Firma com que tanto a literatura e a prática se preocupam, no modelo dado, mesmo o correto, está misturando duas coisas diferentes: o Valor do Ativo propriamente dito e o efeito do endividamento.

Pensemos o seguinte: o valor de um ativo deveria depender exclusivamente do quê? Acreditamos que deveria depender do seu fluxo de caixa, dos juros a risco zero e de seu risco específico. E não deveria depender de estar sendo financiado todo com o capital próprio, todo com dívida ou de qualquer mistura entre essas duas fontes? Vamos testar então esse novo modelo, conforme propõe a tese de doutoramento de Vinícius Aversari Martins na FEA/USP (MARTINS, 2005).

QUADRO 13.9   Cálculo do valor do ativo se financiado só com capital próprio.

Fluxo de Caixa do Ativo (imaginando a perpetuidade, por enquanto)	**R$ 132.000**
Custo do Capital Próprio	10,00%
Valor Econômico do **Ativo** se financiado só por capital próprio	**R$ 1.320.000**

Agora vem a seguinte pergunta: se **R$ 1.320.000** é o valor econômico dos ativos, mas neles foi investido o montante de **R$ 1.400.000**, cadê o seu *goodwill*? Teria o ativo, na verdade, um *badwill*? Valeria ele menos do que nele foi investido? **R$ 80.000 de *goodwill* negativo?** Que estranho!

Para testar isso, podemos fazer um cálculo: quanto os ativos estão efetivamente rendendo? Pelo Quadro 13.1, temos que o capital total investido foi de R$ 1.400.000. Se eles produzem (Quadro 13.4) R$ 132.000 de fluxo de caixa líquido, quanto significa isso?

Taxa de retorno dos Ativos: R$ 132.000/R$ 1.400.000 = **9,43% apenas**

Ou seja, os ativos, sozinhos, não conseguem produzir o mínimo exigido pelos investidores, que é de 10%! Logo, está claro: eles valem mesmo menos do que neles foi investido. Ninguém pagaria mais do que R$ 1.320.000 por eles se exigisse 10% ao ano de retorno.

Mas como conciliar isso tudo com a figura do *goodwill* positivo tão repetido até aqui de R$ 203.200? Parece não haver sentido nisso tudo, não? Mas há!!!

13.3.2.7.2 Ganho na dívida: algo muito pouco documentado

Continuemos agora com o modelo já citado do Prof. Vinícius Aversari Martins. Vimos no item anterior algo que não "fecha" na nossa cabeça. Os ativos valem para a empresa, economicamente, R$ 1.320.000, mas estão contabilizados por R$ 1.400.000 e dissemos que esse é o valor de mercado. Isso faz muito sentido?

Para termos certeza de que o mais correto é mesmo R$ 1.320.000 como o valor econômico do ativo, e para conseguirmos resolver o aparente paradoxo de dois cálculos diferentes de *goodwill*, basta introduzirmos agora um novo conceito:

a) A dívida está custando, líquido dos tributos, 5,28%; e ela está substituindo o capital próprio, cujo custo é de 10,00%!

b) Qual é, então, o valor presente da diferença entre esses dois custos?

QUADRO 13.10   Valor presente do ganho na dívida – I.

Valor Presente das Despesas Financeiras	R$ (31.680)	5,28%	R$ 600.000,0
Valor Presente das Despesas Financeiras à taxa do custo do capital próprio	R$ (31.680)	10,00%	R$ 316.800,0
Valor Presente do Ganho na Dívida			**R$ 283.200,0**

Outra forma de explicar: a dívida tem um custo de 5,28% líquido, ou seja, de R$ 31.680 por ano. Se substituído pelo custo do capital próprio, seria R$ 60.000 por ano. Essa diferença, R$ 28.320, é lucro que a dívida transfere aos proprietários. Considerando o valor presente desses R$ 28.320, tem-se que a dívida produz um ganho que, em termos de hoje, corresponde a R$ 283.200.

QUADRO 13.11   Valor presente do ganho na dívida – II.

Dívida – quanto custa por sua despesa financeira líquida	R$ 600.000	5,28%	R$ 31.680
Lucro mínimo perante os sócios se assumirem a dívida	R$ 600.000	10,00%	R$ 60.000
Diferença anual			R$ 28.320
Valor Presente dessa diferença anual, que fica com os sócios	R$ 28.320,00	10,00%	**R$ 283.200**

Ou seja, aparece uma informação totalmente nova: o Passivo Oneroso Dívida tem um *goodwill* de R$ 283.200! Então, se o *goodwill* total é, conforme calculado e visto, de R$ – 203.200, concluímos que o Ativo tinha um *badwill* de R$ 80.000. Agora, fica tudo claro:

QUADRO 13.12   Detalhamento do *goodwill*.

Goodwill do Ativo =	R$ (80.000)
Goodwill da Dívida =	R$ 283.200
Saldo líquido do *Goodwill* =	R$ 203.200

Reparem algo tão simples e tão pouco tratado na teoria e na prática: tomar dinheiro a um determinado custo e aplicá-lo nos ativos ganhando mais do que esse custo, faz nascer um lucro extra para os acionistas. Faz nascer um *goodwill*. Mas, na prática, vimos vindo calculando apenas, na verdade, o saldo líquido dos dois *goodwill*. Isso em Finanças, em *Valuation* e na Contabilidade.

O Prof. Vinícius Aversari Martins já havia notado isso em sua dissertação de mestrado, quando levantou o que ocorre fortemente nos EUA: lá a quantidade de bancos médios e pequenos é enorme, e são muitas as negociações desses bancos. Sabem qual o fator mais relevante nessas negociações? O que chamam de *Core Deposits*. Quanto mais depósitos, maior o valor da empresa. É lógico, maior o *goodwill* do banco como um todo.

Reparem que o balanço econômico mais correto então é diferente. Vamos a ele.

13.3.2.7.3 Balanço a valores econômicos – 2ª tentativa

Só para destacar neste item, o balanço considerando de forma mais completa as informações até aqui:

QUADRO 13.13   Balanço a valores econômicos (mais correto).

Balanço Patrimonial			
Valor Contábil dos Ativos Líquidos	R$ 1.400.000	Valor Contábil e de Mercado da Dívida	R$ 600.000
Badwill dos Ativos	R$ (80.000)	Valor Econômico do Patrimônio Líquido	R$ 1.003.200
Valor Econômico dos Ativos	R$ 1.320.000		
Goodwill da Dívida	R$ 283.200		
Ativos Totais	**R$ 1.603.200**	**Passivo + Patrimônio Líquido**	**R$ 1.603.200**

Mas é lógico que alguém poderia (e deveria) perguntar: por que os ativos apareceram a valor de mercado por R$ 1.400.000 quando de fato valem R$ 1.320.000? De fato, isso pode ocorrer na prática, porque o valor de mercado é calculado pela soma algébrica dos valores de mercado dos ativos e dos passivos, mas tomados individualmente. E, às vezes, isso dá um valor superior ao valor econômico. Por exemplo, a soma dos valores de mercado individuais de uma frota de caminhões poderia ser R$ 1.400.000, mas o conjunto da frota, conforme está operando, não vale isso, vale apenas R$ 1.320.000.

O interessante a notar é que, se o valor de mercado da soma dos valores individuais do ativo produzisse seu valor econômico, teríamos que ter um *impairment* desses ativos, e a perda de R$ 80.000 seria reconhecida. Nesse caso, o patrimônio líquido contábil cairia de R$ 800.000 para R$ 720.000. Se mantido o valor econômico da empresa como um todo funcionando, com a dívida presente, ou seja, de R$ 1.003.200, daí o *goodwill* calculado da forma tradicional seria de R$ 1.003.200 – R$ 720.000 = R$ 283.200. E seria devido exclusivamente ao passivo. Só que deveria ser atribuído aos ativos da companhia (?!) como é a prática contábil internacional hoje? Deveria o *goodwill* ser atribuído inteiramente à unidade geradora de caixa da empresa que são seus ativos? Mas essa unidade geradora de caixa, por si só, não produz realmente valor. Produz caixa, mas numa taxa de retorno baixa.

13.3.2.7.4 Outro exemplo simples

Como esse assunto parece ser mesmo muito complexo, vamos adicionar um exemplo mais simples. Suponhamos que você conclua que o seu custo de oportunidade para a exploração de determinado ativo seja de 12% a.a. e você decida fazer o investimento só com capital próprio. E digamos que o ativo produza, líquido dos tributos, 15%. Assim, se tiver, por exemplo, investido R$ 1.000.000, terá:

Ativo Inicial R$ 1.000.000	Capital Inicial R$ 1.000.000

Lucro líquido de tributos: R$ 150.000

Supondo a perpetuidade desse negócio, o valor dele será a perpetuidade desses R$ 150.000, e o valor do negócio será o próprio valor do ativo, correto?

Valor econômico do Ativo = Valor econômico da empresa: R$ 150.000/12% = R$ 1.250.000

E o excesso de valor sobre o valor de mercado individual do ativo representa o *goodwill* de R$ 250.000. E esse *goodwill* é devido **total e exclusivamente aos ativos**.

A taxa de retorno do capital próprio será de 15% a.a., e por isso o valor do ágio por expectativa de rentabilidade futura para o negócio. E produzido, repetimos, pelos próprios ativos.

Ocorre que, na verdade, antes de começar a operar o negócio, vem-lhe a oportunidade de tomar emprestado R$ 400.000, à taxa líquida de tributos de 8% a.a.

Aceitando a proposta, os números passarão para:

Ativo Inicial	R$ 1.000.000
Passivo	R$ 400.000
Capital	R$ 600.000

E o resultado, com os valores líquidos do tributo, será:

Resultado operacional produzido pelo ativo, líquido de tributos	R$ 150.000
Despesa financeira, líquida dos tributos:	R$ (32.000)
Lucro líquido	R$ 118.000

Ou seja, a taxa de retorno do capital próprio passará de 15% para 19,7%! E o valor do negócio, na perpetuidade, será de:

Valor econômico do patrimônio líquido: R$ 118.000/12% = R$ 983.333

Como o investimento dos sócios é de R$ 600.000, o *goodwill* agora é de R$ 383.333. Como era de R$ 250.000, a que se pode atribuir esse acréscimo de R$ 133.333? Exclusivamente ao Passivo, não poderia haver outro motivo, já que o Ativo e o que produz são os mesmos.

E como se prova isso?

O passivo está custando 8% líquido dos tributos, R$ 32.000. Os sócios esperam receber mais que isso, no mínimo 12%, que é o seu custo de oportunidade. Portanto, os sócios poderão pegar os R$ 400.000 investidos pelos credores e aplicarem nessa empresa ou alhures:

Valor investido pelos credores: R$ 32.000/8% =	R$ 400.000
Valor que investiriam os sócios: R$ 32.000/12% =	R$ 266.667
Ganho sobre a dívida:	R$ 133.333

Se os sócios tomam o empréstimo e investem os R$ 400.000 que a empresa não mais precisa como capital a 12%, terão um lucro adicional de R$ 48.000. Somando-se ao lucro líquido do negócio de R$ 118.000, lucrarão o total de R$ 166.000. Como ganhariam R$ 150.000 caso não tomassem a dívida, vê-se que há um ganho adicional de R$ 16.000. E qual é o valor presente desse R$ 16.000?

Goodwill do Passivo: R$ 16.000/12% = R$ 133.333

Ou seja, o Passivo pode gerar *goodwill* também, desde que aplicado a uma taxa superior ao seu próprio custo.

13.3.3 FCD: visão mais realista, mas empresa com vida finita

No item anterior, discutimos alguns conceitos simples e cálculos também simplistas, porque foi adotada a hipótese de perpetuidade da demonstração do resultado e do fluxo de caixa. Na realidade, isso nunca acontece.

Vamos primeiramente nos debruçar sobre um exemplo mais complexo, para, dentro dele, discutirmos alguns pontos relevantes que já discutimos, mas aplicados a este último caso.

O fundamental agora é que faremos previsão de fluxos de caixa e de lucros futuros para daí calcularmos o Valor Econômico da Empresa. Na realidade, faremos a projeção dos balanços e dos resultados para, a partir deles, extrairmos os fluxos de caixa.

Vamos a um exemplo. Suponhamos que uma empresa de prestação de serviços em processo de implantação apresente os seguintes balanços projetados até o momento ano 8. Momento 0 é o momento em que estamos fazendo as previsões e as avaliações.

Primeira coisa: estaremos aqui trabalhando exclusivamente com **valores reais**, sem incorporar qualquer inflação estimada para o futuro. Variações de valores são, assim, variações reais.

E outro ponto, para facilitar a compreensão, trabalharemos com uma empresa com **vida finita prevista em oito anos** (como se fosse uma mineradora com um ativo mineral esgotável). Ao final, ela transforma todos os seus ativos em caixa pelo valor contábil, paga a dívida e fica com seu patrimônio líquido representado exclusivamente por esse caixa. Ou seja, o valor econômico da empresa ao final do ano 8 é exatamente o patrimônio líquido contábil.

QUADRO 13.14   Balanços projetados para oito períodos (em R$).

Contas	A 0	A 1	A 2	A 3	A 4	A 5	A 6	A 7	A 8
Caixa	–	272.760	852.931	1.379.892	500.943	975.943	1.490.943	2.009.943	530.943
Recebíveis	–	350.000	370.000	390.000	410.000	460.000	470.000	476.000	480.000
Imobilizado	2.000.000	2.000.000	2.000.000	2.000.000	2.100.000	2.100.000	2.100.000	2.100.000	2.200.000
Dep. Acum.	–	(500.000)	(1.000.000)	(1.500.000)	–	(525.000)	(1.050.000)	(1.575.000)	–
Ativo	**2.000.000**	**2.122.760**	**2.222.931**	**2.269.892**	**3.010.943**	**3.010.943**	**3.010.943**	**3.010.943**	**3.210.943**
Dívida	800.000	800.000	800.000	800.000	1.000.000	1.000.000	1.000.000	1.000.000	1.200.000
Capital Social	1.200.000	1.200.000	1.200.000	1.200.000	1.700.000	1.700.000	1.700.000	1.700.000	1.700.000
Lucros Acumul.	–	122.760	222.931	269.892	310.943	310.943	310.943	310.943	310.943
P + PL	**2.000.000**	**2.122.760**	**2.222.931**	**2.269.892**	**3.010.943**	**3.010.943**	**3.010.943**	**3.010.943**	**3.210.943**

No final do ano 8, a empresa transforma seu ativo todo em dinheiro, paga a dívida e fica com o patrimônio líquido de R$ 2.010.943 que corresponde também ao valor econômico da entidade em função de sua descontinuidade.

Momento 0 é a data em que nos encontramos, início do ano 1. Notemos que a empresa tem um ativo sujeito a depreciação, com vida útil de quatro anos. Assim, no final do ano 4 ele é baixado (supondo valor de venda zero) e é substituído por outro. E notemos que os valores desses imobilizados são crescentes em termos reais (aumento de capacidade produtiva, talvez, ou só variação de preço esperada).

Parte das receitas não é recebida, ficando na conta Recebíveis do balanço. Para simplificar, não colocamos quaisquer outros itens operacionais circulantes, e vamos, excepcionalmente, considerar que todo o Caixa é passível de ser considerado um item obrigatório às operações. (Na realidade, deveríamos ter um caixa mínimo à operação da empresa e esse item deveria ser considerado como ativo operacional. E as receitas dele provenientes deveriam também ser consideradas como receitas operacionais. Quando de excedente de caixa operacional, aí teríamos um ativo não operacional e separaríamos também as receitas financeiras.) Finalmente, quando das imobilizações no ano 4, o caixa foi suprido pelos sócios; já no ano 8, por aumento de dívidas.

Vamos agora aos resultados projetados, sempre em termos reais:

QUADRO 13.15   Demonstração dos resultados projetada para oito períodos (em R$).

DRE	A 1	A 2	A 3	A 4	A 5	A 6	A 7	A 8
Receitas	1.750.000	1.850.000	1.950.000	2.050.000	2.300.000	2.350.000	2.380.000	2.400.000
Despesas Operacionais	(1.000.000)	(1.100.000)	(1.200.000)	(1.320.000)	(1.420.000)	(1.450.000)	(1.464.500)	(1.480.000)
(–) Despesas de Deprec.	(500.000)	(500.000)	(500.000)	(500.000)	(525.000)	(525.000)	(525.000)	(525.000)
Lucro Operacional	250.000	250.000	250.000	230.000	355.000	375.000	390.500	395.000
Receitas Financ.	–	16.366	51.176	82.794	30.057	58.557	89.457	120.597
Despesas Financ.	(64.000)	(64.000)	(64.000)	(64.000)	(80.000)	(80.000)	(80.000)	(80.000)
Lucro Antes do IR	186.000	202.366	237.176	248.794	305.057	353.557	399.957	435.597
Imposto de Renda	(63.240)	(68.804)	(80.640)	(84.590)	(103.719)	(120.209)	(135.985)	(148.103)
Resultado Líquido	**122.760**	**133.561**	**156.536**	**164.204**	**201.337**	**233.347**	**263.971**	**287.494**

Estamos admitindo crescimento real das receitas e despesas. A depreciação corresponde, obviamente, a 25% do preço da última aquisição do imobilizado.

As receitas financeiras correspondem a 6% (brutos) do saldo inicial; as despesas financeiras a 8% (brutos) do saldo inicial, e tomaremos o custo do capital próprio como sendo 12% (ke). O custo financeiro, de 34% de tributos sobre o lucro, produz um custo financeiro líquido anual (kd) de 5,28%.

Os dividendos previstos para desembolso são representados no Quadro 13.16.

QUADRO 13.16   Dividendos previstos para desembolso.

	A 1	A 2	A 3	A 4	A 5	A 6	A 7	A 8
Dividendos	0	33.390	109.575	123.153	201.337	233.347	263.971	287.494

Note-se que nos primeiros quatro anos os dividendos são inferiores aos lucros líquidos, talvez tendo em vista as necessidades iniciais de caixa. Daí em diante, a distribuição prevista é de 100% do lucro líquido.

Para esses casos em que o prazo de previsão é finito, há que se considerar, sempre, **qual seria o valor da empresa ao final desse prazo** (final do ano 8), para se considerar seu valor presente e adicionar aos valores presentes. É totalmente diferente a situação quando, no item anterior, admitimos a perpetuidade do lucro e dos dividendos.

Aqui, para simplificar, vamos admitir que, ao final de A8, a empresa se encerra, realiza seus ativos pelos valores contábeis, paga a dívida e fica, exatamente, em dinheiro, com o valor do seu patrimônio líquido contábil. Essa situação é válida tão somente no caso de empresas de prazo efetivamente definido, como exploração de um campo de petróleo, de minério num determinado local, de uma Sociedade de Propósito Especial para cuidar da construção de um único imóvel etc. Depois discutiremos melhor as alternativas.

Repetimos: o que sobrar de caixa ao final do ano 0, com os ativos transformados em dinheiro pelos seus valores contábeis e utilizados para liquidar a dívida, se transformará em valor a ser entregue aos sócios (R$ 2.010.943, no caso).

13.3.3.1   *Valor com base nos lucros líquidos e nos dividendos*

Vamos calcular, para começar, os valores das empresas com base nos critérios de avaliação calcados nos lucros líquidos e nos dividendos.

QUADRO 13.17   Valor da empresa no momento 200.

VP Lucros Líquidos até ano 8	R$ 899.841		*Goodwill*
VP PL final fim ano 8	R$ 812.186	**R$ 1.712.027**	**R$ 512.027**

Como definimos que o custo do capital próprio é de 12%, teríamos o valor da empresa com o valor dos lucros projetados até o ano 8 descontados até o M0. E adicionando-se a esse montante o valor presente do caixa que seria final se ativos e passivos fossem realizados a valores contábeis ao final do ano 8 (também ao custo do capital próprio). Não vamos aqui discutir como se calcula o valor presente de um fluxo previsto para determinado período, mas lembramo-nos de que se traz cada fluxo de cada final de período a valor presente pela taxa de desconto que considera o tempo do respectivo fluxo.

O VP dos lucros líquidos mostra o valor econômico, obviamente a valor presente, dos lucros líquidos dos oito anos. E o VP do PL final representa o valor do patrimônio líquido ao final do ano 8 trazido também a valor presente.

Só vamos exemplificar o valor do PL ao fim do ano 8 ajustado a valor presente pelos oito anos à taxa do custo do capital próprio de 12%, lembrando que o patrimônio líquido, em termos econômicos em fins do ano 8, é igual ao seu patrimônio líquido. E esse valor, como já vimos, é de R$ 2.010.943:

$$\text{VP do PL final: R\$ } 2.010.943/(1,12)^8 = \text{R\$ } 812.186$$

Com isso, chegamos ao valor da empresa no momento 0 como sendo R$ 1.712.027, o que significa, com relação ao patrimônio líquido investido pelos sócios de R$ 1.200.000, um *goodwill* (líquido), ou seja, uma expectativa de rentabilidade financeira mensurado em R$ 512.027.

Vamos agora aplicar a mesma técnica aos dividendos para ver quanto valeria a empresa se utilizado esse método de avaliação. No exemplo apresentado no tópico anterior, ambos os valores eram iguais. E agora?

QUADRO 13.18 Valor presente dos dividendos até o ano 8.

VP Dividendos até ano 8	R$ 650.864		*Goodwill*
VP PL final fim ano 8	R$ 812.186	**R$ 1.463.050**	**R$ 263.050**

Vemos agora que há uma diferença significativa entre o VP dos lucros e o dos Dividendos. Ocorre que não houve a distribuição total do lucro nesses oito anos, e, com isso, já seria de se imaginar diferença. Mas esta poderia não aparecer se todo o caixa retido dos lucros fosse aplicado ganhando a mesma taxa de retorno do negócio. Ocorre que não é verdade. O dinheiro no caixa rende apenas 6% brutos ao ano. Para quem tem 12% como remuneração mínima exigida, isso faz com que o valor da empresa, por causa disso, seja diminuído com relação ao VP dos lucros. E que diferença de valores nesse caso! Aliás, por isso também a não utilização do VP dos lucros líquidos como regra normal para avaliação de empresas. Só o mostramos aqui para tentar elucidar essa dúvida levantada por muitas pessoas.

O mesmo fato ocorre com a retenção de caixa pelo efeito da depreciação; e se ele ficar retido, provocará receitas normalmente menores, até bem menores, às vezes, do que a taxa de retorno operacional dos ativos. Assim, esses recursos financeiros investidos estão, de certa forma, destruindo valor da empresa porque, aplicados, ganham, no caso, a taxa bruta de 6% a.a. apenas. Como os tributos sobre o lucro estão sendo de 34%, essa taxa representa tão somente um retorno líquido de 3,96% ao ano. Precisamos descobrir uma forma de eliminar essa deficiência na prática; se não for possível, pelo menos do cálculo do Valor da Empresa, correto?

13.3.3.2 *Valor com base no fluxo de caixa livre dos acionistas*

Para eliminar esse problema de caixas retidos produzindo retornos típicos do mercado financeiro, e não do negócio em si, ou seja, produzindo taxas de retorno menores do que o custo do capital próprio e também inferiores ao próprio custo da dívida, existe a metodologia de Fluxo de Caixa Livre dos Acionistas. Para isso, são excluídas as receitas financeiras desse fluxo, líquidas dos seus efeitos tributários. Dessa forma, calcula-se o valor da empresa de forma isenta das ineficiências dessas aplicações financeiras. É como se todo o caixa disponível pudesse ser entregue aos sócios; mas, em compensação, estariam esses sócios dispostos e com capacidade de entregar à empresa recursos quando necessário se não se utilizarem de nova dívida. **Lógico, esse é um terrível calcanhar de Aquiles desse método, porque nem sempre essas situações estão presentes: capacidade de a empresa entregar seu dinheiro disponível para os sócios e capacidade destes de suprir a empresa quando necessário.** E parte também, essa metodologia, do pressuposto de que, nas mãos dos sócios, esse recurso produziria para eles no mínimo o custo do capital próprio (ajustado por diferença de riscos entre essas aplicações de capital).

Ocorre que ainda precisam ser retirados desse fluxo de caixa livre dos acionistas os recursos necessários aos investimentos em giro e em capital fixo. E com isso montamos o seguinte Fluxo de Caixa dos Acionistas com base no modelo já visto no Quadro 13.4, passando pelo EBITDA e pelo Fluxo de Caixa da Firma:

QUADRO 13.19 Fluxo de caixa dos acionistas – ano 1 a ano 8 (em R$).

DRE	A 1	A 2	A 3	A 4	A 5	A 6	A 7	A 8
Lucro Líquido	122.760	133.561	156.536	164.204	201.337	233.347	263.971	287.494
(+) Imposto de Renda	63.240	68.804	80.640	84.590	103.719	120.209	135.985	148.103
(+) Desp. Financeiras	64.000	64.000	64.000	64.000	80.000	80.000	80.000	80.000
(-) Receitas Financ.	–	(16.366)	(51.176)	(82.794)	(30.057)	(58.557)	(89.457)	(120.597)
(-) Desp. Depreciação	500.000	500.000	500.000	500.000	525.000	525.000	525.000	525.000
EBITDA	**750.000**	**750.000**	**750.000**	**730.000**	**880.000**	**900.000**	**915.500**	**920.000**
(-) IR s/ EBIT	(85.000)	(85.000)	(85.000)	(78.200)	(120.700)	(127.500)	(132.770)	(134.300)
Fx. Caixa das Operações	665.000	665.000	665.000	651.800	759.300	772.500	782.730	785.700
(-) Investim. Capital Giro	(350.000)	(20.000)	(20.000)	(20.000)	(50.000)	(10.000)	(6.000)	(4.000)
(-) Investim. Capital Fixo	–	–	–	(2.100.000)	–	–	–	(2.200.000)
FLUXO CX. DA FIRMA	**315.000**	**645.000**	**645.000**	**(1.468.200)**	**709.300**	**762.500**	**776.730**	**(1.418.300)**
(-) Desp. Financ. Líq. IR	(42.240)	(42.240)	(42.240)	(42.240)	(52.800)	(52.800)	(52.800)	(52.800)
(-) Var. Dívidas	–	–	–	200.000	–	–	–	200.000
FLUXO CX. ACIONISTAS	**272.760**	**602.760**	**602.760**	**(1.310.440)**	**656.500**	**709.700**	**723.930**	**(1.271.100)**

Partimos do lucro líquido e o ajustamos pelas figuras das receitas e despesas financeiras, tributos sobre o lucro e depreciações, chegando ao EBITDA, que representa o potencial de geração bruta de caixa dos ativos (potencial porque ainda baseado esse conceito no regime de competência, e bruto porque sem o tributo sobre esse valor). Significaria, como já dissemos, o valor de caixa se recebidas todas as receitas e pagas todas as despesas. Mas é antes dos tributos, reforçamos. Assim, deduzimos desse EBITDA os tributos que existiriam caso o patrimônio líquido financiasse sozinho a estrutura da empresa e chegamos ao potencial de **Fluxo de Caixa Líquido dos Ativos**.

Ocorre que recursos são necessários para financiar acréscimo de capital de giro e de capital imobilizado (ou sobram, se decréscimo). Deduzindo do Fluxo de Caixa Líquido dos Ativos os recursos necessários para esses fins, chegamos **ao Fluxo de Caixa da Firma** que corresponde ao fluxo de caixa, líquido de tributos, que estaria à disposição "da Firma", ou seja, tanto para os detentores das dívidas financeiras quanto dos acionistas.

Descontando-se desse Fluxo de Caixa da Firma as despesas financeiras líquidas dos tributos e considerando os recebimentos e pagamentos de dívidas, temos o **Fluxo de Caixa dos Acionistas**.

Repare que nos três primeiros anos os acionistas teriam bastante dinheiro a levar para casa. Mas, no de número 4, devido ao investimento em capital fixo, precisam tomar dinheiro emprestado ou investir dinheiro na empresa. Optam, no nosso exemplo, pelo capital próprio. Nos anos 5, 6 e 7, também teriam dinheiro disponível, mas no de número 8 precisariam providenciar o caixa necessário ao novo investimento em imobilizado; nesse último ano esperam obter uma dívida adicional.

Calculando o valor presente desses potenciais caixas a serem entregues aos sócios, mas compensando com quanto precisam aportar em dinheiro, à taxa do ke de 12%, temos o Valor Presente dos Fluxos de Caixa dos Acionistas. Mas é preciso lembrar que eles também teriam direito ao caixa final que existiria ao final do ano 8 na hipótese que utilizamos de dissolução da entidade nesse momento pelos seus valores contábeis.

Dentro desse conceito, o valor da empresa dentro do Método do Fluxo de Caixa dos Acionistas seria dado por:

QUADRO 13.20   Valor presente dos fluxos de caixa dos acionistas até o ano 8.

VP Fx. Cx. Acionistas até ano 8	R$ 866.442		*Goodwill*
VP Vr. PL Final	R$ 597.747	R$ 1.464.189	R$ 264.189

Novamente, a presença também do VP do patrimônio líquido final, só que agora **excluindo o Caixa final**. E por que isso? Se não incluímos as receitas financeiras para cálculo do Fluxo de Caixa dos Acionistas, não podemos contar com esse elemento patrimonial ao final do ano 8. Na verdade, nessa visão nunca sobraria caixa algum, porque o que tiver sido obtido será distribuído aos sócios. **Mas, se existisse um caixa inicial, ele seria então adicionado a esse valor obtido,** porque esse valor os sócios poderiam retirar imediatamente no início do ano 1.

Note-se que por essa metodologia não há interferência das ineficiências de dinheiro ganhando pouco, parado, na empresa. Mas, por outro lado, acredita-se (isso é inverossímil para valer na prática) que todo o centavo disponível na empresa será sempre transferido ao sócio e este será capaz de prover, no tempo absolutamente certo, sempre, todo o dinheiro necessário não obtido de dívida nova.

Seria mesmo de se esperar que esse valor ficasse entre as duas hipóteses já vistas: inferior ao valor calculado com base no VP dos lucros líquidos, mas superior ao calculado com base no VP dos dividendos.

Se alguém acreditar que no preço devem estar extirpados os efeitos de ineficiências nas aplicações de caixas retidos, o melhor é este último método, o do Fluxo de Caixa dos Acionistas. Para alguém que não queira tirar os efeitos dessas ineficiências, o melhor é o Fluxo de Caixa dos Dividendos. Ou seja, não há nunca um único valor líquido e certo, a não ser naqueles casos de total perpetuidade, como assumido no tópico anterior.

Aceito esse Fluxo de Caixa do Acionista, temos um *goodwill* de R$ 478.628. Mas sabemos que esse número pode ser enganoso, já que, praticamente sempre, há o *goodwill* genuíno dos ativos e o *goodwill* derivado dos passivos.

Vamos então entrar nessa anatomia.

13.3.3.3 *Anatomia do valor com base no fluxo de caixa livre dos acionistas*

Nós não mostramos, propositalmente, o valor da empresa com base no Fluxo de Caixa da Firma porque, da forma como é calculado, há enorme problema na taxa de desconto, já que o custo médio ponderado do capital, para ser calculado, precisa do valor da empresa. Esse é o círculo vicioso de que já falamos. E ainda o problema de que isso dá a ideia de que o valor dos ativos depende da forma como é financiado (capitais onerosos de terceiros ou capital próprio).

Mas vimos antes e vamos reforçar: utilizando do desconto do Fluxo de Caixa da Firma, mas ao custo do capital próprio (ke), podemos chegar ao que seria o valor dos ativos da empresa, independentemente da forma como esses ativos são financiados. E, daí, ao cálculo do genuíno *goodwill* desses ativos. E podemos chegar ao quanto de influência no valor da empresa está havendo por causa da alavancagem favorável, ou seja, pelo endividamento com taxa de juros inferior ao retorno provocado dentro da empresa, nos seus ativos, por esses recursos.

A partir dos dados já disponibilizados, podemos então constituir:

QUADRO 13.21   Valor dos ativos até o ano 8.

Valor dos Ativos até ano 8	**R$ 888.778**		***Goodwill* dos Ativos**
VP PL final fim Ano 8	<u>R$ 597.747</u>	R$ 1.486.526	**R$ (513.474)**
Ganho na Dívida até ano 8			
VP das Desp. Fin. ao ke	R$ (230.217)		

(*Continua*)

(*Continuação*)

VP da Variação da Dívida ao ke	R$ 207.880		**Goodwill do Passivo**
VP da Dívida ao kd	R$ 800.000	**R$ 777.663**	R$ 777.663
Dívida		R$ (800.000)	
		R$ 1.464.189	**Goodwill Total**
			R$ 264.189

Sabemos de certa dificuldade em analisar o Quadro 13.21, principalmente porque ignorado em quase toda a bibliografia sobre *valuation*. Mas vamos lá.

Primeiramente, descontamos o Fluxo de Caixa da Firma (produzido pelos ativos, já diminuídos dos investimentos em capitais de giro e fixo) mas pelo custo do capital próprio, jamais pelo WACC. Isso nos dá o que consideramos o verdadeiro valor econômico dos ativos sendo utilizados nesse período. Mas precisamos adicionar a isso o valor presente do último ativo da empresa, ou seja, o caixa ao final do ano 8, após transformar em dinheiro os ativos e liquidar as dívidas (esse valor, no nosso caso, é, sem ajuste a valor presente, de R$ 1.480.000, conforme pode-se obter do Quadro 13.14, e não se computando o Caixa final conforme falado no item anterior).

Assim, chegamos ao valor de R$ 1.486.526 como o representativo do valor econômico dos ativos que, no caso, é muito inferior ao valor investido originalmente nesse ativo (R$ 2.000.000). Ou seja, se esses ativos fossem financiados por capital próprio exclusivamente, jamais os sócios teriam o almejado retorno de 12% ao ano!

Agora, no segundo bloco, analisemos os efeitos da dívida: o valor presente das despesas financeiras medidas ao custo do capital próprio (ke), e não ao kd, nos dá o valor de (–) R$ 230.217. Já o valor presente dos movimentos de entrada e saída de dívida nos dá R$ 207.880. Contrapondo isso ao valor econômico da dívida de R$ 800.000, temos R$ 777.663 como representando o quanto é o valor presente dos lucros que os sócios estão ganhando porque utilizam-se de recursos de terceiros custando 8% brutos (5,28% líquidos dos tributos que economizam). Esses ativos, mesmo estando rendendo menos do que o capital próprio, estão rendendo mais do que o custo do capital de terceiros. Assim, esses R$ 777.663 dependem exclusivamente da forma com que se gerenciou a dívida em face do retorno produzido pelos ativos; e esse valor de R$ 777.663 compensa o *badwill* dos ativos de (–) R$ 513.474 e ainda propicia um *goodwill* líquido total para a empresa de R$ 264.189. Aliás, o mesmo valor da empresa e o mesmo *goodwill* já vistos há pouco com o uso do VP dos fluxos dos acionistas, mas sem essa anatomia.

Mas, repetimos, esses R$ 264.189 de *goodwill* dependem da efetiva capacidade, inclusive legal, de a empresa transferir todos os recursos disponíveis para os sócios e de estes serem capazes de suprir o que for necessário à empresa, não devendo ser obtido por dívidas.

13.3.3.4 Valor com base no fluxo de caixa da firma

Por todas as razões já expostas, deixamos de calcular esse valor porque a utilização do WACC contábil é enganosa. E o WACC verdadeiro só pode ser calculado com o cômputo, primeiramente, do valor da empresa. Aliás, veja-se um problema seríssimo. Analisando-se a evolução do balanço, notamos que a relação entre dívida e capital próprio oscila ao longo do tempo. Como tratar esse problema? Média ao longo dos anos? Se for valor contábil, continuará enganoso. Média ponderada pelos valores econômicos de cada balanço? Trabalho insano.

O melhor é mesmo omitir esse método tão problemático.

Só que vimos, dentro deste tópico todo, o *valuation* de uma empresa em **descontinuidade**.

Vamos agora ao mais normal: avaliando empresa que se espera nunca descontinuará.

13.3.4 Retirando a restrição de vida finita

A hipótese agora é de que a empresa vai se perpetuar, e não se encerrar após um certo número de anos como em itens anteriores.

Para calcularmos os nossos valores econômicos sob os diferentes enfoques, temos que optar, pelo menos, por uma das duas alternativas: fazer uma projeção por anos e anos (até que o valor presente dos valores no último ano seja nulo ou imaterial) ou admitimos que, a partir de um certo tempo, haverá perpetuidade dos valores envolvidos. Esta última tem sido a forma generalizadamente utilizada, mas seus problemas e a facilidade atual de se trabalhar com dezenas e dezenas de anos numa planilha parecem dar à análise multianual uma preferência sobre a da perpetuidade.

No último exemplo que vínhamos utilizando, temos uma visão clara disso. Temos o último ano, o de número 8, e, supondo a continuidade da vida da empresa, poderíamos admitir que esse último ano serviria como base para, a partir daí, calcular-se uma perpetuidade? Sabemos que temos diversos problemas: a empresa investe em novo imobilizado a cada quatro anos, e não todo o ano, como já supusemos há pouco. Logo, o balanço e o fluxo de caixa de nenhum ano representam bem a realidade. Além disso, os recursos para essas imobilizações precisam, nesse nosso caso, ser complementados por dívida ou capital, já que, como nem todas as receitas são recebidas dentro do ano, vai sempre havendo um *gap* ao longo do tempo. As disponibilidades vão aumentando pelas operações menos dividendos, mas sofrem drástica redução de quatro em quatro anos quando das imobilizações. As despesas financeiras variam conforme o endividamento, entre outras coisas.

Ou seja, utilizar o ano 8 como base para uma perpetuidade é arriscado, por poder isso fugir da efetiva realidade futura, mesmo que todas as premissas de crescimento das operações sejam mantidas. Precisariam, pelo menos, ser admitidos outra demonstração do resultado e outro fluxo de caixa "fictícios" que não o do último ano (ano 8, no exemplo que vimos seguindo), como se representassem uma média dos últimos períodos ou algo assim. Também teria que ser admitida uma "distribuição" da imobilização como se ela ocorresse continuamente, mesmo sabendo que ela é efetuada a cada quatro anos. Assim também ocorre com as necessidades de aporte de capital via dívida ou capital social: teríamos que admitir que os novos empréstimos, as liquidações de empréstimos anteriores se o caso, e os aumentos de capital social, ocorressem também em todos os anos, e não de maneira pontual, como de fato ocorrem.

Todas essas premissas, na verdade, enfraquecem a metodologia da perpetuidade. E, com as facilidades das planilhas, é melhor efetuar as projeções por um largo número de anos.

Todavia, há, aparentemente, um **conflito psicológico**: para a maior parte das pessoas, falar-se em projeção de 100 ou mais anos parece provocar uma sensação de total incredulidade. Mas aparentemente ninguém reclama de se tomar um ano final como perpétuo...

13.3.4.1 *Valor presente dos lucros líquidos*

Já discutimos que o valor presente dos lucros líquidos não é uma boa técnica de avaliação. Ela produz distorções. Mas vamos discutir aqui apenas para melhor entender as projeções feitas.

Na hipótese da perpetuidade do desempenho do último ano, temos que refazer a demonstração primeira a ser projetada (poderia ser refeita a do ano 8 também). Partimos para os seguintes ajustes:

- As receitas e as despesas operacionais projetadas como as do ano 8 com crescimento de 1% real ao ano a partir do ano 9.
- As depreciações foram tomadas como a que seria no ano 9 a partir da imobilização feita ao final do ano 8.
- As receitas financeiras foram tomadas pela média dos últimos quatro anos, já que há oscilações significativas das disponibilidades; mas isso desconsidera eventuais incrementos reais dessas médias de disponibilidade futura. Por outro lado, esse item influencia o VP de lucros e dividendos, mas não influencia o VP do Fluxo de Caixa dos Acionistas.
- As despesas financeiras estão ainda pior projetadas: também média dos últimos quatro anos, sem considerar o efeito crescente das dívidas financeiras, já comentadas. Isso altera o VP dos lucros líquidos, dos dividendos e do Fluxo de Caixa dos Acionistas; não altera o VP do Fluxo de Caixa da Firma, mas esse está praticamente errado sempre.
- Os investimentos em capital de giro, supõe-se, crescerão perpetuamente conforme as receitas, mas os investimentos em capital fixo foram reenquadrados: considerados como ¼ de cada imobilização feita em cada um dos quatro anos. Premissas refutáveis, é lógico, na grande maior parte delas. E crescentes, em valor a 1% ao ano.

Fazendo esses cálculos, chegou-se aos dados estimados para o ano 9, que produziram os seguintes Resultado e Fluxo de Caixa:

QUADRO 13.22   Demonstração dos Resultados projetada para o ano 9.

Demonstração dos Resultados	Ano 9
Receitas	R$ 2.424.000
Despesas Operacionais	R$ (1.494.800)
(–) Desp. de Depreciação	R$ (550.000)
Lucro Operacional	R$ 379.200
Receitas Financeiras	R$ 74.667
Despesas Financeiras	R$ (96.000)
Lucro Antes do IR	R$ 357.867
Imposto de Renda	R$ (121.675)
Resultado Líquido	**R$ 236.192**

QUADRO 13.23   Fluxos de caixa projetados para o ano 9.

Demonstração dos Fluxos de Caixa	Ano 9
Lucro Líquido	R$ 236.192
(+) Imposto de Renda	R$ 121.675
(+) Desp. Financeiras	R$ 96.000
(–) Receitas Financeiras	R$ (74.667)
(–) Desp. Depreciação	R$ (550.000)
EBITDA	**R$ 929.200**
(–) IR s/ EBIT	R$ (128.928)
Fx. Caixa das Operações	**R$ 800.272**
(–) Investim. Capital Giro	R$ (4.800)
(–) Investim. Capital Fixo	R$ (550.000)
FLUXO CX. DA FIRMA	**R$ 245.472**
(–) Desp. Financ. Líq. IR	R$ (63.360)
(–) Var. Dívidas	R$ –
FLUXO CX. ACIONISTAS	**R$ 182.112**

Com base nisso, estimamos os Valores Presentes dos componentes desses itens, mas com o seguinte cuidado:

A taxa de desconto precisa incorporar a taxa perpétua do incremento, diminuindo-a; por exemplo, nosso custo do capital próprio é 12% e foi utilizado para os cálculos de VP; para os períodos a partir de quando há um crescimento real das atividades em 1%, a taxa de desconto fica:

> Taxa de desconto menos taxa de crescimento = 12% – 1% = 11%

Não vamos tratar sobre a validade matemática dessa fórmula, como estamos procedendo com alguns outros assuntos, porque existente nas referências bibliográficas.

Se acreditássemos na validade do valor da empresa com base no valor presente dos fluxos líquidos, considerando agora a perpetuidade como base do ano 9 em diante, crescendo a 1% real ao ano, teríamos:

QUADRO 13.24 Valor da empresa com perenidade após o ano 8.

VP Lucros Líquidos até ano 8	R$ 899.841		*Goodwill*
VP Fluxos ano 9 em diante	R$ 774.302	R$ 1.674.143	R$ 474.143

Para o cálculo deste último valor, VP dos Fluxos ano 9 em diante, dividimos o lucro líquido base para o ano 9 por 11%. Acontece que isso fornece o valor da empresa ao final do ano 9. Assim, precisa esse montante ser trazido a valor presente para o momento 0 por 12% ao expoente 9. Mas essa fórmula de avaliação de empresas não é correta, como já discutimos.

13.3.4.2 *Valor presente dos dividendos*

Utilizando-se do pressuposto de distribuição de 100% dos dividendos a partir do ano 9 (na verdade, já estava assim desde o ano 5), e também os demais pressupostos colocados, com a taxa de desconto reduzida de 12% para 11%, teremos, primeiramente, para a hipótese de uma projeção detalhada para os próximos 200 anos:

QUADRO 13.25 Valor presente dos dividendos até o ano 200.

VP dos dividendos até ano 8	R$ 650.864		*Goodwill*
VP Fluxos ano 9 em diante	R$ 774.302	R$ 1.425.166	R$ 225.166

13.3.4.3 *Valor presente dos fluxos de caixa dos acionistas*

Agora, se utilizarmos a metodologia do Valor Presente dos Fluxos dos Acionistas, considerando a do ano 9 como perpétua e crescente a 1% ao ano, teremos, já indo diretamente para a anatomia dessa previsão:

QUADRO 13.26 Valor da empresa com base no valor presente dos fluxos de caixa dos acionistas.

Valor dos ativos até ano 200	**R$ 888.778**		***Badwill* Ativos**
VP fluxos ano 9 em diante	R$ 804.724	R$ 1.693.503	**R$ (306.497)**
Ganho na Dívida:			
VP das desp. finan. até ano 8 ao ke	**R$ (230.217)**		
VP das desp. finan. ano 9 em diante	R$ (207.711)		
VP das dívidas até ano 8 ao ke	**R$ 207.880**		
VP das dívidas ano 9 em diante	R$ -		***Goodwill* Passivos**
VP da dívida ao kd	R$ 800.000)	**R$ 569.952**	R$ 569.952
Dívida		R$ (800.000)	***Goodwill* Total**
Valor da empresa		**R$ 1.463.455**	**R$ 263.455**

Deixamos ao leitor o trabalho de analisar esses números.

13.3.4.4 *Ativos não operacionais*

É comum as empresas apresentarem ativos que não estão integrados à atividade da empresa, como grandes excedentes de caixa, terrenos para futura utilização, investimentos em empresas de ramos diferenciados e também não integrados, imóveis desnecessários para uso, alugados ou não a terceiros etc.

Nesse caso, para se separar bem o valor da empresa dessas "impurezas", há que:

a) Eliminar do resultado e do fluxo de caixa projetados todas as receitas e despesas decorrentes desses Ativos Não Operacionais; assim, devem ser segregadas as receitas financeiras de excedente de caixa sem utilização, receitas de imóveis não operacionais alugados etc. Esses itens só conspurcam os números das atividades genuinamente operacionais da empresa.

b) Ao fazer essa eliminação, são excluídas também eventuais ineficiências ou eficiências anormais derivadas desses bens. **Mas eles precisam ser adicionados ao Valor da Empresa calculado conforme as técnicas utilizadas. E, nesse caso, também retirados do patrimônio final da entidade no caso de empresa com vida finita.** O seu cômputo no valor da empresa se dá pela adição, aos valores de mercado da data da avaliação, desses elementos.

Por exemplo, se acreditarmos que o Fluxo de Caixa dos Acionistas provê a melhor informação quanto ao valor econômico da empresa, entenderíamos esse valor como o representativo do *core* do negócio. Se existissem outros ativos, de natureza não operacional, extirparíamos seus efeitos dos resultados e fluxos de caixa projetados, mas adicionaríamos a esse valor da empresa o valor de mercado no ano 0 de tais ativos.

13.3.4.5 *Uso de múltiplos*

Não consideramos até aqui os multiplicadores tão em moda no mercado para avaliação de empresas. E vários existem, inclusive não financeiros, como litros de venda por mês, toneladas de minério produzidas, e outros financeiros, como faturamento bruto, faturamento líquido, o famoso e pouco compreendido EBITDA e outros. Vamos agora discutir rapidamente cada um deles.

Vamos ao mais antigo deles: faturamento. E vamos considerar, por facilidade, faturamento líquido, pressupondo que os números de que dispomos o sejam.

Só que temos agora um problema: a empresa está apresentando faturamentos líquidos desde R$ 1.750.000, no ano 0, até R$ 2.400.000, no ano 8, e depois daí esse número é crescente à base de 1% ao ano.

É lógico que o uso de múltiplo de faturamento pressupõe uma ligação entre os retornos produzidos pelo capital investido (lucro e caixa) e esse faturamento. Mas qual a fórmula mágica para isso? Não existe nenhuma, existe apenas uma experiência prática que vai levando os investidores e empresários de determinado ramo a perceber que abaixo de certo faturamento não se obtém o retorno mínimo desejado (12% nos exemplos vistos). Ou então alguns especialistas de fato calculam o valor da empresa pelos métodos mais racionais, e depois concluem qual multiplicador utilizar.

Tudo no mundo dos negócios tende a girar em função da Taxa de Retorno Sobre o Capital Aplicado Ajustada ao Risco do Negócio. Esses multiplicadores não fogem, absolutamente, desse conceito. Apenas são fórmulas mais práticas e aproximadas, mas também com sujeição a erros maiores.

Considerando, no nosso exemplo, que a melhor avaliação da empresa é a calculada com o método Valor Presente dos Fluxos de Caixa dos Acionistas (R$ 1.463.455), sabemos que isso corresponde a *n* faturamentos líquidos. Mas com base no faturamento mais próximo, o do ano 1? (Ou, numa empresa já existente, com base no último valor disponibilizado?)

No momento 0, esse multiplicador seria de R$ 1.463.455/R$ 1.750.000, ou seja, 0,84 do faturamento anual (ou 10 vezes o faturamento médio mensal). Mas nos seguintes mudariam o valor da empresa e mudariam os faturamentos líquidos. Como fazer?

E veja que esse método de múltiplo só vale para empresas comparáveis entre si, não só em termos de tamanho, como também de segmento econômico, bem como da consideração de uma capacidade administrativa razoavelmente homogeneizada.

Mas, nos demais momentos, continuaria isso válido?

É estranho (como no uso do WACC comentado): precisamos primeiro saber o valor da empresa para depois conhecer o múltiplo! Na prática, como dito, as experiências vão se adaptando e o multiplicador fica relativamente "popular" para alguns tipos de empresas: farmácias, restaurantes (homogêneos entre si), postos de gasolina, casas lotéricas etc. Convém, entretanto, lembrar que, como tudo na economia, esses multiplicadores se desatualizam com os efeitos das taxas de juro no mercado, estágio de evolução da economia etc. Sempre procurando um multiplicador que aproxime do valor da empresa, apesar de esse caminho ser, no máximo, grosseiro e sujeito a chuvas e trovoadas.

E quando há necessidade de investimentos significativos anuais? Esse multiplicador deveria considerar essa probabilidade, mas só pode ser retirada das experiências de compradores e vendedores dessas empresas. E, se mudar o porte da empresa e/ou o segmento econômico, esqueçam-se esses indicadores.

O múltiplo mais utilizado nos últimos tempos é o EBITDA, já visto também neste capítulo. Representa a capacidade (potencial) bruta de geração de caixa, desconsidera olimpicamente as necessidades de investimento, não considera os ganhos e as perdas por dívidas bem ou malfeitas etc. De novo, ele é calculado da mesma forma que o múltiplo de faturamento: por experiência. É como se alguns soubessem mensurar o valor da empresa com base numa metodologia mais "científica" como as vistas, e depois calculassem e espalhassem esses múltiplos pelo mercado. Aliás, isso ocorre mesmo nos mercados de capitais mais sofisticados.

E ele padece dos mesmos pecados e virtudes (até que podem ser alcançadas algumas). Só para lembrar do risco de utilizar o EBITDA de forma enganosa, veja-se o contido no item 9.5 deste livro (empresa de energia elétrica vs. banco). O que ocorre é que os multiplicadores vão se alterando no mercado exatamente porque os bons calculadores revisam os valores das empresas, revisam os EBITDAs e, assim, revisam os Multiplicadores.

No nosso caso em questão, a empresa vale quantas vezes o EBITDA? Se tomarmos o do ano 1, seria R$ 1.463.455/R$ 750.000, ou seja, 1,95 vezes. Se tudo se confirmar, o valor da empresa ao final de A8 seria de R$ 1.795.171 (valor presente dos fluxos a partir daí, em moeda dessa data), devido ao fato de o EBITDA ser de R$ 920.000. Mas esse número estaria em valores de final de A8.

Não nos enganemos. Esses critérios muito "populares" são aproximações que podem estar até muito adequadas, mas nunca sabemos o quão ajustadas quando de mudanças de quaisquer componentes do desempenho da empresa.

E, novamente, ficam também as mesmas recomendações: o EBITDA só vale se acoplado a um MULTIPLICADOR. E determinado multiplicador só tem validade se bem calculado, para um conjunto de empresas do mesmo segmento e aproximadamente mesmo porte, além de consideração da hipótese de uma gestão mais ou menos semelhante em todas elas.

13.3.5 Recomendações finais

Este capítulo não é um curso de *valuation*; apenas introduz alguns dos pontos principais do tema, de preferência aqueles menos disponíveis na literatura.

E deu muito bem para perceber que as técnicas de avaliação de empresas estão vinculadas a características econômicas, mas a projeções sempre bastante subjetivas, nada genuinamente "científico" no sentido rigoroso da palavra. Tudo é conjectura sobre o futuro. Assim, não deveria ser tratada de forma determinística como tratamos neste capítulo. O ideal seria sempre trabalhar com cenários diversos, como o otimista, o pessimista e o mais provável (ou mais faixas ainda). As próprias projeções de um cenário otimista, por exemplo, poderiam conter os efeitos de mudanças nas taxas de desconto para os anos mais nebulosos e/ou distantes etc. etc.

São válidas todas as técnicas de análise de risco para a atividade de *valuation*.

E agora, voltando a algo já comentado no início deste capítulo: as negociações propriamente ditas de empresas envolvem muitos e muitos dados racionais, probabilísticos, mas razoavelmente quantificáveis e avaliáveis quanto ao risco. Mas a negociação se dá entre pessoas. E quando isso ocorre, sempre há também a influência de aspectos comportamentais, com capacidade de influenciar, de certos momentos específicos nos quais se dá o fechamento do contrato, da existência ou não de outros benefícios que não os financeiros etc.

Ufa! Ainda bem, está longe de ser uma ciência exata.

EXERCÍCIOS

Fragilidades dos processos de *valuation*

A atividade será desenvolvida em três etapas: pesquisa e fundamentação teórica, análise aplicada e apresentação e discussão dos resultados. Os estudantes iniciarão as atividades individualmente e depois serão agrupados em pequenos grupos para aprofundar a análise coletiva.

a) Pesquisa e fundamentação teórica

Cada estudante deverá:

- Revisar os métodos de avaliação de empresas: Múltiplos, Fluxo de Caixa Descontado dos Dividendos, Fluxo de Caixa Descontado da Firma e Fluxo de Caixa Descontado para os Sócios.

- Elaborar respostas fundamentadas para as seguintes questões:
  - É possível utilizar o Múltiplo de EBITDA para avaliar qualquer empresa sem considerar o Multiplicador?
  - Como definir cientificamente o Multiplicador para tornar a análise mais precisa?
  - Por que o Valor Descontado dos Dividendos tende a ser menor do que os Fluxos de Caixa da Firma e dos Sócios?
  - As metodologias de *valuation* deveriam gerar o mesmo valor para uma empresa? Se houver diferenças, quais fatores podem justificá-las?

b) Análise aplicada 1

- Com base no exemplo discutido neste capítulo (item 13.3.2.4 – Quadro 13.5 – Cálculo *errado* do WACC), no qual o valor da empresa é estimado em R$ 1.054.728 ao ponderar os custos dos capitais de terceiros e próprio com base nos valores contábeis das Dívidas e do Patrimônio Líquido, responda:

♦ Se um investidor adquirir a empresa por esse valor, qual será seu retorno anual sobre o investimento?

♦ Esse retorno é superior ou inferior ao custo do capital próprio utilizado no exemplo?

♦ Como calcular corretamente o WACC se não se conhece previamente o valor econômico correto do patrimônio líquido?

♦ Recalcular o valor do patrimônio líquido em duas situações:

1. Se a empresa fosse financiada inteiramente por capital próprio;

2. Se a empresa tivesse apenas R$ 100.000 de capital próprio, financiando o restante com dívidas.

c) **Análise aplicada 2**

• Cada grupo (3 ou 4 alunos) deverá buscar nos *sites* da B3 ou da CVM laudos de avaliação relacionados a IPOs, ofertas públicas de ações ou outras razões.

• Analisar os modelos utilizados nesses laudos e identificar quais metodologias foram aplicadas.

• Avaliar a presença de erros conceituais discutidos no capítulo, justificando suas conclusões.

CRITÉRIOS DE AVALIAÇÃO:

• Aplicação adequada dos conceitos de *valuation*.

• Qualidade das reflexões e fundamentação teórica.

• Capacidade de conectar teoria e prática.

• Participação ativa e colaboração na construção coletiva do conhecimento.

OBJETIVOS DO EXERCÍCIO

a) Capacitar alunos de pós-graduação (mestrado e doutorado) a analisar criticamente os métodos de avaliação de empresas, compreendendo os desafios e as fragilidades inerentes a cada abordagem;

b) Treinar a aplicação dessas metodologias e fomentar discussões sobre as discrepâncias entre elas, incentivando o pensamento crítico sobre laudos de avaliação do mercado financeiro.

A ANÁLISE DAS DEMONSTRAÇÕES CONTÁBEIS COM APOIO DE INTELIGÊNCIAS ARTIFICIAIS[1]

Objetivo do capítulo

Apresentar algumas possibilidades e cuidados com o uso de Inteligência Artificial (IA) no ensino e na análise profissional de demonstrações contábeis.

14.1 CONTEXTO

A Inteligência Artificial (IA) não é, absolutamente, nova. Nasceu em 1943! No entanto, sempre foi utilizada especificamente por alguns setores especializados, como desenvolvimento industrial, robótica, medicina (conhece o Dr. Watson, criado pela IBM há muito tempo?), transporte (o veículo autônomo não é novo), marketing (você sabia que o trabalho com análise de banco de dados nessa área é executado há décadas?) etc.

Sua explosão recente, no final de 2022, se deu com a rapidíssima popularização decorrente da introdução do ChatGPT. Por ser muito abrangente, atender a praticamente todos os ramos de interesse do ser humano, de muito fácil acesso e uso por toda e qualquer pessoa, a IA passou a ser vista como uma grande novidade. A novidade está nessas características, mas não na figura central propriamente dita, que é a IA, cujo objetivo é tentar imitar o processo de pesquisa, análise e decisão da mente humana; e que já completou 80 anos!

Mas vamos à análise de sua ligação com nosso assunto neste livro.

---

[1] Texto elaborado com apoio da IA ChatGPT.

Como garantir que, em meio ao vasto e complexo universo de informações financeiras, o analista contábil consiga não apenas ler os números, mas também entender as nuances e mensagens implícitas nas demonstrações contábeis? Esta é a questão desafiadora que se impõe na Era Digital. No primeiro capítulo desta obra, enfatizamos que, para realizar uma boa análise das demonstrações financeiras, é fundamental que o analista saiba ler – e, mais uma vez, pedimos desculpas por reforçar o óbvio –, compreendendo o que está sendo dito nas entrelinhas.

Historicamente, a introdução de novas tecnologias sempre gerou debates sobre o futuro das profissões estabelecidas. Quando a escrita foi desenvolvida, temia-se que a memória humana fosse prejudicada. A invenção da imprensa por Gutenberg suscitou preocupações de que os livros impressos pudessem disseminar informações inadequadas. A Revolução Industrial e a automatização de processos manuais levantaram o espectro do desemprego em massa. Com o advento dos computadores e dos *softwares* contábeis, previu-se o fim do trabalho dos contadores.

No entanto, a realidade demonstrou que essas inovações não substituíram os profissionais, mas sim transformaram e enriqueceram suas funções. Hoje, a IA surge como mais um avanço tecnológico destinado a auxiliar o analista contábil, ampliando suas capacidades e eficiência.

Essa leitura aprofundada pode ser potencializada em parceria com a IA. Ferramentas como o reconhecimento óptico de caracteres (OCR) permitem não apenas a extração rápida de informações de contratos, notas fiscais e outros documentos, reduzindo significativamente o tempo gasto em tarefas manuais, mas também abrem portas para análises mais sofisticadas. A IA pode aplicar técnicas avançadas, como análise de sentimentos, para avaliar o tom e a intenção por trás dos relatórios da administração e de auditoria. Recursos de sumarização automática condensam extensos documentos em percepções acionáveis, enquanto análises críticas e comparativas entre diferentes demonstrações financeiras fornecem uma visão mais completa e estratégica.

14.1.1 O papel do analista contábil humano na Era da IA

Apesar dos avanços significativos da IA na área contábil, o papel do analista contábil humano permanece crucial. A colaboração entre seres humanos e máquinas potencializa os resultados, mas não substitui a necessidade de julgamento e *expertise* humanos. A seguir, destacamos os principais aspectos desse papel.

1. **Pensamento Crítico e Julgamento**: os analistas contábeis humanos continuam essenciais para avaliar o contexto, interpretar os resultados fornecidos pela IA e tomar decisões complexas que exigem entendimento profundo das nuances regulatórias e organizacionais. A IA pode identificar anomalias ou padrões, mas não tem a capacidade de compreender plenamente as implicações éticas, legais e estratégicas de determinadas situações.
2. **Colaboração Homem-Máquina**: a IA deve ser vista como uma ferramenta que potencializa as capacidades dos analistas contábeis, permitindo que se concentrem em tarefas de maior valor agregado, como estratégias de análise e atividades consultivas.

Enquanto a IA cuida de tarefas repetitivas e análise de grandes volumes de dados, os analistas podem dedicar mais tempo ao planejamento, à comunicação com *stakeholders* e à avaliação de riscos complexos.

3. **Novas Habilidades**: os profissionais de contabilidade precisam desenvolver habilidades de pensamento crítico, resolução de problemas complexos, comunicação eficaz e colaboração, além de conhecimentos técnicos em IA e análise de dados. A capacidade de interpretar resultados gerados pela IA e integrá-los ao contexto organizacional é fundamental. Além disso, habilidades interpessoais são essenciais para liderar equipes, gerenciar projetos e construir relacionamentos de confiança com clientes e colegas.

Integrar a IA ao trabalho dos analistas contábeis não significa substituir o elemento humano, mas sim enriquecer o processo de análise. A combinação da inteligência humana com as capacidades analíticas avançadas da IA resulta em um nível superior de eficácia e eficiência. Os analistas têm a oportunidade de redefinir seu papel, focando em áreas que exigem julgamento, ética e compreensão profunda dos negócios.

As grandes empresas de auditoria mundiais, incluindo as Big Four (Deloitte, PwC, EY e KPMG), já incorporam amplamente a IA em suas atividades de auditoria e elaboração de relatórios. O objetivo é aumentar a eficiência, aprimorar a qualidade das análises e fornecer *insights* mais profundos aos clientes. A IA é utilizada para processar e analisar grandes volumes de transações financeiras e dados operacionais, identificando padrões, anomalias e tendências que seriam difíceis de detectar manualmente. Algoritmos de aprendizado de máquina são treinados para identificar comportamentos atípicos que possam indicar fraudes ou não conformidades.

Ferramentas de IA auxiliam na geração automática de relatórios financeiros e de auditoria, personalizando os documentos com base nas análises realizadas e nas necessidades específicas dos clientes. Desse modo, a IA torna-se uma aliada indispensável para o analista contábil moderno. Ela auxilia na identificação de padrões ocultos, tendências emergentes e possíveis inconsistências que poderiam passar despercebidas em uma revisão manual.

As corretoras de investimento também se beneficiam da IA. Utilizam algoritmos de aprendizado de máquina para processar vastos conjuntos de dados, incluindo preços de ativos, notícias econômicas e indicadores macroeconômicos, com o objetivo de prever movimentos futuros do mercado. Os robôs-*advisors* oferecem recomendações de investimento automatizadas, adaptadas ao perfil de risco e às metas financeiras de cada cliente. A IA também é empregada na análise de textos de notícias, redes sociais e comunicados financeiros para captar o sentimento do mercado em relação a empresas, setores ou ativos. Além disso, auxilia na otimização de carteiras de investimento, equilibrando risco e retorno de acordo com cenários econômicos e preferências dos investidores.

Assim, integrar a IA no processo de análise não é apenas uma questão de eficiência, mas também de aprimorar a qualidade e a precisão das conclusões. Com o apoio dessas ferramentas, o analista está mais bem equipado para desvendar o que está nas entrelinhas das demonstrações contábeis, elevando o nível de compreensão e valor agregado em suas análises.

Em resumo, a IA está revolucionando o campo da contabilidade e das finanças, tanto no Brasil quanto internacionalmente, tornando as decisões mais rápidas, precisas e personalizadas. Embora a tecnologia não substitua o julgamento humano, ela se estabelece como uma ferramenta essencial para aprimorar a gestão de investimentos e a análise contábil.

14.2 O QUE É IMPORTANTE COMEÇAR A CONHECER

Para aproveitar adequadamente o apoio das inteligências artificiais é preciso conhecer, mesmo que sucintamente, suas potencialidades e limitações. Essas informações são válidas em qualquer área, inclusive no campo da análise das demonstrações contábeis.

As IAs generativas funcionam com base em redes neurais artificiais, que são sistemas computacionais inspirados no funcionamento do cérebro humano. A interação entre elas é resultado de uma série de processos complexos que combinam aprendizado de máquina, processamento de linguagem natural (PLN) e grandes bases de dados. Em outras palavras, o processo funciona da seguinte maneira:

1. Fazemos uma **pergunta** ou damos um **comando**.
2. O texto é processado e analisado em termos de **contexto** e **intenção**.
3. O modelo usa os **dados aprendidos** para prever e gerar uma resposta.
4. Essa resposta é enviada para nós.

Portanto, as IAs não têm consciência ou entendimento verdadeiro. Apenas simulam linguagem com base em padrões e contextos. Não têm emoções, intenções ou experiências próprias. Dessa maneira, para obter maior sucesso no uso das IAs, é preciso conhecer mais detalhadamente como fazer a **pergunta ou comando**. Assim como na programação tradicional, a interação com a IA segue uma lógica: entrada (sua pergunta) → processamento (análise do modelo) → saída (resposta gerada).

14.2.1 Cuidados ao interagir com a IA

Diante do exposto, alguns cuidados úteis para obtenção das informações desejadas (Figura 14.1), inclusive na análise de demonstrações contábeis, são:

1. Seja claro e específico: é importante formular perguntas ou comandos de forma objetiva e direta, evitando ambiguidades e fornecendo o máximo de detalhes relevantes. Por exemplo, "Explique o conceito de custo de oportunidade na contabilidade gerencial" é melhor do que "Fale sobre contabilidade".
2. Divida questões complexas: questões multifacetadas podem ser divididas em partes menores. Isso facilita o entendimento e a resposta. Exemplo: em vez de "Quais são os índices financeiros mais usados e como calculá-los?", pergunte primeiro: "Quais são os índices financeiros mais usados?" e, em seguida, "Como calcular esses índices?".

3. Dê contexto quando necessário: se sua pergunta for específica a um tema ou caso, forneça informações de fundo para evitar interpretações erradas. Exemplo: "Como melhorar a gestão de capital de giro para uma empresa varejista de médio porte?". Essa delimitação é muito importante.

4. Confirme a relevância da resposta: caso a resposta não atenda às suas expectativas, reformule a pergunta ou peça uma explicação mais detalhada. Exemplo: "Explique isso com um exemplo prático." Às vezes, é importante "conversar" com a IA para que ela capte exatamente sua "intenção".

5. Verifique informações críticas: sempre confirme dados importantes, especialmente quando se trata de saúde, finanças ou decisões legais, já que a IA pode gerar respostas imprecisas ou desatualizadas. Nesse caso, é útil confrontar os resultados de uma IA com os de outra IA e com a opinião de especialistas.

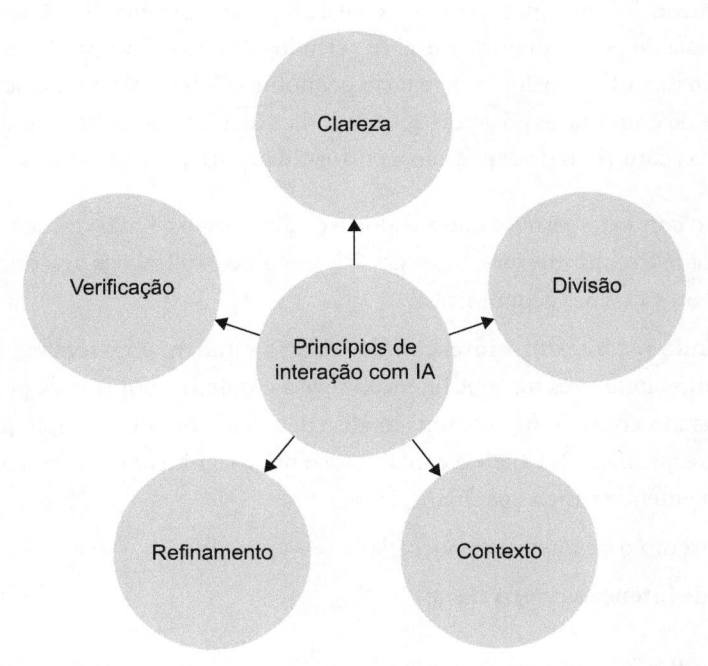

FIGURA 14.1   Princípios de interação com IA.

Reforçando… para obter melhores resultados ao interagir com a IA, seja claro, forneça contexto e divida questões complexas, pois a interação é análoga à construção de algoritmos: entradas precisas geram saídas mais confiáveis, em outras palavras: *garbage in, garbage out*. O contexto e a intenção são fundamentais para obter respostas adequadas ao interagir com uma IA, especialmente no campo da análise de demonstrações contábeis. Eles ajudam a IA a interpretar corretamente a solicitação e gerar respostas relevantes, práticas e alinhadas ao objetivo do usuário.

14.2.2 A importância do contexto e da intenção

O **contexto** fornece informações de fundo sobre o que o usuário deseja saber ou o cenário em que o problema ocorre. Na análise de demonstrações contábeis, isso pode envolver o tipo de empresa, o objetivo da análise ou a finalidade do relatório.

Exemplo **sem contexto**:

- **Pergunta:** "Explique o índice de liquidez corrente."
- **Resposta:** a explicação pode ser genérica, abordando apenas o cálculo e o significado básico do índice.

Exemplo **com contexto**:

- **Pergunta:** "Como interpretar o índice de liquidez corrente de 1,2 para uma empresa varejista de pequeno porte durante períodos de alta inflação?"
- **Resposta:** a IA considera o cenário econômico (alta inflação), o setor (varejo) e o porte da empresa, explicando que um índice de 1,2 pode indicar equilíbrio financeiro, mas com risco de exposição a custos financeiros mais elevados.

Portanto, o contexto permite que a IA forneça uma resposta mais focada na realidade da empresa analisada e reduz interpretações genéricas, como explicações desconectadas de setores específicos ou situações econômicas.

Tanto quanto o contexto, a **intenção** do usuário também é extremamente importante para que a IA direcione a resposta. A intenção revela o objetivo por trás da pergunta: o usuário quer apenas um conceito básico, uma análise detalhada ou um exemplo prático aplicado a uma situação específica? Na análise contábil, isso pode significar explorar conceitos, avaliar indicadores ou entender impactos financeiros.

Veja um exemplo de intenção pouco clara:

Exemplo de **intenção pouco clara**:

- **Pergunta:** "O que é margem líquida?"
- **Resposta:** a explicação será limitada a uma definição básica.

Exemplo com **intenção clara**:

- **Pergunta:** "Como interpretar a margem líquida de 15% para uma indústria de manufatura que está reduzindo custos fixos?"
- **Resposta:** a IA entende que o usuário deseja relacionar a margem líquida ao impacto das mudanças nos custos fixos, explicando que 15% pode refletir eficiência operacional e potencial para mais melhorias.

Note que a intenção direciona a IA para o nível de profundidade necessário na resposta. Ou seja, garante que o foco esteja alinhado ao objetivo prático, como orientar decisões financeiras.

Em síntese, o contexto define o quadro geral (setor, tamanho da empresa, objetivos da análise), e a intenção revela o propósito específico (obter um diagnóstico, explorar uma tendência ou propor melhorias).

Mais um exemplo sem contexto e sem intenção:

Exemplo **sem contexto e intenção claros**:

Pergunta: "O que é ROE?"

Resposta: uma explicação simples sobre o que é o Retorno sobre o Patrimônio Líquido, sem detalhes ou aplicação prática.

Exemplo **com contexto e intenção claros**:

Pergunta: "Como interpretar um ROE de 20% para uma *startup* de tecnologia em fase de crescimento que reinveste grande parte dos lucros?"

Resposta: a IA explica que, para uma *startup*, um ROE elevado pode ser um sinal positivo de retorno eficiente, mas deve ser analisado em conjunto com o reinvestimento dos lucros e o crescimento do patrimônio líquido.

Quanto mais informações e clareza você fornecer, maior será a relevância das respostas. Isso facilita o uso da IA como ferramenta de apoio na análise contábil, promovendo diagnósticos mais precisos e *insights* valiosos. No entanto, compreender como a IA **aprende e utiliza dados** também pode ajudar o usuário a maximizar a relevância das respostas e evitar interpretações erradas ou desatualizadas.

14.2.3 Limitações e cuidados com as IAs

Compreender como a IA aprende e utiliza dados também pode ajudar o usuário a maximizar a relevância das respostas e evitar interpretações erradas ou desatualizadas.

As IAs são baseadas em modelos treinados com vastos conjuntos de dados, incluindo livros, artigos, manuais técnicos e outros conteúdos públicos até determinada data. Isso significa que sua base de conhecimento é estática. O treinamento abrange informações amplas, mas **o modelo não tem acesso a atualizações em tempo real ou a dados proprietários**. Assim, é importante atenção para os seguintes aspectos:

1. Risco de desatualização: as informações fornecidas podem não refletir mudanças normativas ou econômicas recentes, impactando decisões baseadas em dados desatualizados.

2. Generalização de conceitos: a IA pode oferecer uma abordagem padrão que não leva em conta particularidades específicas, como dinâmicas setoriais ou características únicas de uma empresa.

3. Interpretação inadequada sem dados contextuais: sem insumos adicionais, a IA pode responder com base em premissas gerais que não se aplicam ao caso específico.

Na análise contábil, as normas (como IFRSs e CPCs) são frequentemente revisadas. A IA pode fornecer explicações úteis sobre normas conhecidas no período de treinamento, mas não terá informações sobre mudanças normativas recentes, como atualizações nos CPCs ou IFRSs recentes. Nesse caso, o usuário deve verificar a data da informação fornecida e complementá-la com fontes atualizadas, especialmente para análises normativas.

A IA não acessa dados financeiros de empresas em tempo real ou relatórios de análise específica (que poderia ser a intenção de muitos analistas). Ela pode oferecer métodos e exemplos gerais para interpretar demonstrações contábeis. Entretanto, não pode analisar diretamente balanços ou índices financeiros de uma empresa real sem os dados fornecidos pelo usuário.

Exemplo prático:

- **Pergunta**: "Como avaliar a liquidez de uma empresa listada na B3 em 2024?"
- **Resposta**: a IA pode explicar como calcular e interpretar índices de liquidez, mas não pode usar dados reais da empresa sem que o usuário os forneça.

A interpretação de tendências financeiras e econômicas setoriais também se baseia em padrões aprendidos. Entretanto, a IA não considera eventos ou mudanças econômicas significativas ocorridas após seu treinamento. Nesse caso, sugere-se utilizar a IA para compreender métodos analíticos e insumos históricos, mas é importante consultar relatórios recentes para tendências econômicas atuais.

14.2.4 Dicas para maximizar o uso da IA

Para mitigar os problemas anteriormente mencionados, sugere-se que o analista:

a) forneça informações complementares, como dados ou cenários específicos para orientar a análise da IA;

b) consulte fontes atualizadas e utilize a IA como ferramenta de apoio, complementando-a com relatórios ou documentos recentes;

c) combine análise automatizada com julgamento profissional, pois a IA pode ajudar a entender conceitos e metodologias, mas a interpretação final deve considerar variáveis específicas que só um profissional humano pode avaliar plenamente.

Note, enfim, que as IAs não substituem o analista, mas podem dinamizar e potencializar em grande escala o seu trabalho!

EXERCÍCIOS

Escolha um setor econômico de interesse para a turma. Utilize a planilha consolidada do setor, disponibilizada pelo Instituto Assaf,[2] para preencher os seguintes indicadores financeiros ao longo de cinco anos (20X1 a 20X5):

Liquidez e Giro	20X1	20X2	20X3	20X4	20X5
Liquidez Seca					
Liquidez Corrente					
CCL/NCG					
NCG/Receita					

Estrutura	20X1	20X2	20X3	20X4	20X5
Endividamento					
Comp. Endivto.					
Imobilização do PL					
Imob. Rec. não Cor.					

Rentabilidade	20X1	20X2	20X3	20X4	20X5
ROI					
Giro do Ativo					
Margem Operacional					
ROE					
GAF					

Caso algum indicador não esteja diretamente disponível, calcule-o com base nos dados apresentados na planilha do setor.

a) **Análise tradicional:** com base nos dados preenchidos, elabore um relatório de duas páginas analisando a evolução desses indicadores financeiros ao longo do tempo. O relatório deve conter as seguintes seções:

- Introdução: apresente informações contextuais sobre o setor escolhido.

- Análise dos índices de liquidez e giro: comente sobre a capacidade do setor em cumprir suas obrigações e a eficiência operacional.
- Análise dos índices de estrutura: avalie a composição do capital e o nível de endividamento.
- Análise dos índices de rentabilidade: discuta a lucratividade e a capacidade do setor em gerar retorno para seus investidores.
- Conclusão: destaque os principais *insights* obtidos com a análise.

b) **Análise com IA:** copie os dados preenchidos no painel de indicadores e insira no ChatGPT com o seguinte comando:

"Com base nesses dados, elabore um relatório mostrando a evolução desses indicadores ao longo do período analisado. Divida o relatório nas seguintes partes: (1) introdução (com informações contextuais do setor – especifique qual), (2) índices de liquidez e giro, (3) índices de estrutura, (4) índices de rentabilidade, (5) conclusão."

c) **Compare os resultados:** análise tradicional *versus* análise com IA:
- Identifique convergências e divergências entre o seu relatório e o produzido pela IA.
- Reflita sobre quais aspectos da sua análise foram mais detalhados ou diferentes dos apresentados pela IA.
- Considere a confiabilidade das informações geradas e a capacidade de interpretação dos dados pela IA.

d) **Discussão em grupo:** participe de um círculo de discussão em turma:
- Debata sobre fragilidades e vantagens do uso da Inteligência Artificial na análise de demonstrações contábeis.
- Destaque as potencialidades da IA como ferramenta de apoio, bem como suas limitações.

AVALIAÇÃO: *o relatório final, incluindo a comparação com a IA e os insights obtidos da discussão em grupo, deve ser entregue ao professor ao final da atividade. Os critérios de avalição são:*

- correta identificação e cálculo dos indicadores;
- qualidade da análise descritiva dos indicadores;
- capacidade crítica ao comparar a própria análise com a da IA;
- participação ativa na discussão em grupo.

OBJETIVO DO EXERCÍCIO

Desenvolver a capacidade analítica dos discentes na interpretação de indicadores financeiros, utilizando Inteligência Artificial como ferramenta de apoio na análise de demonstrações contábeis.

EPÍLOGO

Como sempre, a sensação que se tem, ao chegar ao fim, é a de que tópicos relevantes deixaram de ser tratados. Confirmamos isso. Alguns deles:

AVALIAÇÃO DE CRÉDITO

A análise de crédito é também matéria que precisa, comumente, de muita análise de balanços. Mas também se utiliza de outros instrumentos.

Análise de crédito a curto, a médio ou a longo prazos exige técnicas diferentes.

Temos, no Brasil, publicações especializadas na matéria, como as revistas da *Serasa* e outras, inclusive com trabalhos suportados estatisticamente, que muito podem ajudar nessas análises.

Para testes de insolvência também existem inúmeros trabalhos, inclusive acadêmicos, diversos citados nesta obra.

Como dito no tópico anterior, não houve espaço para tudo; quem sabe esse assunto possa ser ampliado futuramente.

FORMULÁRIO DE REFERÊNCIA

Entrou em vigência recentemente o formulário de referência das companhias abertas. O formulário de referência é um conjunto de informações cadastrais, aquilo que os auditores chamam de pasta permanente. São informações relevantes sobre a empresa, como: dados dos auditores, informações financeiras, fatores de riscos, dados relacionados à emissão de ações, a composição acionária do grupo econômico, ativos relevantes, comentários dos gestores sobre aspectos relacionados ao empreendimento, projeções, informações sobre a assembleia geral e administração, remuneração dos administradores, informações sobre controle e partes relacionadas, composição do capital, valores imobiliários, entre outras informações.

Essas informações são relevantes e deveriam, em grande parte, compor o relatório da administração, mas como isso não ocorria no nível desejado, e também por outros motivos, surgiu a obrigatoriedade desse formulário de referência.

Analista, aprenda a trabalhar com esse documento também. Não corra maiores riscos ignorando suas informações. E por falar em risco, assunto muito bem cuidado nesse formulário e que vinha sendo muito maltratado na prática por grande parte das empresas, veja um caso de uma empresa com política de gestão de riscos, veja este caso inusitado...

Uma certa empresa tinha toda sua indústria próxima a um município vizinho a São Paulo. Com o intuito de centralizar as operações, ela comprou um terreno em outro município ao norte da capital para construir a indústria lá. À época, era uma empresa limitada, mas mesmo assim tinha conselho de administração, comitê de auditoria e de risco. Entre suas atribuições, o comitê de riscos fazia levantamentos dos possíveis riscos da empresa, incluindo riscos operacionais, de fornecimento, de mercado, financeiros etc. Por exemplo, se fosse uma empresa de venda porta a porta, imagine se a legislação trabalhista muda a jurisprudência e considera que cada uma das revendedoras seja considerada empregada da empresa; isso geraria um passivo trabalhista que a liquidaria. Daí toda uma política especial e cuidado supermeticuloso para evitar esse problema.

Muito bem, no processo de transferência da sede da empresa, muitos riscos foram levantados pelo comitê. As mais variadas sugestões surgiram. O risco de cair um avião, por exemplo. O comitê considera importante, pois antes a empresa tinha três ou quatro fábricas e agora ela só tem uma, se cair um avião acaba com tudo. O risco de um acidente que parasse a Rodovia durante dois meses também foi citado, pois a empresa teria, nessa situação, que mudar a rota de escoação dos produtos e isso aumentaria os custos. Nessa tempestade de ideias, alguém levanta a mão e pergunta sobre o risco de um terremoto. Foi quase consenso que o "cara" estivesse louco. Imaginem terremoto no Brasil!!!

Mas era política do comitê de risco o fato de que se fosse levantada uma hipótese, dever-se-ia avaliar seus riscos, ou expor os motivos pelos quais a hipótese fosse descartada. Veja, no caso do terremoto, a hipótese de risco é remota, mas de alto impacto. Então os participantes do comitê não poderiam "riscar este risco".

Eles resolveram fazer uma consulta ao IPT (Instituto de Pesquisas Tecnológicas do Estado de São Paulo). O IPT se manifestou dizendo que a empresa estava sobre uma falha geológica conhecida (deles). Assim, a empresa pediu também um parecer do IG (Instituto de Geociências) da USP. Eles atestaram que aquela região está em constantes deslocamentos. Os técnicos do IG questionaram se eles tinham alguma construção alta por lá. Eles responderam que já estavam construindo um silo vertical de matérias-primas com aproximadamente 40 metros de altura e que já havia uma base pronta. Outra construção alta era a caixa d'água.

Os técnicos foram medir a caixa d'água e verificaram que já tinha uma inclinação significativa. Por fim, a empresa gastou US$ 10 milhões para refazer, em cima da base da plataforma, outra plataforma, e colocaram seiscentos macacos hidráulicos entre elas para movimentar toda a estrutura sobre a base de cima, conforme a inclinação da de baixo. Constantemente, um técnico da empresa faz as medições e reposiciona a plataforma. Imagine se fosse desprezado o risco!

Conhecer o cuidado que a empresa dedica ao risco é diminuir o seu risco, analista, e a dos interesses que você representa: de um credor, de um investidor, de um fornecedor, de um cliente, de um sindicato de empregados etc.

O formulário de referência é uma pasta que fica aberta para qualquer pessoa verificar e analisar os riscos existentes da empresa. Dentro do formulário de referência há uma pasta que contém os comentários da administração sobre o desempenho econômico e financeiro da empresa, ou seja, tipo autoanálise. O interessante desse formulário é que, sempre que ocorrer um fato importante, a empresa faz de imediato a transcrição dessa mudança, não precisando esperar mais a divulgação do próximo balanço.

ANÁLISE DAS DEMONSTRAÇÕES CONTÁBEIS EM PROCESSOS LICITATÓRIOS

A análise das demonstrações contábeis em processos licitatórios tem o propósito bem específico de avaliar a qualificação econômico-financeira das entidades participantes com o intuito de evitar que uma má situação financeira possa inviabilizar a entrega de serviços ou produtos contratados pela esfera pública.

A legislação não define um padrão sistemático e suficientemente amplo para a análise das demonstrações contábeis no âmbito do setor público, conforme o modelo de análise proposto neste livro nas páginas anteriores.

A Lei nº 14.133/21, que normatiza o processo, tem o propósito de respaldar que a empresa licitante detenha condições financeiras suficientes para suportar a contratação pretendida pelo órgão público contratante. No entanto, a própria Lei nº 14.133/21 traz limites no tocante à aplicação da análise das demonstrações contábeis. Algumas pesquisas críticas às análises de demonstrações contábeis nos processos licitatórios no Brasil têm sido realizadas; vale a pena conferir (Ribeiro, Miranda e Azevedo, 2021; Ribeiro, Miranda e Azevedo, 2020).

REFERÊNCIAS

AKERLOF, George A.; SHILLER, Robert. *Animal Spirits*: how human psychology drives the economy and why it matters for global capitalism. Princeton: Princeton University Press, 2009.

ALVES JR., E. D.; GALDI, F. C. The informational relevance of key audit matters. *Revista Contabilidade & Finanças*, São Paulo, v. 31, n. 82, p. 67-83, jan./abr. 2020.

ASSAF NETO, Alexandre. *Estrutura e análise de balanços*: um enfoque econômico-financeiro. 13. ed. São Paulo: Atlas, 2023.

BONSALL, S. B.; MILLER, B. P. The impact of narrative disclosure readability on bond ratings and the cost of debt. *Review of Accounting Studies*, v. 22, n. 2, p. 608-643, 2017.

BRAGA, R.; MARQUES, J. A. V. C. Avaliação da liquidez das empresas através da análise da demonstração do fluxo de caixa. *Revista Contabilidade & Finanças*, São Paulo, v. 14, n. 25, p. 6-23, jan./abr. 2001.

CHEUNG, E.; LAU, J. Readability of notes to the financial statements and the adoption of IFRS. *Australian Accounting Review*, v. 26, n. 2, p. 162-176, 2016.

CONSELHO FEDERAL DE CONTABILIDADE. *NBC TA 700* – Modificações na opinião do auditor independente, 2016.

CONSELHO FEDERAL DE CONTABILIDADE. *NBC TA 705* – Modificações na opinião do auditor independente, 2016.

FLANNERY, Mark J.; PROTOPAPADAKIS, Aris A. Macroeconomic factors do influence aggregate stock returns. *The Review of Financial Studies*, v. 15, n. 3, p. 751-782, 2002.

FUJI, Alessandra Hirano; SLOMSKI, Walmor. Subjetivismo responsável: necessidade ou ousadia no estudo da contabilidade. *Revista Contabilidade & Finanças*, São Paulo, n. 33,

p. 33-44, set./dez. 2003. Disponível em: http://www.eac.fea.usp.br/cadernos/completos/cad33/revista_33_parte3.pdf. Acesso em: 22 out. 2010.

GOLD, A.; HEILMANN, M.; POTT, C.; REMATZKI, J. Do key audit matters impact financial reporting behavior? *International Journal of Auditing*, New York, USA, v. 24, n. 2, p. 232-244, 2020.

GUPTA, A. Environment & PEST analysis: an approach to external business environment. *International Journal of Modern Social Sciences*, Florida, USA, v. 2, n. 1, p. 34-43, 2013.

IN, C.; KIM, T.; PARK, S. Key audit matters for production-to-order industry and conservatism. *International Journal of Financial Studies*, v. 8, n. 1, p. 2-18, 2020.

IUDÍCIBUS, Sérgio de. *Análise de balanços*. 11. ed. São Paulo: Atlas, 2017.

IUDÍCIBUS, Sérgio de; MARTINS, Eliseu; CARVALHO, Nelson. Contabilidade: aspectos relevantes da epopeia de sua evolução. *Revista Contabilidade & Finanças*, São Paulo, n. 38, p. 7-19, maio/ago. 2005. Disponível em: http://www.eac.fea.usp.br/cadernos/completos/cad38/sergio_eliseu_ncarvalho_pg7a19.pdf. Acesso em: 22 out. 2010.

IUDÍCIBUS, Sérgio de; SANTOS, Ariovaldo dos; MARTINS, Eliseu; GELBCKE, Ernesto Rubens. *Manual de contabilidade societária*: aplicável a todas as sociedades. 3. ed. São Paulo: Atlas, 2018.

JOHNSON, H. T.; KAPLAN, R. S. *Relevance lost*: the rise and fall of management accounting. Masachussetts: Harvard Business School Press, 1987.

KÖHLER, A.; RATZINGER-SAKEL, N.; THEIS, J. The effects of key audit matters on the auditor's report's communicative value: Experimental evidence from investment professionals and non-professional investors. *Accounting in Europe*, v. 17, n. 2, p. 105-128, 2020.

LAMES, Edilei Rodrigues de. *Conceitos de contabilidade e suas relações com a estrutura conceitual básica, com a formação docente e rendimento discente*. Tese (Doutorado em Ciências Contábeis) – Universidade Federal de Uberlândia, Uberlândia, 2019.

LEMOS, Karinne Custódio da Silva; MARQUES, Alessandra Vieira Cunha; MIRANDA, Gilberto José. Disclosure em Notas Explicativas: Uma Revisão Sistemática. *Sociedade, Contabilidade e Gestão*, v. 18, n. 2, p. 58-79, 2023.

LOPO A. *et al.* Avaliação de empresas. *In:* MARTINS, E. *Avaliação de empresas*: da mensuração contábil à econômica. São Paulo: Atlas, 2001.

LUO, J.; LI, X.; CHEN, H. Annual report readability and corporate agency costs. *China Journal of Accounting Research*, v. 11, n. 3, p. 187-212, 2018.

MARQUES, V. A.; PEREIRA, L. N.; AQUINO, I. F. de; FREITAG, V. da C. Ele ficou mais legível? Evidências empíricas dos principais assuntos no relatório de auditoria independente. *Revista Contabilidade & Finanças*, v. 32, n. 87, p. 444-460, set./dez. 2021.

MARTINS, Eliseu. Análise crítica de balanços: parte II. *Boletim IOB* – Caderno Temática Contábil e Balanços, n. 31, 2005a.

MARTINS, Eliseu. Análise crítica de balanços: parte I. *Boletim IOB* – Caderno Temática Contábil e Balanços, n. 26, 2005b.

MARTINS, Eliseu. *Análise da correção monetária das demonstrações financeiras*. 2. ed. São Paulo: Atlas, 1989.

MARTINS, Eliseu. Contabilidade *versus* fluxo de caixa. *Caderno de Estudos*, São Paulo: FIPECAFI, n. 20, p. 1-10, jan./abr. 1999. Disponível em: http://www.eac.fea.usp.br/cadernos/completos/cad20/cont_x_fluxo.pdf. Acesso em: 22 out. 2010.

MARTINS, Eliseu. E todos ganham com a correção dos balanços. *Boletim IOB* – Temática Contábil e Balanços, São Paulo, n. 5, p. 39, 1987.

MARTINS, Eliseu. Extinção da correção monetária: os juros sobre o capital próprio (TJLP) e os dividendos (2ª e última parte). *Boletim IOB* – Temática Contábil e Balanços, São Paulo, n. 44, p. 446-437, 1996b.

MARTINS, Eliseu. Extinção da correção monetária: os juros sobre o capital próprio (TJLP) e os dividendos (1ª parte). *Boletim IOB* – Temática Contábil e Balanços, São Paulo, n. 43, p. 433-426, 1996a.

MARTINS, Eliseu. Juros sobre o capital próprio: aspectos conceituais. *Boletim IOB* – Temática Contábil e Balanços, São Paulo, n. 50, p. 515-507, 1996c.

MARTINS, Eliseu. Juros sobre o capital próprio. *Boletim IOB* – Temática Contábil e Balanços, São Paulo, n. 15, p. 159-156, 1983.

MARTINS, Eliseu. Pela última vez (?): provando, com dinheiro, que "lucro inflacionário" é lucro. *Boletim IOB* – Temática Contábil e Balanços, São Paulo, n. 13, p. 131, 1995.

MARTINS, Eliseu. Uma velha prova de que lucro inflacionário não é ficção. *Boletim IOB* – Temática Contábil e Balanços, São Paulo, n. 4, p. 423, 1994.

MARTINS, Eliseu; MIRANDA, Gilberto José; DINIZ, Josedilton Alves. *Análise Didática das Demonstrações Contábeis*. 4. ed. São Paulo: Atlas, 2024.

MARTINS, Vinícius Aversari. *Interações entre estrutura de capital, valor da empresa e valor dos ativos*. Tese (Doutorado em Ciências Contábeis). Faculdade de Economia, Administração e Contabilidade, Universidade de São Paulo, São Paulo, 2005.

MATARAZZO, Dante C. *Análise financeira de balanços*: abordagem básica e gerencial. 7. ed. São Paulo: Atlas, 2010.

MODIGLIANI, Franco; MILLER, Merton. Corporate income taxes and the cost of capital: a correction. *American Economic Review*, v. 53, n. 3, p. 433-443, 1963.

MODIGLIANI, Franco; MILLER, Merton. The cost of capital, corporation finance and the Theory of Investment. *American Economic Review*, v. 48, n. 3, p. 261-297, 1958.

MYERS, J. N. *Análise das demonstrações financeiras*. São Paulo: Atlas, 1974.

RAPPAPORT, Alfred. *Gerando valor para o acionista*: um guia para administradores e investidores. São Paulo: Atlas, 2001.

REID, L. C.; CARCELLO, J. V.; LI, C.; NEAL, T. L.; FRANCIS, J. R. Impact of auditor report changes on financial reporting quality and audit costs: Evidence from the United Kingdom. *Contemporary Accounting Research*, v. 36, n. 3, 1501-1539, 2019.

RIBEIRO, Rafael Borges; MIRANDA, Gilberto José; AZEVEDO, Ricardo Rocha de. A baixa legitimação da informação contábil nos processos de licitação pública. *Advances in Scientific and Applied Accounting,* v. 13, p. 185-205, 2020.

RIBEIRO, Rafael Borges; MIRANDA, Gilberto José; AZEVEDO, Ricardo Rocha de. (Des) legitimação da informação contábil em processos licitatórios no Brasil. *Revista Contemporânea de Contabilidade,* v. 18, p. 72-88, 2021.

SALEHI, M.; BAYAZ, M. L. D.; MOHAMMADI, S.; ADIBIAN, M. S.; FAHIMIFARD, S. H. Auditors' response to readability of financial statement notes. *Asian Review of Accounting,* v. 28, n. 3, p. 463-480, 2020.

SANTOS, Ariovaldo dos. *Demonstração do Valor Adicionado*: como elaborar e analisar a DVA. 2. ed. São Paulo: Atlas, 2007.

SANTOS, Ariovaldo dos; LUSTOSA, Paulo Roberto. Demonstração dos fluxos de caixa: alternativas para tratamento dos estoques: atividades operacionais ou de investimentos. *Boletim IOB* – Caderno Temática Contábil e Balanços, n. 21, p. 1-10, 1999.

SANTOS, Ariovaldo dos; LUSTOSA, Paulo Roberto. Demonstração dos fluxos de caixa: uma reflexão sobre a objetividade (ou falta de) do fluxo de caixa. *Boletim IOB* – Caderno Temática Contábil e Balanços, n. 24, p. 1-11, 1999a.

SANTOS, K. L. dos; GUERRA, R. B.; MARQUES, V. A.; MARIA JR., E. Do critical audit matters matter? An analysis of their association with earnings management. *Revista de Educação e Pesquisa em Contabilidade* (REPeC), v. 14, n. 1, p. 55-77, 2020.

SILVA, Adail Marcos Lima da; CAVALCANTI, Guilherme de Albuquerque. A lucratividade inerente e implícita no estoque na análise de liquidez estática. *RAC,* v. 8, n. 4, p. 139-160, out./ dez. 2004.

SIROIS, L.-P.; BÉDARD, J.; BERA, P. The informational value of key audit matters in the auditor's report: Evidence from an eye-tracking study. *Accounting Horizons,* v. 32, n. 2, p. 141-162, 2018.

SOUZA, Manuela S. *Fluxo de caixa por regime de competência.* Tese (Mestrado em Ciências Contábeis) – Faculdade de Economia, Administração e Contabilidade, Universidade de São Paulo, São Paulo, 2006.

WEN, F.; LI, C.; SHA, H.; SHAO, L. How does economic policy uncertainty affect corporate risk-taking? Evidence from China. *Finance Research Letters,* v. 41, p. 101840, 2021.

ÍNDICE ALFABÉTICO